W9-AOL-555

SI EL ÁGUILA HABLARA

MIGUEL ALEMÁN VELASCO

SI EL ÁGUILA HABLARA

NOVELA

EDITORIAL DIANA
MÉXICO

PRIMERA EDICIÓN, JUNIO DE 1996

Foto de contraportada: Christiane

ISBN 968-13-2925-2

DERECHOS RESERVADOS © — Copyright © 1996 por Editorial Diana,
S.A. de C.V. — Roberto Gayol 1219, Col. Del Valle, México, D.F. C.P. 03100

IMPRESO EN MÉXICO — PRINTED IN MEXICO

Prohibida la reproducción total o parcial
sin autorización por escrito de la casa Editora.

A Claudia y sus hermanos.
Viernes 12 de abril de 1996

Contenido

Querido lector:

Este libro tiene su propia historia, pues es la tercera vez que intento escribirlo. La primera fue en 1974, cuando algunos amigos con quienes comenté la temática, me dijeron que no lo escribiera porque parecería un libro de Luis Spota. La gran amistad con él por una parte y la aún mayor admiración por su obra, hicieron que el manuscrito original se quedara olvidado en un cajón.

A instancias de Christiane, mi esposa, quien me convenció que el haber dejado a un lado este proyecto nada tenía que ver ni con Luis ni con su obra, puse de nuevo manos a la obra, siempre animado y alentado por ella.

Lo terminé en 1985; ella estaba en Suiza y precisamente el día en que escribí el último capítulo tenía que llamarle a las 3:30 de la tarde a la escuela donde estudiaba mi hija Carla. La fecha era el 19 de septiembre de 1985 y la hora en México 7:19 de la mañana, cuando comenzó el terremoto más trágico y destructivo que ha sufrido la ciudad de México.

Traté de usar el teléfono pero no había comunicación. Tomé el automóvil para desde él llamar a mi oficina en Televisa; entonces yo era vicepresidente ejecutivo y responsable de las noticias y estaba muy preocupado por el hecho de que la televisión se hubiera "ido del aire". Me angustiaba por Lourdes Guerrero y María Victoria Llamas a quienes había visto meterse debajo del escritorio, Guillermo Ochoa no estaba, pues descansaba ese día y también pensaba en todos los compañeros del turno de la mañana, aunque en esos momentos

11

no imaginaba la magnitud, ni mucho menos las consecuencias del sismo. El teléfono del automóvil sí funcionó. La voz que me contestó me dijo: "No vengas a tu oficina... es mejor que no vengas..." La llamada se cortó y mi respuesta fue pisar el acelerador a fondo. Nunca hice menos tiempo de Ciudad Satélite a avenida Chapultepec.

Cuando llegué a mi oficina, ésta no existía; once mil metros cuadrados de construcción cayeron como si fueran naipes y, lo más doloroso, ochenta compañeros perdieron la vida. Tuvimos la suerte de rescatar a varios supervivientes que estaban atrapados, afortunadamente a muchos totalmente ilesos. Todos cambiamos desde ese día; la sociedad, el gobierno, absolutamente todos, hicimos un parteaguas en nuestra vida.

Televisa había regresado al aire con una programación básicamente informativa y poco después normal tras haber estado ausente cinco horas. La labor de un auténtico equipo, mejor dicho una familia, había hecho posible renacer de las ruinas en este lapso que asombró al mundo.

Yo tardé cuatro días en poderme comunicar con mi esposa, pero en forma indirecta lo hice el día 19; el mismo en que mi hija Claudia llegó proveniente de Houston para preguntarme por mis compañeros y amigos y, cosa curiosa, por el manuscrito de Si el águila hablara. Mi reacción inmediata fue regañarla por estar a mi lado en un sitio que obviamente era muy peligroso, por lo que la envié a casa.

Fue entonces cuando me di cuenta que mi manuscrito, sin copias, el único que tenía, estaba en el cajón izquierdo de mi escritorio y éste, como toda mi oficina, mis recuerdos, cuadros, fotografías, muebles y todas las chucherías que uno conserva como tesoros, estaban literalmente hechos trizas. Luego vinieron las máquinas, que después de comprobar que no quedaba ningún desaparecido, en cinco días limpiaron de escombros el predio.

Así corrió el tiempo y qué trabajo me ha costado volver a tomar la pluma para escribirlo. Mi esposa y mi hija Claudia a cada rato me preguntaban por Tierritas, un personaje de la novela. Varias veces, en varios lugares del mundo, retomé la pluma para volver a escribirlo. No podía. Las hojas en blanco se hacían más grandes día con día y los compromisos no me dejaban concentrarme. Tenía que estar solo. Mi buen humor desapareció. Escribir es un oficio solitario, un reto muy grande que requiere estímulos.

Un buen día, en el mes de marzo de este 1996, durante un desayuno, Julio Scherer me dijo: "Termínalo Miguel; ponte una fecha límite porque si no, no lo vas a acabar nunca. Es una muy buena idea que puede ser un buen libro, termínalo; ponte, por ejemplo, un mes de límite".

"¿Un mes?", le pregunté y él contestó animándome: "¡Sí!, inténtalo y envíamelo; hazlo como un reto. Tienes la idea y las palabras, ¡escríbelo!"

Hoy, 12 de abril, ha pasado un mes. Aquí está el libro y creo que "crecidito" para que camine solo. La fecha de entrega fue puntual. Gracias a mis eficientes secretarias La China y Sarita, y a la invaluable ayuda de Amador.

P.D. Gracias, Julio

PROPÓSITO

En México, una canción popular dice:

" ... l'águila, siendo animal, se retrató en el dinero...
para subir al nopal...
pidió permiso primero..."

Si el águila hablara es el título de esta novela, que plantea una serie de reflexiones sobre el lado humano que ejerce el poder presidencial sobre el presidente en México, por lo que también podría titularse *El águila y el presidente.*

Comenzaremos por hacer una serie de reflexiones sobre esta auténtica reina de las aves, dentro de nuestro contexto nacional y la razón de su existencia en nuestro escudo, en nuestra historia y desde luego, en el título de este libro.

El águila real *(Aquila Chrysaëtus Occidentalis)* es también conocida como "águila dorada", por los brillantes reflejos de su plumaje, que es de color pardo castaño oscuro, pasando al leonado en la cabeza y al gris en las timoneras, cuya punta es negra. Es la mayor entre sus congéneres.

Su vuelo es majestuoso y puede permanecer con sin igual elegancia prácticamente inmóvil en el aire o desplazarse suavemente con sólo sutiles movimientos de sus alas y cola.

El águila real es el animal que puede volar más alto, pero que nunca, por elevada que sea su posición, pierde la cabeza, porque no se marea en las alturas.

Esta águila, es la que adorna la parte superior de la silla presidencial y es la misma que está bordada en oro en el tapiz de la misma silla. La que, también bordada en oro, se encuentra en el centro de la banda tricolor, verde, blanca y roja, que se coloca sobre su pecho el presidente de la república el día de su toma de posesión el 1o. de diciembre, el día de su transformación de hombre a EL HOMBRE y que la lucirá en todos los actos oficiales de su sexenio. La misma que identifica, precisamente como la nuestra, a la bandera mexicana.

Es el águila que jamás duerme y ve al presidente de la república en mangas de camisa, con la corbata a un lado y mesándose los cabellos con desesperación diciendo las palabras más gruesas y la que lo ve en los momentos más gratos de su vida; ambas cosas nunca vistas en público, ni siquiera en los círculos más cerrados, por lo que sólo lo hace cuando cree estar solo y que nadie sabe de sus pensamientos y actos, pero no lo estará mientras dure el sexenio, porque precisamente allí, inmóvil, pero con los ojos atentos, y el oído agudo estará el águila cuidándolo, protegiéndolo, recriminándolo, observándolo; en una palabra, actuando como su conciencia.

Un instante antes de cruzar el umbral de la Cámara de Diputados para rendir la protesta de ley, él es el presidente electo, pero al contacto directo con el águila en la banda tricolor y al escuchar las notas del Himno Nacional, rindiéndole los honores de ordenanza, se convierte en EL SEÑOR PRESIDENTE y en ese mismo instante, el anterior deja de serlo, se desvanece para siempre. En este juego no hay revire y así ha sido desde hace más de sesenta años.

Una vez terminado el discurso de la toma de posesión, sólo uno de los dos hombres que comparten en ese momento la atención de todo el pueblo de México, canta el Himno Nacional, ¿sabe usted cuál? No, no es el SEÑOR PRESIDENTE, sino el saliente, por la simple razón de haberlo cantado durante seis años y es quien vive entonces un momento dramático que es compartido espiritualmente con la familia. Porque ésta también se siente muy mal al escuchar que las inmortales notas de Jaime Nunó son tocadas en honor de otra persona, que no es ni su padre, ni su hermano, ni nadie de la familia.

"México-Tenochtitlan es indestructible", dijo hace casi cinco siglos Nezahualcóyotl, frase que ha quedado demostrada con creces durante todo este lapso. Todos los gobiernos se han entregado con pasión desbordada a cumplir con su obligación, no todos lo logran, pero una verdad indiscutible es que al cruzar su pecho con la banda tricolor, todos están dispuestos inclusive a morir por servir a México.

Ese día la familia crece, aparecen más parientes y amigos por todas partes; todos se sienten influyentes y el presidente en turno, como otrora los emperadores aztecas, tiene que colocarlos en algún lugar, preferentemente honorífico, donde quede satisfecha su vanidad pero impidiendo su intervención en el poder. Su actuación tiene que ser muy prudente o el mismo presidente tendrá que alejarlos y quizá hasta castigarlos. ¿Injusto? No, porque no es su culpa ni tampoco la del presidente... es la vida.

Uno mismo, como familiar del presidente, siente la obligación moral de protegerlo, pero el primer año solamente, al tercero o al cuarto, surgen las tentaciones, surgen los consejeros de negocios, muchos de buena fe, pero hay otros muy especiales, como los que piden "la maquinita de hacer billetes y monedas sólo por unas horas" y desde luego los "abusados" que abundan y convencen a otros menos listos. Por esto la familia tiene que ser muy institucional si es que quiere proteger y cuidar al presidente. De lo contrario pueden caer en el pecado llamado "tráfico de influencias" y la tentación es muy grande.

En México hay un dicho popular que dice: "Al amigo pélale el higo y al enemigo el durazno", al que habría que agregar: "A la hermana y al hermano, cuídales la mano" y también, "con la familia, hay que estar siempre en vigilia".

El problema de la familia y de los amigos íntimos del presidente, la mayoría de las veces es similar al del marido de la mujer infiel; siempre es el último en enterarse de lo que ocurre a sus espaldas.

El más humilde de sus amigos o servidores, no deja de dar, cuando menos un "presidentazo" por año. "Sabe usted —acostumbran decir— si esto o lo otro se hiciera, le gustaría mucho al señor presidente." También en nuestra vida política es clásico el que algún familiar, al encontrarse con alguien importante, con voz engolada le recomiende: "No te alejes, acércate al presidente, a él le daría bastante gusto saber que tú lo estimas mucho". Luego siguen otras recomendaciones y colocaciones como las que logró quien en las siguientes páginas será uno de los principales protagonistas: El ingeniero Tierritas quien tuvo la buena cabeza para jamás meterse en "negocios sucios" o en problemas de narcotráfico, una de las tentaciones más graves en los últimos tiempos.

El papel de la primera dama es el más difícil. Por fortuna en México hemos tenido siempre a grandes damas que han cumplido su papel dignamente. Unas mejor que otras, pero siempre con dignidad.

En México no hemos tenido mujeres que creen que ellas también fueron elegidas por el pueblo como primeras damas, por eso han sabido guardar su espacio, dedicado con fruición a los niños, al desarrollo de la familia.

Es una realidad que en México no hemos tenido a ninguna Evita y las esposas de todos y cada uno de nuestros presidentes han tenido la virtud, cada vez con mayor calidad, de manejar y administrar su contribución histórica de pareja del presidente. Todas, en una palabra, han sido grandes damas y hasta el final de su función han soportado estoicamente todo lo inimaginable, con el resultado de haber realizado un gran papel al lado de su marido.

Pero volviendo a nuestro tema, si en la historia hubo un Guzmán el Bueno que no vaciló en entregar su cuchillo al enemigo para que con él mataran a su hijo, antes de entregar la plaza de Tarifa, cuya defensa le había encomendado el rey Sancho IV, un presidente de México no vacilaría ni un instante en hacer lo mismo o todavía más, si con ello preservara la integridad de la república. Es muy difícil, pero no imposible. Los negocios de la familia deben ser y, lo más importante, parecer honestos, y si ganan dinero, tiene que ser demostrada su legal procedencia no sólo en el momento, ni en el lapso de algunos meses, sino a través de muchos años... de toda la vida.

Pero este poder desgasta, enajena y trastorna. Cada uno de los años que dura en la presidencia, EL HOMBRE sufre un cambio de personalidad, que podemos calificar de síndrome, que cada doce meses se modifica. El primer año será el complejo de los *Santos Reyes* o de *Santa Clos*; el segundo, el del *Coordinador;* el tercero el de *Mesías;* el cuarto el de *Harún Al-Raschid,* el comendador de los creyentes de *Las mil y una noches.* El quinto, el de *Iván el Terrible* y el sexto y último el de el *premio Nobel;* cada uno con una razón, cada uno dura un año, todo es ineludible porque el destino parece marcarlo así y la historia lo confirma cada seis años.

Podría hablarse del síndrome del séptimo año, que podemos intitular, el año de la *comezón,* el del síndrome de la *esfinge* o el del *Tehuacán...* pero sin gas.

Todo en él cambia, el modo de ser, el modo de actuar, el modo de vivir, todo se transforma. El saludo, el estilo de caminar, su vocabulario, el tono de su voz, todo es diferente, modifica inclusive, agrandando, los rasgos de la firma, que a veces abarca todo lo ancho de una hoja de papel. El 1o. de diciembre de cada seis años, todo acaba y todo comienza.

El ritmo y el desgaste que tiene el presidente en los seis años lo incapacitan para seguir con absoluta normalidad, tanto física como mentalmente su vida cotidiana después de esta terrible misión. Ahora su misión es casi secreta y debe guardar silencio y un perfil bajo en el aspecto político. Al cumplir el sexenio, cuando para él todo termina, sufre una descarga de adrenalina acumulada durante el ejercicio, que lo deja lastimado para siempre o lo hace perder el juicio. De todas maneras, políticamente queda muerto en vida. Algunos se salvan.

Esto es lo que ve el águila, que es quien da precisamente su nombre azteca "cuauh", al único héroe a la altura del arte, como López Velarde calificó a Cuauhtémoc en *La suave patria,* que fue precisamente "el águila que desciende", muy diferente a lo que algunos bien o mal intencionados, pero desconocedores de la etimología, califican como "águila que cae".

De los quinientos tlatoanis que rodeaban a los emperadores chichimecas y aztecas, al fin de su reinado de cincuenta y dos años, la medida del sol o del siglo azteca, sólo quedaban cinco tlatoanis que cerraban el círculo de toda comunicación, lo mismo de fuera hacia dentro que de adentro hacia afuera, esto a pesar de suponerse que el *huey tlatoani* contaba con la mejor información del imperio, pero a veces tenía una pésima comunicación a nivel popular. La realidad era que él sólo conocía y actuaba a través de cinco seres, bien fueran reyes, guerreros, sacerdotes o consejeros, éstos también cambian cada seis años, pero entretejen una red que algunas veces dura varios años más.

Así en nuestros días, el presidente cuenta siempre en su comienzo con más de quinientos consejeros, amigos y colaboradores de varias generaciones entreveradas, como fueron en su momento la generación de los forjadores, la del 1900, la universitaria del '29, la generación del medio siglo, la del cambio, la de la modernidad, la del privilegio, la del esfuerzo y todas las demás generaciones que han existido después de la Revolución Mexicana.

Todos los presidentes, absolutamente todos, no pueden ni deben olvidar ni sacrificar a ninguna generación. Todos son necesarios aunque no indispensables, como son los dedos de la mano, por lo que al ir avanzando el sexenio, poco a poco son eliminados o borrados de las listas de Los Pinos. Algunas, o mejor dicho muchas veces son los más profesionales y los más limpios; pareciera que los que llegan les tienen miedo. La política es ingrata e igual que hace medio milenio, cinco personas son justamente las únicas que quedan al cerrar la jornada y que también cierran toda comunicación. Nada pasa directamente, todo es filtrado; hasta el teléfono privado, que antes contestaba el presidente, ahora es prácticamente controlado por alguno de los cinco que dará o no el recado. Ellos son quienes arreglan la agenda y los acuerdos, ellos son quienes informan y responden a los secretarios; todo según su amistad o compromiso y siempre de acuerdo con las circunstancias. Sólo el ejército mexicano se ha mantenido fiel a las instituciones y al margen de estos enredos.

El presidente no tiene tiempo para escuchar, menos para reflexionar; debe terminar con los trabajos comprometidos, con las fechas programadas, con las giras, con las inauguraciones. Los que quieren mejorar su posición en la inminente nueva administración, o subir en la escalera política del partido en el poder aprovechando los cambios, no vacilan en llegar a la ignominia, otros se van a la oposición, la lealtad ha desaparecido.

Todos los funcionarios públicos, todos, deberían rendir cuentas al partido que con su programa, su estructura y sus votos, los ha llevado al poder.

El trono de Moctezuma es terrible, celoso e ingrato. El trono de Moctezuma es una silla enorme y poderosa que sigue, pese a todas las vicisitudes, vigente en la historia del poder de México. Estar sentado en él requiere de un ejercicio de la voluntad y la vocación de servicio muy intenso. Como todo ser humano necesita descanso y vacaciones para pensar y decidir con serenidad, por ejemplo, el rumbo de un Programa Nacional de Desarrollo, sin perder de vista la meta que debe ser la educación, la seguridad y la justicia social.

A veces el poder se debe practicar con calor y elegancia; casi siempre con absoluta frialdad y como todo ejercicio, necesita práctica y destreza.

Destreza para aprender a ejercerlo y mayor destreza aún, para aprender a dejarlo a tiempo. Lo más importante es no olvidar que tiene un final: educar en esto a la familia y a los amigos. Quien no aprenda este ejercicio en privado, no lo podrá ejercer en público.

Grupos y capillas de notables intelectuales, sindicatos, ganaderos, comerciantes, periodistas e inversionistas privados, impiden muchas veces al presidente la visión clara de lo que ocurre en el país; pero él tiene que estar ahí alerta, haciendo investigaciones, escuchando a la gente, llevando el timón hasta el último día de su mandato, porque no hay barcos con dos timones. La situación es diferente al entrar que al salir, simplemente otra óptica, otras opciones, otras causas, otros compromisos, otras soluciones.

La presidencia, o mejor dicho, el presidencialismo, nació en América, mientras el parlamentarismo es eminentemente europeo. En concreto, el presidencialismo se practica en nuestro continente desde que tomó el poder el primer presidente constitucional de toda América: George Washington. El parlamentarismo por su parte, nace con el senado romano. Aquí en México hay estudios de opinión cada vez más profesionales, imparciales y justos. No existe en nuestra historia, ni tenemos todavía, la cultura del plebiscito o referéndum, ni figura aún en nuestra Constitución, pero el cambio nos lleva por esos rumbos.

Si se aplicara bien y en forma responsable la ética y la corresponsabilidad de los medios de comunicación, escritos y electrónicos, éstos deberían ser los mecanismos de opinión que reflejaran la auténtica opinión y no la manipulada.

Pero como sucede en todas las reglas, no debe abusarse del presidencialismo y de los que quisieran llevarse el poder con ellos, o quienes quieren dejar herederos para perpetuarse. Por eso es preciso tener constantemente en la mente dos artículos que si no están en la Constitución deben estar en su agenda. A saber. Artículo 1o.: El que manda es el presidente. Artículo 2o.: Si el presidente se equivoca, vuelve a mandar. Artículo transitorio: Nunca intentes mandar cuando has dejado la presidencia.

En una ocasión en que el presidente Echeverría visitó al presidente Allende en la República de Chile, fue acompañado de un grupo de intelectuales mexicanos, entre los que se encontraba el poeta Carlos Pellicer, quien le dijo al presidente Salvador Allende: "Señor presidente: nosotros que hemos visto a los cóndores volar, sabemos que la soledad está en razón de la altura". Algo parecido ocurrió antes en Argentina, entre el presidente Juan Domingo Perón y el ex presidente Miguel Alemán Valdés.

Esta soledad que vive el presidente es la que bien conoce el águila. El águila que siempre está presente. El águila que ve cómo cae un sol para que nazca otro, la que ve cómo termina a sangre y fuego el imperio azteca, para simultáneamente ver entronizarse sobre sus cenizas al imperio español; porque no podemos olvidar que Carlos I, —que tal era su orden en la dinastía española, puesto que era en la alemana donde figuraba como el quinto con ese nombre— en realidad no era rey, sino desde niño un auténtico y absoluto emperador que manejaba su imperio con virreyes.

Pero este imperio cae también, como cayó Roma, Egipto o Japón en la historia clásica y Perú en nuestro continente. México logra su independencia para caer en el juego del poder. Iturbide se nombra a sí mismo emperador, pero llega Santa Anna a proclamar la república, que como él mismo lo comentó en alguna ocasión, no tenía ni la más remota idea de lo que significaba el término. La realidad es que se trataba de eliminar a Iturbide y no encontró mejor fórmula para sucederlo que con lo que solamente se puede calificar como república imperial.

Llega Ayutla, nueva revolución que ahoga en sangre al país con objeto de imponer la democracia; en la cúspide de la contienda aparece Benito Juárez, que lucha por el liberalismo, por la Constitución, por la república y termina convirtiéndose en presidente con seis sucesivas reelecciones, pero sólo una de ellas por el voto electoral, las demás, por circunstancias históricas, políticas o bien personales, completando catorce años y medio de poder, del que sólo la muerte lo puede arrancar.

Nuevas luchas, nuevas oleadas de sangre y fuego y llega Porfirio Díaz para instaurar una nueva época histórica, pero bajo el mismo rubro: la república imperial, la dictadura, con tres décadas de poder absoluto.

Nueva revolución y comienza la historia de las instituciones, pero la presidencia imperial no termina. El presidente de México es muy poderoso, con una sola limitante: la duración de su mandato, la duración de su función en el poder. Está limitada a seis años y no puede durar ni un solo día más. Debe prepararse y convencerse de que su carrera política ahí termina. Para él es difícil, pero generalmente para su familia y sus amigos, lo es mucho más.

El águila lo sabe. Cada seis años, bajo sus alas tiene un nuevo personaje, una nueva cara, una nueva persona con diferente nombre pero que en realidad es la misma. Es la misma figura de Moctezuma Ilhuicamina, el primer Moctezuma, el creador del poderío azteca, el primer gran tlatoani, el heredero de Itzcóatl, el destructor de todos los códices que hablaban de la parte humilde y gris de los aztecas para que todos vivieran orgullosos de pertenecer a un pueblo de triunfadores.

El secretario del presidente debe ser, siempre, una especie de genio. Muchas de las quejas nacionales y personales le llegan directamente y deben ser contestadas y resueltas; debe dar prioridad de entrada a los ganadores. Los perdedores sólo le quitan tiempo a un presidente.

Diego Mendoza Luna, un hombre de las circunstancias, es el ingeniero Tierritas, el personaje central de esta obra, que precisamente es un hombre con buena suerte, que logró colocarse físicamente muy cerca de diez presidentes de la república, pero que nunca cayó en el tráfico de influencias. Simplemente su éxito fue que muchos políticos, industriales y gente de sociedad, lo creyeron influyente y él les siguió la corriente.

Diego, el ingeniero Tierritas nunca pidió nada; todo se lo dieron; todo comenzó por pequeños obsequios y atenciones sin compromiso y a pesar de que luego que comenzaron los buenos regalos, como relojes, casimires, automóviles y terrenos, él dio más ayuda de la que verdaderamente recibió.

Comenzó con un pedazo de tierra, siguió con varios; los cambió, compró otros más que luego desarrolló y urbanizó, ganando mucho dinero y la gente, cuando veía algún terreno bonito en alguna parte del país y preguntaba sobre quién sería su dueño, los lugareños generalmente contestaban con un "ha de ser el ingeniero Tierritas... creo que es constructor..." y la leyenda que en este caso fue real, siguió hasta que llegó a ser presidente de una muy fuerte compañía constructora.

La República Mexicana es una realidad y cambiarla sería cambiar a México. No a su cultura, sino a su educación.

El mundo cambia y México cambia. El presidente limita su función dentro de la Constitución y nos volvemos una real federación. En el mundo y en México los gobiernos cambiaron, pero los partidos políticos no y necesitamos que todos los partidos, grandes y pequeños, sean fuertes.

La frase que el autor de nuestro himno inscribió en su primera estrofa, donde dice *"... que en el cielo tu eterno destino, por el dedo de Dios se escribió..."* es nuestra historia. Es nuestro destino y cada uno de los hombres que por seis años conducen nuestra nación, están convencidos de ser los elegidos de los dioses. No es por vanidad, es por convencimiento.

México cambia para bien. Las voces son más escuchadas con respeto y consideración porque la sociedad es cada vez más plural, crítica y participativa. Ya nadie se deja, pero no debemos olvidar nunca nuestras obligaciones para hacer valer nuestros derechos. Todos podemos ayudar.

Todos los presidentes han sido decisivos en su tiempo. Todos criticados al día siguiente de dejar el poder, cuando apenas se han despojado de la banda con el águila. Su obra, su honor, algunas veces son reivindicados cuatro o cinco lustros más tarde, cuando alguien reconoce lo que hicieron.

Equivocados, es posible, de mala intención... jamás.

El águila es el cielo... la serpiente es la tierra.

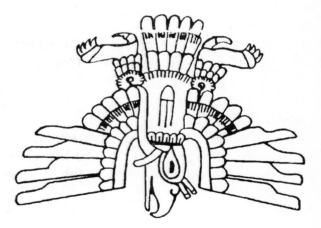

CAPÍTULO I

PARECE QUE VA A LLOVER
(Antonio Matas)

La tormenta había quedado atrás; el avión Grumman IV iba a cuarenta y cinco mil pies de altura en ascenso directo, por encima de las condiciones atmosféricas desfavorables. Abajo quedaban cúmulos, nimbus, toda esa especie de grandes hongos formados por las nubes, que son extremadamente peligrosos en la aviación, porque a veces contienen tanta electricidad o simplemente tienen tanto hielo, que los aviones se desploman, prácticamente como si chocaran contra un iceberg de hielo macizo o contra una columna hueca que provocaría un desplome vertical después de hacer "aplaudir" a las alas del aparato.

Pero el ingeniero Tierritas, desde la cabina de los pilotos veía hacia adelante el cielo lleno de estrellas a una velocidad de más de quinientos nudos.

Parecía como si fuera directo hacia la estrella Venus, la misma que veía tan cerca y a la vez tan lejos muchas veces por la noche, cuando era un chamaco, arriba de las montañas de Huayacocotla, en Veracruz.

Quería llegar a tiempo al juego de beisbol en Houston donde se iniciaba la parte interesante de la temporada, pero al sobrevolar la ciudad, ya casi para bajar y cumplir con los trámites aéreos, migratorios y aduanales de costumbre, le avisaron por el radio del avión que el juego se había suspendido. Todos los jugadores de beisbol de la Unión Americana se iban a la huelga y la temporada de este año estaba amenazada con suspenderse, cosa insólita pero sólo uno más de los acontecimientos fuera de serie que se están sucediendo en la última década del siglo y que hace apenas unos cuantos años nadie podía ni siquiera imaginar fueran a concretarse.

—Imposible —respondió el ingeniero Tierritas, para añadir—: Capitán, vendremos a Houston la próxima semana, por lo pronto por favor regrese a México y hable con mi secretaria de la oficina de Houston para que me arregle un desayuno con el subsecretario López este lunes en la ciudad de México y así ver en qué queda el asunto que lleva tantos meses dándole vueltas.

El avión dio un giro; el capitán modificó su plan de vuelo informando a las autoridades aeronáuticas y regresó al mal tiempo que había sorteado apenas unos minutos antes.

Tierritas sintió algo en su interior que le sacudió. Algo le decía que era muy importante su regreso a México, algo que hacía meses le rondaba en la cabeza sin saber lo que era, pero que definitivamente tenía que ver con su destino, se acercaba; algo que a veces le angustiaba y no sabía qué era, lo veía muy cerca cuando el avión tornaba rumbo a México. "México está cambiando... y muy rápido", dijo inconscientemente en voz alta, para detener su pensamiento en el fenómeno de la inflación, el peor de los impuestos, para volver a expresarse en voz alta diciendo: "No sé por qué me late que se viene una nueva devaluación del peso".

Sin embargo, con su característica seguridad pensó que eran suposiciones, se volvió a su cabina, tomó un whisky Chivas Regal, "aunque Dewards, White Label, es mi favorito" y mirando por la ventanilla, se quedó profundamente dormido.

CAPÍTULO II

LAS CHIAPANECAS

(Manuel Castro Padilla)

Son las seis y media de la mañana del lunes 23 de mayo de 1994, la claridad del sol empieza a dibujar los perfiles de los edificios, que esta mañana, pese a ser plena primavera, se encuentran desdibujados por una pertinaz lluvia, cauda del chaparrón que cayó durante la noche, a causa de un frente frío procedente del norte, que entró al país por el estado de Chihuahua.

Bostezando y haciendo titánicos esfuerzos por despertar realmente, llega al hotel Camino Real a toda prisa, procurando contra su proverbial costumbre, ser puntual por esta vez, Julio Cárdenas Treviño, enfundado en unos pants que tuvo que pedirle prestados a su hijo, ya que a él esto de la carrera en verdad no se le da, lo suyo es la natación, que ejercita prácticamente a diario, pero está consciente de que tiene que cumplir el compromiso contraído apenas la noche anterior con

Toshiro Mutu, enviado del influyente periódico *Asahi Shimbun*, antes colaborador del *Japan Times*. Mutu viene para permanecer el tiempo suficiente para dar su versión sobre las elecciones federales y de presidente de la república que habrán de realizarse el domingo 21 de agosto y compararlas con las de Estados Unidos de Norteamérica y, desde luego, con las de Japón.

El proceso electoral de México en este 1994 ha despertado gran interés en todo el mundo y muy especialmente en los ámbitos políticos y económicos del Japón, ya que su comercio con Estados Unidos se sentía amenazado ante las posibilidades que en la Unión Americana ha adquirido México, lo mismo que en Canadá, como consecuencia del Tratado Trilateral de Libre Comercio, TLC en México y NAFTA en Estados Unidos, con apenas cinco meses de vida y su continua e imparable extensión a toda América Latina y, ¿cómo aguantar un proyecto a quince años cuando en México se mide cada año y el saldo total es de seis?, ¿aguantará?

Porque hasta dentro de quince años sabremos a ciencia cierta si el Tratado funcionó para los tres países o no. En este lapso habrá altibajos, ajustes técnicos, pero no resultados definitivos, y si funciona, le servirá a toda América Latina, al Japón y a varios países europeos, sobre todo a España, Italia, Francia, Alemania e Inglaterra.

En México existe la cultura de las inauguraciones, pero no la del mantenimiento y menos la de negocios a largo plazo. Aquí los plazos son de 30, 60 y 90 días. Habrá que reeducarnos a hacerlos de 7, 10, 15 años, o más. Credibilidad, paciencia, estabilidad, confianza, justicia y equidad a corto plazo, son vitales para el cambio.

Ahora el plan era asimilar el hecho de que el GATT se transformara en OMC y conforme todos los índices, la política gubernamental del presidente William Clinton había tomado esa dirección. Para México iba a ser muy difícil. Habría más críticas que apoyo y cero comprensión, porque todo debía modificarse. Era como tirar la Muralla China o el muro de Berlín y los beneficios para la mayoría de las personas, es decir del pueblo, en donde le importa es en sus bolsillos y sólo se podría medir, o mejor dicho sentir, hasta dentro de quince años. La meta es más trabajo y mejor remunerado. Exportar productos, no gente. Más tecnología y más educación.

A pocas cuadras del hotel Camino Real, Julio Cárdenas en forma inconsciente hacía memoria sobre los excelentes nexos que le unen con Toshiro, sólida amistad iniciada en enero de 1989, justo cuando se iniciaba el régimen del presidente Salinas y en ocasión del fallecimiento del emperador Hirohito, razón por la que fue enviado a Japón para cubrir para su diario los solemnes funerales.

Desde entonces, ambos se han profesado mutuo apoyo profesional, mismo que se ha intensificado últimamente, gracias a los informes que Cárdenas obtiene del periodista nipón, quien por el revolucionario sistema Internet ha enviado a Cárdenas Treviño información sobre algunos comunicados del subcomandante Marcos, captados primero en Tokio, vía Suiza, que en el propio México.

La guerra —así calificada en muchas partes del mundo— en Chiapas había durado de hecho solamente nueve días y se había logrado sentarse a buscar un diálogo para llegar a una paz justa. Buscar la manera de ayudar a los indios de Chiapas olvidados durante tantos años era la causa oficial del conflicto; sin embargo, la realidad era otra, ya que las peticiones del grupo zapatista caían más en el terreno político que en la búsqueda de una solución al conflicto social.

De todas formas, el problema chiapaneco era muy doloroso y había la oportunidad de tratarlo a fondo y resolverlo. Su solución resolvería simultáneamente problemas similares entre las etnias en otros estados que conforman la República Mexicana. El presidente tenía que conservar la cabeza fría y la tuvo. Habían lanzado a los más humildes e indefensos por delante, inclusive mujeres y ancianos armados —según se dijo— con rifles de madera.

De esta manera, la guerra armada se había transformado en una "guerra de declaraciones", que efectivamente llevaba cinco meses de duración, con gran ventaja para los rebeldes, pues mientras el gobierno sólo utilizaba los medios convencionales de comunicación, conocidos como "medios masivos", o sea, radio, televisión, cine y prensa, los del EZLN, a través de varias organizaciones no gubernamentales —ONG— que argüían ser defensores de la ecología, de la democracia o de los derechos humanos, usaban el sistema Internet, con cerca de 30 millones de suscriptores en todo el mundo, llenando el espacio de mensajes saturados de exageraciones en contra del ejército mexicano y del gobierno, tanto estatal como federal.

De esta manera, los "guerrilleros electrónicos" recibían fuertes cantidades de dinero del extranjero, especialmente de Alemania, Francia, Holanda, Suiza y Estados Unidos, así como elementos técnicos para transmitir sus mensajes, como son teléfonos, computadoras y módems, teniendo además a su disposición directorios como *Peace Net, Chiapas List, Mexpaz* o *México '94*, logrando crear una verdadera ofensiva cibernética, transmitiendo a través del IGC ubicado en San Francisco, California, proveedores del "espacio de la red" y con apoyo irrestricto de otras instituciones. Libros se escribieron sobre el tema como *Ya basta,* con un prólogo de Regis Debray.

Además existían apoyos internos que eran quienes lograban las traducciones de los comunicados, así como de los libros sobre el subcomandante Marcos, realizadas por profesionales de alto nivel académico, egresados de centros universitarios como la UNAM, la UAM, la Universidad de Texas o también de seminarios y algunos centros religiosos que organizaban sondeos de opinión y preparaban una gran convención nacional en los Altos de Chiapas, en un paraje llamado "Aguascalientes".

Finalmente el subcomandante Marcos va a terminar como "un guerrillero de Internet" y a lo mejor en su afán protagónico sucumbe ante el embrujo del *Star system* de Hollywood y termina en "subcomediante". Bueno, lo importante es que se arreglen los problemas sociales de Chiapas y sus etnias con el consecuente final de los nefastos cacicazgos.

Existían otros nexos con Toshiro que Julio no podía olvidar, como cuando en septiembre del año pasado, al enterarse el periodista japonés de la enfermedad de su hija, le recomendó en forma personal con un médico muy amigo de él, que tenía su consultorio en el Hospital Metodista de Houston.

Largos días había pasado en el hotel Marriot, ubicado junto a la Torre Schurlock's, edificio de oficinas y consultorios médicos, comunicados con el hospital por un puente peatonal cubierto, aguardando por la salud de Margarita, su verdadera adoración. Recordaba con todo tipo de detalles el menú del restaurante Deerfield's, donde tantas veces, por mero reflejo, comía una ensalada César, un sandwich de atún y un corte New York, acompañados por una cerveza Corona.

Los recuerdos se agolpaban en su mente, haciéndole vivir de nuevo aquellas tardes al salir del hospital bajo el enorme domo de acrílico, frente a la capilla ecuménica Wiess, escuchando el refrescante sonido del agua de la fuente, adornada por una estatua de un enorme delfín montado por un mancebo desnudo, representando a Arión, con un arpa en la mano que con su estilo primaveral hacía contraste con el otoñal fuerte sonido de los grillos que como chicharra, como una especie de alarma ensordecedora, sonaba interminablemente todas las tardes desde los robles y nogales de toda la ciudad de Houston. Este impresionante concierto se iniciaba puntualmente a las seis de la tarde y se prolongaba hasta la caída del sol.

Allí, fuera del hospital, se quedaba mirando a la estatua de unos niños que jugaban con unos "pájaros azules" que representan la felicidad, la salud, esa que debe estar siempre en casa y no afuera y los recuerdos se agolpaban. La salud de su hija la asociaba siempre con la amistad de Toshiro y el concierto de los grillos parecía ser el punto de reunión de todos los recuerdos, que curiosamente concluían y se anclaban en el entronque de la calle Kirby con Herman Drive, donde se ubica la Plaza de los Sobrevivientes del Cáncer, dedicada por Richard Bloch a Annette, su mujer, que se salvó del terrible mal y por lo que, agradecido a Dios y a la ciencia, había construido una pérgola en la que todos los días, afortunadamente, aumenta la lista con los nombres de los agradecidos.

Siempre debe haber una esperanza.

CAPÍTULO III

PARA QUÉ VOY A NEGARLO
(Manuel Pomián)

Un escandaloso claxonazo de una señora con tubos en la cabeza, que probablemente llevaba a los niños a la escuela, hizo volver a la realidad a Cárdenas que se encontraba a las puertas del estacionamiento del hotel, donde haciendo contraste con Julio, se encontraba auténticamente fresco y con una vestimenta deportiva que le quedaba que ni pintada, Toshiro Mutu.

Su lacio pelo negro, sujeto con una brillante banda con signos orientales, que tal vez decían algo así como Sony o Mitsubishi, coronaba a Toshiro que estaba dispuesto a eliminar toxinas gracias a la carrera que iba a realizar, sobre un piso mojado pero ya sin la lluvia que a esas horas parecía haber terminado para dar paso a un sol radiante. En Toshiro sólo se adivinaba, por un pequeño bulto en la sudadera, que venía profesionalmente preparado con una grabadora o una cámara. Lo demás, deporte total.

Tras los saludos de rigor, revivió los recuerdos del día anterior, domingo por la tarde cuando, con la característica puntualidad de Japan Airlines, al dar el reloj local las 17:45, tocó tierra mexicana. Dado que la lluvia había lavado la contaminación de la atmósfera del Distrito Federal, Toshiro, desde la altura, se había subyugado por la belleza de los volcanes, el Popo y la Mujer Dormida, tan semejantes y tan diferentes a su Fujiyama. Le sorprendió la inmensidad de la ciudad de México y su lluvia de luces, no en letreros luminosos espectaculares como en la calle de Ginza en Tokio, sino al contrario, regadas por doquier.

Después, en el trayecto entre el aeropuerto y el hotel, en el auto hábilmente conducido por Julio Cárdenas Treviño, Toshiro admiró las largas avenidas Insurgentes y Reforma, para llegar al final al Camino Real, hotel que pese a su relativa modernidad, ya que se fundó al tiempo de los Juegos Olímpicos de 1968 en el solar que antes ocupara el Hospital Inglés, posee ya esa prosapia de los grandes emporios turísticos. Una vez registrado, en el bar del amplio y espacioso *lobby*, característico, como pocos sitios, del estilo del arquitecto Ricardo Legorreta, que le hizo recordar la arquitectura estilo maya que utilizara hace muchos años el eminente arquitecto Frank Lloyd Wright en el hotel Imperial de Tokio, paladeando sendos whiskies, porque el sake y el tequila, como el café, les quitaba el sueño, se habían reidentificado estos dos amigos, tan unidos en mucho, tan lejanos en mucho más. Después vino el "sayonara" y el "hasta mañana".

Sin dejar de charlar, iniciaron trotando la carrera mañanera reafirmando su sólida amistad; comentaron los dos temblores que se habían sentido poco antes de las ocho de la noche, cuando Julio ya lo había dejado en su habitación y los cuales no le impactaron como al resto de los turistas hospedados en el hotel, ya que en Japón, lo mismo que en México y en California, estos fenómenos son algo, si no normal, sí bastante frecuente.

De los temblores y siguiendo la temática, Julio pasó a comentar las fumarolas que últimamente había tenido el volcán Popocatépetl, que en su nombre náhuatl, "el cerro que echa humo", llevaba inscrito su destino. De allí comentó que precisamente a su mujer, él la llamaba "la Iztaccíhuatl", pues siempre estaba dormida y no lo sentía cuando llegaba bastante noche tras la jornada periodística y se quedaba sin cenar y, por supuesto... sin nada.

Luego pasaron a comentar la impactante muerte de Jacqueline Kennedy, apenas el jueves anterior, cuando solamente contaba con sesenta y cuatro años de edad y ya llevaba más de tres décadas de haberse convertido en una gran leyenda viviente de nuestro siglo.

Los temas fluían al gravitar por su propio peso, como era el caso de las protestas de quienes, justamente el día anterior, no habían sido nominados como candidatos a diputados por el PRI, lo que dio pie a Julio para explayarse sobre la situación actual del partido oficial, que muchos académicos e intelectuales mexicanos suponían ya catastrófica y agónica irremediable, lo mismo que muchos comentaristas y columnistas de los principales diarios de la capital.

Estas "supuestamente autorizadas y expertas voces", obviamente habían traspasado las fronteras, llevando su preocupación hasta Japón, siendo precisamente el análisis de la situación del partido con más de 60 años en el poder en México, uno de los puntos anotados como muy importantes en la agenda del periodista japonés. Ante la pregunta de Toshiro, Julio, viejo lobo del periodismo político, comentó que en todas partes sucede lo mismo, que hay momentos en que los partidos políticos más sólidos parecen, o pueden caer, pero que a su juicio no era el caso de México, pues la habilidad no sólo del PRI, sino de todo el sistema político mexicano, se puede considerar distinta y difícil de entender en el exterior, pues aunque lógicamente formados por hombres no sólo falibles, sino en muchas ocasiones francamente nefastos, habían subsistido radiantes, gracias a haber sabido asimilar los cambios indispensables año tras año, época tras época y sexenio tras sexenio.

Toshiro, aunque con reservas, aceptó la teoría de Cárdenas, basada en que las administraciones deben cambiar, adecuándose a las circunstancias y los partidos tienen que adelantarse a su tiempo para no ser rebasados por la sociedad. La prueba era que en contraste con las crisis ocurridas en cualquier parte del mundo a causa de asesinatos y atentados, en México se superaban.

—Hoy justamente —recalcaba Cárdenas— se cumplen dos meses del asesinato de Luis Donaldo Colosio y ya ves, todo está volviendo a su cauce. El candidato llamado por algunos "sustituto", poco a poco, día a día, está dejando a un lado esta calidad de sustituto para alcanzar su propia dimensión como candidato del PRI al gobierno de la república.

—Y lo mismo debe pasar en los sindicatos. Los que no se adelantan a los tiempos, que no analizan a futuro la sociedad, son irremisiblemente rebasados. Debe pugnarse hoy más que nunca por un sindicalismo renovado, porque estamos viendo que antes existían grandes empresas con grandes sindicatos, pero por no cambiar, por estar con la mirada fija en el pasado, estamos llegando a una época con grandes sindicatos, pero sin empresas, y esto no sólo ocurre en México, sino en muchos otros países. No hay que mirar, te lo digo Toshiro, al pasado, sino al futuro —dijo muy enfáticamente Julio.

Toshiro era auténticamente una esponja que quería conocer lo más posible de la vida política de México y por su parte Julio, ávido de hacer comentarios no dejaba de hablar y así, pese a estar jadeante por la carrera a la que no estaba acostumbrado, le seguía el ritmo al japonés que se sentía a sus anchas y la altura de México, fatal para muchos extranjeros, no le afectaba en lo más mínimo. Habían salido del hotel tomando la avenida Rubén Darío y a la altura de la embajada de Canadá, tornaron a la izquierda, para correr por la antiguamente llamada La Milla y hoy con el nombre oficial de Gandhi, para atravesar el Paseo de la Reforma y entrar de lleno al Bosque de Chapultepec.

Se encontraron de frente con el tótem obsequiado a México por el pueblo y gobierno de Canadá, muy cerca de donde se encuentra el Parque de las Américas, donde, conociendo Julio los sentimientos en favor de la ecología y la naturaleza del japonés, le recordó que allí se habían sembrado árboles donados por todos los países latinoamericanos en la celebración del Día Mundial del Medio Ambiente en 1990 y que había sido depositada una "cápsula del tiempo" con buenos deseos, para abrirse diez años más tarde, en el año dos mil, para ver si algo se había logrado cumpliendo con estas pautas, pero más que nada, comprobar si realmente se había iniciado en México una nueva cultura.

CAPÍTULO IV

DOS ARBOLITOS

(Chucho Martínez Gil)

Pero el esfuerzo ya hacía estragos en el organismo del periodista mexicano; sus jadeos eran constantes y, materialmente, ya no podía articular una palabra que se entendiera. Toshiro comprendió y se detuvo, sentándose en el césped para reposar.

Allí, frente a sus ojos, lucía imponente la parte oriental de Los Pinos, la residencia presidencial. Parpadeando ante la imponente construcción, con sus amplios jardines, Toshiro preguntó a Julio:

—Oye, ¿de quién es esa residencia?, ¿quién vive allí?

Jadeante aún, Julio respondió:

—Nadie... en verdad... nadie vive aquí... bueno, una familia la ocupa; pero sólo durante seis años... es, hazte de cuenta, una casa de huéspedes en la que no se puede pasar ni un solo día más, transcurrido el periodo de seis años. Es —continuó Julio— una casa de huéspedes muy especial, no se paga renta... pero casi se paga con la vida. Se entra joven y se sale viejo. Seis años sin intimidad, con reflectores, micrófonos y presiones a cada instante, lo que convierte a su huésped en el hombre más importante y más poderoso del país, pero la salida de esta casa... es una terrible muerte en vida; al día siguiente de dejar el poder se convierte en un personaje de novela de Stephen King, cuando menos desde el punto de vista político, porque es preciso desvanecerse... El que vivió aquí, jamás podrá habitar esta casa en las mismas condiciones; es como el agua de un río, siempre tiene que ser nueva... sin embargo... esta casa es el sueño, la meta, de todos los políticos mexicanos. Pese a ser una casa aparentemente fría y sin sentimientos, tiene un nacimiento romántico —relataba entusiasmado Julio a Toshiro allí, sentado en el húmedo césped del Bosque de Chapultepec— verás, hace sesenta años era el casco del Rancho de la Hormiga, cuando el general Lázaro Cárdenas la compró para el gobierno de la república, para que fuera habilitada como la residencia oficial del Ejecutivo Federal, porque Cárdenas no quiso seguir la norma de sus antecesores en el primer puesto de la nación, a partir de don Porfirio Díaz, de habitar el Castillo de Chapultepec. La razón, según sus partidarios, porque esos lujos no concordaban con la sencillez de su vida; según sus detractores, porque el Castillo carecía de intimidad, además de ser exageradamente ruidoso. El hecho es que compró este casco, poniéndole el nombre de Los Pinos, y aquí está precisamente el romanticismo al que te hice referencia, en recuerdo de un paraje de Tacámbaro, donde don Lázaro había conocido a su esposa doña Amalia; en recuerdo de ese lugar y de aquellos días, Los Pinos fue desde entonces su nombre.

Julio, medio repuesto, pues Toshiro seguía tan fresco como al comenzar, emprendieron a medio trote la vuelta al hotel. Al más puro estilo de su tierra, en llegando a éste, Toshiro se dio un relajante baño de vapor, que por poco le cuesta un infarto a Cárdenas, pero al final, repuestos por un reconfortante masaje y contentos y relajados, decidieron ir al restaurante Los Azulejos para disfrutar de un buen desayuno estilo mexicano.

Eran las nueve y media de la mañana y justo al llegar, prácticamente chocaron con el ingeniero Diego Mendoza Luna, quien abandonaba molesto y a grandes zancadas el restaurante porque un subsecretario, con quien tenía unos asuntos pendientes, lo había citado desde el viernes para desayunar y sin dar ninguna disculpa simplemente no se había presentado, lo que en buen lenguaje significaba que "lo había dejado plantado".

Pero al momento de ver a Cárdenas Treviño, como un relámpago cambió el semblante de Mendoza Luna; la sonrisa más esplendorosa se dibujó en su rostro y ambos se fundieron en un afectuosísimo abrazo. Tras la presentación de Toshiro, Diego explicó la amistad con Julio diciendo folclóricamente que: "Muchos años y muchas peleas en la Coliseo los unían", y sin mayor trámite ambos se invitaron a desayunar, explicándole a Toshiro —de quien Julio se expresó como un auténtico amigo "con el que no tengo más compromiso que platicar sobre la situación en México"— que de otra forma todo quedaría en el clásico "a ver cuándo nos vemos para comer o desayunar", lo que nunca ocurre pues siempre la agenda está no sólo llena, sino con tres o cuatro compromisos para ver cuál es el que se cancela a última hora y se acaba asistiendo a dos comidas a la vez.

De esta manera, tenedor en ristre y tortilla al lado, los tres atacaron el opíparo desayuno y allí, dos verdaderos profesionales en lo que a cultivar la amistad se refiere, como eran Julio y Diego, hicieron excelente química con la innata simpatía y la sincera cortesía oriental de Toshiro. En esta mañana, en este lugar, quedaba establecido un triángulo de amistad que pronosticaba muchas horas de buenos ratos y muchas más de sabrosa y amena plática.

Una vez terminado el desayuno, el japonés comentó a sus ya para entonces dos grandes amigos, casi compadres, sobre la casa tan enorme, ese jardín sin límites, la explanada, la guardia, la solemnidad, lo imponente de ese lugar que, además, tenía un nombre tan romántico: Los Pinos.

—Pues mira —dijo Cárdenas con amplia sonrisa— para hablar de ese lugar, no hay individuo mejor informado, nadie que conozca más los caminos cortos, los atajos, los vericuetos políticos que tienen esos jardines que aquí mi querido amigo el señor ingeniero Diego Mendoza Luna —dijo con fingida solemnidad.

—Si en verdad te interesa el tema y quieres conocerlo a fondo, el destino hoy te hizo la más maravillosa jugada de tu vida, conocer a este hombre que es conocido en los ámbitos políticos, sociales y periodísticos, como el ingeniero Tierritas.

—Sin vanidad —replicó sonriente Diego— es cierto lo que dice Julio. La suerte, la vida, el destino como él dice, me puso hace muchísimos años, a principios de 1935, en los días más fríos de enero, en una posición que parece absurda, pero que me permitió conocer, en condiciones que te contaré, a todos los presidentes que ha tenido México desde entonces, así como a otros personajes muy importantes de México.

—Pero señores —continuó diciendo Diego— la verdad ya es tarde y recuerden que lo que no se hizo en lunes, pues ya no se logró en la semana, así que me van a disculpar, pero yo me retiro. Eso sí, visto el interés que tiene en nuestra historia política nuestro nuevo amigo Toshiro, los invito a los dos, el próximo jueves, a comer y a platicar sabroso.

—Tienes razón —dijo Julio— ya es tarde y tengo que ir al periódico pues quiero saber por fin quiénes quedaron en las listas del PRI para diputados; además, Toshiro tiene también compromisos que cumplir, así que la dejamos para el jueves sin falta. Lo que sí, como te conozco bien —dijo refiriéndose a Diego— voy a cancelar todo lo que tenga para esa tarde y lo mismo te aconsejo —ahora hablando directamente con Toshiro— pues si se le suelta la lengua a éste, nos podemos amanecer.

—Bueno —replicó de inmediato el ingeniero— pues mandamos por un grupo de mariachis y así terminamos mejor la reunión. Luego se echó una sonora carcajada.

Los tres se pusieron de pie; el clima había cambiado ya del todo y por los ventanales de Los Azulejos se veía brillar en toda su intensidad ese sol mexicano que marca nuestro futuro. "Este es México", pensó Julio, "se nubla, llueve, caen relámpagos y parece que se acaba el mundo, pero al ratito vuelve a brillar el sol, pese a contaminaciones, complots, envidias, rumores, todo lo supera este México, nuestro México de hoy y de siempre, donde nada es permanente... sólo el poder".

Julio llevó a Toshiro en su automóvil a la embajada de Japón en el Paseo de la Reforma y en el camino, haciendo un recuerdo de lo que a todo mundo preocupaba, el crimen del candidato priísta, Toshiro argumentó que también en Japón "se cuecen habas", haciendo referencia a la típica frase mexicana, para recordar que el crimen organizado había hecho caer por cuarto año consecutivo, y prácticamente colapsado, el precio de los bienes raíces.

El gobierno había tenido que intervenir para salvar algunos pequeños bancos y sobre todo, defender a los inquilinos de una banda de "bouncers" o "gorilas", llamada *Yakuza*, que había nacido y se había organizado durante la "burbuja económica" que creció durante los años ochenta y que, principalmente, hizo subir artificial y exageradamente tanto a la Bolsa de Valores como a los bienes raíces.

Esta banda de gángsters se dedicó de lleno a la compra de propiedades, utilizando la fuerza con los dueños e inquilinos, obligándolos a vender sus propiedades, parcelas y terrenos o a salir de sus casas, oficinas y departamentos; se descubrió todo cuando una asociación de crédito pidió ayuda a la policía.

—Entonces tronó el cohete —dijo Toshiro, continuando con frases verdaderamente tradicionales mexicanas que bien había aprendido— porque, efectivamente, un par de meses después, el 14 de septiembre, de un tiro en la cabeza mataban a Kazufumi Hatanaka, de cincuenta y cuatro años, gerente del banco Sumitomo de Nagoya. Había sido un "ejecutivo" de tipo mafioso y murió justo frente a su departamento.

Yamanouchi, un espléndido novelista japonés, ha escrito grandes éxitos de librería sobre el tema, como *Kamashiki Hittoman* o Kamashiki, el matón solitario; en 1989 hicieron una película que también fue un trancazo. Todo esto generó simpatía general por los burakumin, casi los intocables de los yakuzis de la zona de Kanzai, región protectora del grupo que cubre Osaka, Kobe y Kyoto. El gobierno liberal los utilizó para bajarles la fuerza a los trabajadores de izquierda, a los radicales y a las protestas estudiantiles, las que siempre se contagian de estos sucesos.

—Así es el mundo —replicó Julio— nadie sabe quién o quiénes mueven los hilos misteriosos de los cuales pende no sólo la vida de un hombre, sino la vida pública sana de un país, en efecto hay que meditar mucho.

Para entonces ya habían llegado a la sede de la representación diplomática del Japón. Ambos se despidieron, quedando emplazada la cita para el jueves.

CAPÍTULO V

TÚ ERES MI DESTINO

(Carlos Gómez Barrera)

A Diego Mendoza Luna, el mítico ingeniero Tierritas, le había caído de verdad bien el periodista japonés; algo había en su franca mirada, en su modo de ser, en su porte oriental pero con mucho de occidental que le inspiraba total confianza. Además, por otra parte, Diego sentía que había llegado la hora de que alguien ¿quién sabe?, ¿alguna persona?, ¿la familia?, ¿la prensa?, ¿el mundo?... no podía saberlo a ciencia cierta, pero sentía que había llegado el momento de dar a conocer sus memorias, había vivido mucha historia, muy cerca y durante sesenta años, junto, muy junto, a los presidentes de México.

Sentía que había llegado el momento y que Toshiro era la persona, pero, ¿llamarlas memorias?, ¿no era muy presuntuoso llamarlas así?, ¿recuerdos?, ¿quién sabe?

Tierritas no paraba de pensar en estos días posteriores al encuentro en Los Azulejos con Toshiro, había entrado en una época de su vida que no había sentido antes, decía entre sí: "Doy gracias a la vida, mi existencia es mi mejor recuerdo, mi vida mi mejor tarjeta de presentación; el asunto no es complicado, porque si uno ama a la vida, trabaja y se supera, con optimismo y voluntad, la vida se deja amar..."

Llevaba días pensando en que algo iba a decidir un cambio en su vida, inclusive el regreso de Houston, ¿no le había impactado?, ¿no había pensado que había algo importante para regresar?

En la noche de su vida, gozaba con saber que vería renacer, gracias precisamente a los escándalos que hoy sacudían a la política no sólo en México, sino en todo el mundo político y financiero, una nueva moral en todos los negocios y todo lo que ocurría eran precisamente los dolores de parto de esta nueva era.

"Yo no me canso —se decía a sí mismo— de repetir la clave de mi éxito, tener siempre confianza en los demás, pero también conocer con precisión la frontera entre lo que está permitido y lo que no está. Mi padre me dijo siempre, y nunca lo he olvidado, una frase: 'Eso no se hace porque no es ético' y esa es la regla que he defendido durante toda mi vida, porque no puede existir una sociedad firme y sólida si no tiene moral.

"¿Cuál es el secreto de mi éxito? —se preguntaba— es algo tan sencillo como vender, vender proyectos, vender ideas, pero más que nada, vender entusiasmo; pero hay algo más, hay algo que no había podido calificar hasta que en medio de la noche anterior había despertado bañado en sudor, pero satisfecho al haber encontrado la clave rompiendo el círculo vicioso de que el secreto del éxito es precisamente eso, un secreto, pero había algo más que esa noche había descubierto..."

—¡Las circunstancias!, ¡eso es! Las circunstancias son la clave —dijo con el mismo entusiasmo que probablemente Arquímedes experimentó al encontrar su ley física y gritar: ¡Eureka!—. La circunstancia es la ciencia exacta de la política; en política "hay que estar", hay que esperar a que se den precisamente las circunstancias necesarias. Esperar el momento. Si se está siempre en el lugar conveniente, la circunstancia se da; por el contrario, si uno no está, la oportunidad es para otro; pero lo peor —recordaba Diego—, era estar y no darse cuenta, entonces sí que todo está perdido. Cualquiera le puede quitar a uno la oportunidad.

Esa era la expresión ¿sería excesivo recordar al gran Ortega y Gasset? No, no le parecía en este caso, porque lo que Diego pensaba hacer era una reflexión ahora, cuando había traspasado la barrera de los 75 años, hacer precisamente una reflexión de sus propias circunstancias.

Julio le había dicho a Toshiro que el destino lo había puesto en su camino, ¿no era ese destino el que puso precisamente a Toshiro en su camino para que él diera testimonio de lo que sabía sobre los vericuetos y los atajos de la política nacional?

¿No son los hechos de cada quien los que definen el destino?, y el destino, como la suerte, llegan, pero hay que darles un empujón, hay que "entrarles", hay que ayudarles un poquito. La política es una ciencia de conciencia, constancia y circunstancia y esta última pesa más que las otras dos.

Por esta razón había escogido para la comida de este jueves 26 de mayo la terraza del hotel Majestic; desde allí veía la puerta por la que entró temeroso aquel sábado 12 de enero de 1935, ¿sábado verdad?, cómo ha cambiado todo, ¿a quién se le puede ocurrir hoy entrar a un trabajo en fin de semana?... y los recuerdos se atropellaban para salir... 12 de enero del '35, uno de los días más fríos de la historia de la ciudad de México.

En fin, la verdad es que había tomado la decisión, contaría su verdad, tenía las imágenes vivas en su mente, pero además, fotografías, películas, recortes y, de los últimos tiempos, videos. Tenía el testimonio de la vida política de México, aunque el símbolo, la leyenda, siempre es más fuerte que la verdad. Es la misma generación que viene y que empuja la que quiere saber, la que quiere conocer, pero más que nada, la que cree en lo que quiere creer.

La decisión estaba tomada, contaría su vida y sus circunstancias al japonés y después, a ver qué pasa, pensó dibujando en su cara una sonrisa al pensar en la frase de Cantinflas: "En México no pasa nada, hasta que pasa...", con la que a su juicio, el gran mimo se había consagrado como un extraordinario filósofo.

Dos veces tuvo que llamarlo el chofer, pues abstraído en sus pensamientos, Diego no se había percatado que habían llegado al fin de la calle de Madero y se encontraban en la puerta del hotel Majestic; ágil a pesar de sus años, bajó del automóvil se dirigió al ascensor y llegando al salón comedor, cuando no había todavía decidido en cuál mesa sentarse, vio llegar a sus dos amigos.

CAPÍTULO VI

AGUA LE PIDO A MI DIOS
(Alfonso Esparza Oteo)

Toshiro estaba de mal talante, le había molestado sobremanera lo ocurrido durante la XLVI Reunión de la Comisión Ballenera Internacional, que se estaba celebrando en Puerto Vallarta, cuando al votar por la declaración de un santuario ballenero en aguas antárticas, cuarenta países habían acusado a Japón y Suecia de masacrar impunemente a las ballenas; por si esto fuera poco, el día anterior, en pleno Paseo de la Reforma, frente a la embajada de Japón, un grupo de estudiantes preparatorianos, había depositado una enorme ballena confeccionada en cartón, como muestra de repudio.

Todo esto tenía molesto de verdad al periodista nipón, porque sabía que efectivamente estaba muy mal matar de manera indiscriminada a estos cetáceos, pero también había que entender que en su país era una gran industria el comercio ballenero, que también se convierte en alimento para muchos. Toshiro opinaba que realmente había que racionalizar este comercio, pero no estaba de acuerdo en que se les tachara de querer acabar con este "pescadote".

—Es alimento, se come —decía como explicación racional.

Julio, con ánimo de quitar el mal humor a su amigo, lo interrumpió diciéndole:

—Bueno, para comenzar, no es pescado sino un mamífero y no estamos aquí por eso, vamos mejor a olvidarnos de lo que ocurre ahora —y dirigiéndose a Diego agregó—: Comienza a relatarnos tus vivencias en el mundo político nacional.

—De acuerdo —dijo Diego— pero empecemos por el principio, porque de otra manera no entendería nuestro querido Toshiro todo lo que quiero comentarte; por cierto —dijo refiriéndose directamente a Toshiro— ¿vas a estar aquí con nosotros hasta fines de septiembre, verdad?

—Me parece que sí, porque quiero cuando menos estar hasta el 1o. de noviembre, para presenciar el último informe del presidente Salinas de Gortari.

—Por cierto —terció Cárdenas— qué bueno que se vuelve el Informe al 1o. de septiembre, porque es una auténtica tradición, con la que se abre la temporada de las fiestas patrias y precisamente las tradiciones, como tú —dijo refiriéndose directamente a Diego— me lo has repetido mil veces, son el real sustento de la nacionalidad. Pero lo bueno es que Toshiro estará con nosotros hasta diciembre, porque ya faltando solamente otro mes para el cambio de poderes, sería absurdo no esperar.

—¡Estupendo! —interrumpió Diego que estaba ansioso por iniciar su relato— porque así tendré tiempo suficiente para platicar lo que es la historia del poder en México, la que no cuentan los libros de historia, la historia de EL HOMBRE, que te la daré en seis segmentos, uno por cada uno de los años que dura esta intensa y a la vez efímera vida de este sistema, a partir de hace sesenta años, a partir de 1934.

—Lo recuerdo como si fuera hoy mismo, era el sábado 12 de enero de 1935 y hacía un frío endemoniado; aunque creo que esta no es la palabra, pues según se dice, el reino del demonio es el del fuego y del calor, así que ¿cómo diré?, un frío verdaderamente polar, ahora sí que álgido; inclusive recuerdo que los periódicos del domingo siguiente, que como les contaré, los vi nada menos que en la sala de Los Pinos, decían que era toda una marca, pues había llegado el termómetro en la capital a cuatro grados bajo cero.

—¡Cuatro grados bajo cero! —exclamó Julio sorprendido— yo no sabía que hubiera descendido en México nunca a estos niveles la temperatura.

—Todavía más —respondió Diego— a mediados de febrero de ese año descendió hasta seis bajo cero, fue precisamente cuando los árboles de Chapultepec amanecieron cubiertos de nieve, pero en fin, no es el caso de marcar los extremos de la temperatura sino de comentar que en la mañana de ese día me encontraba yo aquí enfrente, titiritando de frío y con un hambre que no se siente sino cuando eres joven; pero mi edad también era mi arma, mi juventud que no he perdido, porque aquí donde me ven, con tres cuartos de siglo sobre mis espaldas, sé que hay muchos menos jóvenes que yo, porque tengo nada menos que 75 años de juventud acumulada— dijo al tiempo que solicitaba al mesero unos whiskies para iniciar más sabrosamente la plática.

—Yo llegué a la capital a cuenta de una fatídica costumbre que afortunadamente terminó, la leva; te traían sin mayor explicación a la capital a ver en qué podías ser útil y así fue que me vi en esa fría mañana en las puertas de este caserón y me dije ¿de quién será esta casa?, seguro que aquí hay un plato de frijoles y una taza de café para calmar el hambre y además, para cubrirme, pues caía lo que en el pueblo llamábamos "agua nieve", como también allá llamábamos al hielo que vendían en bloques "agua piedra". Tú sí lo sabes, pero Toshiro no, que yo venía de Huayacocotla, en Veracruz, donde también hace mucho frío, pero eso sí, hay mucha leña para mantenerse caliente.

—Mientras pensaba cómo colarme adentro en esta casa, que entonces estaba muy lejos de saber que era Palacio Nacional, me di cuenta que mucha gente entraba sin hacer caso a los soldados que se encontraban en la puerta del centro, por lo que sin más, entré.

—De frente me encontré con un hombre imponente. Han transcurrido los años y no se me borra de la mente su imagen señera, su elegancia, su altura, su cuerpo fornido. Era el general Tirso Hernández, hombre bueno de verdad, cuya gran obsesión era terminar con el alcoholismo en México, ese terrible estigma que pesa sobre todos los niveles sociales y que con tantas vidas útiles ha terminado.

—Hombres como él, pocos y por si fuera poco, doña Lolita, su esposa era realmente fabulosa, simpática y bondadosa... qué curioso, ahora caigo en que raro era quien le llamaba, como lo manda la ordenanza "mi intendente general Tirso Hernández", sino por el familiar don Tirsito, ¡cuántas anécdotas, cuántos recuerdos se vienen a la cabeza!

—Pues bien, en cuanto don Tirsito me vio baboseando, esa es sin duda la palabra, en el patio, me dijo: "Muchacho, ¿qué sabes hacer? si buscas trabajo, aquí lo hay, pero tienes que trabajar en serio". Yo le contesté: "Pues señor, yo sé algo de carpintería, pero tengo voluntad, así que nomás dígame qué se le ofrece y pa'pronto". "¿Sabes destapar un excusado", me preguntó y yo, que allá en mi pueblo, en Huaya, no había ni siquiera oído hablar de lo que era un excusado, pues menos podía saber cómo se destapaba, no puedo recordar, de veras, lo que pensé o imaginé.

—Sólo dije: "¿Un qué?", a lo que don Tirsito contestó: "Un excusado, un WC, un mingitorio, una letrina, un retrete, una taza de noche con agua corriente para cagar". De inmediato y si por mi juventud y mi entusiasmo todo lo intentaba, con el hambre y el frío como acicate no lo pensé una vez más y dije: "No, pos sí, ¡cómo no!"

—"Pues vete p'allá", dijo apuntando hacia una puerta altísima y angosta, de marco de madera y de grandes cuadros de vidrio opaco que estaba

67

junto a lo que más tarde supe era el elevador presidencial. Justo allá —dijo Diego al tiempo que señalaba desde la terraza la esquina sur poniente de Palacio, la de Corregidora con Plaza de la Constitución.

La emoción hizo presa en Diego, que se quedó un largo momento inmóvil, con la mirada perdida queriendo revivir aquellos lejanos días en que un plato de frijoles y una tortilla con chile era cuanto se precisaba para ser totalmente feliz; hoy, las preocupaciones se han multiplicado astronómicamente, ya no se trata de sobrevivir sino realmente de vivir, de vivir, sobre todo, con dignidad y con señorío...

—Ah, qué difícil es llegar, pero es más difícil sostenerse —dijo con un profundo suspiro—, ahora sé la diferencia entre los que buscan chamba o empleo, y los que buscan trabajo.

En verdad, la emoción le pesaba a Tierritas, por lo que Julio desvió la conversación a temas intranscendentes, de relativa actualidad, otros de cultura, como era la arquitectura del hotel desde el que se tenía la espléndida vista de la plaza eje de la vida nacional y así transcurrió la comida, hasta que Diego, ya francamente recuperado, al tiempo del café pidió llevaran una botella de XO de Hennesy, así como pidió a la chica de los cigarros unos sabrosos puros —de Veracruz, marca Te Amo, obviamente—, como dijo para que todo el mundo lo oyera y arrellanándose en la silla, volvió a sus recuerdos.

—Pues allí estaba el famoso excusado, pero antes de llegar a él, pasé por las oficinas de intendencia de Palacio, donde me dieron una jerga, un trapeador, cubeta, una escobetilla, un par de botellas con agua de jabel o cloro y un palo con un extraño capuchón de hule rojo que ni idea tenía para que servía, por lo que le dije al teniente: "¿Y esto?, ¿para qué es?" "Pues ¿para qué vienes, baboso?", dijo molesto el teniente García, que así se llamaba, "¿no que vas a destapar el excusado?, ¿con qué vas a hacerlo?, ¿con las manos?", dijo al tiempo de soltar una carcajada. "¡Búscate un par de guantes de hule!, por las dudas."

—Rápido como un rayo, pues la habilidad y la velocidad de pensamiento han sido, si es que las tengo, las virtudes que más me han ayudado durante las circunstancias que se me han presentado, le hice creer que sabía perfectamente de lo que se trataba, le dije: "¡Pos sí!, ¡si no vengo de arrear guajolotes!, lo que pregunto es ¿para dónde es?, ¿que dónde está ese famoso excusado?", yo no sé si me creyó o no, pero me señaló la puerta que unos minutos antes me habían indicado. Sin más, me di la vuelta y la abrí de plano.

—Esto fue lo más grande que me ha ocurrido, en cuanto abrí la puerta, me encontré sentado a un hombre robusto, con el saco y el sombrero puesto, acuérdense de que eran las nueve de la mañana y el frío estaba bárbaro, sentado, leyendo el periódico, con los pantalones a la altura de los tobillos.

—Estoy pensando en quién se vería más cómico, si él sentado en "el trono" o yo perplejo con todo el equipo de plomería. Lo curioso es que ninguno de los dos sabíamos quién era el otro.

—Molesto, malencarado y con un gesto de mando que nunca en mi vida había visto, ni verdaderamente sentido y que no he podido olvidar me dijo: "¿Qué haces aquí chamaco?, ¡cierra la puerta!, ¿no ves que está ocupado?"

CAPÍTULO VII

AUNQUE PASEN LOS AÑOS

(E. Alarcón Leal)

—En ese instante comprendí todo. "Así que esto
era el excusado, esto es lo que llaman 'el baño'...
qué interesante", pensé, "esto en vez de letrina o
el aire pelón, como en mi casa de Huaya..." estaba
en otra dimensión, aunque no captaba todavía
bien a bien lo que era destapar, pero ya me lo
imaginaba. Lo bueno es que la audacia y la necesidad estaban de mi lado y que hasta entonces iba
por buen camino. Sólo había que esperar a que
este imponente señor terminara y a ver que pasaba, no había de otra. Tiempo después recordé esto
cuando me dijeron que en la política había que
comer sapos crudos, pero sin hacer gestos.

—Cerré la puerta; con la escobetilla y el desta-
pador en una mano y la cubeta con todo lo demás
adentro en la otra, me dispuse a esperar. En ese
momento, llegó un militar, que borrosamente en

mis recuerdos identifico como el capitán Amézaga, que me interrogó sobre lo que yo hacía allí.

—Le contesté, le satisfizo mi respuesta y tras dos o tres minutos, salió el hombre que me había regañado, correctamente vestido, frotándose las manos en franco ademán de quitarse el frío, cuando el capitán Amézaga se cuadró, saludó militarmente y con engolada voz le dijo: "Señor presidente, el automóvil está listo".

—¡Madre! No me digas que era el propio general Cárdenas el que estaba allí —dijo verdaderamente asombrado Julio.

—El mismísimo presidente de la república, ¿es o no una obra maestra del destino?, ¿es o no mi gran circunstancia?

—Con mirada franca, desatendiendo al capitán, el señor presidente me dijo: "¿Quién eres muchacho?, ¿qué haces aquí?", sólo acerté a responder: "Me mandaron a arreglar el excusado, señor", el general Cárdenas me dijo entonces: "¿Y sabes algo de plomería?"

—Mintiendo como un loco o como un desesperado, pues desde luego estaba consciente de que me encontraba frente al presidente de la república, sin pensarlo dos veces le contesté: "Pos claro, señor, ¡soy el mejor de todo Huaya, mi pueblo!", y les digo a ustedes que si no sabía lo que era ni un excusado ni un destapacaños, mucho menos podía tener idea de lo que era un plomero, pero el destino me empujaba a jugármela, y me la jugué. "Pues a ver como le haces, pero cuando termines, me pones agua caliente en mi baño que está allá arriba, en el Salón Turco, porque con este frío ni lavarse puede uno las manos a gusto, ahí te lo encargo" y se interrumpió, porque en ese instante llegó un oficial con un telegrama que de inmediato leyó el presidente.

—"¡Caramba!, ahora huelga de electricistas en Veracruz" exclamó el presidente, "vámonos a Gobernación... ¡general Orozco!", dijo a su jefe del Estado Mayor, "háblele a don Silvano, que se vaya a Gobernación, que allí le espero para que me diga cómo está lo de Veracruz".

—Don Lázaro se refería a don Silvano Barba González, que entonces era jefe del Departamento de Trabajo y que a mediados de ese mismo 1935, lo nombraría secretario de Gobernación, en la primera gran reestructuración de su gabinete, de lo que hablaremos un poco más adelante. Por cierto que esta primera reestructuración ha sido necesaria hacerla por casi todos los presidentes después de los cien primeros días de gobierno. Por cierto, ocurre otra al tercer o cuarto año, indudablemente para quitar compromisos.

—De inmediato el presidente Cárdenas abordó su automóvil y yo me quedé realmente anonadado, en ese momento no comprendía que allí, donde está precisamente el presidente era el sitio donde se tomaban las grandes decisiones y desde ese día empecé a conocer cómo gobierno tras gobierno, presidente tras presidente, allí y a gran velocidad, se toman estas decisiones que pueden en un momento ser equivocadas, pero que al dictarlas, al ordenarlas, se hace con la mejor voluntad del mundo. En esto me baso para mi teoría que a su tiempo les esbozaré, la de los síndromes y que el primer año es el de los Santos Reyes, el querer estar en todos lo lugares, el resolver todos los asuntos.

—Pero no te salgas del tema —interrumpió Julio que pese a los años que tenía de conocer a Diego no sabía de éste su inicio.

—Les decía que el presidente salió rumbo a Gobernación, donde tenía una cita previa y a donde había citado a don Silvano, para intervenir en lo posible en el conflicto de los electricistas veracruzanos, yo por mi parte, me dirigí al excusado y al verlo pero sobre todo olerlo ¡comprendí lo que era un excusado tapado!

Nuevo sorbo de XO y nueva pausa, para continuar con alegría que pretendía borrar el dejo de nostalgia que a partir de que se había decidido a hablar de sus memorias, le había invadido, diciendo:

—¡Ah!, qué delicia de cognac. En mi tiempo no se bebía ni whisky ni vodka; ron sí, pero me acostrumbré al cognac, luego en una época a la ginebra y siempre al champagne, que es, a mi juicio, más un estado de ánimo que una bebida —levantó su copa para brindar con una frase muy típica de él—: "Salucita, para que parezca fiestecita".

—Probando y volviendo a probar —dijo retomando su idea—, me di cuenta de lo que había que hacer y de pronto, con un ruido característico que cada vez que lo oigo me recuerda aquel lance, me di cuenta de que aquello estaba resuelto, el agua corría libremente y yo entonces no tenía idea de que allí empezaba mi carrera política, destapando lo sucio, eliminando la porquería, lo podrido, lo inicuo, sabiendo lo que hay y enfrentándose a ello, pero eso sí, en la soledad de un cuarto cerrado. Nadie debe saber lo que uno sabe, nadie debe saber hasta donde conoce uno lo que alguien obró mal o lo mal que está alguna cuestión.

—En política —dijo cambiando un poco el tono de voz para hacerla más solemne— hay una fábula que no es ni de Esopo ni de La Fontaine ni de Voltaire, pero funciona, como la metáfora de los sapos crudos. Dice así: había una vez un pajarito que volando volando, encontró mucho alpiste regado por el camino y bajó a comérselo. Cuando lo hacía entusiasmado picando aquí y allá, pasó un hato de vacas y optó por volar un poco para no verse atropellado, pero una de las vacas en ese momento tuvo una necesidad fisiológica que todo ser viviente tiene y sin más, le arrojó encima un mojón de excremento. El pájaro no supo qué hacer, no se movió y siguió así largo rato, hasta que sintió cómo aquella montaña que le había caído arriba, se solidificaba y desesperadamente pretendía salir, lo que le impedía esa cárcel que cada instante se hacía más sólida. En ese momento, un gato que veía con interés la escena, al escuchar sus aleteos y lamentos, se acercó y comenzó a lamer al pajarito hasta que le quitó toda huella de la suciedad vacuna. Lo miró un instante a los ojos y se lo comió. La moraleja es clara: En política, no todo el que te caga te quiere hacer daño, no todo el que te limpia te quiere hacer bien, pero sobre todo, cuando te caguen, ¡no te muevas!, ¿me explico?

En ese momento, un toque de clarín hizo que los tres voltearan a la imponente Plaza de la Constitución. Eran las seis en punto de la tarde y como todos los días, se procedía a la ceremonia de arriar la bandera nacional. Toshiro no disimuló su sorpresa y su emoción al sentir realmente la devoción del pueblo, al observar cómo hombres, mujeres y niños llevaban respetuosamente el brazo a la altura del pecho y saludaban cívicamente al lábaro patrio.

Diego, con la mirada perdida hacía profundas aspiraciones del fresco aire primaveral, ese día en que prácticamente no había contaminación. La plática verdaderamente le había emocionado, era la primera vez en muchos, muchísimos años, que revivía, minuto a minuto, paso por paso, aquellas horas decisivas de hace ya casi sesenta años y que al mismo tiempo, los recuerdos lo acercaban tanto.

Recuperándose, dijo a sus amigos:

—¿Qué les parece si seguimos la plática en el salón de adentro?, la verdad está refrescando bastante y creo estaremos más a gusto. Desde luego, ustedes pregúntenme lo que se les ocurra y díganme lo que piensen. Acuérdense de Voltaire; yo siempre digo que él tuvo la culpa, pero ni modo. Yo respeto todas las opiniones aunque no estén de acuerdo con la mía, faltaba más...

CAPÍTULO VIII

MEDIA VUELTA

(José Alfredo Jiménez)

Una vez que pasaron al interior del salón, los tres se dirigieron al teléfono, para conocer de los asuntos vespertinos en sus oficinas y recordar los compromisos del día siguiente. Se sentaron en la nueva mesa en una esquina del salón, Julio ordenó nuevas tazas de café y nueva ronda de XO fue servido y Toshiro, verdaderamente entusiasmado, invitó a Diego a que continuara con su plática.

—Pero antes calienten las copas con la palma de la mano, verán cómo trasmiten no sólo calor, sino una emoción que mejorará todavía más el bouquet y el sabor —dijo Diego, para continuar— creo que voy a interrumpir mi relato de lo sucedido ese día, para darles un anticipo de mi teoría de los síndromes, pues así mejor conocerán todo lo que siga, todo lo que ocurre con todos los presidentes; lo que es fijo, inamovible y que lo he visto directamente a través de sesenta años y que es exactamente lo que conoceríamos *si el águila hablara.* ¿cuáles son los fundamentos de los complejos o síndromes?

—El primer año, los ayudantes, los amigos insisten básicamente en una cosa: "La imagen, señor, hay que cuidar su imagen". Todo empieza el 1o. de diciembre, con la foto oficial. Los "que saben", empiezan a manejar el protocolo, usted, señor secretario de Relaciones, aquí; usted, el de Educación más allá; no, no, aquí va el de Gobernación, aquí el de la Defensa, el de Marina del otro lado. Todo tiene su porqué, el protocolo es rígido y casi ninguno de los que están en esta fotografía sabe los pormenores, así que como el que habla aparenta saber, se le obedece.

—Este primer año es el del síndrome o complejo de los Santos Reyes o de Santa Clos; quiere recibir y contestar todas las "cartitas" y entregar todo lo solicitado en ellas, especialmente las que recibió durante su gira como candidato.

—Perdóname que te interrumpa —dijo Cárdenas Treviño—, pero volviendo al primer día, el que varias veces he reseñado por mi trabajo periodístico, resulta que después de la foto de grupo viene la foto oficial, ahora ya solo bajo las alas del águila que tú mencionas, sentado en la silla que por cierto alguna vez el pueblo, no sé por qué, bautizó como doña Leonor, y allí vuelven los "cuidadores de imagen" a insistir; primero que volteando para aquí, no, mejor para el otro lado, así, es mejor ángulo, una sonrisa franca, pero no tanto, que sea solemne; que la banda quede bien estirada, ponga la mano en el águila para que le quede bien centrada; que tiene una arruguita aquí, que le da una sombra por allá.

—Y aquí viene a cuento hablar de la banda —volvió a tomar la palabra Diego— porque hay otro problema por resolver ¿cuál va a ser la banda que se pone y cuál la que usa en la foto? porque han de saber que varias son las que le mandan, unas los amigos, otras los sindicatos, otras algunas costureras, el propio casi ex presidente a veces también le envía una, en fin, que el 30 de noviembre, el casi presidente tiene una auténtica colección de bandas, hasta que al fin interviene el Estado Mayor, "sugiriendo" que la buena es la que "le regalamos nosotros", porque es la reglamentaria, pero el hombre alega que ésta se la dieron los que hace muchos años lo apoyaron en su primer puesto político, que esta otra conviene más, total, que tiene que tomar su primera drástica decisión y así lo hace, se pone la que le da la gana y punto.

—Pero los "cuidadores de imagen" no ceden —volvió a intervenir Julio con la experiencia que le daban tantos años como reportero de la presidencia— ahora viene el aconsejar cómo debe saludar, cómo debe caminar, porque hay que tener mucho cuidado con los caricaturistas; si sonríe demasiado, le van a sacar puros dientes y si no, pura trompa, si un poquito y un poquito, pura papada, que si está feo, que si no se ve simpático; que si le falta pelo, que tiene que cambiar el corte o modificar el tono de voz, que sobran las patillas, que hay que cambiar el aro o el estilo de los lentes, que qué sé yo...

—Y se vuelven visitantes continuos de Los Pinos —dijo Diego— el sastre, el camisero y hasta el dentista, pues la sonrisa, como tú Julio dices, es de importancia vital y en esto, en saber sonreír, Alemán dio lecciones a quien fuera y aquí quiero recordar un comentario del excelente actor francés Jean Gabin que dijo que para ser actor se necesitan unos cuantos años, pero toda una vida para ser natural.

—Precisamente, porque se necesita una vida para actuar normalmente y sólo se tienen seis años —dijo Julio— quien más injerencia tiene en estos menesteres, es el encargado de la comunicación social, les diré que si es bueno se defiende, pero como tiene muchos jefes y más jueces todavía, generalmente dura sólo un año, máximo tres, aunque entonces asciende en la escala política ocupando un puesto público. Ahora que si fue regular o malo, es entonces nombrado asesor del señor presidente y, pues ya se fregó. Por otra parte, los consejeros profesionales son convenientes para la imagen, pueden componerla, pero no inventarla, ni Chertorivski, con toda su experiencia puede hacerlo, se los aseguro porque también yo he vivido lo mío.

Diego continuó diciendo:

—Algunas veces el presidente piensa ¡qué bueno que se ocupen otros de estas cosas!, a mí que me dejen gobernar y punto. Sin embargo, todo lo grave se tiene que hacer el primer año porque después será mucho más difícil. El primer año es el de los estrenos y dentro del primer año, los primeros cien días son el lapso mínimo, y máximo, en el que debe definir su estilo personal de gobernar.

—Lo que haga en estos cien días, será decisivo en su historia al frente del país ¿por qué? porque es cuando se entera de todo lo malo y lo bueno que en realidad dejó la anterior administración, los compromisos son inmediatos y porque el primer año, aunque el presidente no lo sepa, lo presiente, es el año en el que cuenta con mayor fuerza política. Cuenta con muchas oportunidades y con la esperanza de todo el pueblo que lo respaldó con su voto.

—Así es —continuó Julio con la conversación— se puede meter en la cárcel a quien le estorbe sin dar muchas explicaciones; si para poner orden en esta nueva etapa de la vida del país hay que cambiar la Constitución, pues se cambia y punto, bajo la premisa de que ninguna ley puede ser retroactiva en perjuicio de persona alguna. El Congreso está, digamos, complaciente, porque se cuenta con la simpatía y el apoyo de todo un pueblo que ahora, una vez más, ha puesto toda su esperanza en el señor presidente.

—Siguen sin embargo las dudas y los dilemas —replicó Diego— ¿hablar poco o mucho?, ¿en conferencia de prensa o a través de un vocero?, ¿será mejor enviar boletines?, ¿hablar regularmente o sólo cuando sea necesario?, todo cuenta y cada uno ha tenido que definir lo que debe hacer. En este primer año todos los políticos "miden" al señor presidente. Es un año de fuerza.

—El primer año debe ser el año del balance de la prensa nacional, sobre la economía, la política y el gobierno mexicano. Y en ese primer año hay que ponerlo a prueba. ¿Se enoja fácilmente?, ¿es tolerante?, ¿es suave?, ¿es duro?, ¿cuál es su trato?, ¿cuál es su lado flaco?, ¿qué le gusta?, ¿qué le disgusta?

—En este primer año, y en ocasiones también en el segundo, algunos líderes se juegan una "ruleta política". Preparado muy bien el escenario y el "caldo", hacen que se cree una "situación de demandas sociales" y se la juegan calculando que si se lanzan en una protesta pública fuerte, "si no nos balacean y se echan p'atrás, ya ganamos y si nos balacean, y nos hacen muertos, con esos muertos reforzamos el partido, creamos ingobernabilidad y ganaremos puntos para las próximas elecciones".

—Pero llegamos al final del primer año —y con la experiencia de Julio en este tema continuó diciendo— la tarea indispensable es analizar a los periodistas de la fuente y calificarlos para darles más o menos acceso; lo mismo a los integrantes del Estado Mayor, hay que ver también la actuación del vocero oficial como director de relaciones sociales, especialmente con los medios; también analizar a ayudantes y funcionarios; reglamentar y reordenar desayunos, comidas y cenas; los amigos llegan y no falta alguno que toca el punto más importante: "Oye, compadre, te fijaste el día de la comida con los de la Cámara de Comercio, te fijaste en la cantante de ranchero... sí, la morena aquella de ojos verdes..."

—Ahí es donde a ustedes les brota lo latino —dijo Toshiro.

—En eso y en muchas otras cosas, pero lo que es en querer a las mujeres, nadie nos gana —replicó con una sonrisa Julio.

—Por eso —volvió al primer plano Diego— los amigos insisten en que hay que contratarla para la cena de fin de año, a la que sólo van a ir los amigos y los compromisos de primer orden, pero consíguela, insisten los leales amigos para que nos haga olvidar tantos problemas, que si el libro gratuito, que si los problemas de la educación socialista o no, que si la posición neoliberal o la nacionalista ante las presiones americanas; debemos ser prudentes, no ceder, pero como ellos precisamente dicen: *Take it easy.* Hay que tener mucho cuidado porque son vecinos y hay que hacerlos amigos. Hay que definir a quién dar los premios nacionales, nos vamos por la técnica o directamente por la política, decisiones, decisiones, decisiones... y se termina el balance de los medios mexicanos de comunicación sobre el presidente.

—Así, vuela el primer año y en un parpadeo, llega ya el segundo año. Es el año del síndrome del Coordinador. Él sabe que no puede solo, debe dedicarse a coordinar el trabajo de toda la sociedad, de los partidos, de su equipo, en fin, proyectar un programa nacional a seis años.

—Y desde luego —dijo Julio quien por su experiencia y sobre todo amistad con Diego parecía ayudarle conforme un libreto— en este segundo año hay que hacer el balance de los medios de comunicación internacionales, principalmente los de Estados Unidos de América.

—Así es —dijo Tierritas— siente que a lo mejor durante el primer año se le pasó la mano en el mando y lo pueden tachar de dictador más que de guía y no quiere el papel de "solitario de palacio", por lo que opta por el de coordinador para lo que precisa muchos "kimo-sabis" para sustituir al "llanero solitario". Los "consejeros" desde luego siguen, algunos han permanecido, otros son nuevos. Si en el primer año lo importante era la imagen, ahora lo importante es la salud del señor presidente. Aparte de sus amigos que lo acompañaron en la juventud y los que le han protegido y asesorado durante el primer año, hace falta un buen médico, un cardiólogo para ser más exactos; lo primero que le quita es el agua de Tehuacán porque tiene mucho gas para el estómago y muchas sales para el riñón, hay que traer agua de un manantial que está en Nuevo León o en Guanajuato o en Veracruz... hasta en esto hay que tener visión y fundamento político.

—La presión sanguínea hay que tomarla todos los días por la mañana, que venga una enfermera y que esté siempre cerca con un buen botiquín. Determinar quién debe ser el médico de cabecera. Deporte... ¡eso es! hay que hacer deporte y que además tenga buena prensa su ejercicio... correr, caminar, algunos el polo como Ávila Camacho, el golf como Miguel Alemán; el box lo practicó cuando joven López Mateos y ya en la presidencia, López Portillo; deporte, deporte, pero de pronto, llegan los íntimos que le dicen, "ya deja de hacerte tonto compadre" y le presentan a las "amigas", son discretas, un buen regalito y no hay nada que temer, si son extranjeras mejor, no entienden la política nacional, "tú, compadre, no te preocupes, nosotros asumimos los riesgos". Infalible, para estas alturas, el presidente comienza a verse, o mejor dicho a sentirse, más joven, más alto, más fuerte, más inteligente y, desde luego, más guapo.

—*Altius, citius, fortius* —sentenció muy oportunamente el periodista nipón.

—Exactamente, pero por lo mismo ésta es la oportunidad de destacar las debilidades del presidente y sacarle todos los "trapitos al sol" —continuó Diego, satisfecho por la aparente interrupción de Toshiro que le daba fuerza a su relato— no sólo dentro de casa, sino al exterior. Por eso, por encima de todo —insistió Tierritas— la política debería hacerse del ombligo para arriba. En esto no debía haber vacilaciones, pero por el otro lado, como "para eso estamos los amigos de verdad", las cosas suceden. Esto no falla.

—El balance internacional es siempre bastante crítico y generalmente negativo —continuó Mendoza Luna dirigiéndose específicamente a Toshiro— sobre todo en vísperas de una visita de Estado del presidente mexicano a Estados Unidos. Hasta los colaboradores mexicanos colaboran, valga la redundancia, con opiniones y editoriales totalmente opuestas al presidente, a su administración y a su obra.

—En Norteamérica, concretamente en Washington, quisieran que se afianzara el presidente como un verdadero líder para México, que garantizara la estabilidad política interna; pero por otra parte, presionan para que haya cambios en el gabinete, se amenaza con que no habrá más préstamos para salvarnos de cualquier percance económico y se nos acusa o certifica con el problema de las drogas, productos de altísimo consumo en Estados Unidos, que hace de nuestro país la tentación de los narcotraficantes, que corrompen a muchísimas autoridades mexicanas y miembros destacados de la iniciativa privada, por la vía del dinero fácil y de enorme cuantía. La prensa extranjera asusta a los inversionistas y lo mismo ayudan a popularizar la personalidad y la obra del presidente mexicano, que a deshacerlo como débil y poco hábil.

—Debe ser difícil ser vecino tan cercano y con tan grande frontera de Estados Unidos —intervino Mutu.

—Especialmente cada cuatro años los ataques de políticos norteamericanos arrecian —dijo Julio— cuando están en campaña política de elecciones o más todavía cuando se trata de reelección. Los demócratas nos tratan mejor, pero a veces hay excepciones y nos va mejor con los republicanos. El caso es que el presidente de México debe estar consciente que mientras dure el periodo electoral en la Unión Americana, tanto para presidente como para el Congreso Federal, no debe enojarse ni contestar, debe estar seguro de que en definitiva no pasa nada, gane quien gane.

—Perdón que intervenga —dijo con su clásico respeto Toshiro— pero me parece oportuno recordar una frase que alguna vez en un viaje a Texas escuché decirle a un viejo ranchero: "El problema de los latinos es que quieren hacer milagros, nosotros los americanos hacemos siempre y para siempre, negocios".

—Pero Cronos no se detiene —volvió a la carga Diego— y ya estamos en el tercer año que es el del síndrome del Mesías. Mi verdad es la única y punto. El presidente está dispuesto a perder la vida si es necesario, pero no cede un ápice. Por encima de todo su verdad es eso: la verdad. No se busca comprensión; o estás conmigo o estás contra mí. No hay alternativa.

—Conste que esto que estamos relatando —continuó Diego— no son los síndromes, sino una relación de lo que ocurre alrededor y que precisamente es la base sobre la que se desarrollará la vida presidencial con su destino ineludible, por eso solamente recordaremos que en este tercer año, el del Mesías, es el momento de reflexionar, de hacer un ajuste de cuentas o mejor dicho, un balance de conciencia. Hay que eliminar a quien sea necesario, porque hay que meditar en lo que se ha hecho, y especialmente en lo que falta por hacer ¿se ha roto algún récord en construcción, en carreteras, en electrificación, en escuelas, en relaciones?, pues hay que romperlo y pronto, no puede pasar de este año. El gobierno se asienta y es cuando se asume el poder pleno. Comienzan las reflexiones y las revisiones personales.

—"Oye, un amigo me dijo que en el reparto agrario en Veracruz a un grupo de ejidatarios le tocó una parcela en el mar —dijo Mendoza Luna engolando la voz para dar mayor énfasis—, ¿cómo está eso?", pregunta un buen día el presidente a uno de sus asesores más importantes, quien desde luego le responde: "No es cierto, nadie lo pudo hacer, son nuestros enemigos que tratan de enemistarnos. Tú sigue por este camino, vas como ninguno de los anteriores, eres grande entre los grandes, eres, ni más ni menos, el Mesías que necesitaba México".

—Esto, con mínimas variantes —sentenció Julio con la aprobación total de Diego—, se repite día con día por mucha gente y le subrayan que no lo dice él, porque en las personas inteligentes no permea el elogio. La realidad, en el caso de la parcela en el mar, es que alguien lo diseñó en un mapa desde un escritorio aquí, en la capital de la república.

—De verdad, como ustedes lo dicen, parece que no se trata de México, esto sucede en todo el mundo, sólo que no con la cronometría que apuntan —dijo Toshiro, quien con su don de asimilación era el oyente que Diego había deseado toda la vida, quien continuó diciendo:

—Pero es el momento, insiste día con día, del balance, reforzar presupuestos, el debe, el haber, los impuestos, los proyectos financieros, las peticiones, la deuda externa, la interna, el producto interno bruto, la inflación, la devaluación, los programas para la micro, mediana y grande empresa, todo hay que atenderlo y darle solución, ¿por qué sale tanto dinero del país?, ¿quién no me tiene confianza?, ¿nacionalizo o privatizo?, ¿cuál es la fórmula que mejor aplicaré?, ¿por qué algunos grupos tienen tanto dinero?, ¿quién los ayudó?, ¿de dónde lo obtuvieron?, ¿es lícito?, ¿es chueco?, ¿es moral?, ¿es inmoral?

—Es muy popular —dijo con una sonrisa Julio— la anécdota que aquí viene como anillo al dedo: "Mi antecesor me dio tres cartas para enfrentarme a los problemas. Ya abrí la primera y dice que hay que echarle toda la culpa al anterior, lo hice; tuve que abrir la segunda, cambiar radicalmente todo el gabinete, y culparlos de lo que no funciona; lo hice y siguen los problemas, voy a abrir la otra, la que dice: 'Compadre, escribe estas tres cartas y que Dios te ayude'".

—Así es —aceptó Diego, que quería soltar de lleno sus teorías, por lo que con voz de mando y sí que la tenía, dijo—: Pero vamos a la misión principal de los amigos y "las amigas de los amigos"; a estas alturas el presidente tiene realmente a su disposición un harem, pero justo también entonces aparece la favorita. Yo, Tierritas conozco esto de sobra, aquí está el fundamento de todo, en estar bien colocado con la favorita, porque les aseguro que lo que ella dice y sobre todo, cuándo lo dice, tiene más fuerza que el mejor editorial del *New York Times*. Nunca te metas en una guerra de sábanas porque sales perdiendo y ¿sabes qué Toshiro?, cuando es entre maricones es mil veces peor. Entonces sí que es grave y si te metes, seguro sales jodido.

—Es una guerra más peligrosa que entre los capos de las mafias de narcotraficantes y lavadores de dinero. Últimamente se está estilando mucho entre quienes detentan el poder público o el privado y no sólo en México, sino en todo el mundo. Es más fuerte que el fundamentalismo religioso de cualquier fe, promueven la división y la irritación en la sociedad, buscan la ingobernabilidad. Los que tienen dinero viven bajo la sospecha, la desconfianza, la inseguridad, el miedo; no hay inversión y contribuyen al rumor y al descrédito del gobierno. A los que no tienen trabajo ni dinero se les lastima y se les afecta en la cultura, en la moral y en las espectativas que tienen desde que están en las guarderías, los desayunos del DIF y el jardín de niños hasta el doctorado, teniendo a cada instancia la invitación para tomar la vía de la violencia, buscando así hacerse una justicia *sui generis* en donde se convierte el país en un escanario sangriento y enfermo en donde desaparecen los factores que antes representaban la tranquilidad, la serenidad, la reflexión, la ternura, el amor, la bondad, la sencillez y la tolerancia. El respeto a la ley acaba con la mentira, con el fraude y la desconfianza, sin él, todo se convierte en tragedia y se termina con la comedia.

—Precisamente el ejemplo perfecto de cómo manejarse en estos menesteres soy yo —continuó ufano Diego Mendoza— tiene uno que saber lo que piensa el presidente y jugar con sus palabras con los amigos y con los no tan amigos. Adivinar verdaderamente sus pensamientos y saber conversar con la mirada.

—En este año tercero —intervino Cárdenas Treviño para reforzar la teoría de Diego— aparecen los genios de la publicidad, cómo manejar la imagen del régimen, de lo que se ha hecho y cómo hacer que los errores que hayan existido desaparezan de la imagen pública. Toda una estrategia, primero la prensa y el radio, luego el cine, ahora la televisión y la industria de los videocasetes y ahora las supercarreteras de la comunicación electrónica. Hay que informar, aunque yo diría hay que comunicar para evitar los rumores, los chismes.

—Pero es el año del Mesías —volvió Diego a la carga— ¿estás conmigo o en contra mía? Está escrito que esta es la verdad y estoy dispuesto a morir en aras de esta única verdad. Id por todo el mundo y dadla a conocer... Lázaro ¡levántate y anda!, y anduvo... mi palabra es la única, no se hagan bolas... caminante no hay camino, se hace camino al andar y yo sé por dónde está el sendero hacia un México mejor para todos... ya se ve la luz, yo puedo verla a lo lejos.

—Este no es el País de las Maravillas de Alicia; a nosotros nos da igual encontrar cualquier camino cuando nos preguntamos, si nos sentimos perdidos, ¿dónde queda el camino?, ¿cuál? El bueno, el que nos lleve a la democracia, a la justicia, a la seguridad y al bienestar de todos los mexicanos. Al camino de la esperanza, de la confianza, al de creer en nosotros mismos, en nuestros derechos, en el que cumplamos con nuestras obligaciones por convicción, sin componendas, sin mordidas; con mejor educación, civismo, capacitación, comida, mejores trabajos y mejor remunerados, una vivienda digna y yo, sólo yo, conozco el camino.

CAPÍTULO IX

NO ME AMENACES

(José Alfredo Jiménez)

—El cuarto año es el del síndrome de Harún Al-Raschid, el comendador de los creyentes de *Las mil y una noches* —seguía Diego con sus teorías— se enoja con su gran visir; deja a todas las del harem, se enamora de Scherezada y le pone casa o palacio. Tiene hijos y a veces sale por las noches disfrazado, para escuchar lo que dice el pueblo de él; pero también es el año en que corta cabezas. Quita ministros, cambia gabinete e integra, ahora sí, un equipo de confianza, que le promete un caballo alado, la alfombra voladora o hasta la lámpara de Aladino.

—En este cuarto año, nadie contradice al presidente, pero es el de las patadas abajo de la mesa. Don Fidel, que lleva tanto tiempo como yo en la cuerda floja que ya se hizo avenida o carretera electrónica —habló jocosamente Diego— dice que el que se mueve no sale en la foto y por lo mismo

93

nadie saca la cabeza, aunque hay que adivinar el moderno movimiento electrónico. Mientras tanto, el presidente vive sus mil y una noches, la favorita ha llegado y, como decía el anuncio de una estación de radio, ha llegado para quedarse. Abajo de la mesa las patadas y los puntapiés, arriba, calma chicha; nadie se mueve. La paz del régimen es perfecta, menos en el interior de cada partido político, porque es precisamente en este año cuando se hacen ajustes generales.

—Llegamos al quinto año —seguía Diego enrachado por lo que Julio optó por escuchar— y dice el refrán que no hay quinto malo, pero a veces no es malo, es malísimo. Es el año del síndrome de Iván el Terrible. No tiene confianza ni en su hijo. Su familia murió para él y se aleja. Simbólicamente, porque es entonces cuando mayores abusos comete y el presidente ni se entera. Algunas veces se entera ya en el sexto, cuando ya es demasiado tarde.

—Este quinto año es en el que el presidente, molesto por algo, pregunta: "¿Qué horas son?" a lo que de inmediato alguien le contesta: "¡Las que usted diga, señor!" Si juega golf, invariablemente gana y sus chistes y ocurrencias son buenísimos. Si le pega mal a la pelota, le dicen que no se preocupe, porque esa pelota corre.

—En este quinto año, los chismes proliferan, amigos, parientes, ahijados, bendecidos y afines ponen "su granito de sal", los medios se dan vuelo, hay que buscar la fraternidad, la unidad, la tolerancia, los derechos humanos, la solidaridad, cada sexenio tiene su estilo, pero la constante no varía, hay que buscar algo y algo hay que encontrar.

—Hay un chiste muy conocido, el que en el quinto año le dicen al secretario de Gobernación en un desayuno: "Señor ¿ya sabe usted que los cocodrilos vuelan?", a lo que responde seriamente: "¿Quién dijo esa tontería?", "¡el señor presidente esta mañana!" El secretario, reflexionando dice seriamente: "Desde luego vuelan, pero bajito, muy bajito".

—La oposición lanza sus redes; a río revuelto ya saben. Nacen líderes sociales, con capucha y sin ella, las causas pueden ser muchas, el hecho es destacar, sacar provecho de las circunstancias y de los problemas ancestrales.

—Los romances del presidente se vuelven algo serio; tan serio, que hay que oficializar a Scherezada y si es que de la relación hubo descendencia, hay que reconocer a los hijos. Esta ley, desde luego no escrita en ningún código, es de las que no se han dejado jamás de cumplir.

—Todo mundo busca empleo que, como ya dijimos, no es sinónimo de trabajo; por lo mismo, el presidente tiene que crear un millón de nuevos empleos, de mejores oportunidades de trabajo, pero la mayoría no quiere trabajo, quiere chamba que no es lo mismo y los más pretenden cobrar por no hacer nada. Son rémoras del pasado y como decía don Adolfo Ruiz Cortines cuando alguien le recomendaba a una amigo para algún puesto político, preguntaba: "¿Ya estuvo donde hay?, porque hay que conocer bien los antecedentes". Pero también hay que cuidar al que tiene, porque a lo mejor está mal acostumbrado y quiere tener más.

—Miren —dijo Tierritas— no nos hagamos pendejos; en materia de política, aquí y en China, más que cuidar la bolsa y las manos del funcionario, de plano hay que meter las manos en la bolsa del vecino y así todos quedamos a mano, porque también así es en Japón ¿o no lo crees así, Toshiro? —y éste se quedó atónito y no supo qué responder.

—En este quinto año el país está administrado por los subsecretarios en acuerdos con el presidente. Los secretarios "no se la juegan" y no le entran a las malas sino sólo a las buenas. Saben que están en la "antesala de la historia" y dudan porque, ¿y si ahora el candidato sale de entre los gobernadores?, ¿esta vez será el PRD?, ¿ahora por el PAN? Con este tipo en la presidencia, con todas las cosas raras que ha hecho, con todos los cambios que ha efectuado, bien se le puede ocurrir un desaguisado de proporciones incalculables. Se comienza a buscar al hombre que mejor haya desempeñado su labor, al más prudente, al más efectivo, al más honesto, ¿quién llegará al primer sexenio del siglo XXI?

—Lo mejor es agruparse, hacer bloques. Si tú eres el próximo, yo voy contigo y si me toca a mí, te llevo. Los compromisos son de sangre, pero también hay agua oxigenada para lavarla, lo importante es estar más o menos amarrado... "La marcha hacia el mar"... "México al trabajo fecundo y creador"... "La solución somos todos"... "¡Arriba y adelante!"... "Que hable México"... "Sin mentiras"... "Que hable tu gente"... "Todos somos Marcos"... "Y tú ¿quién eres?"...

—Hay que pagar sondeos de opinión, es preciso conocer la voluntad del pueblo y hacer que el señor presidente la conozca; hay que manejar perfectamente bien la temática. Cada quien reza para su santo. Todos tienen una propuesta. Pero la confianza también se desvanece; comienzan los rumores y su resultado es la desunión. ¿Referéndum o referendo? Acuérdense de lo que dijo Max Weber sobre el referéndum al que calificó como "un instrumento de desconfianza frente a parlamentos corrompidos" sin olvidar lo que hicieron Mussolini y Hitler en Italia y Alemania respectivamente. Claro que este recurso también puede convertirse en un límite al poder, tanto al Ejecutivo como al Legislativo, para evitar los abusos.

—En este quinto año hay temblores, de verdad, es en el que mayores desastres naturales, sociales y políticos ocurren y también, en el que mayor difusión se les da. Son el reflejo de las explosiones y venganzas políticas. Pero todavía hay tiempo de arreglarlas; hay que buscar y encontrar una nueva legislación electoral, el pueblo lo busca. Pero el presidente no cree ya en nadie y son muy pocos los que le son fieles y leales. Hay que buscar nuevos horizontes, certidumbre, nuevas caras, nuevas misiones, nuevos dineros, nuevas esperanzas y nueva confianza.

—Quizá una nueva generación que necesita un México joven. Pero no hay que olvidar la experiencia. Don Adolfo Ruiz Cortines, a quien le decían don Adolfo el Viejo para distinguirlo de don Adolfo López Mateos el Joven; cuando tomó posesión, le preguntaron qué pensaba sobre su edad y la capacidad física y mental para administrar el país durante seis años. Don Adolfo, con la gran sabiduría y sentido muy especial del humor que poseía, contestó muy serio: "Bueno, ¿me eligieron para que los gobernara o para cogérmelos? Soy presidente, no semental".

—Mira —dijo a Julio— yo, como casi todo el mundo, busco en la vida ganar dinero y sexo; si los logras tener, entonces te preocupas por la salud y si la tienes, entonces te afanas por vivir más, por no morir; pero el resultado final es que todos acabamos en cenizas.

—En el sexto año, ya se sabe quién es el candidato del PRI y de los otros partidos ¿serán buenos presidentes?, nadie lo sabe. Mientras no tenga el águila en su pecho y no se siente en la silla que ella protege, nadie lo conoce. Todos son, en su momento, tapados, como tan bien describiera en sus cartones Abel Quezada. Uno puede conocer al hombre, pero sólo se le conoce en verdad hasta que tiene el poder.

—Es el año de cerrar el compromiso con el pueblo. El candidato ya hace sombra, cada día más fuerte, más pesada, es una sombra que avanza y atrae a más y más gente, más atención de los medios, esperanzas del pueblo. Se adquiere el síndrome del premio Nobel. Si el pueblo de México no me supo comprender, el mundo sí sabrá apreciar mi obra.

—Es un año de sorpresas políticas, hasta para el que sea el candidato. Aun como presidente electo, con todo y un equipo de transición y habiendo sido colaborador cercano o adversario político crítico, no conoce la verdadera realidad en que se encuentra lo que los clásicos llamaban "la cosa pública".

Más o menos, sí, pero no toda y a veces se lleva grandes sorpresas, lo mismo que aquel cuyo destino ineludible es ser el ex presidente. Otra constante es que en este año surge siempre un gran traidor, esto no falla —recalcó el ingeniero Tierritas.

—"El poder cambia a los hombres", dijo Pompidou, y no conocía lo que el poder hace en México. El presidente no tiene más que preparar su retirada, lo más airosa y responsable posible, porque el nuevo ya es ahora EL HOMBRE que empieza y la rueda de la historia vuelve a su partida.

—Les decía que los partidos no cambian, pero sus administradores, el gobierno, sí; las reglas del juego también y tienen que cambiar pero no avisan. Antes —parecía que Diego hablaba para sí mismo— en mis tiempos, sí había reglas, pero ahora de repente, y lo más grave, en el mundo entero, crees que estás jugando tenis y alguien te mete un gol.

Diego se desbordaba y los dos amigos lo dejaban explayarse:

—No se puede agotar a los partidos dejándolos solos sin buenos hombres, sin programas, sin normas e ideas. Hay que proveerlos de caras nuevas, de hombres fuertes preparados para la política. Lo que México necesita, son partidos fuertes aunque sean pequeños, pero que sean fuertes, esta es la clave y de ellos, escoger los mejores en cada campo, aunque sean de otro partido, no importa de dónde, lo que importa es que sean profesionales y honestos. Aquí es necesario un ajuste, sobre todo con las deudas, con el peso, con los dólares. Acabar con los documentos a corto plazo. Planear a quince años y no solamente a seis, porque parece que cada seis años volvemos a descubrir la rueda. Deberíamos prevenir y evitar los errores una y otra vez cometidos. Y en divisas lo mínimo en deudas. Terminar este sexto año con papeles del gobierno en el mercado y reducir al mínimo, o mejor terminar, con Cetes, Tesobonos, etcétera. En esto, lamentablemente, nadie me ha hecho caso, porque ya para el sexto año, simplemente el hombre no escucha.

—La carrera política y administrativa profesional debe seguir en el nivel de directores generales para abajo y escoger de ahí para arriba, es preciso dejar bien pavimentado el terreno, dejando hombres honestos, preparados y eficientes, ya probados; no sólo teorías económicas, sino auténtica y comprobada eficiencia.

—El sexto año del sexenio, el último de ese sueño, mezcla de pesadilla y ensoñación; pactos, concertaciones, manifestaciones, bloqueos, declaraciones, violencia, giras, inauguraciones de todo y en todas partes. Protestas de la oposición porque todo lo que hace se considera apoyo al sucesor. Se exige equidad, sobre todo los que pierden las elecciones o las sienten perdidas, se curan en salud. Esto no es privativo de México, en todas partes ocurre, ¿no mataron a Kennedy el 22 de noviembre de 1963, cuando realizaba su campaña para su reelección, pero más aún, apoyando en la campaña a los gobernadores demócratas? Comenzó en Florida y acabó, trágicamente, en Texas.

—La seguridad —tomó la palabra Toshiro quien asentía a lo dicho por sus amigos— aparentemente, era total. El presidente en activo, había empleado, como siempre, el avión presidencial Air Force 001, automóviles blindados, pese a ser el suyo en Dallas, convertible; servicios de seguridad y de logística controlados desde la misma Casa Blanca. Además, policías estatales, municipales y locales y, con todo ello, pasó lo que pasó y es que el presidente saliente lo sabe: que hasta el último minuto, "se la juega".

—Lyndon B. Johnson —corroboró Julio— prefirió por ello jurar sobre la Biblia a bordo de un avión, a puerta prácticamente cerrada, no tenía en ese momento otro camino. Estaba escrito y tenía que hacerse así.

Diego sonrió complacido, le gustaba este juego y lo iba a seguir: comentar una cosa, luego otra, sus interlocutores, Julio y Toshiro eran inteligentes y parecían satisfechos con este estilo un poco tortuoso, pero ¿no era tortuosa la política?

—Así es la vida, vals lento para piano —remató el ingeniero Tierritas.

—El presidente François Mitterrand —rubricó Mendoza Luna— el presidente que durante más tiempo ha gobernado a Francia en la V República, el hombre pragmático y fatalista de izquierda, en su último y decimocuarto año, cuando el cáncer hacía estragos en su humanidad, dijo: "Después de mi gobierno" y obviamente se entendía que quería decir, su muerte, "la izquierda dirá: 'tenía la ceguera de los hombres de derecha'; la derecha por su parte dirá: 'tenía la debilidad de los hombres de izquierda'".

—Esto viene a cuento porque por encima de la geometría política, Mitterrand, un gran hombre, un gran presidente, el que confió y creyó un día cuando le hablaron sobre "la generación Mitterrand", dijo en Taizè, en la Borgoña: "Yo creo en las fuerzas del espíritu. Si escogemos la no existencia del espíritu seremos los adeptos de un materialismo integral que yo respeto mucho... pero no es el mío... yo soy más agnóstico que otra cosa, pero yo creo en las fuerzas del espíritu y por eso me pregunto ¿cómo pude crecer y cómo podrían ustedes crecer si no hubiese esa especie de intuición? Yo no sé qué voluntad nos obliga a ser mejores, a progresar, a aportar algo más a la sociedad; en dónde debemos buscar todos un poco más de belleza, un poco más de justicia, un poco más de felicidad ¿cómo podríamos hacer o vivir sin interesarnos en los valores espirituales y en los valores estéticos?"

Toshiro preguntó de pronto:

—¿Y no hay un séptimo año para el ex presidente?

¡Sí! —respondió de inmediato Tierritas— podría llamarse el año de la comezón, pero tiene que rascarse solo, o el de la esfinge, porque no puede hablar ni hacer política y mucho menos, formar grupos. Yo diría que tiene la fuerza de un tehuacán... pero sin gas.

—Aún era temprano y Diego quería seguir con el relato, lo dicho había sido un paréntesis que consideraba necesario, así es que nueva ronda de copas y un respiro para volver al tema principal. Este día se sentaban las bases de sus memorias. Había tema, había entusiasmo y, lo más importante, había oyentes interesados.

CAPÍTULO X

¡AY, JALISCO NO TE RAJES!
(Manuel Esperón y Ernesto Cortázar)

Los tres amigos reanudaron la plática, que había quedado justo en el momento en que Diego arregló el baño por medio del destapacaños.

—En ese momento —dijo Diego— pedí a uno de los oficiales que andaba por ahí, que me indicara cuál era el Salón Turco y en él, tras abrir una puerta, me encontré con el segundo baño que veía en mi vida, muchísimo más lujoso que el que acababa de destapar. Por cierto, ese mismo día, me quedó muy grabado que vi en una mesa de este Salón Turco, un recipiente de cristal con cubos de hielo. No entendí qué diablos hacían allí unos pedazos de hielo tan perfectamente cortados, pues no eran como los grandes pedazos de "agua piedra" que conocía en mi pueblo —dijo con una carcajada que fue coreada por los dos amigos.

—Pero, en fin, allí estaba en el baño y realmente no tenía ni la menor idea de por dónde empezar y entonces pedí de verdad a todos los santos que me iluminaran. Qué curioso —dijo tras quedarse un buen rato pensativo—, ahora recuerdo algo que no había meditado en los últimos años, le recé en ese momento a Santa Mónica, de la que mi mamá era muy devota y me llevaba de chico a rezarle allí, en la parroquia de San Agustín, en el mero centro de Huayacocotla. Qué curioso en verdad que justamente hoy venga a mi memoria este pasaje; de veras que hacía mucho que no pensaba en la iglesia de mi pueblo a la que iba con mi mamá, pero por fuera, porque en aquel entonces, los cultos estaban suspendidos pero... ¿por qué se me agolpan tantos recuerdos el día de hoy?

Julio intervino de inmediato apretando con gran afecto el brazo de Diego al tiempo que le decía —es lógico Diego, recuerdos como los que estás reviviendo tienen que conllevar a otros y a otros más, pero yo que te conozco hace tantísimos años y que he hablado centenares de veces contigo sobre mil y un temas, hoy estoy sorprendido por la vehemencia que pones al relatar estas vivencias, estas "circunstancias" como tú dices y estoy seguro que a Toshiro le está fascinando la forma en que estás hablando.

—Claro que sí —dijo Toshiro.

—Correcto, pero perdónenme si al conversar de tantas vivencias, la emoción me lleva a la incontinencia que todos los que traspasamos la barrera de los sesenta años tenemos.

—¿Te refieres a la próstata? —dijo con su atención característica Toshiro— porque yo conozco en la Clínica Mayo un excelente médico para su tratamiento, en el grado en que esté...

—No, hombre, no —dijo Diego con una franca carcajada que le sirvió también para eliminar la tensión—, me refiero a la incontinencia de las lágrimas; cuando ustedes pasen de cierta edad, verán que por mucho que hagan, las lágrimas fluyen incontenibles, sin que haya esfuerzo que pueda uno hacer por aguantarse. Sin que nadie lo impida, uno tiene que hacer buches. Lo que pasa además es que ahora tengo un problema de "liquidez" por exceso de "inflación", y espero que esto conteste tu pregunta, dijo para soltar nueva carcajada que evidentemente rompía aquella tensión que le abrumaba.

—Más o menos lo mismo, pero con otras palabras le oí decir a mi padre y creo que tenía, como siempre, razón —dijo Julio terciando— pero sigue hablando, porque se te va a escapar la inspiración.

—Imposible, estoy realmente viviendo esos momentos y no puedo olvidarlos; por eso mismo, volvamos al tema; estaba yo allí en el Salón Turco abriendo y cerrando llaves, por hacer algo, porque no tenía ni la más remota idea de por dónde empezar, cuando se acercó silenciosamente un muchacho, que tenía más o menos mi edad, pero que en verdad daba pena. Tenía los ojos hundidos y cercados por unas, sin exageración, trágicas ojeras oscuras; el cuerpo parecía componerse sólo de piel y huesos, pues era de una flacura que verdaderamente se transparentaba; su color era más allá del pálido, era sin exageración céreo; como las figuras de los altares, pero con unos ojos tan expresivos, como creo nunca he visto otros. Si en verdad hay bondad y sinceridad en un hombre, en la de aquel jovencito enfermo, era la perfección.

—Se trataba, no lo olvidaré jamás, de Ángel Velasco, que había entrado a trabajar a Palacio Nacional hacia cuatro años, pero que había enfermado gravemente de tuberculosis y la tenía en grado terminal. Esta enfermedad, combinada con toda una vida de carencias y privaciones y ausencia total de satisfacciones, lo tenía en una grave depresión, aunque en aquel tiempo y en nuestro medio, nadie tenía ni la más remota idea de lo que era estar deprimido, cuando mucho se decía que fulano estaba achicopalado y punto.

—¿Achicopalado?, ¿qué significa esa palabra? —inquirió Toshiro.

—Es un auténtico mexicanismo, una palabra que no sólo no tiene traducción a otros idiomas, sino que ni en el caso del mismo español tiene un sinónimo que exprese esa tristeza, ese decaimiento, que en mucho se parece a la depresión pero que tiene más, mucho más de melancolía. Les voy a contar acerca de esta palabra un detalle estupendo —siguió contando Julio, autodidacta por excelencia que no sólo leía sino que materialmente devoraba cuanto material de lectura le caía en las manos.

—Se dice de José Zorrilla —explicó Cárdenas— el autor de *Don Juan Tenorio* que estuvo en México durante bastante tiempo, en la época de Maximiliano, cuando volvió a España, en el entierro del duque de Rivas, figura central del romanticismo español del siglo XIX y gran amigo de aquél, dijo en el cementerio que no podía mejor expresar su pesar que diciendo que estaba achicopalado, lo que sus paisanos no entendieron.

—Qué interesante descripción —dijo Diego—, porque de verdad que no tiene forma de explicarse lo que es estar achicopalado, porque es una palabra muy nuestra, muy de aquí de dentro del corazón y que en el curso de los años la he sentido, pero no quiero achicopalarme de nuevo al recordar a aquel Ángel Velasco, el hecho es que gracias a sus consejos, bajé a intendencia y pedí unos tramos de tubo galvanizado de media pulgada, unos codos, una tarraja, un machuelador, un arco, unas seguetas, empaques, un juego de llaves españolas y uno de inglesas, pinzas, un cautín, un brasero y unas barras de estaño.

—Oye, sabías mucho de plomería —interrumpió Toshiro, a lo que de inmediato Diego respondió— no, no sabía ni madre de esto, fue Ángel y un ingeniero de trasmisiones, Federico Méndez, que se encontraba franco en ese día y a quien le caí bien quienes me dijeron lo que había que pedir. El hecho es que ellos no se limitaron a darme la lista, sino que realmente hicieron el trabajo, digamos intelectual, dándome a mí instrucciones que no desaproveché ya que ese mismo día no sólo logré que hubiera agua caliente en el Salón Turco, sino que precisamente en ese día, en esa hora y en este lugar, nacía, sin que yo mismo me diera cuenta, el ingeniero Tierritas.

—Por cierto, ¿dónde estudiaste la carrera de ingeniería? —preguntó Toshiro quien en su afán de conocer más de sus amigos, preguntaba todo lo que a su juicio formaba parte de su personalidad.

Julio y Diego soltaron a coro una sonora carcajada:

—No hombre no —dijo de inmediato Diego—, yo no estudié ingeniería en ninguna universdad, la única universidad en la que he cursado, no sólo la ingeniería, sino todos los pasos de mis éxitos, ha sido la de la vida. Los cursos en ella además son eternos, porque todos los días, si quieres, aprendes algo y todos los días sabes más, pero a la vez menos de todo. Ahora que contestando indirectamente a tu pregunta, sí me hubiera gustado estudiar y habría optado por leyes, porque esta carrera te da un panorama muy completo de lo que son tus deberes y derechos y de esta manera es más fácil saber a qué le tiras en todos tus actos.

—Pero, óyeme Toshiro, porque te voy a decir una cosa que es lo más grande que existe en el mundo; no hay que confundir nunca a la inteligencia con la cultura. Conocerás en tu vida a muchos analfabetas que son muy inteligentes porque nacen así, inteligentes, y cultivan esta virtud, en cambio, hay muchos, muchísimos intelectuales, con muchos grados universitarios, doctorados y maestrías en muy famosas universidades, que no son sino unos pendejos y muy pendejos y ¡cuidado y te fíes de ellos!, ¡te meten en cada bronca que para qué te cuento! No confundas nunca la inteligencia con la cultura; no es lo mismo.

—El que sí era ingeniero, y muy bueno, era Federico Méndez, que por cierto siempre estuvo en mi equipo, porque si en un momento él me tendió la mano y me ayudó en la instalación del agua, más adelante, yo le pude ayudar a él y puedo decirte que fue mi topógrafo de cabecera; en cuanto proyecto yo entraba, él se responsabilizaba de la parte técnica y lógicamente, también se hizo de una considerable fortuna. De aquella unión, además aprendí algo que jamás he olvidado: hay que buscar a los que saben, formar un buen equipo es la base para llegar lejos. Por cierto que a Federico Méndez le llamábamos el Che, pero no por argentino, sino por su habilidad, que nos hacía exclamar: "Pinche Méndez, ya la hiciste otra vez".

—Aprovechando la ocasión, Toshiro, tú que aún eres joven y puedes hacer mucho en la vida, recuerda que la mejor inversión está en los terrenos. Todos trabajan para el terreno y éste, solo, se da a querer. Te lo aseguro, no hay nada como los bienes raíces.

CAPÍTULO XI

ESTA TARDE VI LLOVER
(Armando Manzanero)

—Pero volvamos, por enésima vez, al Salón Turco. Cuando yo ya estoy abriendo y cerrando llaves y por fin había salido agua caliente, sentí que había llegado mi oportunidad y mi "circunstancia" y la había asumido sin discusiones. Allí estaba el éxito. Ese es el secreto del éxito, saber que se ha encontrado y seguir fielmente su camino.

—Porque en ese momento, el presidente de la república, el general Lázaro Cárdenas, acompañado por cinco personas, entraba al salón y dirigiéndose a mí me preguntó: "Y ahora ¿qué estás haciendo aquí?" "Señor, me dijo usted que quería agua caliente en este baño y ya la tiene ¡a sus órdenes, mi general presidente!"

—Don Lázaro se desentendió de sus acompañantes y abrió personalmente las llaves del lavabo y de la tina y dijo: "¡Muy bien muchacho!, parece que tienes madera, por lo pronto —dijo con mucha amabilidad el general Cárdenas—, te vas allá abajo y le dices al general Tirso Hernández que te den de comer, porque te lo has ganado y además me esperas junto a mi coche, porque quiero que te vayas conmigo a Los Pinos para que me arregles la regadera del baño. Córrele".

—Bajé al patio de honor, seguido por Ángel, que había permanecido prácticamente oculto tras la puerta mientras el presidente inspeccionaba nuestro trabajo y me dijo que él ya se iba, pero que por favor fuera a visitarlo por la noche a su casa, en una vecindad por la colonia de los Doctores.

—Le di un abrazo que hizo que se le humedecieran aquellos ojos tan expresivos y con voz entrecortada me dijo que se sentía muy solo, que hacía mucho tiempo que nadie se le acercaba. Yo decidí en ese momento tomarlo bajo mi protección y le dije: "Nada, tú le entras conmigo a todo lo que nos caiga y juntos la vamos a hacer y por lo pronto, tú sigues conmigo y ya después veremos". Esta promesa de seguir siempre conmigo no se pudo concretar. Muy pocos días pude contar con su compañía y con sus consejos. La enfermedad lo consumía y ésta apostó por la muerte, y ganó. Lo sepultamos dos meses más tarde.

—A continuación seguí las instrucciones presidenciales, aunque suena aparatoso, era la verdad y desde ese momento comprendí lo que tenía que hacer cuando hablaba u ordenaba algo el presidente. Le informé seriamente al general Tirsito y, sin parar en riesgos, le dije que era preciso tuviera permanentemente un oficial de intendencia en la azotea, para surtir de leña de ocote el improvisado calentador, que sustituiría más tarde por un, entonces, moderno *boiler* de gas y que además, de inmediato, me hiciera el favor de ordenar que me dieran de comer, ya que me iría, con el propio presidente y con mi asistente Ángel, a Los Pinos.

—Sin exageración, les juro que el general Tirso Hernández dio realmente un brinco diciéndome: "¿Tú a Los Pinos?, ¿estás loco?, ¿que mi general presidente quiere que vayas con él a la residencia oficial y con un asistente?, ¿y por qué no lo sé yo?, ¿no sabes que yo soy el intendente general tanto de aquí como de la casa nueva?"

—Con gran desfachatez y poniendo realmente cara de palo le dije: "Yo creo que se le ha pasado informarle, lo que quiere es que le ponga también allá agua caliente", y haciendo una breve pausa, bastante espectacular por cierto, le informé: "Y como aquí ya le puse agua caliente en el salón... ¿cómo se llama?, sí, en el Salón Turco y como hace tanto frío... pues ya ve...", y dibujé en mi cara una mueca que con muy, pero muy buena voluntad, podía interpretarse como una sonrisa.

—"Pues tienes una suerte de fábula, increíble", dijo mi general Tirsito, "porque el señor no deja que cualquiera vaya a su casa; a mí mismo me pone trabas cuando le tengo que mandar a un carpintero o a un electricista y a ti, que te acaba de conocer, te abre la puerta y ¿qué?, ¿que te va a llevar en su coche?... de veras muchacho, no desperdicies esta oportunidad que te da la vida; lo que hoy te está ocurriendo es algo que le pasa a uno en un millón, no lo olvides." Y muy cordialmente me guiñó el ojo, al tiempo que me extendía su mano franca, abierta, en prueba de afecto, confianza y sinceridad.

Diego dio un nuevo sorbo al cognac y una larga chupada al sabroso puro Te Amo de Veracruz.

—Que ni en La Habana ni en la Cochinchina los hay mejores —dijo con ese amor a la patria chica que jamás había perdido, aunque luego en voz baja y con tono picaresco añadió—: La verdad es que los Montecristo de Cuba son mejores, pero no hay que difundirlo.

—En ese momento, queridos amigos —dijo entrecerrando los ojos y dibujando una sincera y franca sonrisa— había probado por primera vez las mieles de lo que significa en México ser conocido por el presidente de la república; más adelante sabría todo lo que ello significa y, más que nada pesa. El siguiente escalón se gana con trabajo, con dedicación y a base de confianza, eso es ser su amigo... pero todo lo veremos más adelante, ahora sigamos con la relación.

—Mi general Tirsito llamó al teniente García a quien le dijo que el propio presidente de la república había ordenado que se me diera de comer.

—¡Qué cambio, amigos míos!, en cuanto escuchó García el nombre del presidente, cambió su hostil gesto por la más sumisa de las sonrisas y me llevó al comedor del Estado Mayor, ordenando a un soldado que me diera muy bien de comer, pero el destino que no dejaría de darme satisfactorias sorpresas, en ese momento me dejó sin saciar el hambre que de verdad me atenazaba el estómago, tanto, que sentía como se dice, "las tripas pegadas al espinazo".

—A ver, explícame esto que estás diciendo, porque ahora sí que no te entendí —dijo Julio.

—Pues resulta que no le había dado tres sorbos a un puchero bárbaro con verduras y un poquito de picante y cuando me acercaban un guisado con carne, calabacitas y un mole de olla que aromatizaba como si fuera de gloria el ambiente, llega a toda prisa un militar que resollando por causa de la carrera por buscarme me dijo: "¡Córrale!, ¡vuélele, que mi general presidente lo está esperando!, ¡ora, píquele!"

—Hablaba violento, pero muy respetuoso y era la primera vez en mi vida ¡imagínense!, que alguien me hablaba de usted a mí, a un chamaco de quince años que apenas había llegado de Huaya...

Sonora carcajada de Julio, misma que no alcanzó a comprender Toshiro, fue la respuesta a este comentario:

—¡Claro, ya eras gente del presidente y empezaban a rendirte pleitesía!

Toshiro, con mente más analista y perspicaz, hizo una pregunta inmediata:

—¿Por qué?, ¿es tan difícil que te conozca el presidente?

Rápido como rayo respondió Diego:

—No más que ser conocido o amigo, en tu país, del emperador; pero además creo que no les he contado que apenas el 1o. de diciembre anterior, o sea, poco más de cuarenta días, había tomado posesión de la presidencia de la república el general Cárdenas, lo que quiere decir que nadie sabe quién es quién y el hecho de que el presidente llamara a su propio coche a un desconocido que "oficialmente" había llegado sin saber nada de nada, era algo en verdad muy sospechoso y además, con todo y "asistente", porque, aunque callado y aparentemente sigiloso, Ángel me había acompañado en mi, muy contra mi voluntad, frugal comida. Lo bueno es que no pensaron que fuéramos maricones, porque mi general presidente era de verdad muy macho y con justa y bien reconocida fama. Corriendo y tropezándonos, y casi llevando a rastras a Ángel que carecía de condición para este esfuerzo, seguimos al oficial que me había llamado. En llegando a donde se encontraba estacionado el automóvil presidencial, nos subieron a la parte delantera del vehículo, los dos bien apretados entre el chofer y un ayudante.

—En un abrir y cerrar de ojos, estábamos en Los Pinos, la residencia oficial del Ejecutivo nacional, donde —dijo con afectada voz, desde luego carente de presunción, ya que era una auténtica broma— Diego Mendoza Luna, oriundo y vecino de Huayacocotla, Veracruz, con quince años de edad, entraba por la puerta grande, al lado del presidente de la república, general Lázaro Cárdenas.

Los recuerdos, la emoción y la confianza de sentirse entre verdaderos amigos, hacía que brincara en su relación de un punto a otro, por lo que en ese momento dijo:

—Pero ya entramos en el sexto año; los mexicanos deberían reconocer lo hecho por su gobierno, sobre todo por su presidente, pero no; todo es al contrario, nunca ha habido tantas huelgas en México, se rompieron récords. Recuerdo un día en que el presidente, con un semblante que yo no podría decir si reflejaba amargura o decepción, me dijo: "Diego, te felicito por tu trabajo", a lo que yo, verdaderamente desde el fondo de mi alma le respondí: "Yo también a usted, señor presidente".

—Recuperando de inmediato su semblante recio y firme, el presidente Cárdenas cambió la conversación, digamos íntima, para decir: "Bueno, gracias, pero ya estamos haciendo maletas. Nos vamos a casa; ésta hay que pintarla, dejarla bien, pero dejarla". Hizo un gesto que bien se podía interpretar como un suspiro y dijo: "México a lo mejor no sabe apreciar lo que hicimos, pero el mundo sí y lo ha reconocido. Ya viste la respuesta de Europa y de los republicanos españoles. Parece que el mundo se polariza y va a la guerra, ya lo reconocerá seguramente la Liga de las Naciones". En ese momento llegó el jefe del Estado Mayor Presidencial, general Miguel Orozco, para decirle al presidente Cárdenas: "Señor presidente, le llama desde Washington el embajador Castillo Nájera". Pero esto ya no es de nuestra historia.

CAPÍTULO XII

LA GOLONDRINA

(Letra de Niceto de Zamacois y música de Narciso Serradel)

La noche fresca, el ambiente agradable y la evocación de recuerdos que relataba Diego, hacían que no se sintiera el tiempo y realmente era muy temprano: algunos turistas llegaron a cenar a la terraza del Majestic y los meseros, aunque ignoraban lo que conversaban los tres amigos, comprendían que era gente muy importante, por lo que acomodaban a los recién llegados en lugares apartados de la mesa en que ellos estaban, para que no les molestaran.

—Debes saber, antes de entrar en detalles, que el presidente Calles, pretendiendo terminar con la era de los caudillos, que al final de cuentas acababan matándose unos a otros, decidió llevar al país a la era de las instituciones, creando el Partido Nacional Revolucionario, apoyado en las opiniones de muchos líderes, como Luis N. Morones de la CROM, intelectuales y artistas de la talla internacional de Diego Rivera, en el sentido de que fuera una estructura vertical con el sector obrero como eje, optó por agrupar, institucionalmente, repito, tanto a caudillos como a grupos y partidos regionales interviniendo desde luego como los más importantes los campesinos.

—Posteriormente, Cárdenas rompió este esquema para optar por el Partido de la Revolución Mexicana con una estructura más rígida y cuatro sectores: el militar, el obrero, el campesino y el popular.

—Don Manuel Ávila Camacho y el licenciado Miguel Alemán, transformaron el PRM en el PRI, el Partido Revolucionario Institucional, con tres sectores, obrero, campesino y popular y estructura horizontal. El ejército es una institución que está por encima de las estructuras partidistas y sirve a todo el pueblo de México.

—Pues bien, durante la presidencia del ingeniero y general Pascual Ortiz Rubio, el general Cárdenas fue presidente del PNR, por lo que tenía el derecho de habitar en la parte baja del Castillo de Chapultepec, mientras el presidente habitaba en el castillo propiamente dicho, que había sido residencia oficial del Ejecutivo desde la época de don Porfirio.

—¡Qué rápido llega el sexto año, Toshiro! —dijo Mendoza Luna elevando la voz— y a cuántos presidentes he tratado. Yo he visto caer catedrales, no capillitas, y aquí sigo, como dijo el chinito "nomás milando". En este sexto año no existen problemas para escoger a los candidatos de cualquier partido político, porque ellos mismos se hacen pedazos y como tú has visto, a mí me gustan los chistes y aquí te va uno sobre este tema.

—Es el cuento de las canastas de los dos pescadores, uno estadounidense y otro mexicano. El gringo cada vez que pescaba un cangrejo lo metía a la canasta y le ponía la tapa. El mexicano lo metía también a la canasta, pero no la tapaba; el norteamericano le preguntó por qué la dejaba abierta ya que los cangrejos se podían escapar. Mi paisano le contestó con gran tranquilidad que no existía la menor posibilidad de que esto ocurriera. "¿Por qué?" preguntó intrigado el yanqui. "Porque son cangrejos mexicanos y cuando uno logra subir casi a la parte superior, siempre hay otro que lo jala y lo baja hasta el fondo."

—Pero volviendo a mi relato de enero del '35, llegué a Los Pinos acompañando al presidente Cárdenas, a quien seguí hasta la parte superior, donde pasamos al baño, que en verdad daba pena por lo destartalado que estaba y con gran franqueza el primer mandatario me dijo ¿qué te parece que hagamos?

Sin detenerme a meditar que estaba con el presidente de la república, y en que yo no tenía ni la más remota idea de lo que era una auténtica residencia, pues imagínense lo que era mi casita en Huaya, sin saber lo que era un baño privado y muchos menos la plomería, con la audacia que me dio el estar consciente de que estaba viviendo mi "circunstancia", le dije sin más ni más: "Pu's di a tiro echar todo a la basura, hacer uno o dos o tres baños nuevos, para que usted esté a gusto y ya metidos en gastos, pu's hacer unos baños para la guardia y todos los que viven aquí y todos con agua caliente, porque de plano aquí hace más frío que ni en mi tierra, de plano se mete hasta los huesos".

—Don Lázaro no lo pensó ni un segundo para decirme: "Está bien, pero ¿mientras?, ¿cómo nos bañamos?, mejor espérate un poco, ahorita nada más me pones agua caliente y después ya veremos con los ingenieros que están arreglando la casa cómo le hacemos, ¿para cuándo la tendrás lista?" Pos si me da dinero para comprar lo necesario, yo creo que hoy mismo en la noche podemos hacer algo, ¿verdad Ángel?" dije mirando a mi "asistente", quien desde luego asintió.

—"No, ya es tarde y mejor que te den dinero, compras lo que necesites y mañana tempranito te vienes a trabajar, te espero como a las ocho de la mañana ¿de acuerdo?"

—Amigos míos, muchas veces la vida cambia en un segundo, pero generalmente para mal, un accidente, una pérdida en un mal negocio, un incendio, trastocan la existencia, pero para mí, ese día cambió el panorama de mi vida en forma radical pero de manera excelente. A las ocho de la mañana estaba muerto de frío, con hambre, en una ciudad desconocida, sin esperanzas ni oportunidad alguna y doce horas más tarde, tenía un fajo de billetes en la bolsa, trabajo y ¡el afecto!, del presidente de la república.

—Salimos de Los Pinos en un coche oficial rumbo al centro, a la calle de Ayuntamiento, donde compramos, por instrucciones obviamente de

Ángel, unos tubos, un modernísimo *boiler* y algo de herramienta, regresamos a Los Pinos y dejamos todo encargado y vámonos a los caldos de Indianilla, como me aconsejó Ángel, a devorar unas piezas de pollo que sabían a gloria, con el caldito bien picosito, unos refrescos Sidral, bien me acuerdo y luego un par de cafés con leche, y dado que no tenía yo dónde quedarme, me llevó Ángel a su vecindad en la colonia de los Doctores, donde fuimos a dormir, aunque a decir verdad, a soñar toda la noche. Estaba seguro de que mi vida había cambiado y no iba a dejar que la suerte se me escapara.

—A las siete y media de la mañana, nos presentamos en la entrada de Los Pinos. El oficial de guardia llamó al general José Manuel Núñez, que entonces era, creo, jefe de ayudantes, y quien de forma exageradamente hosca, después supe que era su modo de ser, con una mirada muy penetrante, nos preguntó que de qué grupo éramos o qué era lo que queríamos.

—"De ningún grupo, mi general —contesté rápidamente— somos ayudantes personales de mi general presidente y nos pidió que pusiéramos agua caliente en la regadera y aquí estamos; allí en esa caseta, tenemos nuestra herramienta y nuestro material."

—"Ah, sí, ya me contó él ayer, tú eres el que arreglaste el baño del Salón Turco, sí, ya sé, nada más que ahorita mi general presidente está nadando y la señora Amalia todavía no baja, así que espérense un momento."

—Vaya inicio de domingo para ti —dijo Julio.

—No sólo inicio de domingo, inicio de una nueva y maravillosa vida —respondió Tierritas, para continuar— estuvimos deambulando por ahí, hasta que a las nueve y media, más o menos, un ayudante militar nos llevó al baño, luego a la azotea y con mis ganas de quedar bien y la dirección de Ángel, lenta por sus condiciones físicas, pero excelente en su ánimo, hicieron que antes de las dos de la tarde, la regadera tuviera agua caliente.

—En dos días dos triunfos, dos experiencias, dos circunstancias debidamente aprovechadas. Estaba francamente eufórico, la leña ardía en el *boiler* y mi entusiasmo ardía en el pecho, abría y cerraba las llaves y sentía que el calor del agua me daba una nueva vida así que, inconsciente del lugar en el que estaba y sin guardar las más elementales formas, bajé a tropezones y brincos de dos en dos las escaleras de la residencia para informar al presidente de la república de mi éxito; no sé si cantaba, silbaba o gritaba; no lo sé, era mi triunfo.

Diego sonreía ensimismado y una vez más divagó en sus pensamientos recordando:

—Seis meses más tarde ya le habíamos colocado hasta un sillón de peluquería que también le sirvió a su dentista y daba derechito a su oficina con salida al jardín y así, mi querido Toshiro, yo fui el realizador de lo que desde entonces ha sido la residencia del Ejecutivo Federal, desde luego, mejor conocida como Los Pinos.

—Pero lo importante es que llegué a entender los cambios de personalidad y sus tragedias, me volví como si fuera yo un consejero y ganaba más dinero que un casino. Por cierto que en sus primeros días de gobierno, mi general Cárdenas cerró los casinos, que eran propiedad del ex gobernador del territorio norte de Baja California y era el mero mero de transmisiones del ejército y compadre del general Calles. Tenía dos o tres en Baja California, el Foreign Club en Cuatro Caminos y el Casino de la Selva en Cuernavaca.

—El general Ávila Camacho, en su sexenio, reordenó las carreras de caballos, las ferias y los palenques, reformando la legislación para juegos y loterías.

—Pero no quiero distraerme, aunque estamos bordando sobre lo mismo; les decía que al llegar feliz a la planta baja de la residencia, quedé en verdad petrificado.

—¿Por qué? —preguntó Toshiro extrañado, pues estaba entusiasmado y realmente viviendo el relato del éxito de Diego.

Éste, dando un nuevo sorbo a su copa de cognac y una aspiración con auténtica fruición a su puro, respondió:

—El general Cárdenas hablaba en un tono muy elevado, muy violento, raro en él. Se dirigía así a unos individuos excelentemente bien vestidos por cierto, al tiempo que arrojaba sobre la mesa un lujoso y finísimo portafolios de piel.

—De inmediato y sin hacer caso a aquellas personas, le dijo al secretario de la Defensa, general Pablo Quiroga: "Dígale a mi general Abelardo Rodríguez, que en Sonora lo necesitan más y que todavía es soldado, que cuide sus cosas..." y abandonó la sala dirigiéndose al piso superior, por lo que en el segundo escalón realmente se tropezó conmigo.

—"¿Qué haces aquí?", preguntó molesto. "Es que... ya tiene agua caliente el baño, señor", dije yo, pidiendo que la tierra me tragara. "Agua caliente, agua caliente", dijo el presidente echando verdaderamente chispas con la mirada, pensando sin duda en Baja California. "Bueno, está bien, gracias..." me dijo y subió a grandes zancadas al piso superior.

—Salí, junto con Ángel y él optó por irse, pues con el esfuerzo realizado en la labor de poner el agua y el susto que obviamente nos habíamos llevado al ver y escuchar al presidente de México tan enfadado, le vino un acceso de tos incontrolable, que lo hizo sentir muy molesto y se fue para su casa, prometiéndole yo ir por la noche.

—Un buen rato estuve esperando hasta que salió un militar que me preguntó mi nombre, porque han de saber que en estos dos días yo era un individuo "X"; nadie sabía nada de mí, a partir de ese momento, empezaba a ser Diego Mendoza Luna, cabo de intendencia de la presidencia de la república, que después, conforme nuestra ancestral educación remataba con un "para servir a usted".

—El oficial me dio un billete de diez pesos y me dijo que me presentara al día siguiente, el lunes, a primera hora en Palacio Nacional con el general Tirso Hernández.

—Contento, sorprendido y con el corazón a punto de estallarme por el sinnúmero de emociones, salí por la puerta principal de Los Pinos... ¡cuántos individuos podían hacerlo,"muchos menos de los que pueden entrar a la casa de gobierno de Huaya", me dije con una sonrisa...

CAPÍTULO XIII

UN MUNDO RARO

(José Alfredo Jiménez)

La forma en que había comentado la reacción violenta del presidente Cárdenas hizo que los tres amigos quedaran un largo rato en silencio, que rompió Julio para pedir una nueva ronda de copas. Discretamente, Diego puso su mano sobre la copa, se sentía cansado, la juventud que estaba reviviendo parecía tonificarlo, pero también la emoción hacía mella; estaba fatigado, pero no quería irse, todavía había asuntos qué comentar este día, había que sentar las bases, los cimientos, lo que sabía como ingeniero, pues aunque no de título, de práctica bien que lo era y no en balde había expuesto como ponente en alguna ocasión diversos temas, tanto en la Universidad Nacional como en el Politécnico, en Chapingo o en universidades estatales. Así pues, retomó la palabra, no sin antes tomar en alto lo que quedaba de la copa y con nuevo interés brindar a su estilo característico: "Salucita, para que parezca fiestecita". Ese día comencé a conocer en lo íntimo al presidente Cárdenas y muy dentro de mí tengo grabada su figura única. Con una mano en el bolsillo del pantalón y con el sombrero en la otra algunas veces, otras, tomándose la barbilla; la cabeza un poco ladeada a la derecha, su personalidad, lo mismo que en mi mente, se iba quedando para la posteridad en las fotografías, lo mismo que su vestuario, la chamarra y las botas militares sólo para las giras por el campo, para lo demás, el traje, generalmente oscuro, la corbata y el sombrero, todo parte intrínseca de él, el hombre.

—Poco a poco fui interiorizándome con él, pisando el terreno íntimo al que muy pocas personas tenían acceso, conociendo las horas, bien fueran muy temprano o muy tarde, cuando nada más recibía a los íntimos y allí pude conversar mucho con él, para saber lo que al final de cuentas solamente el águila y yo conoceríamos. Escuchaba y apuntaba todo en una libretita, especialmente frases, anotando el autor y algunas veces las leía en público dando el crédito respectivo. Lo mismo la lucha de clases y la dictadura del proletariado que pontificaba Múgica, que las tesis comunistas en que el Estado era todo y que Diego Rivera aseguraba que era el único camino al futuro. También don Manuel Ávila Camacho anotaba frases y temas de la Grecia antigua; todo lo apuntaba, lo que significa que si hoy escribiera sus apuntes serían sobre globalización, comunicación, etcétera —dijo con una amplia sonrisa, aunque de inmediato se arrepintió pues sentía que estaba asumiendo un tono paternalista que le molestaba francamente, por lo que carraspeó para seguir con su relato.

—Mi circunstancia, amigos, mi circunstancia llegaba y yo le abría los brazos para aprovecharla, eso fue todo. Traté con operarios lo mismo que con ingenieros, muchos nacionales, algunos extranjeros, comencé a entender el inglés, manejé con inteligencia los problemas de pintura, calefacción, electricidad, gas; compré las estufas más modernas y me encargué de que la línea blanca fuera la más conveniente, en una palabra, me responsabilicé de todo.

—Me hice verdaderamente necesario para el presidente, adquirí, sin darme cuenta, lo que en verdad es el "derecho de picaporte", pues me colaba al mismísimo despacho presidencial y siempre había algo que me encargaba; que si los focos no estaban bien orientados, que si la alfombra tenía arrugas o se estaba desgastando irregularmente, que si los teléfonos no se oían bien; recuerdo que entonces había dos sistemas, uno era de la empresa sueca Ericsson, de números y el otro de una llamada Mexicana, que era una compañía norteamericana y al que se accedía por letras y números; entre las dos líneas no se podía uno comunicar, por lo que tenía uno que estar suscrito a ambas compañías. Unos doce años más tarde, siendo presidente el licenciado Alemán, se fusionaron ambas líneas al constituirse Teléfonos de México. Este absurdo era similar al eléctrico, que hacía que en unas partes se empleara corriente de 50 ciclos y en otras de 60 y la regularización de este desorden apenas hace unos veinte años pudo concretarse, creo que con Echeverría y miren lo que es la vida, yo también progresé porque como el señor presidente me saludaba y me trataba bien, toda la gente pensaba que yo era un chingón. No sé si esto era verdad, lo que sí, que trabajé intensamente, personalmente hice muchas reparaciones en Palacio Nacional, donde pasé muchas noches sin dormir y fue cuando conocí los entretelones del poder.

—Lo importante es que la gente empezó a ver que yo iba y venía por Palacio y por Los Pinos como se dice "como Pedro por su casa" y tenía un total acercamiento con el presidente y venga entonces a caerme regalos. Al principio fruta y comida en latas, poco a poco más y más finas, después un día un reloj, otro una caja de vino importado o de cognac; entonces, recuerdo que casi nadie tomaba whisky y mucho menos ginebra o vodka, lo que más se estilaba eran vinos y ¡qué vinos, señores!

—Años después el gran promotor don Luis G. Aguilar introdujo con gran éxito el whisky Ballantine's y empezó en México la afición a este destilado.

—Por cierto —intervino Julio— como muestra de su valía como promotor comercial, también trajo a México el Alka Seltzer.

—Caramba —dijo Toshiro que se moría siempre por intervenir, pero que dada la falta de conocimientos del tema no lo hacía, pero sí quería que sus amigos estuvieran convencidos de su interés —whisky y Alka Seltzer, ni hablar la pareja perfecta. Están hablando en verdad de un auténtico promotor.

—Claro que entonces, antes del whisky —siguió con gran sonrisa hablando Diego— yo no tenía paladar ni sabía bien a bien lo que era, pero muy pronto aprendí, porque lo bueno se aprende pronto, sin duda alguna. Los regalos siguieron, lo mismo ediciones de enciclopedias empastadas en finísima piel que álbumes de discos, entonces de setenta y ocho revoluciones por minuto, por lo que por ejemplo una sinfonía se componía de ocho o doce discos, pero lo importante, que los regalos seguían, porque yo era muy "influyente".

—El mundo en el que yo me movía era y sigue siendo muy sutil. Nadie pide nada, nadie dice nada, el objetivo es ser mi amigo, para que yo, en un momento dado pudiera hablarle al presidente de algún "asunto". De esta manera al finalizar el sexenio de don Lázaro, yo ya tenía una casita y un terreno por la parte posterior del Campo Militar No. 1, por Lomas de Sotelo y por lo que se refería a la comida, el problema era cómo repartirla, sobre todo las latas de sardinas portuguesas y españolas así como los pomos de aceitunas y los turrones, que realmente entonces eran lo más socorrido. También quiero decirles que un día sí y otro también llegaban a mi casa lo mismo cajas de mango de manila que costales de naranjas; carne de Chihuahua que canastas de dulces de Puebla y además, comida preparada. No había un domingo en que no llegaran unas cazuelas de barro con mole riquísimo así como no faltaban a fines de agosto los platones de Talavera con una dotación de chiles en nogada. Carne de Chinameca siempre había, lo mismo que pescado a la veracruzana, de verdad tenía todo en mi cocina. Pero lo que más me entusiasmaba eran las colecciones de libros, algún día los conocerás Toshiro, Julio seguro que te llevará porque es quien mejor conoce mi biblioteca a la que tiene el paso siempre franco, pues si alguna persona es verdaderamente viciosa de la lectura es este hombre, ¿o miento Julio?

—Pero sigamos. En los albores de 1940, yo conocía muy bien a todos los que se mencionaba como sucesores del general Cárdenas, quiénes lo frecuentaban más; con quiénes hablaba y quiénes trataba con afectuoso respeto o de quiénes dudaba. No sólo despuntaba el general Ávila Camacho, también estaban en primera línea el general Múgica, los generales Rafael Sánchez Tapia y Juan Andreu Almazán, un poco abajo de ellos, pero también muy importante, el doctor y general Francisco Castillo Nájera y otros de categoría o, mejor dicho, de oportunidades menores.

—Pero todos contaban, había frases muy significativas con otros miembros del gabinete, "cuídenme a fulanito" o, "¿hace cuánto que no habla usted con menganito?", así se van urdiendo los tejidos del encaje político, existían entonces graves problemas, la expropiación petrolera había sacudido los cimientos de Washington y el sucesor de Cárdenas tenía que estar interiorizado con el problema, también estaban pendientes, a causa de la misma cuestión petrolera, las dificultades con Inglaterra y por otra parte, a nivel internacional, todos los observadores y los más experimentados editorialistas de los más importantes diarios del mundo hablaban de la inminencia de una guerra en Europa que borraría, por su magnitud, lo que había sido la Gran Guerra del '14.

—Volviendo a la situación política, recuerdo que en agosto de 1940, estábamos en Cuernavaca, antes del penúltimo informe presidencial y se empezó a decidir la sucesión; llamó al gobernador de Veracruz, Miguel Alemán y a otros gobernadores y charló con ellos, pero no dijo nada abiertamente. De repente, se lanzó a la precampaña el general Ávila Camacho, el licenciado Alemán solicitó licencia a la gubernatura de Veracruz para coordinar la campaña y los disgustos y rebeldías estuvieron a la orden del día. Muchos desertaron de las filas del partido oficial para ingresar o formar otros grupos políticos, el más destacado fue Juan Andreu Almazán, pero ahora lo que quiero es recalcar que son las grandes decisiones y que yo estuve ahí para saber de ellas y hacérselas hoy saber a ustedes.

—Por aquellos días —recordó Cárdenas Treviño— nació el Partido Acción Nacional, el PAN, encabezado por un hombre talentoso, don Manuel Gómez Morín, ¿o no?

—Exactamente y también por aquellos días empezaba la carrera política ascendente de don Adolfo Ruiz Cortines, entonces capitán primero del ejército nacional y gran amigo del general Dámaso Cárdenas, hermano de don Lázaro y quien lo impulsó a contender y ganar la diputación federal por Tuxpan.

—Pero hablando de la primera campaña presidencial que yo viví, ocurrió un caso que se convirtió en un auténtico secreto de Estado; al mes de iniciada, don Manuel Ávila Camacho sufrió un ataque cardiaco; nadie habló jamás de ello, pues de conocerse se hubiera trastocado la historia del país. Todo se solucionó cambiando de hábitos, de manera de vivir y con respecto a la campaña, reduciendo las giras y pasando los fines de semana en reposo en Cuernavaca.

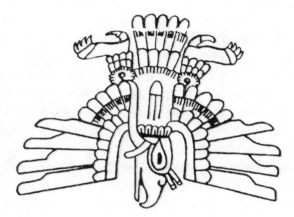

CAPÍTULO XIV

SOMBRAS

(Rosario Sansores y García)

Para estos momentos, ya los turistas habían acabado de cenar y los meseros, pese a lo abundante del consumo y la lógica suculenta propina, empezaban a mirar con ganas de que se fueran los tres amigos, lo que no pasó inadvertido para Diego que dirigiéndose a ellos los conminó a que tuvieran un poco de paciencia ya que serían bien recompensados. El capitán recriminó con la mirada a los muchachos y, conociendo como conocía a Tierritas, le envió "las de la casa", con la súplica de que no se preocuparan, así pues, Mendoza Luna continuó.

—Una vez con el sucesor definido y trabajando por todo lo ancho y largo del país, dándose a conocer, el poder del presidente empieza a declinar y EL HOMBRE se vuelve hosco y amargado, la cargada de políticos, en esos tiempos llamado FUL, Frente Único de Lambiscones, cambiaba su brújula, de Los Pinos al Rancho de la Herradura, donde despachaba el candidato Ávila Camacho. La prensa se ocupaba a la vez de los avances de la campaña de Ávila Camacho, como del Plan Sexenal, pero por otro lado, las huelgas y los paros locos empezaron a menudear, la crisis de fin de sexenio era una realidad.

—Pero no quiero salir de mi tema, yo traté a don Manuel cuando fue candidato y cuando fue presidente y como en el caso de don Lázaro tuve acceso directo a su despacho así me fui enterando de por dónde iba a pasar una nueva carretera, por qué lugar se construiría un nuevo desarrollo, bien habitacional, bien turístico o bien industrial, detallitos que ahora lo llaman "información privilegiada". Al enterarme me he entrevistado con amigos y amigos de amigos a quienes he aconsejado comprar dos, tres o más años antes de que venga el desarrollo, terrenos adyacentes y convenientes, ustedes saben, manejar la plusvalía.

—He sido muy afortunado, no lo niego, pero a nadie he robado ni mucho menos solicitado dádiva alguna. He dado consejos buenos sin perjudicar a nadie; he tenido el privilegio de ver un poco más lejos que la mayoría de las personas e informar de esta visión a quien estoy seguro le sacará provecho. No ayudo a especular, ayudo a que crezca la economía nacional; que se incrementen las fuentes de trabajo y esto es, estoy seguro, bueno para todos y sobre todo, bueno para México y así ahí la voy llevando, despacito, pero sin descanso.

—Por esto he visto y he vivido el crecimiento del país, el crecimiento de muchas fortunas que no son, como los envidiosos e incapaces de hacerlo pregonan, robos y desfalcos. Como en otros países, aunque hay de todo, porque las puertas están abiertas para todo el mundo, sólo hay que saber cuáles son las buenas oportunidades y cómo trabajarlas y, lo más importante, cuándo iniciar actividades o esperar tiempos más convenientes.

—Ser amigo del presidente en México, es una oportunidad y una gran responsabilidad y ser amigo, como yo, de diez presidentes es algo que no cualquiera logra. Es estar dentro de ese compromiso de trabajar veinticuatro horas por siete días a la semana, sin descanso, sin vida personal y esto, queridos amigos, es lo que hace el hombre que está cubierto por las alas del águila nacional y a él debemos apoyar sin duda y sin temores ni omisiones, quienes tenemos el privilegio y el compromiso histórico de su amistad. La gente es la que con su imaginación lo convierte a uno en influyente, pero las cosas caminan solas hasta convertirse en una bola de nieve. Claro que este poder hay que administrarlo, porque puede uno quemarse y salir lastimado. Sobre todo hay que saber navegar en las tormentas entre sexenio y sexenio.

—Debe ser un verdadero arte —dijo Toshiro.

—Sí que lo es. Es un arte... perfil bajo... callada la boca... todo derecho... en una ocasión don Lázaro me dijo: "Diego, tú nunca me has pedido nada ¿en qué puedo ayudarte?" yo le respondí: "Francamente señor presidente, no lo sé", apenas tenía yo experiencia y sólo acerté a decirle: "Pero en Huaya tengo un compadre que es muy decente y siempre ha querido ser presidente municipal..."

137

—"¿Cómo se llama? ¿vive allí?" y le respondí: "Se llama Pepe y ahí vive". Entonces el presidente dictaminó, porque definitivamente esto no es otra cosa que un dictamen, o si prefieren calificarlo como una orden: "Pues ni hablar, adelante, dale sus datos al secretario de Gobernación cuando venga y dile que lo trate en el acuerdo conmigo".

—Y ¿cómo le fue? —preguntó Toshiro.

—La verdad, se dilató algún tiempo, pero un buen día, lo citaron en las oficinas del partido y tras ayudarlo en la campaña, tanto económicamente como en lo que hoy se conoce como logística, resultó triunfador en las elecciones y de verdad sí la ganó porque era bien conocido y también es verdad que encabezó una excelente administración en Huayacocotla, pero mi empujón fue muy conveniente.

Julio intervino para preguntar:

—¿Y lanzaste más candidatos?

Mendoza Luna, serio, contestó:

—No, no fue necesario, sólo les daba por su lado y les decía siempre que ya había tratado su caso con el señor presidente y que iba bien la cosa. Si acertaba, ellos quedaban muy agradecidos, si no, pues les decía que el señor tenía otros compromisos, pero que quizá más adelante, aunque sí alguno que otro recomendé, bien con algún secretario de Estado, bien con los presidentes del partido, pero no directamente, sino más bien como un favor de cuates, en el sentido que tiene esta palabra en México. Muchos secretarios fueron y desde luego son, mis compadres. Por lógica, muchos se me han adelantado en el viaje final —dijo con esa tristeza que a veces le invadía—, pero en muchos no sólo subsiste el compadrazgo, sino la amistad y, sobre todo, la confianza.

—Diez presidentes he visto pasar y a los diez he conocido íntimamente. Es posible que la amistad de los últimos haya decrecido; era yo antes más joven y ellos más grandes, poco a poco estos papeles se han invertido. Ahora ellos son los jóvenes y yo el viejo y me veo en la terrible obligación de dar consejos y cuando se conoce la trascendencia de lo que podría significar el seguir uno solo de ellos, lo convierte en la tarea más difícil, más conflictiva, más angustiosa.

—Hay una curiosidad, estos diez hombres, además de ser los últimos presidentes, son los únicos que han gobernado al país durante seis años cada uno, el famoso sexenio que es la medida política, social y económica del tiempo mexicano.

—Porque aquí en México, como lo podrás observar, amigo Toshiro —intervino nuevamente Julio— no se dice que esto o aquello ocurrió en tal año, ni tampoco que fue hace treinta o cuarenta años. No, aquí decimos, esto fue cuando López Mateos, aquello otro cuando Alemán; las obras no tienen edad, tienen fecha de nacimiento, pero la fecha no es numeral ni de calendario, lleva la del nombre de uno de ellos. El viaducto es de Alemán y el Estadio Azteca de Díaz Ordaz, no te acuerdas cuándo se concedieron las Olimpiadas, pero sabes que las trajo López Mateos y que las inauguró Díaz Ordaz. El Chamizal fue devuelto también con López Mateos. La guerra le tocó a don Manuel y el conflicto ferrocarrilero lleva la imagen de don

Adolfo Ruiz Cortines. La baja del petróleo y la "administración de la abundancia", junto con la nacionalización de la banca, a López Portillo. El temblor del '85, aunque sí lleva siempre unido el año, pero es de Miguel de la Madrid, y también en su administración quedaron los anales del huracán Gilberto, la explosión de San Juan Ixhuatepec y la recomposición de la economía. La Solidaridad y la entrada al Tratado de Libre Comercio, de Salinas de Gortari. No hay vueltas, los ejes del tiempo son los presidentes, porque los años, las eras, no existen, sólo existen los sexenios.

Pero Diego estaba francamente cansado y aprovechando la intervención de Julio, que rompía su relación, pidió la cuenta. Tras el común escarceo entre los tres para ver quién liquidaba la cuenta, al fin se pusieron de pie, terminando el día Diego diciendo:

—Señores, vámonos, pero antes vamos a quedar comprometidos para seguir esta conversación sin ruidos y sin interrupciones en mi casa. Allí los espero el próximo miércoles; tú —dijo refiriéndose a Cárdenas— te encargas de llevar a Toshiro.

La noche caía sobre la capital del país.

CAPÍTULO XV

MI ÚLTIMA CARTA
(Víctor Cordero)

Puntualmente, a las ocho de la noche, llegaban a la residencia de Coyoacán Julio y Toshiro. A Julio, desde luego que le agradaba al máximo la compañía de Toshiro, pero tenía un problema, la puntualidad excesiva de éste chocaba de plano con la suya, típicamente mexicana. Cuantas veces había quedado de verle, Toshiro allí se encontraba listo, discretamente llevando algún ritmo con la punta del pie y con el rostro adornado por una imborrable sonrisa, que Julio sentía como una recriminación.

Esto hacía que cada entrevista fuera una nueva angustia para Julio, porque siempre se le atravesaba algo de última hora aunque siempre se confiaba de lo que él bien sabía que no podía ocurrir, que en la ciudad de México pudiera uno salir algún día por Bucareli sin toparse con una manifestación o con un plantón en las puertas de Gobernación.

Este día había sido la excepción, en el mismo instante en que llegaba por Leibniz a la puerta posterior del hotel Camino Real, salía Toshiro, con un sobre en la mano que agitó a guisa de saludo.

De inmediato se subió al automóvil y, cosa rara en el periodista japonés, que siempre esperaba, como exige su tradicional cortesía, a que la otra persona iniciara la conversación, de inmediato le dijo a Julio.

—Les traigo una sorpresa que para los dos va a ser un espléndido regalo. Acaba de llegarme de Japón este sobre con un reporte sobre el padrón electoral en México. Realmente las cifras que se manejan indican una confiabilidad de primerísimo nivel y, lo más importante, que hacen un comentario muy favorable al Instituto Federal Electoral, después del debate televisado el pasado lunes, que por lo que veo fue perfectamente captado en Tokio y donde se comenta que el director del Registro Federal de Electores, Carlos Almada, le dio un verdadero repaso a Del Villar, el representante del Partido de la Revolución Democrática.

El análisis que hacían los comentaristas japoneses era, conforme palabras de Toshiro, que en verdad estaba compenetrado en la mancuerna amistosa de Julio y Diego, muy satisfactorio:

—Ahora sí, ante tirios y troyanos —comentaba entusiasmado—; México demostrará la limpieza en las elecciones. Se empieza con el pie derecho, pues estamos hablando de uno de los padrones electorales más exactos del mundo y el mejor, si se toma en cuenta que estamos en un país donde no existe ni registro de ciudadanos ni cédula obligatoria de identidad.

El viaje transcurrió agradablemente y a las ocho en punto, estaban en la puerta de la casa de los Mendoza Luna; antes de llegar, Julio comentó a Toshiro un chiste que siempre le hacía a Diego, el preguntarle por qué los habitantes decían Coyoacan, en forma llana, en vez de Coyoacán, en forma aguda. La respuesta era, según Julio, porque quienes optaban por la forma llana eran simplemente unos "mámones", aunque la realidad era que esto no obedecía a otra cosa que a una genialidad más del maestro Salvador Novo.

Con evidente alegría recibió Diego a sus invitados, pasándolos de inmediato a la espaciosa sala, donde las luces indirectas daban un ambiente especial y sobre todo relajante, que desde luego permitía admirar los excelentes óleos que colgaban de sus paredes, entre los que sobresalían un par de Velascos, un Orozco, otro Rivera y dos Siqueiros, además de otros del siglo XVIII de la escuela mexicana colonial.

Un acucioso mesero preguntó sobre lo que deseaban tomar, mientras ponía una charola de plata con unos canapés de salmón ahumado al lado de otros de caviar con una fuente de mariscos pertrechada con excelentes salsas. Todos ordenaron whisky y de inmediato, Julio le comentó a Diego el entusiasmo del japonés por la forma en que se iban manejando las condiciones para lograr un extraordinario proceso electoral, especialmente en lo que se refiere a limpieza y exactitud.

Diego asintió con evidente satisfacción.

—Esa es la labor, callada y en verdad efectiva, que realizó durante el tiempo que fue director del Instituto Federal Electoral, Emilio Chuayffet, quien desde ese puesto que muchos consideran de lo más conflictivo, especialmente en los tiempos que vivimos, fue de los contados que pudo poner en su lugar a ese torbellino de la acción y la palabra llamado Porfirio Muñoz Ledo.

—Explícame por favor cuándo —le preguntó Toshiro—, pues tengo muchos recortes de sus inacabables intervenciones.

—Inacabables, es la palabra —intervino Julio—, pues entre el medio periodístico está catalogado como el político que tiene más respuestas que preguntas, lo cual es muy descriptivo.

—Pues así es —dijo Mendoza Luna—, fue cuando se discutió el caso de los colores nacionales que tiene el PRI, cuando le dijo a Muñoz Ledo, al referirse a él como abogado, usando ese estilo sarcástico de quien sabe que presume de abogado sin serlo en efecto.

—¿Cómo está eso? —interrumpió Toshiro.

—Así es, jamás se recibió de abogado, por lo tanto, no puede llamársele licenciado, pero usando ese estilo que les digo le preguntó: "Y dígame licenciado Muñoz Ledo, ¿en qué artículo constitucional o en qué reglamento se prohíbe que un partido lleve los colores verde, blanco y rojo?", fue precisamente cuando el entonces senador Porfirio Muñoz Ledo Laso de la Vega, quedó sin respuesta para la pregunta —dijo soltando una carcajada el ingeniero Tierritas.

—Claro que no todos pueden lograr tal hazaña —dijo Julio.

—Desde luego que no —contestó Diego—, pero Chuayffet, hoy excelente gobernador del Estado de México lo logró y por cierto, ahora que estamos hablando precisamente del gobierno, en su mensaje al pueblo de la entidad que dio el 15 de septiembre del año pasado, 1993, al tomar posesión del Ejecutivo estatal, en pocas palabras dio una excepcional definición de lo que es el gobierno.

—¿La recuerdas? —preguntó Toshiro.

—Desde luego que sí, y sin necesidad de apuntes —recordó—: "Gobernar requiere autoridad moral para conducir a la sociedad hacia la consecución de sus fines, sin desviar de ellos el uso del poder; exige sensibilidad política para ejercerlo, firmeza para defender principios, flexibilidad para determinar la oportunidad y la velocidad de las acciones y, sobre todo, comunicación permanente, diálogo continuo para no perder nunca el contacto con la realidad".

—Extraordinario —dijo Julio—, por favor repítemelo para apuntarlo y tenerlo presente en alguna ocasión.

—No sólo eso, sino que te voy a dar una copia completa de la pieza oratoria, así la considero, donde existe otro párrafo que aprovechando la ocasión se los recordaré, es el que dice, hablando directamente del Estado de México que: "Recibimos anualmente a miles de mexicanos que llegan en busca de progreso: traen consigo su esperanza, su propia identidad, su trabajo, sus afanes. Se vuelven mexiquenses por decisión propia. Nuestra tierra, sin exclusivismo, resuelve así una doble tarea; recibe y arraiga, enriquece su presente con quienes llegan en busca de futuro. Por eso, nuestro acervo cultural es excepcional, pues nuestro estado corre más aprisa que el tiempo mismo, gracias a la vitalidad de su población".

—Pues sólo con esas dos frases, demuestra ser un político completo que sin duda alguna tendrá un muy promisorio futuro —dijo Toshiro verdaderamente entusiasmado. El hecho de haber caído en esta mancuerna de amigos, le estaba dando un punto de vista sobre la política mexicana, al que jamás soñó acceder. Sus envíos de información a los periódicos para los que trabajaba en Tokio, sabía, por informes de algunos amigos, que estaban siendo muy apreciados. Estaba informando a Japón sobre una nueva visión de México, desconocida totalmente en aquellas latitudes y, por otra parte, las confesiones de las vivencias de Diego Mendoza Luna le incrementaban su saber sobre la historia política de nuestro país.

Transcurrida casi una hora, pasaron a la mesa y al sentarse a cenar, el rumbo de la conversación cambió, del hoy al ayer, de la actualidad a lo perenne, que era la mística filosófica de Mendoza Luna, regresando a los primeros días de Diego en la política nacional.

Diego retomó el tema de la cena en la terraza del Majestic, recordando las primeras decisiones que le vio tomar a don Lázaro.

—A pesar de mi nula experiencia en los menesteres políticos, me di cuenta de que el presidente todo lo quería resolver, conocer todos los detalles, para que todo pasara por sus manos y darle el conveniente carácter legal y moral para que nada estuviera fuera del orden constitucional. En una palabra, quería saludar a todos, hablar con todos, escuchar a todos.

—Así vivía el síndrome que lo atacó a él y a los nueve que le han seguido y que el águila —decía Diego— y no yo, bautizó como el síndrome de los Santos Reyes o de Santa Clos. El presidente pontifica en este primer año: yo, solamente yo, voy a hacer personalmente las cosas para que no haya duda de que están bien hechas. Si los Santos Reyes y Santa Clos llegan a todas las casas del mundo en una sola noche, ¿por qué yo no voy a resolver todos los problemas de México, si tengo seis años por delante?

—Hace sesenta años, los secretarios de estado, tras acordar con el presidente, sobre todo si el caso era delicado o conflictivo, confirmaban de inmediato las órdenes con Calles, el Jefe Máximo de la Revolución. Se hablaba que, recordemos que el presidente vivía en el Castillo de Chapultepec, algún bromista había puesto un letrero en la puerta del Castillo que a la letra decía: "Aquí vive el presidente; el que manda, vive enfrente", refiriéndose a la casa de Calles, que aún existe como dependencia de la Secretaría de Turismo junto al hotel en el que te hospedas, Toshiro; precisamente en la esquina de Mariano Escobedo y Tolstoi. Sería bueno que un día que pasaras por allí, la observaras, pues allí también, durante muchos años, se hizo realmente la historia de nuestro país.

—Pues bien, les decía que Cárdenas tenía el estigma de que el pueblo lo calificara como pelele o títere de Calles y obviamente no era esto lo que él deseaba. Él tenía, como todos, la voluntad de servir al pueblo a tiempo completo y asumiendo toda la responsabilidad, sin compartirla un ápice con nadie.

—¿Cuándo empezó Cárdenas a tomar la decisión de romper con Calles? —interrumpió Julio, a lo que Diego contestó:

—Es difícil saberlo, ya que yo entonces, aunque estaba muy cerca físicamente de don Lázaro, como ya les he comentado, no me podía percatar de esas estrategias de tan alto nivel. Cierto que nadie conoció lo que se manejó durante ese sexenio como yo, pero hubo en aquel año cosas —dijo con una expresiva sonrisa— de las que el águila todavía no tenía confianza para decírmelas.

—Vamos entonces a los hechos. El 12 de junio de 1935, en la prensa nacional aparecieron declaraciones del general Calles, comentadas al senador Ezequiel Padilla, en las que abiertamente censuraba el incremento imparable de las huelgas obreras y señalaba la perspectiva de una inminente crisis. Estas palabras eran un público regaño a Cárdenas y además podían interpretarse como el preludio de un orden terminante de "presentas de inmediato tu renuncia", como la conseja popular decía sobre la renuncia de don Pascual Ortiz Rubio.

—El enfrentamiento era inminente. Las palabras de Calles eran el testimonio real de que en México se vivía un maximato y quien no lo entendiera estaba políticamente muerto. Recordemos que las huelgas obreras, unas por reclamaciones reales, otras por aparentes y muchas más por simple solidaridad, se sucedían una tras otra y el general Cárdenas, lejos de sofocarlas, al estilo que lo habían hecho Calles y los tres últimos presidentes, las respetó dentro de la ley. Si la huelga cumplía los lineamientos marcados por la legislación, sin mayor trámite se le daba vía libre. La única industria que crecía en ese entonces, comentó un editorialista, era la de la manufactura de banderas rojinegras.

—Pero volvamos a ese día, cuando el México político se sacudió, y mientras unos permanecían en sus casas o encerrados en sus despachos esperando los acontecimientos, muchos más tomaron la carretera a Cuernavaca, rumbo a otra de las residencias de don Plutarco y en la que en esos días vivía, primero para rendirle total pleitesía, en forma de apoyo incondicional y después para recibir instrucciones. Pocos, muy pocos tomaron alguna iniciativa y menos todavía fueron los que llegaron a la oficina del presidente Cárdenas a manifestarle su adhesión.

—Sólo uno tuvo el valor civil de hablar claro y sin tapujos, él fue el líder Vicente Lombardo Toledano, presidente del Comité Ejecutivo de la Confederación General de Obreros y Campesinos de México (CGOCM), organización que era la promotora de gran número de los paros y huelgas condenados por Calles y por ende, Lombardo era uno de los líderes acusados por el Jefe Máximo de la Revolución de "dirigir el desbarajuste" y "estar jugando con la vida económica del país". Con estos comentarios refuerzo mi teoría del clásico séptimo año del que se fue y el primero del que entra y aunque el general Calles había concluido su mandato algunos años atrás, el hecho de haber puesto incondicionales suyos en la silla bajo las alas del águila, confirmaban su deseo de seguir siendo EL HOMBRE y no uno cualquiera y seguir viviendo los síndromes presidenciales y no aceptar el de la Esfinge o el Tehuacán sin gas, conforme su condición de ex.

—Así, el mismo día 12, Lombardo declaró a los diarios vespertinos que sólo "los que desconocían las causas de los conflictos sociales en el régimen burgués, podían hacerlo responsable de dicha pugna y ofrecía continuar, de por vida, su papel de agitador". La decisión total y abierta de Lombardo, prácticamente ya desconocida u olvidada en el país, pues desde tiempos de la revolución armada nadie hablaba fuera de lo ordenado, hizo que tanto sindicatos afiliados a la CGOCM, como otros organismos obreros, publicaran, el inmediato día 16, desplegados en la prensa nacional en los que declaraban apoyo total a Lombardo, repudio al general Calles y se amenazaba con una huelga general en defensa de los derechos obreros, en el caso de que éstos fueran conculcados o limitados.

—El día siguiente, una nueva declaración en masa del gremio obrero, convocaba a la unidad total en torno al presidente de la república, general Lázaro Cárdenas y repudiaba al general Calles.

—*"Huelga total al primer intento que se haga para lesionar los derechos obreros"*, era la máxima y es precisamente desde este día, se los digo por mi experiencia personal, que el presidente de México, el que ostenta la banda con el águila nacional sobre su pecho, tiene el poder total y no lo puede compartir con nadie. Lo posee hasta que otro 1o. de diciembre, se despoja de la banda y la cede a su sucesor. Entonces queda fuera y otro es el hombre que manda. Ni un día antes ni un día después, el sexenio completo... y punto.

—Así, ese junio de 1935, la crisis tomaba presión. El Jefe Máximo se resistía a creer que su maximato estaba viviendo sus últimos momentos. El agrupamiento de los obreros al lado del presidente en forma incondicional, era definitivo. Cuando hablemos de los próximos presidentes, veremos cómo también a veces ha sido necesario el fragmentar este movimiento obrero, todo tiene necesidad de ser, todo tiene necesidad de modificarse, lo único que permanece es el poder y en esta ocasión, por vez primera en la historia nacional, la clase obrera había determinado, por la vía pacífica, la inclinación de la balanza política.

—Al día siguiente, Cárdenas rechazaba la acusación de Calles, ratificando la decisión de continuar con su tarea de gobierno bajo los lineamientos de la Revolución Mexicana. De inmediato pidió la renuncia de todo el gabinete, con objeto de reestructurarlo eliminando desde luego a todos los políticos de filiación callista. Empezaba de hecho el gobierno del presidente Cárdenas. Calles abandonaba su finca en Cuernavaca, dirigiéndose a Sonora y anunciando el fin de su vida en la política nacional.

—Así nace la era del presidencialismo, y los mexicanos somos presidencialistas... por lo menos hasta ahora.

—¿Todos los mexicanos? —preguntó Toshiro.

—Bueno —respondió el ingeniero Tierritas— casi todos.

Toshiro se volteó a ver a Julio diciéndole:

—Bueno, ¿pero si en esta elección gana el PAN o el PRD qué harán los priístas?

—Mira —dijo Julio— los priístas son tan presidencialistas que le erigirán una estatua a Diego o a Cuauhtémoc si gana uno de los dos la presidencia.

Diego, reflexionando, e imbuido por sus años mozos que estaba recordando sólo afirmó:

—Pos me cai que sí.

CAPÍTULO XVI

EL REY

(José Alfredo Jiménez)

La cena había concluido, pero la atención la tenía verdaderamente asumida Diego, sus observaciones sobre el inicio del gobierno cardenista eran agudas, vivas, enteras. Cárdenas le había devuelto la dignidad a la presidencia de México y fue presidente desde el primero hasta el último día en que conforme a la Carta Magna tuvo la titularidad del Ejecutivo Federal.

En ese momento, Diego, con su experiencia de conducir todo tipo de reuniones, sintió que había llegado el momento de iniciar la presentación de su teoría de los síndromes y tras servir personalmente, en finísimas copas de cristal cortado checoslovaco, cognac Paradise de Hennesy, retomó la palabra.

—Así es, los diez han realizado sendas campañas, en busca del voto, en verdad brillantes; todos visitan el máximo de poblaciones, tienen contacto con toda la gente que pueden, de todos los sectores y todos los niveles sociales. Tienen muchas reuniones públicas y muchas más privadas, pero, las más importantes, son las si no secretas, sí discretas al máximo, pues existen personajes con los que no es conveniente que identifiquen al candidato oficial, pero el hombre tiene que conocerlo todo y así lo hace, lo intenta hasta el límite de sus fuerzas. Desean conocerlo todo para solucionar, precisamente, todo, cual es el deber de los Santos Reyes o de Santa Clos que, recordemos, es el síndrome que los absorbe desde el momento en que son candidatos hasta fines del primer año, cuando ven que su decisión de solucionarlo todo personalmente, es imposible.

—Para fundamentar mi teoría, les tengo que dar una serie de explicaciones y de datos que es larguísima, por lo que se me ha ocurrido hacerlo en alta mar.

—¿Alta mar? —preguntó verdaderamente extrañado Toshiro— por favor explícame esto mejor.

—No, todavía no estoy loco ni el alcohol se me ha subido a la cabeza, no, lo que quiero es invitarlos a Acapulco el próximo sábado, para allí, a bordo de mi yate, hacer un recorrido por fuera de la bahía, donde no hay ni teléfono, ni compromisos, ni nada que nos distraiga y podré explayarme como realmente quiero.

—Pero hoy, antes de que se vayan, quiero darles un resumen de lo que será esta explicación, una lista corta, pero significativa para demostrar que todos hacen cosas muy similares y todos lo hacen bajo la constante de realizarlo directa y

154

personalmente; en otras palabras, convertirse en los Santos Reyes.

—Todos los presidentes, basados en su experiencia por haber militado en el gabinete del hombre al que han sucedido en la silla bajo las alas del águila y, robustecida esta experiencia por sus observaciones directas en la campaña, y con el fundamento definitivo de lo que será su administración, hacen modificaciones en la estructura de su gobierno.

—Así vemos que para poder gobernar realmente bajo sus normas, Cárdenas cambió todo su gabinete. Alemán por su parte, creó las secretarías de Recursos Hidráulicos y la de Bienes Nacionales como fundamento del crecimiento que caracterizaría su gestión. López Mateos por su parte, cambia la Secretaría de Economía Nacional en Comercio e Industria para lograr mayor control de la producción y modifica la imponente SCOP alemanista en Comunicaciones por una parte y Obras Públicas por la otra pues su afán es comunicar realmente a todo el país. Díaz Ordaz sabe que las empresas descentralizadas pueden ser un tesoro o un pozo sin fondo, por lo que ordena a la Secretaría de Patrimonio Nacional, las absorba en su totalidad y las controle a conciencia.

—Don Manuel Ávila Camacho, por su parte y, sabiendo cómo el problema obrero había dado tantos dolores de cabeza a todos los sectores durante el sexenio cardenista, sustituye al Departamento de Trabajo por una secretaría con todo lo necesario para este control, mientras también en su primer año, López Portillo destronca la Secretaría de Hacienda, para hacerla más ágil al responsabilizarla únicamente de la recaudación de impuestos, creando una institución de Programación y Presupuesto para controlar los egresos federales.

—De la Madrid, por su parte, viendo que la corrupción estaba sentando reales en el gobierno federal con perversos e inimaginables resultados, crea la Contraloría de la Federación para intentar poner orden, el mismo orden que Luis Echeverría busca al dividir el ya entonces caótico Distrito Federal en 16 delegaciones con la conveniente autonomía para atender los problemas básicos de la ciudadanía.

—Así también Díaz Ordaz, enemigo de viajes y salidas, crea precisamente el Consejo Nacional de Comercio Exterior para el impulso y control de este importante ramo. Salinas de Gortari prácticamente repite lo que hizo don Lázaro sesenta años atrás, eliminando el servicio de policía de la Secretaría de Gobernación; el último de los analizados, el que hoy está viviendo las postrimerías de su ejercicio, ordenando la desaparición de la dirección de inteligencia de la Secretaría de Protección y Vialidad.

—Control; todos lo buscan afanosamente en este su primer año, pero no son todas las coincidencias que tienen los diez, sino muchas más que tenemos que comentar.

—La situación política de los años '60 es muy delicada, por lo que Echeverría, en diciembre del '71 ordena la liberación de todos los presos detenidos a raíz del 2 de octubre en Tlatelolco, mientras personalmente López Portillo, en abril de su primer año se cerciora de que en todo el país no exista un solo preso político; Carlos Salinas, en febrero del '89, a menos de noventa días de asumido el mando, envía una iniciativa para amnistiar a 402 presos políticos. Encontramos un nuevo denominador común: tranquilidad, confianza en el pueblo... los Santos Reyes, regañan, pero no castigan.

—Esto en delitos menores o que ellos juzgan menores, porque en los reales, en los que afectan al país, sí castigan y en el primer año de todos y de cada uno, muchos son los que van a dar con sus huesos a la cárcel. La economía de México no permite fugas y así lo mismo López Mateos ordena la detención de Jaime Merino por fraude contra Pemex, que Ríos Camarena, Félix Barra García y muchos funcionarios de Pemex y del Seguro Social son detenidos por instrucciones precisas de López Portillo.

—Con De la Madrid la lucha es a fondo. Lidia Camarena, Ramírez Limón, ex directores de aeropuertos, delegados políticos, funcionarios de Pemex, todos al ahora ya denominado reclusorio. Con Salinas, no es necesario recordarlo: los defraudadores de la Bolsa, los asesinos de Buendía y otros casos pendientes, todos pierden la libertad. El caso sonado de La Quina, símbolo de la corrupción sindical, es también privado, con todo su "estado mayor", de la libertad ¿injusto? Así es la vida y así son sus circunstancias.

—Lo mismo ocurre con los gobiernos estatales. Cárdenas logra que el Senado dé por desaparecidos los poderes en Tamaulipas, Guanajuato, Sinaloa, Durango y Sonora; cuando Alemán, son los de Chiapas, Oaxaca, Tamaulipas y Jalisco; Echeverría, por problemas estudiantiles en Monterrey, urde lo necesario para que caiga Eduardo A. Elizondo y con Salinas de Gortari, el primero es el de Baja California, Xicoténcatl Leyva, después más, muchísimos más.

—Buscan afanosamente resarcir daños que las anteriores administraciones han dejado pasar y así vemos que Echeverría recupera los estípites del altar mayor de la Catedral, que López Mateos logra que en Estados Unidos sea entregado a nuestro cónsul el Coyote Emplumado y Salinas encuentra las joyas que una madrugada de Navidad fueron robadas del Museo de Antropología. Al pueblo lo que es del pueblo, es de plena justicia.

—La capital del país no es ajena a este querer estar en todas partes de los presidentes y vemos cómo en el primer año don Adolfo Ruiz Cortines quita todos los puestos ambulantes del Zócalo, aguantando a pie firme las protestas. López Mateos ordena la suspensión total de todos los nuevos fraccionamientos al tiempo que amplía las avenidas, como lo hace en un primer estudio López Portillo, convirtiendo en "ejes viales" las clásicas y otrora tranquilas rúas Bolívar e Isabel la Católica, apenas en marzo de su primer año de gobierno, dando el primer paso que hoy nos permite circular en vehículos tanto públicos como privados, lo que sería imposible de no haberse tomado estas medidas.

—De la Madrid escucha a la ciudadanía y suspende tajantemente las obras de la línea ocho del Metro, mientras Salinas de Gortari, para beneficio de la salud de nuestra metrópoli dicta con carácter de obligatoriedad, el programa "hoy no circula".

—La política internacional la asumen personalmente. No dejan que nadie intervenga y así vemos que don Manuel Ávila Camacho, viendo con sentido verdadero de estadista que se aproxima una conflagración que puede llevar a todo el mundo a una crisis bélica, se apresura a firmar con Estados Unidos una serie de convenios que abarcan todos los temas, lo mismo reclamaciones antiguas, que petróleo, comercio, finanzas, tránsito. Si viene la guerra hay que estar preparado y así fue.

—Alemán trae en el primer año de su gobierno, de visita oficial a la capital del país al presidente Truman, tras haber recibido al secretario general de la recién creada ONU. El mismo año el presidente Alemán estaría en Washington y en Nueva York a pagar las visitas. Los nexos se acercan y se hacen afectivos.

—Don Adolfo López Mateos, a un mes exacto de tomar posesión y ante el ataque de tropas navales guatemaltecas contra pescadores mexicanos, se ve obligado a romper relaciones con nuestros vecinos al sur del país. El pueblo lo apoya en forma absoluta, registrando la más alta concentración de personas que se haya visto en el Zócalo capitalino. El mismo don Adolfo se entrevista con Eisenhower en Acapulco antes de realizar, en octubre de su primer año, el de 1959, una gira por la Unión Americana.

—Don Gustavo se reúne con Johnson antes de protestar como presidente constitucional y en marzo de su primer año, firma un convenio para dar fin al añejo problema de la salinidad del río Colorado. Echeverría con su febril actividad, desarrolla una serie de sucesos en materia internacional que sólo enlistarlos fatiga: se reúne como presidente electo con Nixon, expulsa en marzo a unos diplomáticos soviéticos, se entrevista con el presidente-dictador Somoza, realiza de inmediato una reunión de embajadores mexicanos en Centro y Sudamérica, presidida y conducida por él mismo, para determinar la política panamericana de México; habla en la ONU, se reúne con Ford y cita a la mayoría de los embajadores en el extranjero, para cambiar impresiones y darles instrucciones en inacabables entrevistas.

—López Portillo no se queda atrás y de entrada, tras reunirse con Ford cuando aún no ha rendido la protesta oficial, en cuanto lo hace se reúne con el también nuevo presidente de los Estados Unidos, James Carter. Después, en marzo, precisamente el 18, rompe relaciones con la República Española para firmarlas, diez días más tarde con el Reino de España y mandar a un embajador de lujo, como lo era el ex presidente Gustavo Díaz Ordaz.

—Sapiente de las creencias del pueblo, envía a su propia esposa, doña Carmen, a entrevistarse en junio con el Papa, de lo que en primera instancia se resuelve a cancelar la visa y no dejar entrar a México al obispo rebelde Lefevbre. Nombra embajador especial primero y después ante la Unesco, a su antecesor Echeverría y en octubre, antes de cumplir un año, visita, en plan grande y con objeto de borrar muchos años de distanciamiento, España.

—De la Madrid visita al presidente americano antes de la toma de posesión, visita ya enraizada como una costumbre; después ratifica con Venezuela la vigencia del Pacto de San José, por cierto no ratificado completamente por el Senado y se reúne, en el mismo primer año, en La Paz, BCS, con Reagan.

—La actividad internacional de Salinas, por su parte es impresionante, integra el Grupo de los Tres con Colombia y Venezuela, se entrevista con el presidente Bush en París, además de dos meses más tarde en la Casa Blanca y realiza en su primer año, en octubre, una gira por América del Sur.

—Por cierto, entre el segundo y el tercer año es normal que se acuse al gobierno y sobre todo al presidente de estar recibiendo instrucciones del gobierno norteamericano y de los bancos extranjeros, "estamos perdiendo soberanía", claman los opositores.

—¿A todos les pasa? —preguntó Toshiro.

—A todos —sentenció Diego— desde Cárdenas después de la expropiación.

—Recordemos que esto es solamente una síntesis, para analizar después caso por caso y en los terrenos político y económico vemos que apenas transcurridos diez días de la toma de posesión, don Manuel Ávila Camacho acuerda que los militares no intervengan en política, sino deberán pedir previamente licencia; en el plan económico envía iniciativas para nuevas leyes de instituciones de crédito y la orgánica del banco central; su política en el ramo de asuntos obreros la manifiesta al crear, el 3 de enero inmediato a su toma de posesión, la administración obrera en Ferrocarriles Nacionales.

—Don Lázaro, en su primer año, establece el Banco Ejidal para beneficio de campesinos y realmente no hace grandes modificaciones económicas, ya que su problema, como lo hemos visto y lo analizaremos más profundamente, era el político y sobre él lanza todos sus esfuerzos.

—Alemán y Ruiz Cortines envían sendas reformas para revisar y adecuar la legislación fiscal y don Adolfo, en plan de la austeridad que fue su característica primordial, ordena, por decreto, limitar los sueldos de funcionarios de organismos descentralizados y de empresas de participación estatal.

—Alemán por su parte busca un acuerdo, que logra firmar en marzo del '47, para legalizar la estancia en la Unión Americana de 120 mil braceros. Si de todas maneras van a trabajar fuera de México, hay que estar conscientes de que son mexicanos y hay que apoyarlos para evitar su explotación, que no tiene mayor razón de ser que la falta de documentación oficial. Así desde Palacio Nacional, lucha realmente por un convenio, que es aprobado para dar seguridad legal a nuestros compatriotas allende las fronteras. Después los encargados de otorgar estos permisos llegaron a caer en la "mordida". ¡Qué vamos a hacer!

—Con don Gustavo, su primer año es de tranquilidad económica; en junio de 1965, declara públicamente que nunca México ha estado más lejos que en ese momento de la inflación, pero no obstante dispone un plan de seguimiento que consiste en siete metas económicas para superación del país. No en desacuerdo con Alemán, sino porque la vida económica y social de México ha cambiado, el propio Díaz Ordaz dispone, en mayo de su primer año, que jamás será autorizada por el gobierno mexicano la contratación de braceros allende nuestras fronteras. Todo diferente, pero todo igual, todos buscando resolver la problemática nacional y lo intentan poniendo en juego absolutamente todo su esfuerzo, toda su voluntad, toda su capacidad y, repito, toda su buena fe.

—Echeverría siente desde su inicio que el enemigo a vencer es la iniciativa privada y de entrada, el 28 de enero tiene una junta muy difícil, muy grave, poniendo su posición bien clara, sin mentiras, de enfrentamiento bastante serio. Envía al Congreso normas para modificar la Ley de la Reforma Agraria, al tiempo que crea un fideicomiso para el desarrollo de la Sierra Madre y demuestra su voluntad de apoyar a las clases humildes expropiando, apenas en abril de 1971, casi 750 mil hectáreas en Chihuahua, pero se le va el tiempo en la creación de fideicomisos que en vez de ayudar, perjudicaron su administración.

—López Portillo crea la Comisión Nacional de Precios para estabilizar, y aquí vemos de nuevo cómo aflora su estilo personal de interpretar a los

Santos Reyes, libera a los obreros del pacto de mantener una tregua salarial, solicitada por él el día de la toma de posesión, al tiempo que de todo su apoyo para la creación del Banco Obrero. Reunifica los ferrocarriles bajo un solo mando y una sola dirección. Su apoyo a la clase obrera la manifiesta una vez más en enero de su primer año, instituyendo tres juntas especiales de Conciliación y Arbitraje. De la Madrid por su parte inicia el gobierno apoyando la industria nacional, prohibiendo la importación de artículos electrónicos, licores, vinos, ropa, juguetes, porcelana y cristal cortado; además, justo al iniciar el año, por televisión informa a la nación de sus medidas económicas.

—En posterior entrevista con industriales, dice que hay que continuar con medidas duras y gran disciplina. En agosto de su primer año, logra la primera reestructuración de la deuda pública externa que aunque no tiene un éxito total, sí se convierte en paliativo para la angustia económica del país. Reestructura la industria azucarera, promoviendo el nacimiento de la empresa Azúcar, S.A., y apoya la constitución de la Alianza Nacional Campesina, aumentando los precios de garantía de los principales granos, misma medida que tomaría, seis años después, Salinas de Gortari, que su mayor entusiasmo lo pone en reestructurar la deuda de manera definitiva, lo que logra a mediados de su primer año; el campo y la ecología los favorece directamente con la creación de la Comisión Nacional del Agua y busca la libertad de movimiento de los obreros encarcelando a La Quina, como ya les dije y cesando al legendario Venus Rey como líder de los músicos.

—¿Coincidencia? ¿Verdad que no?, ¿verdad que todos quieren hacerlo todo personalmente?

—Curiosamente, como ya se los he mencionado, empiezan los cambios en su firma, el más importante, que crece y crece de tamaño.

—Una muy fina observación para tomar en cuenta —dijo Julio no sin un dejo que podía considerarse como filosófico— les crece la firma.

—Conste que esto no es sino una breve síntesis, pues también hay que hablar de cómo se modifica la personalidad y cómo se establece su estilo personal de gobernar, pero eso, queridos amigos, lo haremos, con la brisa del mar azotándonos la cara y refrescándonos el alma. Así que seguimos el sábado en Acapulco.

Los dos amigos comprendieron que Diego estaba fatigado y al unísono se pusieron de pie para despedirse. El sábado sería otro día.

CAPÍTULO XVII

CUCURRUCUCÚ PALOMA

(Tomás Méndez)

Sendos automóviles había enviado Diego Mendoza, el ingeniero Tierritas a recoger a sus invitados, los que llegaron con él a los hangares privados del aeropuerto internacional de la ciudad de México a medio día del sábado 4 de junio.

—Pronto tendremos que dejar estas instalaciones —comentó con su inseparable sonrisa Diego—, pues toda la aviación civil privada tendrá que trasladarse a Toluca y aquí sí que no van a valer ni influencias, ni presiones, ni sobornos ni nada. Todo se está haciendo con gran seriedad y se supone se van a invertir, por parte de la iniciativa privada, los usuarios constantes del aeropuerto, algo así como 500 millones de nuevos pesos.

—Los argumentos que nos ha presentado el presidente Salinas a través de la Secretaría de Comunicaciones y Transportes y de Aeropuertos y Servicios Auxiliares, verdaderamente no admiten alternativa. Estamos prácticamente en el centro de la ciudad más grande del mundo, en un aeropuerto donde día a día se incrementa el tráfico comercial aéreo y, por otra parte, quienes poseemos aviones, bien podemos trasladarnos hasta Toluca, ya sea por la estupenda carretera a donde por cierto quiero llevarte para que la conozcas, igual que la de Acapulco; o bien, en caso de emergencia, por medio de helicóptero.

—Los trastornos del tráfico en este aeropuerto son bárbaros, fíjense ustedes que son las doce del día y no saldremos sino pasadas las dos de la tarde y eso que pedimos pista desde temprano, pero el tráfico es un problema que no tiene más solución para reducirlo que saliéndonos nosotros.

—Pero mientras tanto, vamos a pasar aquí, al hangar, a un pequeño despacho y salita que tengo y que tendré también que desmantelar, donde lo más importante es un bien surtido bar cuyo contenido hará que las dos horas o más que faltan para que partamos, se conviertan en dos rápidos minutos.

—Y más rápido que ello —contestó Toshiro— porque realmente escuchando tus anécdotas y tus comentarios, pasarán más que volando.

Pasaron a un excelente despacho presidido por una escultura en piedra del escudo nacional. Sillones comodísimos, un, como había anunciado, bien surtido bar y una luz tenue, pese a ser el medio día soleado de un día primaveral, hacían que uno se olvidara del ajetreo citadino y especialmente del calor, que ese día sofocaba, no sólo a la ciudad, sino al país entero.

—Pero déjenme contarles algo excepcional —dijo Julio con amplia sonrisa— no cabe duda que tres días estando cerca de Diego han hecho que se me pegue la suerte; de veras que Tierritas confirma el dicho de que quien a buen árbol se arrima, buena sombra le cobija.

—Pues, ¿qué fue lo que te ocurrió? —preguntó Toshiro.

—Casi nada, que ayer fui con unos amigos que salieron en las listas para diputados y que pretenden les ayude en la logística de comunicación durante su campaña, fuimos a comer a Prendes y al salir, decidimos dar una vuelta por el centro y al pasar por Bolívar, nos detuvimos en el tradicional expendio de lotería El águila descalza, donde entre los cuatro compramos una serie de billete 35333 que ¿qué creen?, ¡anoche salió premiado con ochenta mil nuevos pesos! No cabe duda, Tierritas, que tu suerte se pega.

—Pues tienes que tener cuidado, no te vaya a pasar lo que a un director de la Lotería le ocurrió precisamente en tiempos de mi general Cárdenas.

—¿Qué le ocurrió? —preguntó Toshiro.

—Déjenme que les cuente, pero antes qué les parece un buen whisky como el que me acaba de llegar, Johnie Walker Etiqueta Azul, muy diferente a los clásicos que conocemos; nomás pruébenlo y vamos a brindar por la suerte y la fortuna de Julio.

Ordenó al mesero que sirviera el citado whisky de la botella que antes invitó a que la vieran sus invitados y volviendo a tomar la palabra, dijo:

—Tómenlo como si fuera cognac —para continuar con su peculiar estilo—: Salucita, para que parezca fiestecita.

—Pues bien, el presidente Cárdenas, como ya lo hemos comentado, detestaba el juego, el cual, dicho sea de paso no había sido visto con malos ojos por su predecesor, el general Abelardo L. Rodríguez, quien según malas lenguas, tenía intereses reales en algunos casinos, pero en fin, volvamos a don Lázaro. Él apoyó siempre a la Lotería Nacional, como una de las instituciones más respetables para todos los mexicanos, de cualquier nivel social o económico y cuyo beneficio, valga la redundancia, está dedicado a la beneficencia pública.

—Pues bien, quien entonces era director de la Lotería, no recuerdo ahorita su nombre, ya se los diré más adelante, se quejaba siempre, al salir de los acuerdos con el presidente de la república, de la frialdad de éste después de escuchar sus informes, que le parecía inclusive que no le prestaba la atención que él esperaba.

—Esto era un día y otro, siempre que tenía acuerdo con el jefe del ejecutivo, hasta que un día exteriorizó sus inquietudes al secretario privado del presidente, quien le dijo que el problema era que nunca había tenido una atención para con don Lázaro.

—De esta manera, al terminar el siguiente acuerdo, el director de la Lotería le dijo: "Mi general presidente, permítame tener una atención con usted y entregarle este cachito para el sorteo magno del cinco de mayo, a nadie nos cae mal un ratito de suerte".

—El día del siguiente acuerdo, el interfecto entró al despacho presidencial con una gran sonrisa, diciendo con voz engolada: "No cabe duda, mi general presidente, que estamos de suerte".

—"¿Estamos?", preguntó extrañado el general Cárdenas: "¡Claro!", respondió el director, "¿recuerda el cachito que le regalé?, ¡pues sacó el primer premio del sorteo!, y lo que es más asombroso, yo compré otro cachito y ¡resultó con el segundo premio!, ¡albricias mi general! Estamos de racha".

—Don Lázaro, con su estilo tan personal de hablar, se limitó a agradecer el mensaje y se despidió de él con la misma frialdad de siempre.

—El director de la Lotería, un poco extrañado, consultó con el secretario el problema y éste le dijo: "No se preocupe, ya ve cómo es el general de seco, pero seguro que por dentro está como una castañuela".

—Tranquilo y satisfecho, el director "suertudo" abordó su automóvil para dirigirse a su oficina, cuando llegó un teniente del Estado Mayor para decirle que el señor presidente le rogaba lo esperara un momento porque tenía algo que decirle.

—Con una sonrisa que le llegaba de oreja a oreja subió prácticamente volando las escaleras para volver a la antesala del despacho presidencial. Poco menos de una hora transcurrió, cuando otro oficial salió para decirle que había habido algo imprevisto, por lo que el presidente le pedía se retirara y que ya le hablaría más tarde. Sin mayor trámite se despidió para ir ahora sí a su oficina, que entonces estaba en el Palacio de Buenavista, donde hoy se encuentra el Museo de San Carlos.

Cuando llegó a ella, todas sus cosas estaban afuera del despacho, con un documento que le entregó un militar por el que se le informaba que estaba cesado.

—Estilo directo —dijo Julio.

—Exacto, el estilo además del primer año, de hacerlo todo en forma directa, sin intermediarios, bajo el síndrome de los Santos Reyes. Por eso ten cuidado, porque sacarte un premio de la lotería y en compañía de candidatos a diputados, puede ser sospechoso —dijo Diego con una gran sonrisa.

En esos momentos, un espigado capitán, perfectamente uniformado, llegó para decirle a don Diego que podían abordar el avión puesto que ya la torre de control había autorizado pista para despegar.

El vuelo duró un abrir y cerrar de ojos y en el aeropuerto acapulqueño estaba listo un magnífico automóvil último modelo, que transportó a los tres amigos a la residencia —nunca mejor empleada la palabra— del ingeniero Tierritas en Puerto Marqués.

Aquí se encontraba una mezcla de buen gusto con elegancia, lujo y comodidad, muy difícil de encontrar. Si alguna casa se podía considerar perfecta, era ésta. Nada faltaba, nada sobraba, todo estaba en su sitio.

Los dos amigos quedaron boquiabiertos; si en su casa de Coyoacán se habían sentido lo que se dice a gusto y eso que solamente conocieron la sala, el comedor y la biblioteca, en ésta, que sería su casa durante un fin de semana, estaban verdaderamente anonadados por la perfección que se adivinaba en cada uno de los detalles.

Tras enseñarles la totalidad de la mansión con esa simpatía y naturalidad que hacía insignificante lo maravilloso, Diego los invitó a instalarse, quedando de verse en un par de horas en la sala para tomar un par de copas antes de hacer una visita por la tarde y posteriormente un recorrido nocturno.

—Pues aquí en Acapulco es donde empezó la leyenda del ingeniero Tierritas —dijo Diego cuando tras cambiarse y refrescarse en la terraza de la casa les servían los primeros whiskies— como les decía hace unos días, el hecho de estar cerca del presidente le da a uno una posición envidiable como ninguna. Los regalos caen solos, no hay que buscarlos, el asunto es escoger a los amigos que mejor se comporten con uno, ¿me entienden?, y a ellos darles la información más valiosa.

—No hay que ser serviles, como esos cuates que se vuelven dizque "secretarios" de gente famosa, bien sean políticos o artistas ni tampoco como tantos y tantos que se conforman, de entrada, nada más con las sobras, pero que terminan quedándose hasta con las herencias. Yo conozco a muchos así, que lo mismo hacían de alcahuetes que de valets.

—Y es que la dificultad es convencerse —dijo con una sonrisa que tenía mucho de enigmática y mucho de sarcasmo— de que es como estar en la cuerda floja. Porque los que están abajo ven la mar de sencillo y sin ningún problema el mantener el equilibrio, pero más que éste, lo difícil es mantener la figura esbelta y la sonrisa en los labios, porque el que está allá arriba tiene que hacerlo así, para que todos piensen que es lo más sencillo y lo más natural del mundo. Los problemas, los miedos, las angustias... hay que tragárselas.

—Volviendo a la leyenda de Tierritas, mi despegue empezó con el de Acapulco y hablo de su despegue actual, pues comercialmente Acapulco ha sido muy importante durante más de cuatro siglos, desde que fue fondeadero de la legendaria Nao de China.

—¿Nao de China? —preguntó intrigadísimo Toshiro.

—Ignoraba que hubiese habido ese tipo de comercio desde hace tanto tiempo —respondió Toshiro— y me gustaría conocerlo a fondo, pues puede ser motivo de algún reportaje extra.

—Estas palabras me satisfacen al máximo, pues me da verdaderamente mucho gusto el comentarte sobre Acapulco, porque si como te digo este puerto me ha colmado de riquezas, es justo que haga algo por dar a conocer su verdadera historia por lo que mientras salimos a recorrerlo, te la contaré.

—La historia comercial de Acapulco se inicia en noviembre de 1564, cuando zarparon del puerto de Navidad, en la actual costa de Jalisco cinco embarcaciones al mando de Miguel López de Legazpi, acompañado por fray Andrés de Urdaneta, fraile agustino que dejó el convento precisamente para ser piloto de esa expedición.

—En febrero del año siguiente, llegaron a Filipinas, originando en ese momento el comercio entre la entonces Nueva España y el lejano oriente. En junio de ese mismo 1565, emprendieron el viaje de regreso, buscando las corrientes y los vientos más propicios. Después de tres meses y medio de azaroso viaje, llegaron aquí, a esta bahía de Acapulco, inaugurando los viajes de la llamada desde entonces Nao de China, que prosiguió durante toda la época colonial. Una vez, durante una tormenta, naufragó en aguas japonesas y gracias a un *shogun,* que se hizo posteriormente muy amigo del virrey, construyeron una nueva nave y en ella volvió con su nuevo colaborador a México, iniciando una época de cordiales visitas de japoneses a nuestro país y de mexicanos al tuyo.

—Desconocía el dato —dijo Toshiro, manifestando desde luego gran interés.

Diego continuó diciendo:

—La llegada de la nao de China era un auténtico motivo de fiesta. Las campanas de las iglesias repicaban y se iniciaban ferias que escritores y cronistas de la talla de Gemeli, Carreri o Humbolt, reputaron como las más fastuosas de todo el mundo.

—Hidalgo, el Padre de la Patria, conoció bien el valor estratégico de Acapulco y se dice que ganarlo para la causa fue la única orden directa que dio a Morelos, el cual, haya sido por esta razón o *motu proprio,* la atacó en tres ocasiones. Cuatro décadas más tarde, Acapulco vuelve a ser el centro de la historia cuando se inicia la Revolución de Ayutla, contra Santa Anna y se designa a Ignacio Comonfort, administrador de la aduana de Acapulco, jefe provisional de las fuerzas armadas.

—Pero la historia moderna de Acapulco se inicia el 11 de noviembre de 1927, cuando el presidente Plutarco Elías Calles accionó, vía telefónica, desde el Castillo de Chapultepec, un dispositivo para hacer estallar la dinamita que removió el último obstáculo en la carretera a Acapulco, cuyo trazo se había interrumpido precisamente por una enorme roca, en el kilómetro 402.

—Ese mismo día, a las seis de la tarde, llegaron, por una auténtica brecha, los doce primeros automóviles que vieron los habitantes de este paraíso. Un año más tarde se inició la construcción del aeropuerto y en 1930, el general Juan Andreu Almazán, secretario de Comunicaciones y Obras Públicas, persuadió al presidente de la república, ingeniero Pascual Ortiz Rubio, que viajara hasta Acapulco para proyectar personalmente la introducción del agua potable. Ésta se logró a partir de los manantiales de Santa Cruz y, el año siguiente, 1931, quedó terminada la carretera de la capital hasta acá, con un costo de 17 y medio millones de pesos.

—Empresarios con visión a futuro, iniciaron la construcción del emporio turístico que hoy es. Carlos Barnard, un contador tampiqueño, construyó el hotel El Mirador de La Quebrada, alojando doce cabañas sobre el acantilado y donde, quienes conocieron esa época todavía sueñan con el sazón y la atención de doña Rosita; después siguieron los hoteles La Marina, en la Plaza Álvarez, el Papagayo de Andreu Almazán frente a la playa de Hornos, el América, el Villa del Mar, el Flamingos...

—La creciente demanda de servicios urbanos movió a los vecinos e inversionistas a instituir la Junta de Mejoras Materiales, cuya dirección se confió al licenciado Emilio Portes Gil, ex presidente de la república, con quien colaboraron Antonio Díaz Lombardo por los hoteleros, Alberto Pullén por los fraccionadores, Ernesto Amezcua por los comerciantes y Rosendo Pinto por las autoridades locales.

—Desde entonces yo empecé a conseguir un terrenito por aquí, otro más por allá y uno que otro por acullá y bien manejados hicieron la auténtica base de mi fortuna, que ustedes saben que es muy considerable, tanto como la fama del ingeniero Tierritas que precisamente aquí se consolidó.

—La consolidación precisamente llega con el licenciado Miguel Alemán, que brindó todo su apoyo a Acapulco y durante su sexenio se cambia de una ciudad cualquiera a lo que hoy es el auténtico paraíso terrenal.

—Con Alemán se construyó la Costera, la Gran Vía Tropical, la avenida de la Garita a la Fuente de la Diana, el nuevo Palacio Federal y el aeropuerto internacional de Plan de los Amates.

—Aparecieron los fraccionamientos Club Deportivo, Costa Azul, Mozimba, Costa Brava, Vista Alegre y Hornos Insurgentes en el área urbana y se inició la construcción de Las Brisas. Para entonces se estaba ya trabajando en la construcción de la autopista México-Cuernavaca y Cuernavaca-Iguala.

—Esta, querido Toshiro, es la historia de mi sueño dorado, de "mi" Acapulco que ahora vamos a recorrer. Veremos dos Acapulcos, el que conoce todo el mundo y el de atrás de las montañas, al que hay que ayudar socialmente, con trabajo, con educación y capacitación. Como yo lo hice. Yo vi cómo se desarrollaba y cuando me regalaron unos terrenos, los vendí y compré otros mejores, los desarrollé con préstamos y los pagué. Ahora estoy terminando un fraccionamiento nuevo. Por eso sé que al Acapulco pobre hay que ayudarlo, si no lo hacemos, pronto habrá repercusiones sociales, robos y secuestros. El Acapulco de la costera se cuida solito, a éste sólo hay que traerle turismo, Toshiro, y atenderlo bien para que vuelva, para que invierta.

—Al turismo hay que cuidarlo hasta con algodones, buscando que no se lleve ninguna mala impresión, para que invierta y todos saldremos ganando. El turismo es un recurso renovable, no como el petróleo que algún día puede acabarse. El turismo puede darnos más ingresos, más rápido y mejor distribuidos a todos los niveles.

—"Yo sólo conozco tres formas de atraer el turismo", decía el licenciado Miguel Alemán Valdés. "Primero, con promoción; segundo, con más promoción y, tercero, con promoción de lo promovido." Por eso debemos organizarnos, si no, vamos a perder el turismo y sus beneficios, tanto del nacional como el de fuera.

CAPÍTULO XVIII

MARÍA BONITA

(Agustín Lara)

Algunas veces lo que se planea estupendamente y se espera con verdadero entusiasmo, resulta insulso y así fue el caso de la gira de esa noche. El empuje de Diego ya no era suficiente para jornadas nocturnas y tanto Toshiro como Julio, hombres maduros, preferían siempre la plática tranquila y el convivio intelectual al tráfago del ruido de la vida acapulqueña de restaurantes y discotecas. Los años no pasan en balde y hay edades y gustos para todos.

Por lo tanto, tras un breve recorrido y tres escalas en algunos bares, dieron por terminada la supuesta aventura, prefiriendo regresar a la casa para sentarse a jugar una partida de dominó a la que los acompañó Jorge Morales López, antiguo conocido de Tierritas y vecino suyo, que estaba precisamente tomando el fresco en su casa cuando regresaron los tres amigos.

La partida de dominó no se prolongó, el día había terminado y todos prefirieron ir a dormir, el domingo debían estar listos para el prometido recorrido en el yate de Diego.

Así pues, a primera hora del domingo, el aroma de café recién tostado y el de un apetitoso tocino, despertó a los invitados quienes, tras desayunar opíparamente, se hicieron a la mar.

La plática la inició Toshiro, que estaba verdaderamente entusiasmado con lo que estaba conociendo de la historia moderna de México gracias a la plática de estos dos amigos que el destino había puesto en su camino. Julio, quien con su visión actual le "traducía" los sucesos actuales y Diego que le explicaba cómo se había vivido en el país con cada presidente, conforme, ya lo había entendido, el águila le comentaba.

—Pues analicemos de nuevo el primer año, el de los Santos Reyes, pero de uno por uno de "los diez" —dijo Diego una vez que la nave había dejado el puerto.

—Como lo hemos visto sucintamente, todos quieren satisfacer todas las necesidades del país. Para el presidente recién instalado, no existe barrera que no crea poder romper ni población a la que no pueda llegar para satisfacer sus problemas angustiantes y apremiantes.

—Este primer año es en verdad de una hiperactividad total, sin freno, pero que no se inicia precisamente en el momento en que su pecho es cruzado con la banda tricolor y desde luego, con el águila en el centro. No, la actividad y la transformación se inician desde el momento de la postulación por el partido, mejor conocida, desde el caso de don Adolfo López Mateos, como "el destape", término cuya creación muchos atribuyen al caricaturista Abel Quezada. El caso es que a partir de la postulación-destape, se inicia esta transformación y como el primer año en el poder y la campaña son decisivos para la nueva personalidad, analizaremos cómo ésta se desarrolla al tiempo del "estilo personal de gobernar", frase significativa que dictó en alguna ocasión el ilustre pensador veracruzano, don Jesús Reyes Heroles.

—Lo que va a ser muy interesante es —dijo Toshiro— escucharte con toda atención, aquí en la tranquilidad del océano, donde ni el teléfono, ni el radio, ni noticias de ninguna especie nos interrumpirán.

—Así es y trataré de explicar cómo se forjó la personalidad de cada uno de ellos, qué circunstancias, acuérdense de que éstas son la base y el fundamento de la acción política; determinaron la personalidad de cada uno de ellos y de qué manera su destape fue decisivo para su posterior actuación, su, repito, estilo personal de gobernar.

—Vamos a empezar con el primer presidente sexenal y el primer huésped de Los Pinos, mi general Cárdenas. Aunque, como ustedes ya lo saben yo lo conocí cuando llevaba un mes como primer mandatario del país, a través del tiempo he conocido los pequeños símbolos y formas que determinaron su ascensión al poder.

—Como se los he mencionado, Calles, poseído del síndrome del séptimo año, en su caso muy prolongado, era el amo y señor del país y uno de los privilegios que heredó a sus sucesores en el poder fue el designar a quien sería el próximo presidente.

—Pero empecemos por el principio. La historia del presidente Cárdenas, se inicia el 18 de abril de 1933, cuando el presidente Abelardo L. Rodríguez llamó a su despacho al secretario de Guerra y Marina, que era el puesto que desempeñaba entonces Cárdenas, para preguntarle si iba a entrar en política, en virtud de que las aguas de la sucesión comenzaban a agitarse. En sus mismas memorias, don Lázaro dice que el presidente le dijo: "Te estimamos y sabemos que es indiscutible que serías uno de los más indicados, pero esta cuestión sólo tú debes decidirla, porque no seremos tus amigos quienes te lancemos a una aventura".

—En el mismo documento, Cárdenas dice haberle contestado, tras agradecer la confianza que le habían depositado al encomendarle la Secretaría de Guerra y Marina, que le obligaba a "no dar la nota" ante el país y ante el propio ejército, de pretender escalar el poder y que para hacer conciencia de civismo, en el seno del ejército se hacía necesario sentar precedente de positivo desinterés..."

—Ni hablar —intervino Julio— palabras finas y corteses, pero nada comprometedoras.

—Y que mejoraron aún más la imagen que ante el Jefe Máximo de la Revolución tenía Cárdenas, por lo que aquél discretamente dio instrucciones a su propio hijo, Rodolfo Elías Calles, entonces gobernador de Sonora y a Aarón Sáenz, el mismo que había perdido en el último minuto la designación para ser presidente, en favor de don Pascual Ortiz Rubio, que iniciaran una precampaña en favor de Cárdenas.

—El general Aarón Sáenz le habló personalmente a don Lázaro el 20 de abril, para decirle que los estados de Sonora y Nuevo León en primer lugar, además de los de Tamaulipas y Chihuahua, se estaban manifestando a su favor, por lo que le aconsejaba presentara su renuncia antes de que venciera el plazo de ley, que se cerraba el último de junio.

—Y Cárdenas obviamente cumplió —asentó sin saber pero adivinando la situación, Toshiro.

—Así fue y el sábado 22 de abril, Cárdenas recibió a los senadores Ramón Ramos y Emiliano Corella y a los diputados Terminel y Peralta que llegaron procedentes de Sonora, comisionados por el gobernador Rodolfo Elías Calles, para manifestarle su simpatía y decirle que el hermano del gobernador, Plutarco Jr., estaba trabajando en varios estados de la república en favor de su candidatura. En mayo siguiente, el día 15, el general Cárdenas presentaba su renuncia a la Secretaría de Guerra y Marina.

—Pero por su parte, otros precandidatos también luchaban por el puesto, principalmente el general Manuel Pérez Treviño, presidente hasta entonces del Partido Nacional Revolucionario, PNR; y que sólo tres días antes, el 12 de mayo, había presentado su renuncia para estar en posibilidad de iniciar libremente la campaña en busca del voto popular.

—Calles se decidió a resolver el conflicto y así el martes 6 de junio, el presidente Abelardo L. Rodríguez llamó a los generales Cárdenas y Pérez Treviño, así como a don Melchor Ortega, el nuevo presidente del PNR y a Gilberto Flores Muñoz, secretario del mismo instituto político, a quienes expresó que el motivo de la reunión era informar que el diputado Flores Muñoz acababa de hablar con el general Calles en Ensenada, a quien le había informado que las fuerzas vivas del país se estaban manifestando en favor del general Cárdenas y que entonces el Jefe Máximo de la Revolución, había expresado que era conveniente que el general Pérez Treviño, con toda serenidad pensara en el momento histórico del país y que siendo ambos generales miembros prominentes del partido de la Revolución, estimaba conveniente se evitara una lucha absurda y que el país ganaría mucho si se unían todos los precandidatos en favor del divisionario michoacano.

—Sin querer, o quién sabe si queriendo —dijo Toshiro— demuestras que si bien Ortiz Rubio era el presidente, se limita, en estos casos, a ser vocero de Calles.

—Realmente fue grande lo que hizo Cárdenas —respondió Julio— Calles lo era todo.

—Así fue, pero déjenme continuar para que no se me vayan las ideas. Pérez Treviño entendió el mensaje y dos días más tarde, la prensa daba cuenta de su renuncia a la precandidatura. Cárdenas por su parte, el 26 de junio, se entrevistaba con Calles y de hecho comenzaba su campaña, enfrascándose de lleno a vivir bajo el síndrome de los Santos Reyes.

—Como candidato, hace sesenta años, con las limitaciones de entonces, Cárdenas recorrió 27 mil 609 kilómetros; 11 mil 825 de los cuales fueron en avión; 7 mil 264, por ferrocarril; 7 mil 280 en automóvil; 735 en barco y ¡475 kilómetros!, a lomo de caballo.

—Cárdenas lo mismo visitó las grandes ciudades que los pueblos más pobres y abandonados; escuchó a la población para conocer sus necesidades y su situación y verdaderamente día con día se dedicó a escuchar y, con su muy personal estilo, a apapachar a la gente.

—En las elecciones obtuvo el triunfo con 2 millones, 268 mil 567 votos, seguido por el general Antonio Villarreal, que apoyado por la Confederación Republicana de Partidos Independientes, tuvo la confianza de 24 mil 690 votantes; el coronel Adalberto Tejeda, ex gobernador de Veracruz en dos ocasiones, obtuvo 15 mil 765 votos y por último Hernán Laborde, del Partido Comunista de México, pero que para efectos electorales fue postulado por la Convención Nacional de Obreros y Campesinos, obtuvo mil 188 votos.

—Es importante leer su mensaje de toma de posesión —dijo Diego, al tiempo que sacaba una libreta de un finísimo portafolio de piel— porque allí verdaderamente expuso su política y lo más importante, la siguió abiertamente.

"La Revolución Mexicana ha seguido desde su origen a través de su historia, un anhelo de justicia social, dentro de ese anhelo ha tratado de vencer las múltiples resistencias de carácter económico, político y moral que toda revolución encuentra..."

"Pero esa consideración no debe ocultarnos la realidad permanente en que se desenvuelve la vida de la república y en la que perduran todavía muchos aspectos de explotación, a pesar de los esfuerzos que el gobierno revolucionario ha venido haciendo hasta hoy..."

"La administración a mi cargo, prestará especial atención a la resolución del importante problema agrario, que es uno de los temas más apasionantes de la Revolución Mexicana y que debemos apresurar su resolución para seguir construyendo sobre nuevas modalidades, nuevas fuentes de producción económica y de bienestar social, los trabajadores deben formar un frente único para sostener sus justas demandas por las que mi gobierno ha de preocuparse fundamentalmente."

—Los trabajadores eran su obsesión primordial.

—Esto es lo que se entiende de lo último, ¿no te parece Toshiro? —dijo Julio.

—Ni hablar, esto es explicar la historia; lo demás cuentos chinos —dijo soltando una carcajada el periodista japonés.

CAPÍTULO XIX

¡QUÉ CHULA ES PUEBLA!

(Rafael Hernández)

La cálida mañana veraniega de Acapulco, la brisa refrescante de altamar y la charla extraordinaria de Diego hacía que los invitados estuvieran verdaderamente extasiados y Diego quería seguir, quería aclarar ese día la primera parte de su teoría de los síndromes, sabía que era su oportunidad y no la quería despreciar. Quería relatar lo ocurrido en diez primeros años de gobierno que se convierten, por obra y gracia del destino, en uno mismo, en un solo año con las mismas características, con las mismas finalidades, los mismos objetivos, el mismo sino, servir a México con toda la pasión y dedicación posibles.

—Seguiremos entonces con don Manuel Ávila Camacho —dijo Julio volviendo a todos a la atención.

—Su caso fue probablemente una de las luchas preelectorales más abiertas que se han dado en el país, dado que si las elecciones deberían celebrarse el primer domingo de julio de 1940, para fines de 1938, cuando faltaba prácticamente año y medio para la justa electoral, las pasiones se empezaban a desbordar.

—Y ¿quiénes figuraban en primer nivel? —dijo Toshiro.

—Los personajes principales eran los generales Francisco Múgica, Rafael Sánchez Tapia, obviamente Manuel Ávila Camacho, Joaquín Amaro, Gildardo Magaña, Saturnino Cedillo y Juan Andreu Almazán. Conforme pasaba el tiempo, se fueron eliminando de diversa manera. Gildardo Magaña, quien había sido jefe del Estado Mayor del general Emiliano Zapata, fue posteriormente gobernador del territorio norte de Baja California, así como del estado de Michoacán; ocupando este cargo fue cuando se le ubicó como precandidato a la presidencia, sin embargo no pudo acudir a la cita. Repentinamente murió a fines del mismo 1939.

—El general Joaquín Amaro hizo un intento para revivir al callismo con su precandidatura, pero el fracaso fue total.

Julio, con su experiencia dijo:

—Los tiempos políticos en México no tienen vuelta atrás, quien una vez ocupó la presidencia, no puede volver a ella ni por sí ni por interpósita persona, esto lo dictaminó Cárdenas en un legado que nadie de manera alguna puede violar. Es la salud de la nación.

—Saturnino Cedillo por su parte —siguió Tierritas— que era secretario de Agricultura y Fomento en el gabinete de Cárdenas, inició una

188

revuelta armada en mayo de 1938; el ejército mexicano, en un operativo comandado por el general Miguel Henríquez Guzmán, lo derrotó; empecinado en luchar contra el gobierno, fue muerto por tropas gubernamentales en enero de 1939.

—De esta manera, a principios de 1939, quedaban como reales precandidatos, el general Francisco J. Múgica, hombre apasionado como pocos y con gran ascendiente entre algunos sectores de la clase militar; el general Sánchez Tapia, hombre bien intencionado, pero verdaderamente gris y carente de todo entusiasmo por lo que menos podía trasmitirlo; el general Juan Andreu Almazán, que optó por salir de las filas del partido oficial para arrojarse en brazos de la reacción y el general Manuel Ávila Camacho.

—Éste, en enero de 1939, solicitó su licencia para separarse de la ya llamada Secretaría de la Defensa Nacional, empezando una campaña verdaderamente espectacular; los Santos Reyes, no lo olvidemos, todo lo pretenden hacer y suponen poderlo lograr gracias a la buena voluntad. Así la figura de Ávila Camacho fue creciendo día con día, hombre tranquilo y conocedor de la calidad humana como pocos, pues no en balde se ganó el título de el Presidente Caballero, fue llegando a las masas con fuerza incontenible, pese a haber sufrido, como ya lo cité el otro día, un ataque al corazón. Pero corazón, verdaderamente, era lo que le sobraba a don Manuel.

—Se supo rodear de los más hábiles y captó la simpatía de todos los grupos; en febrero de 1939, exactamente el miércoles 22, Vicente Lombardo

Toledano hizo que el Consejo Nacional de la CTM declarara que los trabajadores eran avilacamachistas y trabajarían a su favor; dos días más tarde, la CNC haría lo propio.

—El otro día dijiste que Miguel Alemán había intervenido —interrumpió Toshiro.

—Así es, en el mes de abril, el gobernador de Veracruz, Miguel Alemán, solicitaba licencia para retirarse de la primera magistratura estatal, para dedicarse de lleno a la precampaña de don Manuel, quedando de inmediato al frente del Comité Directivo Nacional Pro Manuel Ávila Camacho y el domingo 16 de abril de 1939, en la plaza de toros El Toreo de La Condesa, se inició la precampaña oficialmente, con un espectacular discurso, en el que definía, por principio, su personalidad procivilista, al decir que los militares no podrían intervenir ni directa ni indirectamente en política mientras se encontraran en servicio activo. Otro pronunciamiento espectacular, y que siempre cumplió, fue el compromiso de luchar por elevar a niveles dignos los derechos políticos y civiles de la mujer mexicana.

—Hay que recordar que se iniciaba así su precampaña, pues aún faltaba bastante para que el Partido de la Revolución Mexicana, que era el nuevo título del partido oficial, lo declarara su candidato. Pero el general Ávila Camacho se enfrentaba a intereses surgidos de la drástica política del presidente Cárdenas. Todos quienes habían resultado afectados en sus intereses por las medidas revolucionarias a ultranza del régimen de don Lázaro, se unificaron en torno a la candidatura del general Juan Andreu Almazán. Lo mismo terratenientes a quienes se les había expropiado la tierra, que industriales que habían padecido o visto padecer a sus socios por el problema de las huelgas. La Iglesia Católica, en su parte política, también apoyaba a Almazán, quien día a día abiertamente se desligaba de los principios por los que había luchado en la Revolución, para convertirse en miembro de la reacción.

—Don Manuel por su parte, volvamos al tema de los Santos Reyes, buscaba el contacto directo de los ciudadanos que serían quienes en las urnas determinarían quién era quién.

—Recorría el país exponiendo su pensamiento en grandes mítines magníficamente organizados por el Comité Directivo Nacional Pro Ávila Camacho, conociendo de viva voz y de manera directa las necesidades populares. En agosto del mismo 1939, los bloques, que era como entonces se conocía a las facciones políticas en ambas Cámaras, se solidarizaban con el Comité Ejecutivo Nacional del Partido de la Revolución Mexicana, dirigido entonces por el general veracruzano Heriberto Jara, volviéndose verdaderamente nacional el apoyo al divisionario poblano.

—El 29 de octubre cerró su precampaña, para de inmediato ser nombrado candidato oficial del PRM e iniciar de nuevo una visita todavía más a fondo a todos los municipios del país, para buscar el voto que obtuvo en julio de 1940, para, el 1o. de diciembre tomar posesión de la presidencia e iniciar su régimen. Sus actos, en su primer año, fueron nivelar las afectaciones que el régimen cardenista, de defensa absoluta del obrero, quedaran minimizadas en beneficio de mayor inversión.

—Consciente de las virtudes del plan sexenal, lo lleva a todos y cada uno de los estados de la federación, logrando que las legislaturas modifiquen las constituciones locales a fin de que todos los gobernadores duren seis años en su ejercicio. Dadas las condiciones de tensión mundial por una parte y las dificultades de transporte, es poco lo que viaja a los estados, pero mantiene siempre abierta la puerta, especialmente para cualquier tipo de comisión estatal, municipal o local que le lleve cualquier tipo de problema.

—La buena voluntad por colocar a México como líder iberoamericano, tampoco deja lugar a dudas; inaugura en abril un Congreso Nacional de Turismo para mejorar las condiciones de esta área en el país e incrementar el ingreso de divisas; por otra parte, instituye el 14 de abril como el Día Panamericano y su voz, no sólo la suya personal, sino la de México, se hace escuchar en todas las ciudades importantes de América Latina. Apoya en forma absoluta a la Suprema Corte de Justicia, para darle mayor autonomía y por ende mayores garantías al pueblo de que serán escuchadas sus protestas y se hará justicia, por lo que da gran importancia a la inauguración de su nueva sede a un lado del Palacio Nacional, incrementando el presupuesto federal respectivo, para apoyar su autonomía, la cual decide la desaparición de poderes y la controversia suscitada en la ciudad de León, Guanajuato, el 2 de enero de 1946, que analizaremos en el último año de don Manuel.

—Si en el primer año del presidente Cárdenas el problema era el desembarazarse del general Calles, en el caso de don Manuel, el problema era la inminencia de una conflagración bélica que nadie entonces podía calcular sus alcances, pero todos los veían espeluznantes. Este era su principal desvelo y la razón de sus actos; para analizar mejor su actuación en este año y con el testimonio fehaciente de su presentación directa ante la máxima tribuna del país, el Congreso de la Unión, vamos a leer algún párrafo de su primer informe de gobierno.

"Exhorto a la clase trabajadora del país a que extreme su laboriosidad, tenga confianza en las autoridades y en las leyes y ajuste su legítima lucha a las más severas normas de la moral social. Debe escoger con acierto a sus líderes y depurar y aprestar las filas de su organización, de tal modo que los actos colectivos que ejecute se mantengan dentro de la más estricta legalidad, para que merezcan el respeto de todos y aúnen la razón a la fuerza."

—Sobre la confianza del capital en su régimen, dijo en su informe que: "Presenciamos con agrado cómo retorna el patrimonio de algunos mexicanos que, por causas cuyo examen no sería pertinente emprender aquí, habían escogido otras naciones para preservarse y vemos con igual beneplácito el flujo de aquellos tesoros de extranjeros que, demostrando justificada confianza en nuestras instituciones, concurren a acrecentar el caudal común de que México dispone. Pero debemos advertir que ambos acuden aquí para librarse de las exigencias exorbitantes que la guerra les impone de un modo o de otro en la mayoría de los países extranjeros".

—Honestidad total, no sueños de que vienen los capitales a México por una confianza caída del cielo. No, el presidente Ávila Camacho se gana la confianza del pueblo al hablar con sinceridad sobre el caso diciendo: "No los atrae la esperanza, que por ningún motivo podrían alentar, de que el Estado mexicano modificara sus leyes renunciando a su política de garantías a las conquistas del trabajador, como no podría destruir tampoco lo medular de su sistema de seguridad a los derechos del capital. Las primeras fueron logradas a costa de los sacrificios que la Revolución nos impuso y tras de un largo proceso de ajuste, cuyos resultados son admitidos por la clase patronal como compatibles con sus lícitas aspiraciones, según lo demuestra el hecho mismo de que las empresas subsistan y lucren".

—Seguridad, es lo que deben dar los Santos Reyes y seguridad da el presidente al decir: "Declaro que no he de hacer un solo cambio en mi gabinete para saciar apetitos políticos, no importa quién los aliente, lo único que debo satisfacer es la justa exigencia de que los jefes de las dependencias administrativas den el rendimiento que la nación demanda, quienquiera que sea la persona que ocupe el cargo. Continuaré atento para advertir las deficiencias que puedan existir y respecto del colaborador que no cumpla con su deber, tomaré en el momento oportuno, también por mi libre albedrío y atendiendo a mi responsabilidad ante la nación, las determinaciones que sean satisfactorias".

—Pocos mensajes de un presidente, tienen el fondo espiritual que este primero de don Manuel: el penúltimo párrafo de su informe no necesita ninguna explicación. Basta con leerlo y quisiera que lo hicieras tú, Toshiro pues es el modo de compenetrarte más. Espero que entiendas mi letra —dijo al tiempo que le pasaba su libretita.

—"Es imperioso —leyó Toshiro— que el mundo experimente un resurgimiento de los valores del espíritu, cuya exaltación es la que confiere sentido a las actividades humanas y cuyo abatimiento las reduce a la miserable categoría de meros incidentes biológicos. América, hoy refugio de la democracia, entiende que es urgente rescatar al hombre de la situación a que lo han conducido el odio, la discordia, el egoísmo, que se apoyan sobre intereses materiales. Mientras éstos dividen a unos grupos humanos de otros, distancian a unas clases sociales de las otras y a las naciones entre sí, en cambio en el dominio del espíritu es dable conseguir la unificación y la solidaridad de todas las aspiraciones legítimas si se intentan en torno de los valores morales, que simbolizan lo más selecto de cuanto la especie humana ha creado."

—Vuelvo a preguntar —concluyó Diego antes de llamar a un ayudante para que sirviera unas refrescantes bebidas—, ¿existe o no el síndrome de los Santos Reyes?

CAPÍTULO XX

NOCHE DE RONDA

(Agustín Lara)

—A finales de 1944, cuando faltaban todavía dos años para el relevo presidencial, la caldera política subía su presión; día a día se incrementaba la lista de los supuestos precandidatos y entre la enorme lista destacaban: el general Román Yocupicio, que había participado en la Revolución con el grupo de Calles y Obregón y había sido gobernador; Maximino Ávila Camacho, hermano del presidente y ministro de su gobierno y desde luego, general con grado de divisionario; el general Miguel Henríquez Guzmán; el general Jesús Agustín Castro, y el general Enrique Calderón. Por los civiles, pues don Manuel pretendió dar siempre carácter civilista a su gobierno, estaban el doctor Francisco Castillo Nájera y los licenciados Ezequiel Padilla, Luis Cabrera, Javier Rojo Gómez y Miguel Alemán, secretario de Gobernación.

—La muerte repentina, el 17 de febrero de 1945, del general Maximino Ávila Camacho, dio tema a mil y una especulaciones, aunque la verdad era que el mismo parentesco con el presidente, lejos de ser un apoyo era una grave desventaja, especialmente conociendo el carácter de don Manuel.

—Ese largo año de 1945, determinó en el ánimo de la población y decididamente en el del presidente Ávila Camacho, la opinión de que había concluido y de manera definitiva, la época de los militares en el poder; recordemos que en su discurso de aceptación de la precandidatura a la presidencia ofreció que si llegaba por el voto popular al Ejecutivo Federal, promovería la no intervención de los militares en activo en la política y esto lo logró al mover su influencia para modificar los estatutos del partido oficial en este tenor.

—Por lo tanto, era obvio que pondría cuanto estuviera en sus manos, para llevar de nuevo a un civil al gobierno de la república y las voces populares se fueron definiendo por dos carriles, el secretario de Gobernación, Miguel Alemán y el de Relaciones Exteriores, Ezequiel Padilla.

—Sin embargo —intervino Julio— a mí me parece que siempre Alemán llevó la delantera, sus antecedentes eran muy superiores a los de Padilla y desde luego, la cercanía con don Manuel, podía ser decisiva, pero realmente, en México todo puede pasar.

—Y en este caso no pasó —continuó Diego— a fines de mayo de 1945, varias organizaciones obreras se manifestaron abiertamente en favor del licenciado Alemán, por lo que el 31 de ese mes, presentó su renuncia a la titularidad de la Secretaría de Gobernación, la que le fue aceptada el miércoles 6 de junio del mismo año. Ese mismo día, ante el pleno de la CTM, reunido en consejo extraordinario, protestó como precandidato a la presidencia de la república. En su discurso dijo que lucharía por la unidad nacional permanente, buscaría la prosperidad y trabajo para todos y pedía y ofrecía decencia en la lid.

—Ese mismo día y en el mismo escenario, el teatro Esperanza Iris, Vicente Lombardo Toledano, al hacer uso de la palabra dijo al final de su discurso las siguientes palabras: "Seremos soldados de la Revolución como lo hemos sido toda nuestra vida y usted es un cachorro de Lázaro Cárdenas y de Manuel Ávila Camacho; no hay necesidad siquiera de inventar actitudes: el pueblo organizado anuncia un programa, usted lo acepta. Tiene usted el ejemplo vivo de Lázaro Cárdenas y Manuel Ávila Camacho. La tarea, aunque ardua no es insuperable. Sabemos muy bien que usted estará al servicio de la nación, que usted se deberá al pueblo y que será un mexicano más que honre al país desde arriba, desde el primer sitio de responsabilidad contando constantemente con la fuerza vigilante y creadora de nuestro pueblo inmortal".

—Pero, me permito insistir —dijo Diego— que fue como precandidato. Tardaría más de medio año en hacerse oficial su candidatura.

—Entonces eran otros los ritmos y otros los tiempos —sacó en conclusión Toshiro.

—Así fue, la historia todavía sería larga y sigo con ella. Unos días más tarde, la Federación de Trabajadores al Servicio del Estado, la Confederación Nacional de Organizaciones Populares, la Confederación Nacional Campesina y muchas otras, se solidarizaron con la candidatura de Alemán. El general Henríquez Guzmán y el licenciado Javier Rojo Gómez, anunciaron el retiro de su candidatura, mientras que el licenciado Ezequiel Padilla prosiguió con su campaña, formando para esto sus partidarios, un nuevo partido, el Partido Democrático Mexicano.

—Partido que nunca prosperó —interrumpió Julio.

—Desde luego que no, pero hubo un cambio político importante todavía antes de proclamar su candidatura —dijo Diego y creo que tú, Julio, puedes explicarla, mientras me refresco la garganta que se me está cansando de tanto hablar.

—Pues a mí los oídos no se me cansan de tanto escuchar cosas interesantes y aunque no he hablado, sí te acompaño con un buen jaibol, dijo Toshiro, por lo que de inmediato Cárdenas tomó la palabra.

—El 18 de enero del año siguiente, 1946, se citó para la convención nacional del Partido de la Revolución Mexicana, PRM, para formalizar la candidatura de Alemán, pero antes, ese mismo día, con la presencia de los sectores obrero, campesino y popular, sin la del militar en servicio activo, como era costumbre hasta entonces, conforme instrucciones precisas del presidente Manuel Ávila Camacho, se iniciaba la vida del Partido Revolucionario Institucional, PRI, que el día siguiente, 19 de enero, nacía precisamente, postulando a Miguel Alemán Valdés como su primer candidato a la presidencia de México.

—Y si a alguien se le podía y se le puede llamar experto en campañas electorales —continuó Julio— es precisamente a Miguel Alemán; la primera en 1932, cuando en compañía del licenciado Eugenio Méndez Aguirre la hizo para buscar la diputación, Méndez como titular y Alemán como suplente por el XIV distrito del estado de Veracruz, con sede en Puerto México, hoy restablecido su nombre de Coatzacoalcos; después campaña para senador y casi de inmediato, por haber sido asesinado el gobernador electo Manlio Fabio Altamirano, en 1936, buscando la gubernatura de su estado natal.

Siguió con la palabra Julio para decir:

—La precampaña y la campaña del general Manuel Ávila Camacho, fueron totalmente obra de Alemán y si además apuntamos la simpatía innata del ahora candidato, da como resultado un acercamiento total y absoluto con la población y un consecuente conocimiento de toda la problemática del país.

Pero eran sin más ni más los tiempos de Diego por lo que siguió diciendo:

—Una novedad introdujo el licenciado Alemán en el estilo tradicional de las campañas, y mucho ojo aquí con el síndrome de los Santos Reyes; llevar a cabo una serie de reuniones o mesas redondas dirigidas por profesionistas, en las que pudieran ventilarse, al margen de la lucha electoral, los problemas específicos de cada región y sus posibles soluciones. En estas juntas participaban portavoces de los diferentes sectores sociales y económicos, sin traba alguna por prejuicios religiosos o por discrepancias políticas.

—Conforme el mismo Alemán lo dice en sus memorias, dijo Diego sacando su infaltable libretita: "Atendiendo a la confrontación de opiniones, no sólo diversas, sino también radicalmente opuestas, se dispuso que las sesiones abordaran primero el estudio de un problema nacional para que luego, a partir del mismo, fuesen examinados los aspectos más sobresalientes de una comunidad determinada, procedimiento que facilitaría la exposición sistemática de todos los participantes".

—La primera de esas "conferencias de mesa redonda", como fueron conocidas en su momento —continuó Diego— fue el 27 de agosto de 1945, en la ciudad de Puebla, habiéndose elegido como tema a desarrollar la problemática de la industria textil, ya que precisamente el estado poblano es el que tradicionalmente ha tenido mayor inventario de este tipo de factorías.

—¿Tuvo algo que ver con esta decisión el que Ávila Camacho fuera de Puebla? —preguntó Toshiro.

—No había yo pensado en eso y no lo creo, pudo tratarse de una atención, pero es intranscendente. Entre don Miguel y don Manuel no eran necesarios estos formalismos. Había mucho de fondo y sobre todo muy sólido.

—¿Y a tu juicio —preguntó ahora Julio— fueron positivas esas reuniones?

—Eso es indudable —contestó de inmediato Diego— el fruto de la campaña y de estas innovaciones fue el desarrollo del programa de trabajo de Alemán, que se puede sintetizar en los puntos siguientes —dijo sin hacer uso esta vez de sus apuntes, sino sólo entrecerrando los ojos— industrialización acorde con las exigencias de bienestar social, apoyando a los trabajadores en sus justas demandas, y propiciando a la vez un clima de confianza y seguridad para el sector empresarial. Impulso a la educación en todos los niveles; fortalecimiento de las libertades humanas y los derechos políticos; expedita administración de justicia y reordenamiento económico en favor de un desarrollo equilibrado.

—¿Tú participaste en estas mesas? —siguió interrogando Toshiro a Diego— porque te veo muy compenetrado ya que ni siquiera usaste tu libretita.

—Desde luego que sí y te puedo asegurar que dichas mesas redondas, se organizaron y realizaron buscando la solución a los problemas más importantes del país. Así en León fue la de curtiduría y calzado; en Cuernavaca, la industria azucarera, en Ciudad Madero, la problemática del petróleo; la producción siderúrgica en Monterrey; el turismo en Acapulco y la de marina mercante en Veracruz. Otro detalle significativo de la campaña, sigamos sin perder de vista a los Santos Reyes, fue que durante toda la gira electoral, le acompañó el profesor Roberto Barrios, quien había sido secretario general del Sindicato de Maestros y como tal, uno de los colaboradores más eficaces en la campaña de alfabetización organizada por el régimen de don Manuel Ávila Camacho y que hizo descender, como ninguna otra medida, el índice de analfabetismo en nuestro país.

—Con esa preparación y esa campaña, la elección debió haber sido fácil —dijo Toshiro, a lo que Julio rápidamente contestó.

—No lo creas ¿verdad Diego? la campaña de Ezequiel Padilla también fue muy buena, pero le faltaba, le faltaba.

—Así es —volvió Diego a la palestra— Alemán obtuvo en las elecciones más del 80 por ciento de los votos iniciando así en diciembre su mandato, el primero de civiles, con un gabinete de "gente nueva". Ninguno de los funcionarios elegidos por el presidente Alemán había ocupado antes la titularidad de ninguna cartera, lo que en el pasado se suponía normal y, como hemos visto, ha vuelto a establecerse así. Todo sea por servir al pueblo como cada quien supone la mejor manera.

—El gabinete de Alemán se puede calificar como un gabinete de profesionistas, en eso no hay duda —dijo Cárdenas Treviño con real admiración—. Todos los elegidos tenían conocimientos amplios sobre la materia en que versaría su actividad; todos con antecedentes limpios y sin mancha alguna y sobre todo, excepción hecha por obvia de los puestos militares, todos civiles.

—Volvamos una vez más a comentar lo que he llamado síndrome de los Santos Reyes; Alemán gustaba hablar de una carta que el general don Cándido Aguilar le había enviado en agosto de 1945, justamente cuando iniciaba su campaña electoral en busca de la presidencia. El contenido de aquella misiva, la cual conservó siempre, describe con admirable lucidez los grandes retos que habría de afrontar si el voto popular le otorgaba la jefatura del Estado, puntalizando asimismo, la conducta a seguir para el cabal cumplimiento de las funciones gubernamentales. Guiado por su profundo patriotismo, en la confianza de dirigirse al hijo de un amigo y compañero de armas, el general Aguilar, con su habitual franqueza, lo alertaba sobre el peligro de ignorar las legítimas expectativas del pueblo, engañado por la corte de aduladores que suelen rodear al presidente de la república, desprovisto de informaciones veraces a causa de una malentendida lealtad de los propios colaboradores.

—Estrechamente vinculado con lo anterior, don Cándido, quien nunca hizo por cierto honor a su nombre —dijo Mendoza Luna, enfatizando con el índice para no perder el hilo de la conversación y demostrando su cercanía en esos días y obviamente después con Alemán, además su paisano— también le recordaba cuán fácil parece ser el dar solución a los problemas del país bajo un enfoque teórico, pues todo se reduce a fórmulas abstractas que se manejan como piezas de ajedrez, pero cuya inconsistencia queda al descubierto tras la primera tentativa de aplicarlas en casos reales y concretos. Llegar al corazón del pueblo, hablarse de tú con él, conocer a fondo sus necesidades y jugarse la vida por remediarlas, son las cuatro grandes tareas que debe exigirse a sí mismo quien asuma el liderazgo de la nación, y don Miguel siempre que hablaba de esto recalcaba, "y nunca menosprecies la experiencia de los viejos y aplícala al momento que estás viviendo", así como le gustaba comentar, cuando se enfrentaba a un problema difícil, "no mates muchas víboras al mismo tiempo, porque en la bola, alguna te puede picar. Vete mejor poco a poco".

—Si se quisiera refrendar el fundamento del síndrome de los Santos Reyes, el leer los párrafos anteriores, lo haría indudablemente. Basado en ello, arranca el gobierno alemanista y antes de cumplir los primeros treinta días, ya envió una iniciativa para reformar el artículo 27 constitucional, restituyendo el amparo para los propietarios de predios agrícolas en explotación, única forma de incrementar la productividad en el campo, favoreciendo por igual al ejido y a la pequeña propiedad, sin olvidar la ganadería.

—Si mal no recuerdo —intervino Julio, que parecía querer ayudar a Diego en esta rememoración de sus vivencias— en dicha reforma se fijaron con exactitud los límites a la pequeña propiedad, lo cual evitaría numerosos y graves conflictos originados justamente por la falta de una definición constitucional sobre el particular. Cuestión que desde 1917, todos los gobiernos quisieron, pero no pudieron tratar, ni siquiera intentar en el primer año, cuando, casi todo puede hacer el presidente.

—Dar a todos sus derechos, satisfacer a todos sus necesidades, caramba, creo que tiene total razón en lo del síndrome del primer año y por lo tanto, lo tendrás en los demás —dijo el cada vez más sorprendido de su suerte, periodista japonés.

—Pues claro que sí, ¿crees que en balde me he pasado tantos años cerca de los presidentes? —dijo con una sonrisa complacida Diego, para seguir comentando—: Todo se quiere lograr y para que el campo produzca se requiere, antes que nada, de agua. Alemán apoya su búsqueda y conducción, mediante la creación de la Secretaría de Recursos Hidráulicos, buscando el impulso indispensable mediante la aplicación de tecnología y el conveniente aprovechamiento de los recursos naturales.

—Pero el tabú que pesaba más que nada en la idiosincrasia mexicana era el voto a la mujer; sueño de ideólogos y promesa de idealistas. Don Manuel empezó, como vulgarmente se dice, a picar piedra en el asunto, consciente, como después lo fue Alemán, de que la mitad de la población es femenina y que tiene su modo muy particular de pensar y de meditar y está tan lejos, o tan cerca, como cualquier varón en el aspecto de dejarse influenciar por todo tipo de opiniones. En su primer año, Alemán, logra romper con esta nefasta costumbre, no de cuajo, porque tenía una inercia de más de cuatro siglos o veinte, si vamos a las raíces históricas; pero el último día de su primer año, el 31 de diciembre de 1947, es una realidad el voto para la mujer, aunque limitado a comicios municipales, pero en el municipio es donde están nuestras raíces políticas y allí llegó la reforma.

—Por cierto —aquí sí interrumpió directamente Julio— el otro día estuve discutiendo con unos panistas que decían que el voto a la mujer fue propuesto por ellos; y un amigo periodista se abocó a

207

hacer la investigación y, ¿qué creen que encontró?, que no solamente esta modificación constitucional, sino la del voto en igualdad de circunstancias que el varón, ya proclamada en tiempo de don Adolfo Ruiz Cortines, fue aprobada con un solo voto en contra, casualmente el del diputado Aquiles Elorduy, uno de los cuatro diputados que entonces pertenecían al PAN.

De inmediato Julio le volvió a dar la palabra a Diego que continuó hablando de Alemán diciendo —el primer presidente civilista posterior a la Revolución se quiere acercar a la gente y quiere que la gente se acerque a él por lo que ordena, el 1o. de julio de su primer año, la instalación de oficinas de la presidencia en la residencia oficial de Los Pinos. Más cerca de la gente, más cerca de sus problemas, dan como lógico resultado, estar más cerca de su solución.

—La cultura es indispensable y ordena la creación —continuó Tierritas— también durante el primer año, del Instituto Nacional de Bellas Artes, organismo que tendrá la misión de llevar la cultura y la distracción al pueblo. Quiere hacer un país grande y por lo pronto, invita al presidente de Estados Unidos a la capital. Truman acepta el convite arribando a la antigua Tenochtitlan el 1o. de marzo de este primer año, 1947, siendo el primer mandatario norteamericano en hacerlo. Antes de que finalice abril, Alemán está en Washington, para pagar la visita y en Nueva York, para llevar la voz de México a la Asamblea de las Naciones Unidas, siendo obviamente el primer presidente mexicano en hacerlo, como creo ya les comenté brevemente cuando hablé de las similitudes entre todos.

—Su vocación turística también brilla en el primer año y así logra que la gran mayoría de los hoteles de primera categoría en la república, hagan una promoción nacional bajando sus tarifas.

—Como colofón de este primer año de Alemán en la presidencia, es oportuno señalar que el 2 de abril, nace su tercer hijo, Jorge, hasta ahora, el único hijo de un presidente posrevolucionario en funciones.

—Pero dejas algo muy importante sin comentar —dijo Julio— Alemán sabe que el nacionalismo necesita ser motivado, que la época de la posguerra que con él se inicia, necesita algo más efectista y no se detiene en detalles, hasta encontrar los restos mortales de los Niños Héroes de Chapultepec, justo en ese primer año de su gobierno, que coincidentalmente es el del centenario de su sacrificio y logra, con gran habilidad diplomática, que el presidente Truman, en su visita a México, haga una guardia y coloque una ofrenda ante la tumba. Suave la mano, pero recio el acto.

—Ni hablar, ahora sí me ganaste —dijo Diego dándole una palmada afectuosa, para de inmediato, ponerse de pie y brindar —por esta cada minuto más positiva amistad, por este paradisíaco puerto de Acapulco y, sobre todo, por la vida que tantas satisfacciones nos da.

CAPÍTULO XXI

CONTIGO EN LA DISTANCIA
(César Portillo de la Luz)

—Muy diferente de las tres candidaturas comentadas fue la de don Adolfo Ruiz Cortines —retomó el tema Diego— el fallecimiento sorpresivo y prematuro de dos excelentes colaboradores del presidente Alemán, Gabriel Ramos Millán y Héctor Pérez Martínez por una parte y por la otra, la campaña abierta del jefe del Departamento del Distrito Federal, Fernando Casas Alemán, dejaban aparentemente fuera de cualquier posibilidad a don Adolfo.

—Pero las cosas resultan muy diferentes a veces de todo lo planeado y así haremos una breve relación de los hechos. Cuando Alemán cubría los tres primeros años de su gobierno, comenzaron grupos políticos a moverse en pro de una reelección, o en su defecto, de una prórroga de su mandato. El dinamismo del presidente, la tónica de progreso que existía en todos los aspectos de la vida nacional, la magnitud de los planes iniciados a través de los cuales se veía la posibilidad de que México se convirtiera en una auténtica potencia, hacían que se considerara punto menos que indispensable en algunos sectores, su permanencia en el Ejecutivo. El mismo presidente puso freno a estas especulaciones el 30 de noviembre de 1950, en unas declaraciones profusamente publicadas que se centraban en la frase "ejercer el poder no es razón para conservarlo".

—Yo le pregunté al presidente Alemán en su casa de Cuernavaca una tarde de la última semana de agosto de ese año si de veras pensaba reelegirse y me dijo: "Mi padre, el general Alemán murió por la no reelección y antes me había dicho que las armas ya no eran la opción para hacer política, sabiendo esto ¿usted cree que yo pienso en reelegirme? Ofendería su memoria" y en vez de su característica sonrisa, sin mover un ápice los labios me miró fijamente durante largos segundos, después se despidió y caminó hacia el jardín de su casa.

—Pero la gente presionaba, hasta se llegó a formar un partido con el nombre de Artículo 39.

—¿Artículo 39?, qué extraño nombre —preguntó Toshiro—, ¿por qué?, ¿qué significaba?

—La razón yo te la puedo decir —se apresuró a comentar Julio, que así hacía gala de sus conocimientos de política e historia, que en verdad eran muchos— el artículo 39 de la Constitución indica a la letra que "la soberanía nacional reside esencial y originalmente en el pueblo. Todo poder público dimana del pueblo y se instituye para beneficio de éste. El pueblo tiene en todo tiempo el inalienable derecho de alterar o modificar la forma de su gobierno", por lo tanto, si lo que quería el pueblo era la reelección, no era preciso, conforme los dirigentes de este partido, reformar la Carta Magna.

—Pero —retomó el verbo Diego— Alemán estaba firme a no dejarse influenciar por los cantos de las sirenas y como la presión reeleccionista crecía, promovió, como freno a ésta, las precandidaturas de quienes estaban ante la opinión pública en primer lugar: Fernando Casas Alemán, jefe del Departamento del Distrito Federal y Adolfo Ruiz Cortines, secretario de Gobernación.

—Los sectores políticos del país, las agrupaciones obreras y otros organismos, empezaron a manejar en primer lugar la de don Adolfo, cumplido hombre público, con una limpia trayectoria y que había dejado el gobierno de Veracruz para ocuparse de la Secretaría de Gobernación, al fallecimiento del titular de ésta, Héctor Pérez Martínez, quien antes de su deceso ocupaba el primerísimo lugar en la simpatía nacional.

—Y aunque el nombre de Ruiz Cortines sonaba entre los posibles aspirantes a la presidencia de la república, muchos decían que era poco probable. Él mismo les decía a sus amigos y paisanos que su candidatura había pasado a "mejor vida", hasta que el general Rodolfo Sánchez Taboada, cuando proclamó precisamente su candidatura, les dijo a un grupo de amigos veracruzanos: "Pero no sean tarugos, don Adolfo les dijo la verdad, pasó a 'mejor vida' ¿o no es mejor vida el ser presidente de México?"

—Pero ahora caigo en que es indispensable recordar algo, yo diría, fundamental: el único que podría afianzar la continuidad del civilismo era don Adolfo —dijo Diego con esa voz de mando que hacía imposible el que nadie se atreviera a interrumpirlo, para sentenciar— les explicaré.

—Pocos, muy pocos, conocían ciertos antecedentes históricos que hacían a don Adolfo el candidato adecuado para el sexenio 52-58, además de, insisto, el hombre ideal para consolidar el civilismo.

—Obviamente entre estos pocos, que sabían los detalles, estaban Miguel Alemán, Lázaro Cárdenas y Manuel Ávila Camacho. Ruiz Cortines había sido militar en el área de intendencia, en la administración castrense y por méritos obtuvo el ascenso a capitán primero estando bajo el mando del general Heriberto Jara.

—En 1914, don Luis Amieva, amigo de don Adolfo Ruiz Cortines, fue llamado como director de Servicios Especiales del Distrito Federal, por el señor Alfredo Robles Domínguez al asumir el gobierno, así era el título entonces, del Distrito Federal, precisamente cuando el gobierno constitucionalista de Carranza, por vía de los Tratados de Teoloyucan, reasumía el mando en la capital del país al tiempo que Victoriano Huerta abandonaba la nación. El señor Amieva, llamó al capitán Ruiz Cortines como su secretario.

—El general Jara sucedió a Robles Domínguez como gobernador del Distrito Federal y don Adolfo ascendió de puesto. Así en 1920 le toca estar presente en la dispersión de las fuerzas de don

Venustiano Carranza en Rinconada de Aljibes, cuando echó sobre sus hombros la responsabilidad de lo que en ese momento era el tesoro de la nación, mismo que, en un gesto que está desconocido prácticamente en la historia, pero que muestra a plenitud su honorabilidad, hizo entrega material y desde luego, era su estilo, con todas las características oficiales, al gobierno de Adolfo de la Huerta.

—Fue contador y administrador de los generales Álvaro Obregón, Benecio López Padilla, Manuel M. Diéguez, Benjamín Hill, Fortunato Maycotte, Joaquín Amaro, Miguel Alemán González y del entonces Teniente coronel Aarón Sáenz.

—Después, como ya lo he comentado, por una recomendación del general Dámaso Cárdenas, hermano de don Lázaro, fue candidato a diputado por el distrito de Tuxpan, momento en el que entra directamente a la arena política, pero don Adolfo nunca perdió la amistad ni el contacto con el ejército y sus jefes y oficiales, por lo que se convirtió en un excelente candidato y, no hay la menor duda, un gran presidente.

—La campaña la inicia el 14 de octubre de 1951, sin previa precampaña, como les he comentado en el caso de los anteriores. En su discurso de protesta, anunció que no integraría, como era también costumbre, un comité de propaganda, sino que responsabilizaba de esta tarea al partido, demostrando con ejemplos lo que sería una de las características de su gobierno, la austeridad.

—Lo que sí recuerdo —dijo Julio consciente de que ya había disminuido la presión que traía Diego sobre los antecedentes de don Adolfo, quien además él sabía había sido un gran amigo de Tierritas y con quien realmente se consolidó su fortuna— es que los otros partidos lanzaron de manera casi simultánea candidatos; el general Cándido Aguilar se separó del PRI, fundando el Partido de la Revolución; también se separó del partido oficial el general Miguel Henríquez Guzmán, para ser postulado por la Federación de Partidos del Pueblo y por la Unión de Federaciones Campesinas de México. Pocos días más tarde, surgió la candidatura del licenciado Efraín González Luna, abanderado del Partido Acción Nacional, mientras el Partido Popular nombraba su candidato a don Vicente Lombardo Toledano, pero de manera alguna ninguno de ellos era un auténtico "gallo con espolones" ni mucho menos tenía, ni por asomo, la visión política del hasta entonces secretario de Gobernación.

—Efectivamente —asintió Diego— y su campaña, obviamente bajo el síndrome de los Santos Reyes, confirmó su categoría de gran político y, aunque ustedes se rían de mi libretita, en ella tengo algunos párrafos de su campaña, como lo dicho en Ciudad Obregón, Sonora: "Es conveniente enfatizar que no es el solo mejoramiento general lo que nos inspira: habremos de lograr además, que cada habitante de nuestro país cuente con la seguridad de una mejor subsistencia y con la tranquilidad espiritual de cada uno y con ella, la tranquilidad colectiva, la fe en cada uno de nosotros y, sobre todo, la fe en el México que tanto amamos". En Yucatán dijo: "Tenemos que velar celosamente y velaremos por las legítimas conquistas que han logrado nuestros obreros y nuestros campesinos".

—En Campeche: "Es mi inquebrantable propósito mantener incólumes las libertades ciudadanas, garantizar la seguridad individual y colectiva, lograr la moralización privada y pública y, velando por el cumplimiento de nuestras normas constitucionales, conservar las conquistas de los trabajadores del campo y de la ciudad, sin tolerar un alto, ni menos un retroceso". En Chiapas dijo: "Aquí, como en otras regiones, el elevado porcentaje de población indígena requiere la adopción de especiales medidas sociales y económicas. Si el voto de la ciudadanía nos favorece, atenderemos con máximo interés este aspecto de nuestra vida colectiva".

—En Puebla —dijo pasando algunas hojas de su libretita— comentó: "Los regímenes revolucionarios consolidan cada vez más las libertades públicas que son la raíz de nuestra mexicanidad: la libertad de creencia, la de pensar y la de escribir: la de crítica al gobierno, la de agrupación y todas las demás que dignifican al hombre y al ciudadano y que consagra nuestra Carta Magna. De tales libertades, jamás prescindiremos".

—Se llegó —siguió comentando Diego— a las elecciones y al día siguiente de ellas, un grupo de manifestantes de Henríquez Guzmán armó gran alboroto que debió acallar la fuerza pública. Las protestas se agudizaron, pero la ciudadanía al fin comprendió la realidad de la agresión, que no tenia otro objetivo que pretender ganar por la fuerza lo que no se pudo con base en la opinión popular reflejada en las urnas.

—El 1o. de diciembre de 1952, don Adolfo Ruiz Cortines asumía la titularidad del Ejecutivo y recuerdo algunos párrafos de su discurso de toma de posesión, que mucho llamaron mi atención y que nunca deberíamos olvidar y ni modo, hay que volver a echar mano del "acordeón".

"Como el bienestar colectivo no es sino la suma de la prosperidad de los individuos, la pobreza de las clases sociales más débiles, que son las más numerosas, constituye un obstáculo insuperable para la prosperidad social y económica de la república.

"Jamás defraudaré la fe que la ciudadanía ha depositado en mí al otorgarme la suprema magistratura de la república ni permitiré que se quebranten los principios revolucionarios ni las leyes que nos rigen. Reitero mi exhortación a la colectividad en general para que coadyuve a la moral administrativa pública; seré inflexible con los servidores públicos que se aparten de la honradez y de la decencia. Con lealtad velaremos por los intereses espirituales, morales y materiales de nuestros compatriotas y defenderemos, por convicción y por deber, la dignidad del hombre, la respetabilidad de la familia y la soberanía de la patria."

—Realmente, vistas las cosas a distancia, probablemente a don Adolfo Ruiz Cortines, fue a quien menos le afectó el síndrome de los Santos Reyes —dijo pensativo Diego, para unos segundos más tarde recordar— una mañana de diciembre, un día antes de su cumpleaños me dijo:

"Diego, no se puede dar gusto a todos porque entonces no se puede hacer nada. Poco, pero bueno. No siembro para mí, siembro para México, como lo dije —enfatizó—, cuando vi con el licenciado Alemán, entonces presidente de la república, unos árboles maravillosos en la Plaza de Armas de Iguala, cuna de nuestra nacionalidad."

CAPÍTULO XXII

MI DESTINO FUE QUERERTE
(Salvador Barraza)

—En el quinto año del régimen de don Adolfo Ruiz Cortines —recordaba Diego—, sufrió con toda intensidad el síndrome de Iván el Terrible y verán cómo fueron las cosas. En su informe presidencial enfatizó: "El régimen no abriga propósitos continuistas ni apadrina candidatos. La sucesión presidencial está en manos del pueblo..."

—Pero la realidad, que bien sabía, más que el pueblo, la clase política, era que don Adolfo tenía todas las cartas en la mano y quién sabe cuántas en la manga. Don Gilberto Flores Muñoz, su secretario de Agricultura, gozaba de una gran simpatía por parte de muchos grupos políticos y en la prensa escrita, la televisión y el radio que no tenian gran influencia todavía, se le comenzaba a hacer gran promoción, especialmente un diario, cuyo director, descaradamente encabezaba la campaña, dizque con la autorización del presidente.

—¿Así de plano? —inquirió Toshiro.

—Sí —dijo Julio—, lo recuerdo perfectamente.

—Y ¿qué hizo don Adolfo? —preguntó con auténtica curiosidad Toshiro.

—Nada —contestó Diego— seguirle la corriente y cuando ganó López Mateos y don Gilberto llegó airado al despacho presidencial, Ruiz Cortines, sin dejarlo pronunciar palabra, le dio un afectuoso abrazo al tiempo que le decía: "Ni modo, perdimos, compadre".

—Efectivamente —dijo Julio riendo— así se las gastaba tu paisano.

—Pero entrando al caso de don Adolfo López Mateos, quiero apuntarles que siendo todavía preparatoriano, fue secretario particular del coronel Filiberto López, gobernador del Estado de México y, más tarde, de don Carlos Riva Palacio, presidente del Partido Nacional Revolucionario, PNR, de agosto de 1933 a diciembre del año siguiente.

—Como dato curioso, siendo el licenciado Miguel Alemán secretario de Gobernación, durante el sexenio de Ávila Camacho, lo visitó López Mateos, quien logró de él una pensión de doce pesos diarios para su mamá, viuda, arguyendo que era nieta del reformista José Perfecto Mateos.

—En las elecciones federales de 1946, obtuvo la senaduría suplente por el Estado de México, la que ocupó titularmente al renunciar al Senado de la República don Isidro Fabela al ser nombrado juez de la Corte Internacional de Justicia de La Haya.

—Perdóname por interrumpirte —dijo Toshiro—, pero ahora que dijiste el nombre de Isidro Fabela, quisiera que me hablaras un poco de él, pues en muchos tratados de derecho internacional he encontrado citas de él, y realmente desconozco absolutamente todo sobre su persona.

—No cabe duda que tienes suerte —dijo Julio—, pues es uno de los verdaderos ídolos de Diego y, desde luego, su opinión será muy importante para ti.

—No sólo eso, sino que te daré además una biografía y una colección de sus obras, pues son tema obligado de consulta precisamente en derecho internacional, como por ejemplo *Neutralidad. Estudio histórico, jurídico y político; La sociedad de las naciones y el continente americano ante la guerra; Belice, defensa de los derechos de México; Las doctrinas Monroe y Drago y Estados Unidos contra la libertad, estudios de historia diplomática americana.*

—Pues ahora sí que hago "cola" —dijo Julio—, aunque yo sí sé quién fue Fabela, me agradaría que también me consiguieras alguna de sus obras, nunca falta la ocasión para hacer citas de él, con la seguridad de no errarle.

—Pero no todo fue su calidad como experto en derecho internacional, su huella en la política nacional es verdaderamente imborrable, y como les diré ahora mismo, es tan honda que pese a haber muerto hace más de tres décadas, todavía hay quien hace suyos sus programas, que además tienen vigencia.

—Explícate mejor —intervino Toshiro, a quien a veces realmente le sorprendía la velocidad de palabra y de pensamiento de Diego.

—Vamos poco a poco, tienes razón. Recibido de abogado a los 20 años de edad, es nombrado jefe de defensores de oficio en el Distrito Federal al triunfo de la Revolución. Por recomendación directa de Madero es nombrado secretario de Gobierno de Chihuahua y posteriormente de Sonora. Al triunfo de la revolución constitucionalista y establecido el gobierno de Carranza, éste lo nombra secretario de Relaciones Exteriores. Es posteriormente embajador plenipotenciario en España, Francia, Inglaterra, Argentina, Chile, Uruguay, Brasil y Alemania, así como ante la Sociedad de las Naciones.

—Su fama remonta las fronteras y así es miembro de la Corte Permanente de Arbitraje de La Haya en 1938, nombramiento que mantuvo hasta su muerte, con épocas como la que nos dio pie al comentario, en que tuvo puestos ejecutivos, especialmente en momentos críticos para el mundo, como éste, cuando la posguerra.

—Pero también fue gobernador del Estado de México, ¿no es cierto? —interrumpió Julio.

—Es precisamente a donde quería llegar, pero antes por eso hice la síntesis biográfica para que valoraran, especialmente tú, Toshiro, su importancia histórica. Lo del Estado de México se gesta el 2 de marzo de 1942, cuando en una fiesta en el Casino del Charro en Toluca, el diputado local Fernando Ortiz Rubio, tras una discusión baladí, hiere mortalmente al gobernador del Estado de

México, Alfredo Zárate Albarrán, quien fallece el día 8.

—El entonces secretario de Gobernación, Miguel Alemán, convence al presidente Ávila Camacho de nombrar gobernador interino precisamente a don Isidro Fabela, bajo la premisa de que, dadas las condiciones mundiales previas a la gran guerra que se estaban viviendo, era conveniente nombrar a un abogado experto en derecho internacional, pues "éste es el derecho del fuerte", recuerdo fueron sus palabras, especialmente en un estado de la importancia vital que tenía y tiene el que como festivamente se dice, corona al Distrito Federal.

—¿Cuánto duró su gubernatura? —preguntó Toshiro.

—Si vamos a la operación matemática, poco, muy poco, de marzo de 1942, como vimos, al 15 de septiembre de 1945, cuando entregó el Ejecutivo a don Alfredo del Mazo Vélez, padre de Alfredo del Mazo, precandidato al tiempo de Carlos Salinas, pero si vemos su actuación en el contexto histórico, una enormidad, porque, y esto se los dice Tierritas quien puede presumir de conocer a fondo la política nacional, don, y aquí sí es imprescindible el "don", Isidro Fabela, quien precisamente nació en 1882 en Atlacomulco, fue el creador, instaurador y único controlador del tan traído y llevado Grupo Atlacomulco. Porque efectivamente éste nace con don Isidro y muere con él, quienes han venido atrás, han vivido a su sombra, nada más; y otra cosa dejó en herencia Fabela, la gran unidad que existe en el Estado de México y sólo como detalle pueden ustedes observar año con año que al único informe estatal que acuden todos, absolutamente todos los ex gobernadores, es precisamente al que rinde en Toluca el gobernador mexiquense.

—Pues ahora sí que hasta a mí me diste una lección de política de fondo y a fondo —dijo sorprendido Julio.

—Pues así, ni más ni menos son las cosas —dijo Diego con firmeza, para volver a su tono habitual al decir—: Pero volvamos a nuestro tema, Adolfo López Mateos, quien tras aquella senaduría inicia una brillantísima carrera política que lo lleva a la secretaría general del PRI durante la campaña electoral de don Adolfo Ruiz Cortines, con la cual adquirió experiencia, pero sobre todo reconocimiento entre la clase política. Una vez iniciado el régimen de Ruiz Cortines, éste lo nombra secretario de Trabajo y Previsión Social.

—Entonces —recordaba Tierritas— fui recomendado con él por el propio presidente Ruiz Cortines para que me ayudara en Acapulco para realizar unos festivales de cine. Estaba yo construyendo una sala con aire acondicionado pero ocurrió un fortísimo temblor, se me cuarteó la estructura y tuvimos que reiniciar el trabajo. Luego, cuando ya era presidente López Mateos, hasta películas hicimos.

—¿Películas? —preguntó Toshiro.

—Sí y de las buenas, así como muchísimos documentales y hasta le di la vuelta al mundo. Yo pensé al final que seguramente nos íbamos de perdida a la Unesco, pero algo sucedió, el hecho fue que nos tocó la Olimpíada.

—Pero volvamos al López Mateos secretario de Trabajo y es bueno recordar que fue un gran abogado y un gran amigo y la frialdad de los números es importante emplearla aquí para analizar su actuación como responsable de las relaciones obrero-patronales ante la Federación. De 61 mil 178 conflictos que ocurrieron durante su gestión, todos los resolvió por la vía pacífica. Concilió 2 mil 816, arbitró 4 mil 199; declaró improcedentes 441; indujo 7 mil 891 y resolvió, por la vía del convencimiento de las partes 20 mil 88. Los demás, prescribieron. Aquí lo tengo apuntado en esta libretita —dijo Diego— y lo sé porque ya para entonces yo manejaba dos pequeñas industrias.

Diego seguía entusiasmado —y así llegaba México al inminente cambio de poderes y como los indicios políticos iban como veleta en tormenta, de uno a otro polo, nadie sabía quién era el bueno, por lo que la lógica daba como resultado que el bueno, estaba "tapado". Esta palabra fue aparentemente acuñada por el gran caricaturista, también excelente amigo mío, Abel Quezada y aunque el tapado sea una figura folclórica en las peleas de gallos y en las loterías, sí tiene, políticamente hablando, un antecedente que se remonta al siglo XVII y que vale la pena referir.

—El caso comienza en 1683, después del ataque del pirata Lorencillo a Veracruz, en uno de los que se puede considerar de los mayores robos de la historia de México; pero en este caso, dejamos el dato sólo para situar el hecho. La cuestión es que poco tiempo después, llegaron a la capital de la Nueva España, noticias de que había llegado un visitador especial de la corte, con la misión de examinar la actuación de las autoridades al tolerar el atraco del pirata sin oponer ninguna resistencia a un latrocinio que había ganado un primerísimo lugar, por su cuantía, en la historia. Lo único que se sabía era que el tal visitador se llamaba Antonio de Benavides y, desde los salones del virrey hasta las tertulias familiares, pasando por los corrillos en las calles, se le conoció como el Tapado, por el misterio que lo rodeaba.

—La historia va mucho más allá. El virrey, marqués De la Laguna, envió al oidor don Frutos Delgado a que solicitara del señor Benavides, el Tapado, los documentos que acreditaran su personalidad y la autoridad inquisitorial que verdaderamente tenía. Entonces resulta que al llegar don Frutos a Puebla, donde se suponía estaba Benavides, éste había partido violentamente rumbo a Orizaba, hasta donde lo siguió el representante virreinal.

—Sucede que Benavides, una vez en presencia de don Frutos, no quiso o no pudo enseñar documento alguno que avalara su personalidad, por lo que el oidor ordenó su aprehensión, llevándolo a Cuetlaxcoapan, población en el camino de Orizaba a Puebla, donde "lo aseguraron con grillos de hierro en los pies y así lo condujeron hasta México, de donde mandaron noticia a Castilla para que se viere y determinara lo que se había de hacer con él", según refiere Núñez y Domínguez.

—El 4 de junio de 1683, a las nueve de la mañana, llegó a la capital de la Nueva España la comitiva que traía preso a Benavides. De inmediato fue remitido a la sala del crimen y según el cronista de la vida colonial, Antonio de Robles, al día siguiente el propio virrey "hizo diligencias muy urgentes con don Antonio de Benavides para que declarare su intención o mostrara papeles, lo que no ha querido".

—Quedó encerrado en un lúgubre calabozo y no vuelve a saberse nada de él en los documentos que hasta nosotros han llegado, hasta el 14 de julio del año siguiente, en que es ahorcado. Cuando el cuerpo exánime de el Tapado aún se mecía en la soga, ocurrió un eclipse de sol, con lo cual su breve paso por nuestra tierra tiene un final espectacular y así termina el primer tapado de nuestra historia, que realmente nada tiene que ver con su actual connotación, fuera del nombre como tal.

—Oye —dijo sorprendido Toshiro— de veras eres un erudito.

—Bueno —dijo Tierritas con auténtica sinceridad— lo que pasa es que para alternar con quienes lo hice, tenía que estar preparado y por lo mismo tuve que estudiar mucho y de todo, nada, te repito Toshiro se da gratis en este mundo, pero si adecuas las circunstancias, éstas, sin duda alguna, te favorecen.

—Pero volviendo por enésima vez a López Mateos, él fue destapado por el líder Fidel Velázquez, el lunes 4 de noviembre de 1957 y ratificado su nombramiento el 17 del mismo mes, en el estadio de la Ciudad de los Deportes, abarrotado al máximo. Su discurso marcó su camino como uno de los presidentes más queridos por el pueblo.

—"Prometemos solemnemente —dijo en esa ocasión— no escatimar esfuerzo alguno para mantener el ambiente crítico en que vivimos, en cuya creación el gobierno ha alcanzado las más altas metas de hacer posible que en México disfrutemos de la libertad de vivir y de pensar, de expresar y de creer, de reunirse, de trabajar y de criticar al gobierno en los términos más amplios que puedan concebirse." La apertura completa al pretender llegar a todos los niveles y a no dejar nada suelto ni a la deriva.

—Por cierto —dijo Julio— alguna vez me contaste que en la gira presidencial de don Adolfo existió un personaje, de verdad no me acuerdo mucho, pero que tú pensaste que te iba a quitar el indiscutible primer lugar que tienes en el afecto de los presidentes, ¿te acuerdas?, ¿quién era?

—Claro que sí —respondió con una gran sonrisa Diego— se trata de Juanito Martínez, un periodista que publicaba una revista llamada *Ráfaga,* que en verdad no era más que una serie de hojas tamaño carta dobladas por la mitad y engrapadas, pero la supo hacer, afortunadamente para mí, a su manera.

—Explícate mejor —dijo Toshiro— ¿qué quieres decir con "a su manera"?

—Verán —dijo Diego —pero antes déjenme paladear un whisky, el tal Juanito fue lo que se puede decir un experto en la gira presidencial de López Mateos. Tenía una auténtica perfección en hacer lo que en el argot característico de las giras presidenciales se conoce como "el ocho". Esto es, pasar una y otra vez frente al candidato, o en su caso el mismo presidente o quien sea, para que lo vea en este pueblo y en el que sigue y en el de más allá.

—Juanito estuvo de todas, en todas —dijo Diego que en verdad disfrutaba su relato— todos los días lo veía don Adolfo hasta que en una ocasión lo llamó para agradecerle su constancia y preguntarle qué podía hacer por él. Si quería un reloj, una chamba, un coche o qué era lo que prefería.

—Ya me acuerdo perfectamente —dijo tras una carcajada Julio— no sólo del caso, sino del personaje. En efecto, y creo que así fue, tú me corregirás si me equivoco, pero lo que le pidió fue que dondequiera que lo viera, lo saludara. Nada más que lo que varios siglos atrás hiciera otro vivales que le pidió al virrey la merced de que en la calle le ofreciera personalmente "polvos", que era como entonces se conocía al rapé.

—A don Adolfo —continuó Tierritas— con su don de gentes le cayó en gracia la petición y donde quiera que lo veía, venga a saludarlo así fuera a distancia, pero siempre con un ¡cómo está Juanito!

—Gracias a esto, Juanito Martínez se convirtió en un sujeto digno de figurar en el libro de récords de Guiness, ya que circulaba todavía más que su revista, que ya es decir.

—Y eso —intervino Julio—, que de verdad la revista circulaba, pues tenía más información que muchos periódicos nacionales y a mi juicio, creo que en su momento, le ganó en estar en todas partes al inefable Jesús Guzmán Rubio, maestro en ese arte.

—Así es —confirmó Diego—, pero con un estilo muy especial y su propia categoría.

—El caso —aclaró Toshiro— de estos amigos me recuerda lo que sucede en todas las oficinas gubernamentales del mundo, donde la máxima de la demagogia del trabajo es entrar y salir con un legajo de papeles en la mano de todas las posibles oficinas. Así la gente cree que traes un importante asunto entre manos, aunque no sea absolutamente nada real.

—Y ya que estamos hablando de personajes cercanos a los presidentes hay que mencionar al Flaco Espino.

—Ése ya es otra cosa —interrumpió Diego a Julio— el Flaco se dedicaba lo mismo a contratar artistas que otro tipo de personajes. Desde luego, tuvo la entrada franca a Los Pinos, pues si se precisaba a Lola Beltrán o a Pedro Vargas o lo mismo a la Sinfónica Nacional o al mariachi Vargas, él era el contacto, pero tampoco fue, afortunadamente, mi estilo.

—Pero, tras este paréntesis que también son recuerdos y que aquí Toshiro puede asimilar cómo cada quien aprovecha sus circunstancias, nos remitiremos de nuevo al 1o. de diciembre de 1958, cuando López Mateos empieza su misión ante el pueblo, representado por el Congreso de la Unión en el Palacio de las Bellas Artes y, desde ese momento, se dedica a cumplir con su misión en forma de entrega total y también aquí las circunstancias, o el destino, o como quieran llamarlo, le dieron, a treinta días de su ascensión, la oportunidad para lucirse en su nacionalismo y sentir en forma vívida el apoyo y el afecto del pueblo.

—Aunque ya citamos el caso brevemente, vale la pena ahondar en él. El suceso fue que en la madrugada del 31 de diciembre, unos aviones de la Fuerza Aérea Guatemalteca ametrallaron cinco embarcaciones pesqueras mexicanas. El saldo de este inusitado ataque fue de tres muertos y dieciséis heridos, todos pescadores mexicanos, así como dos naves, obviamente con bandera mexicana, hundidas.

—El primer día del año '59, el gobierno mexicano presentó una protesta por la agresión, ratificada en forma oficial el 7 de enero, por conducto de nuestro embajador en Guatemala, Francisco Icaza. El día 15 inmediato, el gobierno de Guatemala no sólo rechazó la protesta, sino que exigió una satisfacción, razón por la que al día siguiente, 16 de enero, México decidió someter la disputa ante el Tribunal Internacional de Justicia de La Haya. Guatemala se negó a someter el problema, por lo cual, el 23, México rompió relaciones diplomáticas con nuestro vecino del sur.

—De eso sí me acuerdo perfectamente —dijo Julio— el domingo siguiente...

—Te acuerdas, pero la memoria no te es del todo fiel —interrumpió Diego— ya que fue a los quince días, el 1o. de febrero, pero de verdad, continúa.

—Ni hablar, el que sabe, sabe; lo que sí se trató de una manifestación popular histórica; medio millón de mexicanos abarrotaron el Zócalo de la ciudad de México para apoyar la política de dignidad nacionalista del presidente López Mateos. Las relaciones diplomáticas se restablecerían el 15 de

233

septiembre siguiente, pero el apoyo popular se había logrado en forma que nadie más la tuvo tan inmediata y tan lucida.

—Pero la verdad —continuó Diego— es que don Adolfo no se ilusionó con utopías, sino que fue realista al máximo y sabiendo que, como toda empresa, el gobierno precisa recursos, le dio instrucciones a un genio de las finanzas, su secretario de Hacienda, don Antonio Ortiz Mena, de que presentara un programa para el primer año de gobierno el cual, entresacando sus puntos principales, obviamente presente en mi libretita, dice:

"Lograr una mejor utilización de los recursos productivos y una mejor coordinación de la inversión pública y privada... avanzar en el proceso de industrialización, prefiriendo el aumento de industrias básicas cuyo desarrollo siga siendo insuficiente... usar fundamentalmente el crédito no inflacionista en el financiamiento del desarrollo económico del país... cubrir totalmente la deuda exterior mexicana y seguir cuidando escrupulosamente el estricto cumplimiento de las obligaciones financieras con el exterior... canalizar los recursos humanos, financieros y técnicos hacia aquellos sectores de la actividad económica donde existen faltantes, procurando evitar la formación de excedentes que tengan dificultad para colocarse en los mercados exteriores..."

—Este es el programa y, lo más importante, les repito, la realidad, que presenta la Secretaría de Hacienda en marzo del primer año de gobierno, diciendo en el comunicado que por primera vez en la historia, México dispone de reservas más que suficientes para mantener la firmeza del peso y la convertibilidad inmediata de éste en cualquier divisa extranjera.

—La confianza y el entusiasmo de la ciudadanía se concretan más en diciembre, al cumplir López Mateos su primer año de gobierno, cuando se informa públicamente que, gracias a la sólida situación económica, México pagó anticipadamente al Eximbank, organismo oficial del gobierno de Estados Unidos, los diez millones de dólares que se habían utilizado, del crédito de cien millones que había concedido la institución a principios de este régimen.

—La ciudad de México, sede de los poderes, la pone López Mateos en manos de Uruchurtu, ya "encarrerado" con seis años en el puesto bajo la administración de Ruiz Cortines; obviamente, su actuación en ese primer año fue todo miel sobre hojuelas; el romance perfecto de la ciudadanía con el gobierno, se gestaba desde el primer día.

—Los Santos Reyes aquí, más que en ninguna otra administración, ocupaban el lugar del presidente. Todo felicidad, todo armonía, todo confianza —de verdad, certificaba Julio.

—El año termina con un auténtico regalo de Santa Clos; en la ciudad de San Antonio, Texas, el 28 de octubre del primer año, es recuperada la invaluable joya arqueológica El Coyote Emplumado, que había sido robada del Museo Nacional. Dos días más tarde, en medio del entusiasmo público, la pieza fue devuelta al Museo Nacional de Antropología de las calles de Moneda. Esto ya se los conté, desde luego, pero lo importante es que aprovechando el acontecimiento, el presidente López Mateos anunció que no escatimaría esfuerzos para dotar a la capital del país de un museo a la altura de la grandeza mexicana. La promesa se haría realidad al final del sexenio con la inauguración del Museo Nacional de Antropología en el Paseo de la Reforma, frente a Chapultepec, una auténtica obra maestra en el género museográfico, como hasta la fecha podemos constatar.

—López Mateos vivió y disfrutó, al máximo, su síndrome de Santos Reyes o de Santa Clos, esto es indudable.

CAPÍTULO XXIII

NO TENGO LA CULPA

(Agustín Lara)

—El caso de don Gustavo Díaz Ordaz es el que marca el gran éxito de López Mateos. Desde el inicio de su régimen lo cuidó y lo preparó para la gran misión. Hombre entregado al servicio público desde su juventud, Díaz Ordaz ha sido el último que ocupó cargos de elección popular antes de entrar en funciones como titular del Ejecutivo Federal —dijo con verdadera admiración Diego.

—Efectivamente —asintió Cárdenas Treviño— fue diputado federal en los tres últimos años de Ávila Camacho y senador al tiempo del régimen de Alemán. Durante el de Ruiz Cortines fue funcionario de la Secretaría de Gobernación y titular de la misma durante la presidencia de López Mateos.

—Y Díaz Ordaz llegó a la presidencia de manera —siguió Diego—, digamos, natural. Alguien dijo que López Mateos engañó con la verdad, pues nunca demostró que otro que no fuera don Gustavo sería su sucesor. Cierto que había una fuerte camarilla en la que figuraban, de manera predominante, su secretario particular, Humberto Romero Pérez y el general José Gómez Huerta, jefe de su Estado Mayor quienes tenían pleito casado con don Gustavo y apoyaban abiertamente a Donato Miranda Fonseca, secretario de la Presidencia. Inclusive se hablaba de que iban a adelantar el destape para favorecer a éste en vez de a Díaz Ordaz. Pero el hombre que maneja el país no puede dejarse vencer nunca, ni en el último minuto de su periodo ni cuando la más grave enfermedad, representada por un mortal aneurisma empezaba a dejar huellas en su rostro y en sus movimientos, como era el caso de don Adolfo el Joven, como se le conoce en la crónica presidencial, no podía dejar que le ganaran esta partida ni ninguna otra, por eso, aunque retrasó un poco el nombramiento, o el destape, como quieran llamarle, su carta siempre fue su secretario de Gobernación, el licenciado Gustavo Díaz Ordaz.

—Don Gustavo —comentó Julio— llegó en su mejor momento al gobierno del país; cuando en su persona se conjugaban la experiencia, la madurez y el sentido de responsabilidad política.

—Y quiso —reafirmó Tierritas— desde el primer momento, que los militantes con mayor vida partidaria ocuparan posiciones en la administración, porque, afirmaba, en política se trabaja para tener una recompensa; ésta es la responsabilidad de servicio.

—Su síndrome de Santos Reyes o Santa Clos —siguió Diego—, no fue tan acentuado como en los demás, excepto el caso ya tratado de don Adolfo Ruiz Cortines. Sin embargo, sus actos directos, no su imagen sino sus actos, de acercamiento, de entregarse a conocer a fondo los detalles, fueron probablemente más profundos que los demás y los resultados lo confirman.

—Si no regala, sí busca que el erario público no tenga merma y así supervisó personalmente la compra de una flota petrolera de catorce buques para evitar despilfarros y pese, como también ya comentamos, a declaraciones entusiastas de que México se encontraba más lejos que nunca del problema de la inflación, implantó un programa económico de diecisiete metas para mantener esa situación.

—La síntesis de su primer año la expuso, con su seriedad acostumbrada en el primer informe en el cual, sin titubeos, declara que su gobierno escoge el camino del orden que marca la Constitución y no la anarquía, a la que pretenden llevar al país los grupos antipatriotas.

—En un hecho más se mostró prudente y a la vez enérgico. Es el caso de los médicos a quienes invitó a reflexionar al decirles: "Señores médicos: sus puestos los están esperando en los hospitales, en las clínicas, en los laboratorios, en los quirófanos. Invoco su sentido de solidaridad humana para que vuelvan, de inmediato, al lado de sus enfermos que se debaten entre el dolor y la muerte".

—Recalcó en su mensaje que, por encima de cualquier partido político o corriente ideológica, está el interés nacional; enarboló la bandera cuyo lema es "hacer y no decir"; advirtió a sus colaboradores que deben servir a la colectividad y exigió probidad en el manejo de los dineros del pueblo.

—Recuerdo —dijo Julio— que su estilo personal se mostró en toda intensidad en su primer informe, al decir, desde luego no hablo como tú textualmente pues no tengo apuntes, pero el contenido es que el partido mayoritario tiene la obligación y la responsabilidad de gobernar y los minoritarios tienen el derecho y el deber de dar a conocer errores, abusos de poder o corrupción de funcionarios, contribuyendo así al buen gobierno. "No saben participar en el gobierno quienes sólo entorpecen la tarea de gobernar", esto sí no tiene falla.

—Desde luego que no —dijo Diego siguiéndole la corriente— y de ese mensaje precisamente el final llevaba la marca de la casa. "Quienes, en vez de respetar instituciones que nos son fundamentales, tratan de desnaturalizarlas y abusan de ellas pretendiendo desprestigiarlas y conculcarlas, no por ello son más revolucionarios, sino lisa y llanamente contrarrevolucionarios, cuando no deliberadamente antimexicanos." Porque México es un todo indivisible en el que juegan los movimientos y las ideas que campean en el mundo, aun los más extraños y controvertibles, con la única condición de que no atenten contra los superiores intereses de México.

—Pero mira, Toshiro —dijo pensativo Diego— y esto lo puedes comprobar; en '68 le avisaron de Francia que tuviera mucho cuidado en caer en un conflicto con los estudiantes y los trabajadores, que un grupo de intelectuales nacionales e internacionales estaban preparando en varias partes del mundo.

—¿Algo como las ONG actuales? —dijo Toshiro.

—Efectivamente —respondió Diego— éstas todavía no existían, pero eran algo similar en su organización, nada más que bastante subversivas y financiadas por los PC de entonces.

—¿Los PC? —preguntó ahora Julio.

—Sí —afirmó Tierritas— los partidos comunistas de la Unión Soviética, Europa y Asia.

—¡Ah!, ahora comprendo —dijo Toshiro dándose un manotazo en la frente— ¡qué bárbaro!, yo estaba pensando e intrigado por supuesto, pues pensaba que los PC eran unas computadoras.

La carcajada de los tres fue épica, pero de inmediato volvió Diego al tema, que de verdad era demasiado serio.

—Pues los partidos comunistas tenían una estrategia, que la División Francesa de Seguridad, llamada Leclerc, como el legendario general héroe de la Segunda Guerra Mundial, bautizaron como "la máquina infernal" y que le dieron, de verdad en la madre al general De Gaulle.

—¿A De Gaulle? —preguntó Toshiro consciente de que estaba aprendiendo más en ese día en el yate de Diego que si hubiera tomado el más completo curso de política en cualquier universidad.

—Ni más ni menos que al general Charles de Gaulle, porque fue precisamente en Francia donde se inició este movimiento, que posteriormente se ubicó en una universidad de Estados Unidos y los movimientos estuvieron instigados por la filosofía del profesor Herbert Marcuse.

—Al final enfocaron sus baterías sobre México, que entonces estaba en la organización de los Juegos Olímpicos y de esa manera se dejaron venir un chorro de corresponsales internacionales de peso.

—¿De peso? —algo para los juegos, para pista y campo, ¿o qué? —dijo el periodista nipón, pretendiendo bajar el evidente furor que mostraba Diego.

—¡No Toshiro!, esto fue muy serio. Digo de peso por su importancia en el mundo, como la italiana Oriana Fallaci ¿tú crees que ella sabía algo de deportes?, ¡ni madre!, venía a lo que venía. Todo estaba muy organizado y a todos nos querían agarrar de sus pendejos; con un buen pretexto social, pero nos partieron la madre —dijo Diego verdaderamente indignado, molesto, dolido...

Julio, con calma, pretendió volverlo a la tranquilidad preguntándole:

—¿Realmente tú crees que a todos?

—A todos no, pero a una buena parte, sí; lo peor es que dividieron a los jóvenes y a muchos mexicanos de buena fe.

CAPÍTULO XXIV

NO ME CUENTES TU VIDA
(Ricardo López Méndez y Gabriel Ruiz)

El ambiente quedó exageradamente tenso, por lo que el mismo Diego, para enfriar su cabeza, suspendió su disertación ordenando a la tripulación que sirviera la comida, la cual sirvió para volver a relatar la historia de Acapulco y especialmente la de las excelentes inversiones que había logrado Tierritas y el gran regalo de la naturaleza fue un auténtico ballet de delfines que a un lado del yate, estuvieron jugando en forma tal que dejaron a los tres amigos durante bastantes minutos embelesados con esa maravilla. Ya relajados, satisfechos, con el cuerpo y la mente serenados, Diego volvió a su tema.

—Si en el ambiente político ha habido una transformación total, a fondo, absoluta, de personalidad, esa fue la de Luis Echeverría Álvarez. Del funcionario de Gobernación callado, sumiso, que sólo vivía para atender las más sutiles insinuaciones del presidente Díaz Ordaz, en un abrir y cerrar de ojos surgió el candidato impetuoso, que no callaba un minuto, que para todo tenía respuestas, que arrojó a un lado saco y corbata, se colocó la guayabera y con el lema de ¡arriba y adelante!, inició un torbellino nacional que arrasaba con todo.

—El modo de ser, de vestir, de andar, de saludar, de todo en una palabra, lo modificó. Si a algún presidente se le puede poner como modelo y paradigma de la posesión del síndrome de los Santos Reyes o de Santa Clos, es a Luis Echeverría; su primero, segundo y hasta el sexto año, no lo abandonó. Todos lo demás lo padecieron o lo gozaron, quién sabe cuál es la palabra adecuada, pero Echeverría lo vivió hasta la médula.

—En el caso del síndrome de los Santos Reyes o Santa Clos —Diego continuaba, parecía acelerado sólo por el recuerdo— Echeverría fue la perfección, la consagración de su vida, entrando hasta lo más íntimo de su entraña. Inició su campaña diciendo que: "Esta no va a ser propiamente una vasta gira política de lucha electoral, será una gira en la cual convivan todos los mexicanos, planteen sus problemas, sus angustias, y por supuesto, presenten sugerencias, proyectos y cualquier tipo de planes". ¿Se quiere mayor entusiasmo para conocer cada casa, cada familia, cada mexicano?

—Su vida anterior había sido burocracia pura. Nunca intentó una campaña política en busca de algún puesto de elección popular; todo fue una intensa carrera entre escritorio y escritorio. En

Estados Unidos se le llamaría la perfección del *yes man,* el "sí señor" que sin mostrar un signo de cansancio, de desesperación, sino con una tranquila sonrisa en los labios, acata cualquier orden, cualquier sugerencia, cualquier capricho, ocultando, como una enfermedad secreta, todo resquicio de personalidad y así fue el sucesor de Díaz Ordaz. Nadie lo conocía y nadie sabía realmente cómo pensaba, hasta que lo destaparon. Desde entonces, por cierto, se utilizaron el radio y la televisión, en cadena nacional, para dar a conocer quién era el sucesor.

Diego continuaba:

—Su vida política se inicia como secretario del presidente del PRI de 1946 a 1952, el general Rodolfo Sánchez Taboada. Después, en sucesivas etapas fue secretario de prensa del partido, director general de administración de la Secretaría de Marina, oficial mayor de la de Educación Pública y subsecretario y secretario de Gobernación, pero en todos los puestos no fue sino un burócrata cumplido, callado, que era el primero en llegar y el último en retirarse. El trabajador perfecto, el hombre de toda la confianza de sus superiores, hasta que, en octubre de 1969, fueron citados en Los Pinos, Alfonso Martínez Domínguez, Fidel Velázquez, Augusto Gómez Villanueva y Renaldo Guzmán Orozco.

—Y lógicamente ahí fue el destape —dijo Julio en ese momento.

—Así fue, el presidente Díaz Ordaz, los recibió sonriente y afectuoso y sin mayor trámite les dijo: "Yo sé que ustedes son muy amigos de Luis Echeverría y me da mucha satisfacción que él sea nuestro candidato a la presidencia". Todos los rostros se quedaron perplejos. Cada uno de ellos hizo un comentario de ritual al presidente y éste, siempre de buen humor retomó la palabra para decirles: "Bueno... ya no los entretengo más, no se les vaya a hacer tarde, sólo les quiero rogar una cosa: a partir de esta fecha, procuren entenderse directamente con Luis Echeverría".

—De esta manera quedaban fuera de la jugada los otros tres precandidatos que, junto con el secretario de Gobernación, formaban el "pokar de tapados": Alfonso Corona del Rosal, jefe del Departamento del Distrito Federal; Emilio Martínez Manatou, secretario de la Presidencia y Antonio Ortiz Mena, secretario de Hacienda.

—La estampida de los búfalos no se dejó esperar. Las calles adyacentes al Palacio de Cobián, sede de la Secretaría de Gobernación, quedaron bloqueadas. Todo mundo quería saludar al nuevo Mesías y éste, en ese justo instante, se transformó. Los "virus" de todos los síndromes presidenciales que tenía ocultos, pero muy ocultos, brotaron con la fuerza de un volcán.

—Su campaña fue un huracán —seguía verdaderamente contagiado Tierritas— 63 mil kilómetros recorridos y 960 poblaciones visitadas con un común denominador: la impuntualidad en cuando menos el ochenta por ciento de los casos ¿la razón? El síndrome mismo de Santa Clos.

—Es cierto —afirmó Julio— y lo sé porque yo cubrí por completo esa campaña y en verdad bajé casi diez kilos, bastaba y sobraba que se reunieran un par de docenas de campesinos en la carretera por donde pasaba la comitiva del candidato, para que éste ordenara detener la marcha, bajarse y allí mismo, escuchar las demandas y prometer resolverlas.

—Y así fue el resultado —siguió comentando Mendoza Luna— la capacidad de atención a la gente: total y absoluta. La lógica respuesta, bien favorable o en contra; imposible. No había más que un cúmulo impresionante de tarjetas con anotaciones que esperaban infructuosamente, ya no una respuesta, sino tiempo para volver a leerlas.

—¿Es cierto —preguntó Julio consciente de que ya conocía la respuesta, pero con el evidente ánimo de que Toshiro conociera más detalles— que el presidente Díaz Ordaz estuvo a punto de ordenar el cambio de candidato?

—Desde luego, don Gustavo era muy inteligente y muy conocedor y tarde se dio cuenta de que había nombrado a un hombre distinto al que él conocía. La crisis se desató cuando, en Morelia, de visita a la Universidad Nicolaíta, pidió un minuto de silencio en memoria de los caídos el 2 de octubre de 1968. Se dice, que don Gustavo mandó llamar urgentemente al presidente del partido, Alfonso Martínez Domínguez, para estudiar la conveniencia de cambiar al candidato, bien fuera enfermándolo, renunciándolo o quién sabe qué. Pero todo se dice... se dice...

—Lo cierto es que, cuando apenas llevaba poco más de un mes en el poder, el 26 de enero de 1971, ordenó la libertad absoluta de diecisiete presos que lo estaban precisamente por el problema del

'68. Dos días más tarde, en forma que nadie había osado hacerlo y mucho menos públicamente, regañó a los directivos de las agrupaciones y cámaras empresariales nacionales. Su complejo, más que síndrome de los Santos Reyes, era inclinarse a los más necesitados y lo demostraba ante quien hace posible las fuentes de trabajo, o sea, el capital. Se gestaba la fuga de capitales que todavía no hemos logrado hacer regresar.

—Y por si fuera poco —intervino Julio—, se convirtió en espejo y caja de resonancia del presidente de Chile, elegido constitucionalmente, Salvador Allende, de origen y filiación abiertamente comunista y lamentablemente calca sus errores, sus gestos populistas y su estilo de acercarse a la gente.

—Cierto que hizo muchas cosas buenas —reconoció Diego— el espíritu de los Santos Reyes o de Santa Clos le animaba y lo mismo que todos los que han ocupado la silla bajo las alas del águila nacional, actuó de buena fe. El problema era su personalidad, nunca pretendió hacer daño a nadie, por el contrario, sus medidas estaban perfectamente razonadas; lo malo era que estaban razonadas... a su manera.

—Expulsó a diplomáticos soviéticos por suponer que hacían daño al país. Expidió la primera ley en nuestra historia para proteger el medio ambiente y atacar la contaminación. Expropió, a beneficio de los campesinos nada menos que 738 mil hectáreas en Chihuahua y, en concordancia, expidió la Ley Federal de la Reforma Agraria.

—Ordena bajar en 10 por ciento las tarifas aéreas para favorecer el turismo y, en otro orden de ideas, para ahorrar divisas, decreta la fabricación de billetes en México en sustitución de los comprados al American Bank Note de Estados Unidos.

—Decreta —volvía Diego a posesionarse— les sean quitadas las tierras a todo aquel que siembre marihuana o cualquier planta para beneficiar estupefacientes y su afán por elevar a las clases populares, hace crisis en el mes de septiembre del primer año de su gobierno cuando, después de ordenar, ¿o sugerir?, la inscripción en el frontis del Senado de la República de la frase *La patria es primero* de Vicente Guerrero, el día 27 conmemoró el ciento cincuenta aniversario de la Consumación de la Independencia decretando, así como lo oyen, decretando que el único consumador de la independencia nacional era Vicente Guerrero, dejando a Iturbide como un oportunista que osciló entre la traición y el espionaje. La vuelta a la perniciosa historia maniquea; buenos y malos. No tiene defecto alguno aquél, ni virtud ninguna éste. Guerrero, el bueno; Iturbide, el malo, ¿defensa de la nacionalidad?, ¿elevación de lo popular?, ¡vayan ustedes a saber!

—Llega el mes siguiente y, en su furor de estar en todas partes, Echeverría va a las Naciones Unidas, donde aboga por que se ajusten las relaciones económicas entre las naciones, preámbulo del que ya veremos en su momento, síndrome del premio Nobel, cuando dicta su inefable Carta de los Derechos y Deberes de los Estados.

—Pero no todo fue tranquilidad —recordó Julio— su populismo y su afán de ser, como tú dices, un auténtico Santo Rey, se desata cuando un grupo de facinerosos secuestran, creo que fue en septiembre al director de Aeropuertos y Servicios Auxiliares, Julio Hirshfeld Almada. Al ser entrevistado, yo estaba ahí, y preguntársele si pagaría el rescate de tres millones de pesos solicitado por los secuestradores, contestó textualmente: "Yo no conozco los términos, pero en todo caso, para nosotros está en primer lugar la salud, la integridad y la libertad de un colaborador nuestro", mensaje que muchos interpretaron como una aceptación tácita de pagar el rescate por cuenta del gobierno de la república.

—La respuesta fue inmediata —continuó Cárdenas Treviño— en noviembre, el rector de la Universidad de Guerrero, Jaime Castrejón Díaz, era secuestrado y unos días más tarde la hija del prominente industrial Bernardo Quintana sufría idéntico ataque y, como dicen los rancheros, "de ahí pa'l real", se inició una racha inacabable de secuestros, falsos y reales, de políticos y de empresarios, que mucho costó frenar.

—El síndrome de los Santos Reyes, el de pretender remediarlo todo de un golpe, sin meditar consecuencias, no siempre es conveniente —sentenció Toshiro, convencido del giro que llevaba la conversación y los recuerdos.

—La prueba más fehaciente del daño que hizo en su afán de solucionarlo todo personalmente —siguió Diego— de actuar como los Santos Reyes, tuvo un repunte tremendo en la última decena de diciembre de su primer año, 1971. El 20, libera a todos los presos que lo estuvieran por cualquier motivo relacionado con el incidente del '68 como colofón a los que había liberado en enero de ese año y, sin medir las consecuencias y cuando nadie lo esperaba, aumenta los salarios mínimos en un 20 por ciento, desatando el monstruo de la inflación que todavía anda suelto y, por si fuera poco, obtiene en varios bancos internacionales un préstamo combinado por mil quinientos millones de dólares para electricidad y petróleo.

—La perfección de la imagen idílica de los Santos Reyes. Mientras tanto en Chile, en ese mismo diciembre, las amas de casa salen a la calle en la famosa "marcha de las cacerolas".

CAPÍTULO XXV

COSAS DEL AYER
(Chucho Rodríguez)

—Si don Adolfo Ruiz Cortines jugó con los presuntos candidatos engañando a todos en el más espeluznante juego político que se había vivido en el país, Luis Echeverría superó al infinito la elucubración y el retruécano en el proceso de sucesión —continuó Diego en su análisis, tras otra ronda de refrescantes bebidas y unos pastelillos.

—Públicamente se hablaba de siete precandidatos con amplia experiencia. Mario Moya Palencia, estupendo secretario de Gobernación y gran favorito por su experiencia y ese sinnúmero de indicios que aparentemente había dado el presidente Echeverría. Hugo Cervantes del Río, en la secretaría de la Presidencia, con el sello grabado del general Sánchez Taboada, el gran impulsor de Echeverría. Porfirio Muñoz Ledo, con una inteligencia natural brillantísima y además, responsable de la Secretaría del Trabajo, la consentida del presidente y desde donde se manejó lo más importante, políticamente hablando, del régimen que estaba por terminar.

—Estos eran los tres principales; había otros tres, con menos esperanzas, pero que habían sido nombrados en todos los círculos políticos y, conociendo a Echeverría y cómo se las gastaba, no podían descartarse. Ellos eran Carlos Gálvez Betancourt, director del Instituto Mexicano del Seguro Social, Augusto Gómez Villanueva, secretario de la Reforma Agraria, el otro vértice del echeverrismo y, Luis Enrique Bracamontes, secretario de Obras Públicas. Ya avanzada la precampaña, en lo referente a comentarios ajenos, porque de ellos ninguno se movía, al contrario de lo que les he contado en las épocas de Ávila Camacho y Alemán, el secretario de Recursos Hidráulicos, Leandro Rovirosa Wade dio la lista de los seis citados y, una semana más tarde, mencionó que "faltaba" la inclusión de López Portillo, "quien también tenía posibilidades".

—José López Portillo era amigo de la infancia de Echeverría, pero si éste había tenido una carrera burocrática en pleno ascenso, en el caso de López Portillo, su raigambre política se remontaba a tres generaciones anteriores, pues su abuelo había sido gobernador de Jalisco y también secretario de Relaciones Exteriores en el gobierno, nada menos que del sátrapa Victoriano Huerta.

—Desde luego que esto último nunca se dijo —le aclaró Julio a Toshiro— y si alguien lo comentó, se disimuló diciendo que si fue engañado, que si fue por sólo unos meses, que si qué se yo. Por eso elevó al infinito la imagen de su padre, que era cadete cuando la Decena Trágica y que escoltó a Madero en la Marcha de la Lealtad.

—Bonita familia, como decía un actor de la televisión y como comentó algún director de periódico, lo que desde luego nunca publicó —siguió Julio sonriente—. El padre, secretario de Estado del asesino de aquél a quien su hijo protegió. Claro que todo esto, en la dialéctica y en la retórica de quien sería el presidente en 1976, quedó difuminado.

—Por lo que respecta a la carrera personal de López Portillo, era mínima —dijo Tierritas— pues empieza oficialmente en 1965, en un puesto mucho más técnico que político: director de Asuntos Jurídicos y Legislación de la Secretaría de la Presidencia, de donde salta, aparentemente por un empujón del entonces secretario de Gobernación, Luis Echeverría, a la Subsecretaría de la Presidencia. Iniciado el régimen de su amigo, lo nombra, por dos años, subsecretario de Patrimonio Nacional; otro más, como director de la Comisión Federal de Electricidad; dos en la titularidad de la Secretaría de Hacienda y de allí, a la presidencia del país. La carrera más rápida en política en el siglo que vivimos.

—El destape de López Portillo fue otra jugada típica de Echeverría —volvió a comentar Julio, quien recordaba las carreras de esos días para cumplir con la información— pues citó a los seis restantes precandidatos a una comida en la Casa del Obrero Mundial mientras las fuerzas vivas del PRI, comandadas por Fidel Velázquez, lo proclamaban, el 22 de septiembre de 1975, precandidato oficial del partido.

—Dos días más tarde, el presidente del Comité Ejecutivo Nacional del PRI, el eminente político veracruzano, y extraordinario amigo mío, don Jesús Reyes Heroles, presentaba su renuncia —decía Diego no sin algo de tristeza y desde luego mucho de afecto para el político tuxpeño— su dignidad y su vida dedicada al servicio público no podía tolerar la burla de que había sido objeto. Ante todas las presiones de la prensa y demás medios de comunicación, se había aferrado a una frase: "Primero el programa, después el hombre" y resulta que sin él saber nada, los sectores nombran precandidato a López Portillo. Era demasiado.

A Porfirio Muñoz Ledo, como premio de consolación, se le dio la presidencia del PRI y el consecuente control de la campaña.

—Así empezaba López Portillo, el que era, sin duda alguna, el más sorprendido por la nominación —y se recreaba en el recuerdo Julio— realmente no tenía nada de nada para iniciar la campaña. Ni plan, ni proyecto, ni personal humano, mucho menos, funcionarios. Menos mal que tenía a su lado a Julio Rodolfo Moctezuma y a Rodolfo Landeros. Aquél, un excelente organizador y éste, mejor conocido como el Güero, un gran experto en relaciones públicas y, desde luego, lo que ningún país, estoy seguro tiene, la gran infraestructura del PRI, que tiene todos los hombres que se precisan en absolutamente todas las poblaciones mexicanas, sea cual sea su importancia y tamaño, dispuestos a apoyar lo que sea necesario. Además, se tuvo el apoyo de logística y comunicación del Estado Mayor Presidencial. Con esto se arrancó, sin que el pueblo supusiera el desastre interno que había.

—Las primeras etapas fueron, en verdad deficientes. Nadie sabía quién era quién —seguía comentando Julio y Diego lo dejaba, pues para esas alturas el periodista estaba joven y podía correr de un lado para otro y él ya empezaba a buscar un poco más de tranquilidad.

—Pero —siguió Julio— poco a poco la imagen carismática del candidato se fue ubicando entre la ciudadanía y paulatinamente se fue percatando del lugar en el que la historia lo había colocado. Entonces sintió el síndrome de los Santos Reyes e inició su real campaña que, por otra parte, fue *sui generis,* pues careció de contendiente. ¿Qué pasó en ese momento en México? Es cosa de analizarlo muy a fondo. ¿Por qué ningún partido postuló candidato? ¿Por qué todos dejaron el campo franco para López Portillo? Nadie lo sabe a ciencia cierta, pero el hecho es que pudo hacer una campaña tranquila y acercarse cuanto quiso al pueblo.

—Yo tampoco tengo respuesta a esto, lo que sí te puedo asegurar —respondió Diego— es que el pueblo, el ciudadano común, estaba cansado de Echeverría. Sus actos populistas ya habían tocado fondo y buscaba a López Portillo como una salida caída del cielo y él, simplemente se dejó querer.

—Sin embargo, había una pequeña dificultad: conociendo todo mundo los desplantes impredecibles de Echeverría y viendo la suavidad de formas y frases de la campaña de López Portillo, se empezó a propagar la versión de una reelección o de una dictadura inminente —seguía Diego, pues para éste, el análisis era su indiscutible terreno— el tiempo transcurría y el ambiente se ponía tenso. Los cien últimos días del régimen fueron una pesadilla. La gente acudía a los bancos a sacar todo su dinero, temerosa de una cancelación de cuentas; el que tenía dinero lo sacaba del país y así hasta el infinito. La confianza había desaparecido en los últimos días de noviembre de 1976.

—Al fin llegó el 1o. de diciembre, el día en que López Portillo, en sus palabras del discurso de toma de posesión, dictó, si no la mejor pieza oratoria que se ha pronunciado en un acto de esa naturaleza, sí la de mayor impacto. Sus palabras fueron como un bálsamo de paz en todo México. Su voz tranquila, bien modulada y serena apoyando sus conceptos magníficamente estructurados, lograron el milagro. La gente creyó en él como nunca antes había creído en un presidente al tiempo de la toma de posesión. Sobre esta plataforma, la personificación de los Santos Reyes le fue, no sólo fácil sino automática. No había alternativa, la gente creía ciegamente en él y se volvió el hombre necesario, el que daría al pueblo lo que el pueblo pidiera.

—Hagamos ahora un breve recorrido por los primeros doce meses de su gobierno. En diciembre del '76 quita los impuestos a quienes reciben de uno a dos salarios mínimos de sueldo y, para nivelar al erario, eleva 30 por ciento el impuesto a los artículos de lujo. Aumenta el salario mínimo, pero ya no en las proporciones echeverriístas, sino "solamente" en un 10 por ciento.

—En enero entrega a la ciudadanía el altar del Perdón de la Catedral Metropolitana, que diez años atrás había sufrido graves daños por un incendio. Unifica los ferrocarriles nacionales bajo una sola dirección para mantener un solo criterio y economizar gastos. En febrero viaja a Washington para entrevistarse con el recién ascendido presidente Carter.

—Por cierto —comentó Julio— se repitió el caso de Alemán con Truman, en el que nuestro compatriota es de mayor estatura que el de Estados Unidos, lo cual, a la gente, al pueblo, le gusta de verdad. Además en esta entrevista, los estilos, abierto el de nuestro mandatario y temeroso, si no débil, de del norteamericano, hicieron que la gente mitificara a López Portillo y le dio de buen grado cuanta prórroga pidió para salir del bache.

—Marzo se destaca —siguió Tierritas con su relación— por el fin de relaciones con el utópico gobierno de la República Española, que, por ese mismo acto, pierde de hecho todo hálito de vida y, dos días más tarde, firma relaciones con el Reino de España. Las raíces hispanas del presidente son determinantes y como muestra de importancia por el hecho, nombra embajador en Madrid al ex presidente Díaz Ordaz, el que, amargado al máximo tras hacer pública confesión de haberse equivocado con Echeverría, dura menos de dos semanas en el cargo. El nombramiento diplomático de Díaz Ordaz no resulta del agrado de la intelectualidad, por lo que Carlos Fuentes renuncia a la embajada de México en Francia, de la que era titular. Pero no le preocupa a López Portillo, que dispuesto a manejar la política interna y externa simultáneamente, el 16 de mayo nombra a Luis Echeverría, embajador especial para los países en vías de desarrollo que, un mes más tarde, revoca para nombrarlo embajador ante la Unesco.

—Sucede además, que los Santos Reyes quieren ayudar a los humildes y les dan su banco; el 2 de agosto entra en funciones el Banco Obrero, gran regalo para la clase trabajadora. Un mes más tarde, por decreto del 3 de octubre, bajan de precio 282 medicinas, precisamente la misma semana en que el presidente López Portillo, cruza el Atlántico para ser el primer presidente en pisar España. Recepción verdaderamente apoteósica en Caparroso, tierra de sus antepasados, a donde, conforme un lugareño, "llegó un señor que salió de aquí hace doscientos años".

—Su estructura económica no funciona a su gusto y los titulares de las Secretarías de Hacienda y Programación y Presupuesto, ésta apenas creada en enero, Julio Rodolfo Moctezuma y Carlos Tello respectivamente, renuncian por no decir públicamente que son cesados.

—El primer año culmina con la aprobación, por parte de los diputados, de una nueva legislación electoral.

—Este primer año tiene, sin embargo, una mancha histórica —interrumpió Julio que sabía que ahora sí tenía una carta que Tierritas desco-

nocia— empiezan a verse por las principales avenidas de la capital, chamaquitos que con una
botella de agua jabonosa y un "jalador" de hule,
se dedican a limpiar parabrisas de los automóviles
esperando una gratificación y que son la semilla
de payasitos, malabaristas y demás desposeídos
que buscan satisfacer sus más urgentes necesidades. Para ellos no llegaron ni los Santos Reyes
ni Santa Clos.

CAPÍTULO XXVI

EL DESGASTADO

(Pepe Albarrán)

El 17 de septiembre de 1981, el presidente López Portillo viajó a Estados Unidos a entrevistarse con el presidente Reagan. En esta reunión, refiere Emilio España Krauss *(Excélsior*, 29 de septiembre de 1988): "Reagan pidió al presidente de México que sostuviera una reunión privada con el secretario de Estado, que en ese tiempo era el general Alexander Haig, quien, con lujo de detalles, expuso a López Portillo que en México se había efectuado un destape para sucederlo, sin tomarlo en consideración. Se dice también que el presidente preguntó con insistencia si había intervenido el Grupo Monterrey y categóricamente le fue contestado que no. Directamente de Grand Rapids, rumbo a México, bajó en Monterrey y se reunió con lo más grande de la iniciativa privada". Unos días más tarde, el 25 del mismo septiembre, los tres sectores del PRI destapaban a Miguel de la Madrid para el periodo presidencial 1982-86.

—El caso de Miguel de la Madrid —empezó a disertar Tierritas— es similar al de Díaz Ordaz o al de Alemán, era el más lógico y no hubo sorpresas. La carrera de De la Madrid había ido siempre en ascenso y dentro del ramo financiero. Su característica principal, siempre fue la verdad por encima de todo y se le puede considerar como su gran mérito el luchar denodadamente por terminar y olvidarse de las cifras "nominales", para hablar de cifras "reales", pues con aquel sistema, siempre era sencillo el "maquillar" cualquier resultado oficial.

—Tras su postulación oficial como candidato del PRI, el 11 de octubre principió, el miércoles inmediato, la campaña en busca del voto popular en Apatzingán, Michoacán, cuna de nuestra vida constitucional y en su primer discurso destacó ya, sentir muy hondo el síndrome de los Santos Reyes. Leamos algunas palabras —dijo Diego tomando su libretita de fina piel.

"Quiero recorrer el país para comprometerme en cada lugar con los sentimientos de la nación, principalmente con quienes más han postergado la satisfacción de sus aspiraciones personales por contribuir al desarrollo de México. Quiero recorrer el país en un jornada de reencuentro para recoger inquietudes y demandas, algunas lacerantes, que constituyen legítimo reproche debido a nuestra deficiencia. Para ser congruentes con el compromiso que dio origen al Estado de la Revolución: su compromiso con las mayorías. Iniciamos un diálogo que habrá de ser permanente, que se dará en todos los puntos de la geografía nacional, que habrá de ser honesto, porque no se oculta a la verdad."

—Tras tomar posesión de la presidencia debe enfrentarse a un verdadero caos en la economía, que le obliga a tomar una serie de medidas muy duras y drásticas y por lo mismo muy lejanas al aplauso y la aprobación ciudadana.

—Haremos una reflexión sólo del primer mes de su gobierno —haciendo desde luego uso de su auténtico "acordeón", como dijo Julio, pues se estira y se estira y no le pasa nada— el día 2 aumentan 5 por ciento las gasolinas, el diesel y el gas doméstico, el 7 ocurre lo mismo con el azúcar, un día más tarde se informa que el IVA sube del 10 al 15 por ciento y que las medicinas pagarán el 6 por ciento a cuenta del mismo impuesto, mientras que los artículos de lujo tendrán una tasa, también al IVA, del 20 por ciento. Una semana más tarde, el presidente De la Madrid y todo su gabinete, firma un decreto de austeridad económica para la administración pública federal. El Congreso autoriza la creación de una Secretaría de la Contraloría General que iniciará funciones al inicio del año para impedir malos manejos en todas las dependencias federales.

—El día 17, el presidente prohíbe a los funcionarios aceptar regalos de alto valor. Faltando tres días para que concluya el año de 1982, se abre nuevamente el mercado libre de divisas, con el tipo de cambio controlado a 95 pesos por dólar y el libre a 150; los bancos quedan autorizados a vender dólares, pero en documento y no más de mil dólares por persona. El billete verde solamente se venderá en los aeropuertos y en la frontera norte y, un día más tarde, el Fondo Monetario Internacional nos otorga un préstamo de emergencia por once mil millones de dólares.

—Pero Miguel de la Madrid tiene la protección del águila nacional y no se arredra ante las dificultades; su espíritu de ser uno de los Santos Reyes es superior al reto y empieza a remar contra la corriente y a ganar la atención del pueblo sobre sus acciones, dolorosas pero necesarias, como lo dice en el mensaje a toda la nación el primer martes del año 1983, con el beneplácito de los oyentes, pues es otra su verdad que la aparente verdad rimbombante de su predecesor.

—En el mismo enero elimina la temida y tenebrosa DIPD, la División de Investigaciones para la Prevención de la Delincuencia, con lo cual da un buen regalo a quienes veían en la dependencia la imagen vívida de la corrupción y el atraco. A los industriales nacionales los favorece al prohibir la importación de artículos electrónicos, licores, vinos, ropa, juguetes, porcelana y cristal cortado. Informa a los capitalinos, el 3 de febrero que el Metro subsidia con 11.50 pesos a cada pasajero cuando éste paga un peso por viaje. Un regalo antiguo, pero que lo pregona para que sepamos que nos lo da y obviamente para que veamos que no todo es malo.

—El 12 de febrero ingresaron a la cárcel cinco funcionarios de Petróleos Mexicanos al dar curso a una acusación de una compañía norteamericana por soborno a estos ejecutivos de la petrolera nacional. En abril se involucra inexplicablemente al ex director de la misma, Jorge Díaz Serrano. El asunto culmina el 30 de julio cuando Díaz Serrano es acusado de los mismos delitos. El otrora precandidato a la presidencia y entonces senador de la república, es desaforado e internado en el reclusorio. Leopoldo Ramírez Limón, director del Nacional Monte de Piedad; Lidia Camarena, ex diputada; Félix Barra García y otros políticos, también ingresan a la prisión.

—El espíritu de los Santos Reyes está presente y De la Madrid auspicia darle al pueblo el mejor de los regalos. Colombia tiene problemas y propicia que México obtenga la sede del Campeonato Mundial de Futbol de 1986; la gente sale a las calles y en el Monumento a la Independencia, bajo la mirada del Ángel que ha visto transcurrir todo lo bueno y lo malo de este siglo, hace el centro de un festejo nacional al tener, por segunda ocasión un campeonato del mundo. Los problemas y las angustias quedan atrás, ahora seremos felices y punto. Esto es conocer la idiosincrasia del pueblo y De la Madrid parece tener el secreto.

—El 9 de abril, en un regalo ahora a la familia campesina, el presidente decreta incrementar los precios de garantía del maíz, del frijol y del trigo. Pretende endulzar la vida a futuro de los mexicanos y crea Azúcar, S.A. como fundamento de la reestructuración de la industria azucarera nacional. Apoya la creación de la Alianza Nacional Campesina y, para no hacer larga la relación, sólo citaré los dos regalos más espectaculares de la dupla Santos Reyes-De la Madrid.

Diego continuaba hablando y Julio prefería callar, pues si había intervenido en alguna anécdota, era por haberla cubierto para algún medio informativo, pero Tierritas de verdad parecía sabérselas de todas, todas.

—El 26 de agosto, el secretario de Hacienda y Crédito Público, Jesús Silva Herzog logra la renegociación de la deuda externa que brindará alivio a las finanzas nacionales y el gran regalo popular con el que concluye el año, lo otorga el 19 de diciembre, al iniciarse el desmantelamiento de las instalaciones de la Universidad del Tercer Mundo, no sólo feudo, sino bandera, imagen y razón de ser del ex presidente Luis Echeverría. Decisiones así son, sin más ni más, con las que se gana al pueblo.

CAPÍTULO XXVII

POR SEGUIR TU HUELLA
(Daniel Santos)

—En el año de 1987, para la elección del sucesor de Miguel de la Madrid, el Partido Revolucionario Institucional aplicó "nuevas prácticas internas para postular candidato a la presidencia de la república". El Comité Ejecutivo Nacional "recorrió todos los estados del país, así como el Distrito Federal y en ese recorrido nacional, seis destacados militantes fueron mencionados como merecedores de la precandidatura del PRI a la presidencia de la república: Ramón Aguirre Velázquez, Manuel Bartlett Díaz, Alfredo del Mazo González, Sergio García Ramírez, Miguel González Avelar y Carlos Salinas de Gortari, nombrados en orden alfabético". La dirigencia del PRI los convocó a expresar su pensamiento sobre los retos y las perspectivas de la nación. Todos acudieron. Todos cumplieron con su partido". Estas palabras —dijo Tierritas cerrando una vez más su libretita—, están tomadas de *Los retos y las perspectivas de la nación*, escrito por uno de los implicados, Ramón Aguirre Velázquez.

—Conforme el plan, los seis fueron citados a expresar sus puntos de vista, correspondiendo a Salinas el último lugar, por ser llamados en estricto orden alfabético. Esta reunión se llevó a cabo el 27 de agosto, en esa ocasión el futuro presidente dijo: "He aprendido del presidente De la Madrid, la claridad en la dirección, el ejemplo en la conducta y el temple en el cumplimento de las responsabilidades. En el mundo, sólo destacan los países cuyos habitantes tienen una visión de grandeza en el pensamiento y en la acción y cuyos gobernantes, como Miguel de la Madrid, tienen la inteligencia, el temple y el valor para conducirlos en la adversidad y sumar en la libertad la gran energía de los ciudadanos".

—El 4 de octubre siguiente, presente lo tengo yo, como dice la canción —dijo Julio— algunos medios de comunicación radial dieron como el "bueno" a Sergio García Ramírez, lo que otro de los excelentes precandidatos, Alfredo del Mazo, avaló con loable intención. Multitud de políticos fueron a felicitar a aquél y cuando se dieron cuenta de que había sido un error, sin ninguna vergüenza ni dignidad, voltearon la espalda y dejaron tirado en el suelo, como lo constataron varios fotógrafos, lo mismo mantas y regalos que canastas de frutas. Es el sistema político mexicano, y no hay demostración más clara de cómo es realmente, que ésta.

—Lo cierto es que, en un acto que bien pudo haber filmado Hitchcock, el mago del suspenso

—retomó la conversación Diego— Jorge de la Vega Domínguez, presidente del PRI, ante cámaras y micrófonos casi en cadena nacional, tras un discurso de casi un cuarto de hora en el que no decía nada sino ponderar y calificar las virtudes que todo mundo sabía que podían ser para cualquiera de los seis, al fin pronunció el nombre del auténticamente destapado, pues si en algún juego hubo tapado, fue en éste. El partido optaba por Carlos Salinas de Gortari.

—Igual que en el caso de Echeverría, su transformación fue inmediata. El hombre tranquilo que vivía sólo para apoyar y ayudar al presidente De la Madrid, se volvió un político experimentado. Hubo un cambio total aunque de ninguna manera tan terrible como el de Echeverría. En este caso, el beneficio fue general, pero la modificación, que es lo que comentamos, radical.

Julio volvió a intervenir para decir:

—Salinas pretendió desde ese instante quitarse la imagen de tecnócrata que tenía y así en su primera intervención como abanderado del PRI repitió por tres veces que "haremos política, viviremos la política, mucha política"... y así fue.

Diego volvía al comentario —su campaña resultó difícil. Si en el caso de López Portillo no hubo nada ni nadie que se le opusiera, en la de Salinas tuvo dos grandes enemigos políticos. Por un lado Manuel Clouthier, con la bandera de la derecha y del capital, tuvo un éxito muy superior al obtenido por cualquiera de los candidatos del Partido Acción Nacional en toda su historia. En verdad Maquío; como era popularmente conocido, sacudió a un sector de la población que siempre se había manifestado como apolítico, haciendo que, lo mismo señoras de Polanco, que muchos jóvenes asistieran a sus mítines.

—Por el otro lado, Cuauhtémoc Cárdenas, con la bandera de don Lázaro y la de la izquierda no beligerante, jaló a muchos votantes, sobre todo en la ciudad de México.

—Existieron otros candidatos, como lo fueron Heberto Castillo, que renunció a su candidatura en favor de Cuauhtémoc Cárdenas; Gumersindo Magaña y Rosario Ibarra de Piedra, que no alteraron para nada el esquema.

—Salinas, igual que en su momento De la Madrid, tuvo que remar contra la corriente, contra una situación que ya no quería más promesas sino auténticas realidades y su síndrome de los Santos Reyes o de Santa Clos, debió volverse no una virtud cuanto una obligación, para salir, para ganar el voto, bajo la premisa de la confianza popular.

—Sus actos están encaminados a ello y recordaremos su primer mes como huésped de Los Pinos y cobijado bajo las alas benefactoras del águila nacional.

—Sorprende a todo el mundo y da prueba de que su voluntad de servir al pueblo va en serio, el mismo día de la toma de posesión, cuando invita a la ceremonia al arzobispo primado de México, cardenal Ernesto Corripio Ahumada; al delegado apostólico, Girolamo Prigione y a tres prelados más, entre ellos, el cardenal Posadas Ocampo, quien fuera asesinado apenas en el '93.

—El primer acto oficial de Salinas, su primera firma como presidente de la república, es también el primer regalo de los Santos Reyes: crea el Plan Nacional de Solidaridad para atender el reclamo de la población campesina de escasos recursos; pero no descuida, como lo hizo Echeverría, a las clases elevadas, nombrando, apenas el día 6, a Claudio X. González, hombre de extracción empresarial, como su asesor personal.

—Solicita al Congreso de la Unión, en forma oficial, autorización para conseguir un crédito de emergencia por siete mil millones de dólares en el exterior y quince billones de pesos bajo el régimen de deuda interna. Reconoce y hace que todos reconozcan que es preciso, pero guarda las formas marcadas por la división de poderes.

—De todas maneras, al final del año viene la temida miscelánea fiscal, con aumentos por aquí, allá y acullá. No es nada agradable la situación y hay que hacer sacrificios, todos y a todos los niveles. El pueblo todavía no lo ve con confianza y mucho menos con entusiasmo, pero inicia el año con un mensaje esperanzador y la barrera se va resquebrajando.

—Gana un ciento por ciento de confianza el martes 10 de enero al ser aprehendido Joaquín Hernández Galicia, el todopoderoso líder petrolero mejor conocido como La Quina. El pueblo ve que hay un presidente con "tamaños", con valor y determinación y eso le gusta. El 25, en el *Diario Oficial* se publica el decreto por el que los ciudadanos del Distrito Federal que obren en legítima defensa no podrán ser privados de su libertad aunque resulten responsables de algún daño. Sabe que hay emergencia por el incremento de la delincuencia y la comprende.

—La salud de la población le preocupa, por lo que pone en marcha, el 19 de enero, el Programa Nacional de Conservación Ecológica. El mes siguiente envía a la cárcel a Eduardo Legorreta por problemas financieros en su casa de bolsa. La limpieza total y en todos los órdenes es una realidad y esto, al ciudadano común y corriente le parece sensacional.

—Pero también saca gente de la cárcel; en febrero envía una iniciativa para conceder amnistía a 402 presos políticos, pero es implacable con los delincuentes comunes y da un nuevo golpe espectacular cuando es detenido, tras dieciocho años de búsqueda infructuosa, Miguel Ángel Félix Gallardo, gran capo del narcotráfico nacional.

—El mismo día, nuevo estilo de estar regalando a la ciudadanía, crea la Comisión de Justicia para los Pueblos Indígenas. El presidente ha cumplido ciento cincuenta días al frente del país y las encuestas dicen que la población en general está muy satisfecha.

Diego Mendoza Luna, parecía, como unos minutos atrás, poseído del empuje de este nuevo presidente y Julio, simplemente no se atrevía a interrumpir. Él sabía cuándo y cómo.

—Contra tirios y troyanos y con el apoyo verdadero de muy poca gente, pero consciente de su responsabilidad, ordena, el 14 de abril la puesta en marcha de la central nucleoeléctrica de Laguna Verde.

—En mayo se incendia el Palacio Legislativo y todo el país se dedica al deporte favorito nacional: "la carrera del rumor", las suposiciones van de un lado para otro. Salinas de Gortari detiene más o menos el problema publicando el 15 de mayo el Plan Nacional Agrícola y quince días más tarde, el Plan Nacional de Desarrollo con los objetivos de estabilizar precios, lograr sólido crecimiento económico y alcanzar la modernización del Estado.

—El 10 de junio la Procuraduría General de la República recupera la mayor parte, 133 de 140, de la joyas arqueológicas robadas en la navidad de 1985 del Museo Nacional de Antropología ¿se quiere mejor regalo de Santos Reyes o Santa Clos?

—En la primera comida de la libertad de prensa a la que asiste como titular del Ejecutivo, Salinas se compromete a aclarar, de una vez por todas el asesinato del periodista Manuel Buendía, ocurrido el 30 de mayo de 1984, un lustro atrás. Una semana más tarde, el 11 de junio, el ex director de la Dirección Federal de Seguridad, José Antonio Zorrilla Pérez es detenido como autor intelectual del homicidio. Los mitos, las grandes columnas van cayendo una a una y el pueblo ve con satisfacción que hay un hombre en la presidencia.

—Este mismo mes se firma la prórroga, por ocho meses más, del Pacto para la Estabilidad y Crecimiento Económico. Se logra la estabilidad cambiaria con deslizamiento de un peso diario en relación al dólar.

—Salinas de Gortari va creciendo en el interior y en el exterior. Prueba de ello es que, como primer paso de la renegociación final de la deuda, la que se llevaría a cabo justo con la celebración de las fiestas patrias, el 27 de junio la banca acreedora ofrece una reducción del 27 por ciento de la deuda y nuevos créditos por mil ochocientos millones de dólares.

—Y Salinas sigue dando sorpresas, ¿no es esta la tónica del síndrome de los Santos Reyes? El domingo 2 de julio se llevan a cabo elecciones en Baja California, Michoacán, Chihuahua, Zacatecas y Campeche y esa misma tarde, el PRI acepta haber perdido la gubernatura de Baja California en favor de Ernesto Ruffo Appel. El martes inmediato, el presidente del PRI, Luis Donaldo Colosio, informó que "hasta estos momentos los resultados de los comicios en Baja California favorecen a Ernesto Ruffo Appel" y que el Revolucionario Institucional está dispuesto a "jugársela" con la democracia y sujetarse al juicio de la voluntad popular. Se desbielaba el "carro completo", obviamente con la venia y apoyo total del presidente y el aplauso de todo México.

El gran regalo: la democracia, se lo entrega Salinas a México y él sigue cosechando triunfos, pues un día después se marcha a Venezuela para integrar el Grupo de los Tres, junto con Colombia. En septiembre inicia su programa "en serio" de privatización, poniendo a la venta Teléfonos de México, al tiempo que informa que Tabamex será administrada por campesinos.

—Viaja a Estados Unidos y tiene una reunión, a puerta cerrada, con el presidente George Bush de más de cuatro horas. Posteriormente habla ante el Congreso. Regresa para poner en marcha el Plan Nacional de Educación para de inmediato partir rumbo a Sudamérica una vez más y reunirse con los presidentes de Perú, Argentina, Brasil, Colombia, Uruguay, Venezuela y, posteriormente, Costa Rica.

—Presenta la Ley de Ingresos y Presupuesto de la Federación, indicando que no se pedirán más créditos externos en 1990 y que el erario público, por primera vez en veinte años, no tendrá déficit.

—Emprende la lucha contra la contaminación en la ciudad de México por dos frentes: uno, iniciando el programa Hoy no Circula y, por otra parte, poniendo Pemex a la venta una nueva gasolina oxigenada. Aumenta los salarios mínimos en 10 por ciento y amplía el Pacto para la Estabilidad y Crecimiento Económico por cuatro meses más.

—El cierre es espectacular y la frialdad de las cifras lo refleja. La inflación, que en 1987 fue de 159 por ciento, llega en este primer año de Salinas de Gortari a sólo 19.7 por ciento. El milagro de los Santos Reyes fue una realidad.

CAPÍTULO XXVIII

CUANDO CALIENTA EL SOL

(Hermanos Rigual)

Con una discreta seña, Mendoza Luna ordenó a la tripulación del yate volver a puerto y mientras saboreaban las últimas bebidas y los pastelillos con helado de vainilla que culminaban la comida a bordo, de la que no hicimos mayor referencia para no cortar las palabras históricas ¿o pueden tener otro nombre?, de Mendoza, pudieron contemplar el espectáculo inigualable de la puesta del sol en el puerto de Acapulco, espectáculo natural del que apuntó Toshiro —qué curioso, mi país es llamado el del sol naciente, pero este lugar debería llamarse del más esplendoroso sol poniente, porque les aseguro que nunca en mi vida he visto nada igual.

La belleza del momento hizo que el viaje a puerto no se sintiera por lo que en un abrir y cerrar de ojos se encontraban de nuevo en la residencia acapulqueña de Tierritas, que con su magnífico aire acondicionado presentó un descanso para los enrojecidos cuerpos de los tres ya grandes amigos, que habían pasado el día al rayo del sol y vivificados por la brisa, el sol y el yodo marinos.

Sin que hubiera explicaciones, todos dieron por terminada la jornada; el día, el sol, la emoción y el contacto con el océano había sido agotador para el cuerpo aunque, definitivamente, muy relajante y muy satisfactorio para el espíritu y el conocimiento, pero el fin de semana había llegado a su término, mañana sería lunes y habría que volver, aunque fuera por la tarde, a las actividades cotidianas. Los tiempos que corren no permiten perder el tiempo, ya que obligaban a estar, a los tres, dentro de la acción desarrollada en la arena de la batalla política que se estaba gestando en México.

A la mañana siguiente, cuando Cárdenas y Toshiro habían terminado de bañarse y arreglarse, se encontraron con una mesa dispuesta para el desayuno con el más extraordinario frutero que jamás habían visto. Mangos, plátanos, duraznos, piña, sandía, pérsimos, guayabas y papaya; en una palabra la mejor calidad y abundante cantidad de estos lujos de nuestra tierra que estaban artísticamente colocados en la mesa, mientras una exótica fragancia que sólo podía producir una mezcla de la esencia volátil de las frutas, con el más exquisito tocino dorándose en un puro aceite de oliva, con unos huevos rancheros, rematado por ese aroma inconfundible del café, obviamente veracruzano, recién hecho, hacían que el apetito se abriera; además música moderna compuesta especialmente para relajar, que junto con los más dulces compases musicales, deleita con sonidos naturales como son los del mar en tranquilidad llegando a una playa, completaba el ambiente que iluminaba el más esplendoroso sol que entraba por las ventanas de la finca.

—Ni Pantagruel en sus más optimistas sueños pensó en desayunar de esta manera —dijo Toshiro en un tono y con un ademán extraño en él, lo que hizo que Julio replicara al instante:

—¡Qué bárbaro! Desde luego que tienes razón en tu opinión, pero verdaderamente me sorprende la forma en que has cambiado, estás ya haciéndote a nuestro estilo y a nuestro modo de ser, y dejando que tus emociones afloren como en el caso de todos nosotros, tan contrario a ti y a tu origen, que todo lo guardan en su interior.

—Es que con amigos como ustedes, con la atenciones tan especiales que tienen para conmigo, me están "mexicanizando" y espero que lo esté haciendo bien ¿o qué opinan ustedes?

—Ni hablar —terció Mendoza Luna— lo estás haciendo estupendo y por lo que a nosotros nos toca, o por lo menos a mí, me agrada sobremanera, pues ya te he comentado que tu llegada ha sido como la de un enviado del destino, te siento, muy aparte de la gran amistad que he encontrado en ti, como la persona a la que debo trasmitir todos mis recuerdos y vivencias históricas y veo con satisfacción que no me he equivocado, tu sensibilidad y tu deseo de conocer a México ha superado todo lo que tanto Julio como yo suponíamos y por eso seguirás siendo el receptor de mis experiencias, de mis circunstancias...

Un solícito mesero interrumpió la plática para preguntar sobre los detalles del desayuno, instante que aprovechó Tierritas para reponer su estilo despreocupado y ajeno a las emociones que los recuerdos de tantos años le traían.

—Pues bien, anoche lo decidí y no admito réplica —dijo desde luego con una falsa soberbia, pues nada más alejado de su pensamiento que obligar a algo a sus amigos —como este año no habrá beisbol en Estados Unidos por los problemas entre dueños, jugadores y demás implicados que todos conocemos, el destino, las circunstancias nos ofrecen una estupenda alternativa, el acontecimiento deportivo que sacude cada cuatro años al mundo, el campeonato mundial de futbol, así que he decidido que nos vayamos los tres a apoyar a las selección mexicana y a disfrutar de un mes de descanso para prepararnos para el próximo cambio de gobierno, así que para el 17 que es la inauguración, allí estaremos.

—No sé —dijo Toshiro— yo no sé si pueda ausentarme durante todo el tiempo, tú sabes que debo estar enviando correspondencia a mi diario sobre lo que ocurre en México y no quisiera descuidar esto...

—Por ello no te preocupes —lo interrumpió Julio— pues México realmente se paraliza por completo durante un mes cada cuatro años, especialmente cuando calificamos y más todavía este año, en que dada la proximidad geográfica y más todavía, por la gran cantidad de mexicanos que viven allá, será como si México estuviera en su casa y además, estaremos debidamente informados, te lo aseguro.

—Bueno, si ustedes lo dicen, pues nos vamos al futbol ¡qué caray!, si lo que más he aprendido sobre México y especialmente su política en toda mi vida ha sido durante los momentos en que estoy con ustedes, qué mejor oportunidad para completar mis conocimiento que este viaje que ustedes me ofrecen, nada más que antes de ir, los voy a dejar unos días, pues me ordenaron ir a Cartagena de Indias a cubrir la Cuarta Cumbre Latinoamericana.

—Ya te había comentado —dijo Julio apenado cuando el néctar de un mango salió imprudentemente de su boca y tuvo que limpiarse con el dorso de la mano izquierda— que yo también iría, pues es algo que nos interesa a todos, en estos momentos la unión latinoamericana debe hacerse realidad como contraparte de la solidez que ha puesto en su unión Europa.

—Te diré —dijo Diego con tranquilidad— estas cumbres latinoamericanas son algo muy impresionante, el sueño de Bolívar se está haciendo realidad hoy, a casi dos siglos de distancia, precisamente con estas reuniones, desde la primera que se celebró en julio del '91 en Guadalajara, nos dio a todos los habitantes del continente muchas esperanzas de que algo conveniente y positivo para todos resultaría, lo que parece irse concretando en las de España y Brasil y hoy, en esta de Colombia y realmente siento que son positivas, cuando Estados Unidos ha puesto tanto interés en copiarlas aunque construyan barreras metálicas o de cemento para que no crucen su frontera "los iiegales". Deberíamos, con el ingenio latino, pintar o diseñar un cuadro, un mural o algo en donde se plasmara todo lo bueno y todo lo malo que tienen nuestras relaciones, lo que nos quitan y lo que nos copian, algo que fuera nuestro distintivo y a la vez fuera una bofetada con guante blanco, porque de que nos copian y nos explotan, ni hablar.

—Tanto —dijo Toshiro— que ya ven ustedes que para diciembre de este mismo año, ellos organizaron la Cumbre de las Américas en Miami, a la que asistirán todos los países latinoamericanos, además lógicamente de Estados Unidos y Canadá.

El tema era de los preferidos de Julio, la intervención de Estados Unidos en los asuntos nacionales era algo que le exasperaba y conocía de maravilla. Era verdaderamente como si le pusieran banderillas de fuego, por lo que pese a la tranquilidad que tenía, no dejó de molestarse y decir con tono irritado:

—Y todo a cuenta de su llevado y traído destino manifiesto.

—¿Destino manifiesto?, ¿qué quieres decir con ello?, ¿me lo puedes explicar un poco más? —inquirió el japonés con evidente curiosidad, pues bien sabemos todos que también los americanos han hecho de las suyas en Japón.

—Con todo gusto —respondió ya más contento Julio— pues es algo que no me cansaré de repetir, aunque sea un poquito largo. Todo empieza con la Doctrina Monroe, proclamada por el presidente James Monroe el 4 de diciembre de 1823, y cuyo lema se sintetiza en cuatro palabras "América para los americanos", aunque lo que nunca se dijo era si como americanos se refería a todos los habitantes del continente o a los de Estados Unidos, la nación que puede tenerlo todo, pero carece de nombre, por lo que ellos mismos así se autonombran "americanos". Ahora bien, específicamente la cita destino manifiesto, se empieza a gestar el 15 de febrero de 1844, cuando se firma un armisticio entre México y Texas; de hecho para entonces es una realidad la independencia de este estado y de inmediato se convoca a elecciones para formar un nuevo gobierno. Se enfrentan Henry Clay, por la independencia total, y James Knox Polk, que enarbola la anexión de Texas a la Unión Americana. Triunfa este último y el gobierno norteamericano envía tropas para "proteger a la nueva nación de presuntas depredaciones, tanto de indios como", escucha bien Toshiro, "de mexicanos".

—A mediados de abril del mismo año, Estados Unidos y el estado de Texas, firman un tratado por el cual la Unión admite a éste en su seno. El documento es enviado al Senado norteamericano para su aprobación.

—John Quincy Adams, quien fuera presidente de 1825 a 1829, después de haber sido secretario de Estado del gobierno de James Monroe y, conforme muchos historiadores, el verdadero autor de la Doctrina Monroe, quien además llevó durante toda su vida un acucioso diario que es considerado la Biblia para el estudio de la vida política de Estados Unidos durante esos años, escribió ese día: "... éstas fueron memorables efemérides en los anales del mundo. El tratado sobre la anexión de Texas a nuestra Unión, fue remitido el día de hoy al Senado... con él va la libertad de la especie humana..."

—Pero aún hay más, a raíz de estos acontecimientos, John L. O'Sullivan, en el *Democratic Review,* publicó un artículo intitulado "The Texas Question", que en su parte toral dice: "Texas ha sido absorbida por la Unión en la realización inevitable de la ley general que impulsa a nuestra población hacia el oeste; la relación de ese movimiento con la tasa de crecimiento de la población que está destinada en cien años a incrementar nuestro número hasta la enorme cifra de doscientos cincuenta millones de habitantes, si no es que más, es demasiado evidente como para dejar lugar a dudas con respecto al destino manifiesto de la providencia divina, respecto de la ocupación de este continente..."

—Y todavía —interrumpió Diego— háganme el favor, ponen en el dólar la leyenda "in God we trust..."

—Esto bastó —continuó con su teoría Julio— para que todos los ciudadanos de Estados Unidos de aquella época y de siempre, se sintieran con la orden del propio Dios de hacer cuanto quisieran con todos los pueblos de América, y lo peor es que lo han hecho y las invasiones, los atropellos y las injusticias han menudeado como lo sabe cualquiera que lea unas páginas de la historia de cada uno de nuestros pueblos.

La plática se estaba agriando por la intervención antiyanqui de Cárdenas, por lo que Mendoza, que no quería que estos días quedaran vulnerados en lo más mínimo, lo interrumpió hábilmente diciendo:

—Bueno, señores, lamentablemente todo lo bueno tiene que terminar y es el momento de partir a la capital, yo tengo un poco de prisa, pues voy a una presentación que se hará en Teléfonos de México de una nueva tarjeta que no es de crédito, sino se pagará una cantidad que estará inscrita en un "microchip", en el que se descontará cada vez que se haga una llamada; en fin, qué te voy a explicar a ti, Toshiro, que debes estar más al tanto de esto, pero es el caso de que un amigo mío piensa invertir en los aparatos o en las tarjetas, bien a bien no lo sé, pero me invitó a participar ya que no cuenta con muchos recursos por lo que tengo que marcharme y creo que ustedes también tienen compromisos, pero si no, pueden de verdad quedarse aquí en la casa el tiempo que gusten.

—De verdad gracias —dijo Julio ya con su buen humor habitual— pero yo, y creo que Toshiro también, tenemos mucho qué hacer y hablando de compromisos, tengo mucho interés en asistir mañana a la comida del Día de la Libertad de Prensa, a la que han invitado a los nueve candidatos para que en unos minutos expongan su plan de gobierno, creo que resultará interesante ver cómo actúan todos enfrente de todos, por lo pronto, los invito mañana martes a cenar para comentar lo que ocurra ¿de acuerdo?

Los dos aceptaron y de inmediato abordaron el coche de Mendoza Luna para dirigirse al aeropuerto y en menos de lo que lo contamos, se encontraban aterrizando en la capital del país, donde sendos vehículos los llevaron a sus compromisos.

CAPÍTULO XXIX

FALLASTE CORAZÓN
(Cuco Sánchez)

Fieles a su promesa del día anterior, el martes 7, a las nueve de la noche, los tres amigos, en el lapso de menos de tres minutos, llegaron a la mesa reservada anticipadamente en el Veranda del hotel María Isabel en pleno Paseo de la Reforma, justo a escasos metros del Ángel de la Independencia, el real símbolo de la nueva juventud de México, que lo ha escogido para todo tipo de festividades y que en los próximos días se esperaba una más, pues los lógicos y esperados triunfos de México en el mundial de futbol, así lo pronosticaban.

Mendoza Luna estaba bastante más serio que lo que era su costumbre, saludó con una sonrisa seca, sin el entusiasmo normal, que hizo que Toshiro le preguntara:

—¿Qué te pasa?, ¿te noto muy preocupado?, ¿te puedo servir en algo? —interrumpiéndolo Julio con idéntica preocupación.

—De veras que no eres el mismo de siempre, traes algo y, como yo te conozco bien sé que lo quieres compartir, así que de una vez pedimos una tanda de whiskies, si les parece bien, para que descargues en tus amigos tus problemas.

—No sé —dijo Diego con una tensión en su rostro que no pretendía ocultar—, pero yo creo que tú también, Julio, estarás preocupado, ya que aquí nuestro amigo mutuo, desconoce todavía muchas cosas y qué bueno que podamos explicárselas.

—Ahora te entiendo y te comprendo, aunque para mí no es tan angustioso —dijo el periodista mirándolo directamente a los ojos—, te refieres sin duda alguna a la "pasarela" en la que pusieron los periodistas a desfilar a los candidatos ¿o no?

—Así es en efecto, con auténtica preocupación me debo referir ahora sí a una de las frases clásicas de la picaresca política mexicana, aquellas que dijo el legendario gobernador de Guerrero, Rubén Figueroa, por cierto, padre del actual —le dijo directamente a Toshiro constante en su deseo de mantenerlo lo más enterado posible de los pequeños grandes detalles de nuestra política *sui generis*— cuando dijo, refiriéndose a una época previa a un destape, que "la caballada está flaca".

—Pero entonces, como tú lo dices, era para el destape del candidato del PRI, y ahora, como vemos es de los candidatos oficiales de los nueve partidos contendientes —dijo Julio sin comprender bien a bien lo que le había molestado tanto a Mendoza Luna.

—Es que se ha acabado el viejo estilo —dijo Toshiro— como en Japón.

—Es que veo algo que no me gusta, cierto que de los nueve candidatos, sólo tres se pueden tomar en cuenta, desde luego, con la excepción de Cecilia Soto, que vino a poner una pica en Flandes, pues de gran desconocida al inicio de la campaña, se ha vuelto una personalidad impresionante, aunque sus posibilidades son mínimas, en primer lugar, porque estamos todavía muy lejos de quitarnos el machismo secular que poseemos y ni en broma toleraríamos, todavía, la presencia de una mujer en el Ejecutivo federal, además de que su partido, el Partido del Trabajo, ha carecido de todo, de plataforma y de representatividad.

—Tienes razón, pero por lo que respecta por ejemplo a mi tocayo, Fernández de Cevallos; empezó bien su campaña, todavía en el pasado debate se le vio fuerte, respondió al castigo y se veía como el sucesor de Clouthier, que podía poner en aprietos al candidato oficial, pero ya lo viste el día de hoy, sin una plataforma definitiva, sin un punto de vista que impactara a los posibles votantes, sin nada en concreto, aunque es un extraordinario polemista y buen político.

—Esa fue la opinión en nuestra mesa precisamente, que Diego se veía cansado, sin entusiasmo y sin un camino bien trazado, en una palabra, mal, como que alguien le andaba fallando.

—Pero —dijo de inmediato Diego— lo malo es que también le falta algo, no se qué, a Zedillo, como que se deja contagiar por la sosería de los demás y no aprovecha estos foros para darles un auténtico "baño" y eso puede reflejarse en las urnas y no es conveniente, especialmente porque tiene con qué darles un verdadero "repaso", por su larga experiencia y preparación y, desde luego, tengo más que la esperanza, la seguridad, de que lo va a demostrar y muy pronto.

—Y, ¿por qué eso te preocupa tanto? —inquirió Toshiro francamente preocupado por no entender lo que quería decir Tierritas—: Tú mismo en el yate el otro día nos diste una explicación de la forma en que se van modificando los caracteres de los candidatos conforme se acerca el tiempo de la elección, así que ¿cuál es el problema?

—Tienes razón, a veces no sé que es lo que me preocupa y veo auténticamente moros con tranchete. Hay que entenderlo, su llegada a la candidatura fue diametralmente diferente a la de los demás y esto, pues se tiene que reflejar. Además, hay que considerar que ya se han dicho tantas cosas que lo que el pueblo no quiere son discursos, sino verdadera acción y pronto estará en la auténtica arena.

—Por lo pronto —intervino, con ánimo de romper esa tensión que de fijo no llevaba a nada, Julio Cárdenas— a nosotros nos depara un viaje a Estados Unidos. ¿O qué, ya te rajaste de la invitación?

—¿Rajarme yo?, ¡nunca! —dijo con una sonrisa amplia Diego, que adivinó la intención de romper la tensión de Julio— al contrario, mejor olvidamos esta tarde como algo intrascendente y que será superable, para empezar nuestras vacaciones y esperemos que nos digan antes si es que van a devaluar el peso, porque luego lo agarran a uno forzado y lo peor, le amargan las vacaciones.

De esta manera, la cena cambió de tema, de ambiente y de objetivo. Los planes políticos quedaban por el momento detenidos, pues empezaba, para ellos y para todo México la suspensión de cada cuatro años: "el mundo unido, por un balón..."

Toshiro fue a Cartagena de Indias en Colombia, Diego arregló varios asuntos en el norte de la república y Julio arregló todo lo necesario en su periódico, para conseguir le enviaran o cuando menos le dieran permiso para cubrir una parte del mundial, obviamente no lo deportivo, sino muchos otros casos que ocurren en este importante periodo y que sus editores, conociéndolo, sabían tenía la pupila para encontrar todo lo que a ojos de un profano, y en esto de la política los cronistas deportivos lo son, estaba oculto y que él con su experiencia y su perspectiva política exprimía con muy sabrosos resultados.

Así pues, encontramos a nuestros tres amigos en la noche del jueves 16 de junio en Chicago, listos para ver el día siguiente, con todo el esplendor del *american way of life*, la inauguración del deporte que hasta ahora, han dejado para el mundo y que hoy, parece que estos yanquis que todo lo absorben, también quieren participar.

Era la primera vez desde el pasado día de la libertad de prensa, que se reunían a cenar y de inmediato Toshiro le soltó a Diego:

—Espero que ya se te haya pasado el mal humor y que veas las cosas de otro modo.

—Pues fíjate que no, realmente más que nunca me ha interesado salir de México estos días, para ver si fuera del escenario directo puedo organizar mis pensamientos mejor, porque no veo claro, pero fuera de allí, leyendo sólo la prensa y obviamente los boletines que diariamente me enviarán mis contactos.

Fueron interrumpidos por un capitán que les tomó la orden y al concluir éste, Diego retomó la palabra diciendo:

—Les digo que algo no me gusta, hay demasiado triunfalismo en el gobierno saliente y sin embargo, hay muchas luces rojas que no se han ocupado en apagar.

—¿Como cuáles? —preguntó Julio, que en estos últimos tiempos en que Diego se había decidido a expresarle a él y a Toshiro sus experiencias, sus vivencias políticas, apreciaba en todo lo que valía su experiencia, no cabe duda de que, como dice el dicho "algo tiene el agua cuando la bendicen"; por algo Tierritas fue consejero de todos los presidentes, por algo pudo pisar los despachos que pisó y desde luego, por algo tiene lo que tiene, nada ha sido gratis, su inteligencia, su perspicacia, su oportunidad permanente, lo hacían merecedor de eso y más.

—Muchas luces que denotan algo muy grave atrás, una muy importante, el hecho de que los bancos reportan al cierre de mayo de este 1994, una cartera vencida en tarjetas de crédito del orden de ocho mil millones de nuevos pesos, lo que indica que todo mundo vive de fiado, que todo mundo debe hasta los calzones y que es una falacia el triunfalismo que se pregona.

—¿Otra luz roja? Lo de Chiapas, no se avanza un punto en su solución. Cierto que es una lucha incruenta, pero la presencia de los enmascarados allí sigue y no se ven visos de arreglo; ya ven ustedes, ayer mismo, renunció Manuel Camacho Solís al puesto de comisionado, puesto en el que engañó a todo mundo, al gobierno, al pueblo, estoy seguro de que también a los guerrilleros, fue un engaño perpetuo para otra luz roja, ¿qué es lo que está pretendiendo este ex regente, ex canciller y hoy ex comisionado? El mismo Ernesto Zedillo ha calificado la actuación de Camacho Solís como fracaso. Dada la personalidad de Camacho, su obvia desesperación por no ser él el candidato y la forma en que intervino en el problema de la guerrilla cuando pretendió balcanizar a nuestra patria, me da verdaderamente mala espina, además de todo, su política ha sido de puro protagonismo, basado en una premisa, "dar, dar y dar" y así, de plano hasta yo negocio —añadió Diego verdaderamente molesto.

—Y ya puestos a ver, como tú dices, luces rojas —terció Julio—, no podemos dejar de apuntar el bombazo en el hotel Camino Real de Guadalajara el sábado pasado, en el que murieron dos y resultaron casi veinte heridos, que aunque todo sea una lucha abierta entre narcotraficantes, sin lastimar a nadie fuera de su mundo, me parece que también con estos hechos nos "colombianizamos", lo cual tiene perspectivas terribles.

Intervino entonces Toshiro diciendo:

—En eso hay mucha razón, nosotros, desde nuestra perspectiva a muchos kilómetros de ustedes, siempre vimos a México como un paraíso en el que no ocurría nada y ahora, ya vemos todo lo que ocurre, aquella explosión precisamente también en Guadalajara, que nadie todavía se explica convenientemente, pues fue demasiado el efecto para una fuga por un agujero menor a una pulgada, que como tú sabes ha sido la explicación oficial; después lo del cardenal Posadas Ocampo, el asesinato de Colosio, este atentado dinamitero en una fiesta de quince años y pues lo que faltaba, que alguien con la experiencia de Diego estuviera preocupado, eso sí es de hacer pensar.

—En fin, vamos a analizar, desde esta perspectiva de diversión y de lejanía cómo se van desarrollando los acontecimientos, por lo pronto, mañana vamos a la inauguración y luego al aeropuerto para trasladarnos a Washington pues el domingo le tenemos que ganar a Noruega —dijo con alegría mal disimulada Mendoza Luna.

El partido inaugural no satisfizo, pese a que era una lucha entre un gigante y un equipo de poca monta, como fueron Alemania y Bolivia, lo que es normal, el mundial arranca poco a poco, pero lo que fue el desastre fue la derrota que infligió aunque sea por sólo un gol por cero, Noruega a México, además que el ánimo de Diego y de Julio fue ensombrecido por el terrible accidente en que perdió la vida la familia del líder electricista, el senador Rodríguez Alcaine, cuando venían precisamente a Washington a ver el partido.

El cambio de aires a Orlando, donde México jugaría el segundo partido, levantó algo el ánimo de los tres, aunque la sombra de la derrota en Washington pesaba demasiado, el optimismo de los paisanos que acudieron a Florida, hicieron que todo se olvidara y así fue, el dos a uno que le colocó la selección mexicana a la de Irlanda, hizo que el entusiasmo de todos los mexicanos presentes en el estadio se desbordara y así de allí fueron los tres amigos a celebrar el triunfo, pero nada más llegaron al restaurante elegido, el chofer que llevaba Diego, que siempre salía con los empleados necesarios, jamás se podía permitir el estar desconectado de lo que le interesaba, por lo que no le sorprendió que aquél le diera un papel doblado, pero en cuanto leyó lo escrito en él, se le endureció el rostro y cambió la mesa que tenía por una más discreta, más apartada, pues muy importante era lo que había leído.

—Más luces rojas, y éstas, de reflector de alto voltaje —dijo Diego— dos noticias que confirman que algo hay mal. Una, que hoy mismo renunció a la Secretaría de Gobernación, Carpizo. Creo que mejor que comentarlo, les leeré el párrafo principal de su renuncia, a ver qué les parece: "Yo estoy más que enojado; estoy indignado y desilusionado. En el actual cargo he puesto todo lo que soy y todo lo que puedo ser. En contrapartida me he encontrado múltiples personas de los más diversos sectores que ante la actual situación del país, sólo están luchando por sus intereses propios o de grupo, sin importarles México. En varias ocasiones he exhortado a la sociedad y al gobierno a que todos rijamos nuestros actos exclusivamente por la verdad; la respuesta ha sido más mentiras, más calumnias y más hipocresías".

—Carpizo —continuó Diego— es un excelente abogado, fue magnífico rector; le falta experiencia política, pero no se puede renunciar así como así en estos momentos y con una explicación tan ambigua, urge una explicación clara, contundente, dando nombres y apellidos —dijo enfáticamente para seguir—, pero esto no es lo más grave, también me están informando que la Concanaco, en un boletín oficial dice que los comerciantes presentarán un programa para la reestructuración de ¡cuatro mil millones de nuevos pesos!, de cartera vencida, ¿hay o no motivo para preocuparse?

—Desde luego que sí —afirmó Julio— pero no mucho; México ha salido de ésta y de otras más graves.

—Sí —interrumpió Mendoza— pero lo que me preocupa es que todo es bajo el agua, arriba parece que todo es vida y dulzura, sin embargo, como vemos, abajo la tormenta es de carácter muy serio.

Continuaron la plática en este tono de preocupación, pero el entusiasmo de la gran mayoría de los comensales, mexicanos en su casi totalidad, los contagió y para las doce de la noche, tras el cansancio y algunas libaciones un poco forzadas por amigos y conocidos que allí se encontraban, hicieron que todos los problemas quedaran, por lo menos durante esa noche, olvidados.

Dos días más tarde, nuevas tarjetitas, ahora en un restaurante de Washington, a donde se habían trasladado para el siguiente partido de México, hicieron que el humor de Mendoza Luna volviera al acostumbrado optimismo. El gobierno de Estados Unidos, de manera oficial, declaró que apoyaba la candidatura de Carlos Salinas de Gortari para dirigir la Organización Mundial de Comercio, lo que hizo exclamar junto con una estruendosa carcajada a Tierritas:

—¿No se los dije? ¿No qué no?, si los síndromes no fallan, ahora sí, Salinas asume su síndrome de premio Nobel, ¿no les parece estupenda esta salida?, ¿no les parece que se cumplen los términos de nuestros síndromes?, que por cierto, hemos olvidado y me comprometo a revivir en cuanto lleguemos a México.

La otra noticia comentable era que a poco más de 48 horas de su renuncia, Carpizo reconsideraba su posición y reasumía la titularidad de la Secretaría de Gobernación, diciendo en un boletín que: "... mi actual cargo es el último político de mi existencia... en el futuro, por ningún motivo, volveré a ocupar un puesto político..."

—Lo que tú dijiste —dijo ahora con una idéntica carcajada Julio—, no cabe duda que Carpizo tiene poca experiencia política y esta contestación lo confirma. Desde luego, su honorabilidad queda sin tacha.

El entusiasmo continuó y se incrementó al máximo el martes 28, cuando México logró un valiosísimo empate a uno con la gran potencia, Italia, logrando con ello el pase a la siguiente ronda. Indescriptible la alegría y la euforia en Washington, porque lo que es en México, fue la locura total.

Gracias a la televisión, los tres amigos pudieron observar la forma en que la gente se volcó a las calles, especialmente en el Paseo de la Reforma, desde luego en mayor cantidad en las cercanías del Ángel de la Independencia para aplaudir con entusiasmo la situación: en estos momentos, todo quedaba atrás, el propio presidente Salinas, emocionado, dijo por los micrófonos que "tenemos la mejor selección desde 1962", para continuar diciendo que "de aquí para adelante, todo es ganancia", la mejor cabeza periodística fue aquella que centrando el resultado daba razón de la euforia: "empate con sabor de triunfo".

El entusiasmo de todos duró exactamente una semana, semana en la que los tres amigos aprovecharon para asuntos particulares, entre otros el *shopping* indispensable tanto en Washington, como en Nueva York, para ver en el estadio de Nueva Jersey el siguiente partido de México, ahora contra Bulgaria.

El entusiasmo era incontenible, pero, la gran maldición futbolística de México hizo volver a todos a la realidad. Tres penalties fallados lograron la eliminación de México. Los ropajes se rasgaron, las maldiciones se sucedieron, no podía ser... que si Mejía Barón no hizo los cambios necesarios... que si volvieron a ser los "ratones verdes"... que si estamos chicos para el primer mundo.

Nadie podía creer lo que ocurría; en la ciudad de México, el jefe del Departamento, Manuel Aguilera, había ordenado la ley seca durante ese día para evitar desmanes por la euforia. No fue necesario; el silencio y la amargura fueron la tónica de esa noche en México.

Nuestros tres protagonistas no fueron ajenos a la derrota.

—Quiérase o no, somos mexicanos y tenemos ese prurito de tomar las cosas a la tremenda, sobre todo cuando estamos "en montón" —sentenció Julio por la noche en el hotel— nos duele y ni modo.

—Es la realidad de los países latinos —sentenció Diego— nada es superficial, lo que suponemos intranscendente, tiene una dimensión diferente y lo nuestro no es nada, fíjense en lo ocurrido en Colombia, eso es mucho más grave y merece atención especial, ¿saben que el sábado, en Medellín, asesinaron a un joven futbolista, Andrés Escobar, quien jugaba como defensa en la selección de su país y en el partido contra Estados Unidos tuvo la mala fortuna de meter un gol en su propia portería? Ese fue su delito y la pena, la misma vida, ¿esto no nos hace pensar en que algo no funciona en el mundo?, por otra parte, un ídolo de la juventud mundial y especialmente la de su país, Diego Armando Maradona, se le hizo prueba *antidoping* y resultó positiva, por lo que ha sido expulsado de este mundial, algo no me parece y es labor de todos el reubicar cada cosa en su lugar y cada evento en su dimensión. No puede ser que pasen estas aberraciones.

El viaje, las ocupaciones profesionales y sobre todo las tensiones que todos sabían aguardaban en México a los tres amigos, hicieron que no cancelaran como tantos mexicanos lo hicieron, la gira por Estados Unidos y continuaron hasta la final, ya estaban como se dice "metidos en gastos" y pues a aprovechar el momento.

Todos los días había comentarios qué hacer y que tendrían su significado. La liberación, al fin, de Harp Helú, fue una gran satisfacción, pues fue, al estilo de los comentarios, una luz roja que se apagó, además de que era un excelente amigo y socio en algunas cuestiones de Mendoza Luna, lo que le hizo tranquilizarse; los resultados de la junta de los siete gobernantes más importantes del mundo en Nápoles, los conocidos como el G-7, dieron al mundo una dosis de optimismo, a su personal estilo, al hacer una declaración conjunta en la que el punto importante era que la "recesión había llegado a su fin, ahora sólo queda enfrentar el problema del desempleo", cuando obviamente este es el problema que aterra a todos los padres de familia del mundo.

La muerte del anciano líder norcoreano Kim Il Sung, el viernes 8 de julio, tras 46 años en el poder, dio pie a Toshiro para dar una, ¡al fin le tocó a él!, lección de conocimientos, pues citó que los actuales gobernantes con mayor tiempo en el poder son el rey Bhumibol de Tailandia, que habiendo asumido el trono en junio de 1946, tiene 48 años en el poder, convirtiéndose en el decano de los gobernantes; le siguen Rainiero, en el trono de Mónaco desde noviembre de 1949; la reina Isabel, coronada en febrero de 1952; Hussein, rey de Jordania desde agosto de 1952; Fidel Castro, amo y señor de Cuba desde enero de 1959 y el más joven de este equipo, Hassan II de Marruecos, con

¿sólo? 33 años gobernando, ya que son los transcurridos desde marzo de 1961, cuando ascendió al poder.

—Pues le quedan chicos a Fidel Velázquez —fue el lógico comentario que prácticamente a coro dijeron Julio y Diego, siguiendo con recuerdos de la vida y milagros de este hombre, que ha mantenido durante más de medio siglo, una calma real y sólida en las relaciones obrero-patronales en México, que realmente lo ha convertido en imprescindible e insustituible.

La gran final del campeonato el 17 de julio en Los Ángeles, primera en que el resultado tiene que ser decidido no sólo en tiempos extras, sino en penalties, perdiendo Italia cuando su más valioso jugador, Baggio, envía el balón a las nubes, dieron por terminada la visita a Estados Unidos.

El lunes 18 todos estaban en México, comprometiéndose a cenar el viernes siguiente, 22 de julio para, bajo la palabra de honor de Diego Mendoza Luna, reiniciar sus apuntes y lecciones históricas.

CAPÍTULO XXX

HAY QUE OLVIDAR
(Alfredo Núñez de Borbón)

Un terrible aguacero que se abatió ese viernes 22 sobre la capital de México hizo que Toshiro y Julio llegaran tarde al compromiso, situación que comprendió Diego de inmediato y que le sirvió de tema para iniciar una plática que hizo de nuevo que Toshiro se convirtiera en protagonista, pues durante los últimos días la prensa de todo el mundo habló del espectacular choque de un cometa, el Shoemaker-Levy 9, contra Júpiter.

Toshiro, tras comprender que ninguno de los dos amigos estaba cabalmente enterado de lo que esto significaba, tomó la palabra para, obviamente con el previo permiso solicitado a su muy oriental estilo, dar la explicación que transcribimos.

—En marzo del año pasado (1993) el astrónomo David Levy, obtuvo una fotografía de Júpiter, encontrando cerca un punto brillante. Su experiencia como buen observador le indicaba que podía tratarse de un pequeño cometa que se había colado en el dominio gravitacional de este gigantesco planeta. Esta única fotografía, fue compartida con los doctores Eugene Shoemaker y su esposa Caroline, y entre los tres se dieron a la tarea de hacer cálculos matemáticos, que determinaron que este cometa chocaría contra Júpiter entre el 15 y el día de hoy, 22 de julio.

La predicción se cumplió por completo; el cometa se fragmentó en 23 gigantescos pedazos, los que al chocar contra la superficie jupiteriana lo hicieron con una potencia de diez millones de toneladas de TNT, que para entender su magnitud equivalen a 250 mil bombas de hidrógeno, o más específico todavía, a cinco millones de bombas atómicas.

—La observación científica de este fenómeno, el primero que la humanidad apreció "en vivo y en directo", fue gracias al recientemente reparado telescopio espacial Hubble, el que desde el mes de marzo de este año captó el núcleo fragmentado del cometa. Los agujeros y "chipotes" que produjo el terrible encuentro serán estudiados mucho más en los próximos meses. Toshiro prometió enviar a sus amigos las mejores gráficas y la mejor información en cuanto las tuviera.

Tras esta explicación, tomó la palabra Diego, para comentar los sucesos de la semana, que seguían pronosticando negros augurios, conforme a su experiencia. Enseñó las fotografías de Diana Laura, cuando creó la Fundación Luis Donaldo Colosio en México y firmó con el Instituto Internacional de Análisis Aplicados en Luxemburgo, una beca para un investigador mexicano, haciendo notar lo desmejorada que se encontraba, la delgadez extrema que no presagiaba nada bueno, sobre este mismo tema, hizo el comentario, que le molestó sobremanera, de la renuncia de Montes como subprocurador especial para la investigación del asesinato del candidato, lo que podía suponerse debido a presiones, a ocultamientos o a algo que "no alcanzaba a entender, pero le daba mala espina"; para comentar por último las declaraciones de la Confederación de Cámaras de Comercio, la Concanaco, por las que decía que el comercio organizado de la capital del país había resentido una disminución en las ventas de entre el 8 y el 12 por ciento durante el primer semestre y la de la Cámara de Restaurantes, la cual se quejaba de que las ventas en el ramo habían caído más de un veinte por ciento durante el mismo lapso.

—No veo claro, siempre, desde luego, en los finales de sexenio hay problemas, pero en este los problemas son sordos, aparentemente todo es felicidad, dicha, prosperidad y sin embargo, la economía familiar de todos y cada uno de los mexicanos se encuentra vulnerada... no entiendo una palabra de lo que ocurre —insistió.

Toshiro retomó la palabra para recordarle su promesa de hablar del síndrome del segundo año, el del Coordinador.

—Pues desde luego, y conforme hablemos de pasados gobiernos, veremos si puedo aclarar algunas dudas que como ustedes lo ven me están consumiendo.

—Pero en fin —dijo retomando su estilo reposado y seguro de sí mismo— recuerdan que analizamos a fondo el primer año de cada uno de los diez presidentes que han gobernado al país desde 1934 hasta ahora. Este inicio de todos y cada uno de los regímenes, se caracterizó porque todo lo quieren arreglar personalmente, todo lo pretenden solucionar y al llegar el fin de año, cuando forzosamente hacemos un resumen de lo vivido, de lo acontecido en nuestra vida, ven que la tarea es infinitamente superior a sus fuerzas, que la realidad supera dramáticamente a la voluntad de servir y que se les ha terminado el primer año sin que se solucione mucho de lo que pretendieron hacer, así que poco a poco, sin aparentemente darse cuenta, empiezan a delegar, a crear comisiones y grupos que les auxilien, en una palabra, a coordinar. Vamos a empezar por el general Cárdenas, cuando yo más cerca que nunca viví del centro del poder y lo que hizo. Desde luego, nos limitaremos como han de suponer a lo representativo del síndrome y que sin duda alguna ustedes comprenderán.

—El general Cárdenas lanza un, como decimos, "buscapiés", para definir su posición política e iniciar la era de las coordinaciones que hemos citado. Para esto envía a su secretario de Comunicaciones y por otra parte, hombre de toda su confianza, el general Francisco J. Múgica al entonces lejanísimo sureste, a la blanca Mérida donde obviamente por instrucciones específicas de don Lázaro, define, sin cortapisas y sin complejos, ante el pleno del Sindicato Ferrocarrilero Peninsular, un mensaje, del que, para no errarle, voy a leer los párrafos más importantes de mi, aunque se rían, infaltable libretita.

"... el gobierno del general Cárdenas es francamente socialista y no tiene por qué ocultarlo... ellos (los reaccionarios) no cejan en su labor. Han llamado comunista al gobierno del general Cárdenas, pero esa acusación causa risa a los trabajadores conscientes, que palpan ya los beneficios de las tendencias socialistas del señor presidente de la república y de nosotros, sus colaboradores..."

—En este mismo mensaje, pronunciado el 17 de marzo de 1936, el general Múgica también determina la "coordinación" que ejercerá el ejército en el régimen cardenista al decir: "... el ejército, que no tiene problema militar, se dedicará a la construcción de las vías de comunicación que sean necesarias, para beneficio de los trabajadores, del comercio y de la industria..."

—Sin embargo, lo más representativo de este segundo año de Cárdenas, aunque no fue parte del síndrome del Coordinador que estamos analizando, sí constituye la parte vital no sólo de su régimen, sino la piedra angular sobre la que está construido nuestro sistema político. Esto fue el decreto que firmó el 10 de abril de este su segundo año de 1936, por el que expulsó al general Calles, a quien desde la mitad del primer año había destronado.

—Creo —dijo refiriéndose a los dos— que este decreto que, repito, forma la piedra angular del gobierno actual mexicano, debe conocerlo Toshiro y tú, Julio, recordarlo, por lo que lo voy a leer completo ¿les parece?

Al unísono movieron afirmativamente la cabeza, por lo que con voz que en momentos le quebró la emoción, la leyó.

"El Ejecutivo a mi cargo ha venido observando con toda atención las incesantes maniobras que algunos elementos políticos han desarrollado en el país, en los últimos meses, encaminadas a provocar un estado permanente de alarma y desasosiego social.

"Mientras dichas maniobras se contrajeron a una campaña difamatoria en la capital de la república y en el extranjero, contra los miembros de la actual administración y los sistemas por ella implantados, sostuve el firme propósito, que hice público inicialmente, de proceder en el caso sin precipitación alguna, con absoluta serenidad y diferí la intervención del poder público para cuando de modo inequívoco se advirtiese que los autores de esa agitación persistían en su tarea disolvente.

"Pero cuando la situación ha llegado a extremos tales en los que sin recato alguno estos elementos mantienen una labor delictuosa que tiende a estorbar la marcha de las instituciones y a frustrar los más nobles fines del Estado, contrariando además el sentido de nuestra lucha social, ha parecido indispensable al Ejecutivo Federal abandonar su actitud vigilante y adoptar medidas de emergencia, a fin de evitar a la nación trastornos de mayor magnitud que, de no conjurarse, amenazarían quebrantar la organización misma de la colectividad y podrían poner en peligro, incluso, las conquistas alcanzadas, a trueque de tantos sacrificios, en nuestros movimientos reinvindicadores.

"En esa virtud, consciente de sus responsabilidades, el gobierno que presido y deseoso de apartarse de lamentables precedentes que existen en la historia de nuestras cruentas luchas políticas, en las que frecuentemente se ha menospreciado el principio de respeto a la vida humana, estimo que las circunstancias reclamaban, por imperativo de salud pública, la inmediata salida del territorio nacional de los señores general Plutarco Elías Calles, Luis N. Morones, Luis I. León y Melchor Ortega.

"Palacio Nacional, 10 de abril de 1936. El presidente de la república, Lázaro Cárdenas."

Diego quedó en un profundo silencio; la emoción realmente le había llegado muy adentro, tardó una eternidad en reponerse, tiempo que los dos amigos respetaron mirándose ambos a los ojos y comprendiendo que algo muy importante estaba sucediendo en el interior de Tierritas.

—Perdónenme —dijo después de beber un largo sorbo de vino del Rhin con el que habían cenado— pero es que recuerdo muy vivamente ese día. Ya para entonces, aunque sólo había transcurrido poco más de un año de mi llegada a México, tenía acceso directo a las oficinas del presidente Cárdenas y precisamente ese día era la culminación de largas noches en vela y pensando con muy escasos amigos en la decisión que iba a tomar. El Jefe Máximo de la Revolución no había entendido que su tiempo había concluido y proseguía queriendo intervenir y continuar en un maximato que el general Cárdenas no podía tolerar.

—Antes de dar a la luz el decreto, un grupo de militares, comandados por el general Rafael Navarro, con precisión matemática, cercaron desde la mañana la zona en la que estaba la casa de Calles, la cual todavía hoy existe y es una dependencia de turismo que ya te he comentado, Toshiro, que está a pocos pasos del hotel Camino Real, en la esquina de Mariano Escobedo y Tolstoi.

—Se cortaron los teléfonos y la luz, no sólo en la casa, sino en toda la zona. Fue una labor muy estudiada que no podía fallar y en las sombras de la noche, un grupo de automóviles trasladó a los cuatro expulsados al aeropuerto de Balbuena y cuando México despertó, el otrora Jefe Máximo, estaba ya en Estados Unidos. Cárdenas al fin era el presidente de México, el jefe del Ejecutivo de los Estados Unidos Mexicanos y comenzaría a gobernar a su estilo y a su modo, para hacer fuerte y sólido al país.

—Pero volvamos al comentario que quiero hacerles, al del síndrome del segundo año, el del Coordinador. Para el general Cárdenas, fue vital, en marzo de este periodo, la creación de la Confederación Nacional Campesina, la que estuvo integrada por los ejidatarios, representados por sus comisarios ejidales y sus consejos de vigilancia, por los solicitantes de dotaciones o restituciones, por los miembros de los sindicatos de trabajadores del campo, siempre que se organizaran de acuerdo con las bases constitutivas de la confederación; en fin, en una palabra, las comisiones para resolver los problemas más imperiosos del campo, los que no se habían podido resolver en el año de los Santos Reyes, el síndrome del Coordinador en todo su esplendor.

—Otra coordinación organizada por el general Cárdenas, fue el de las mujeres dentro del PNR, el

Partido Nacional Revolucionario, el partido oficial, en el que abrió comisiones estatales para que las mujeres, que no podían votar, intervinieran en la nominación de candidatos, claro —especificaba Diego— que lo que ellas dijeran u opinaran, lo más probable era que no se tomara en cuenta, pero se les invitaba a participar, y eso tendría vital importancia, especialmente ese año en que una mujer cambió la historia del mundo con su romanticismo.

—¿De qué mujer hablas? —preguntó Cárdenas.

—Me refiero a diciembre de 1936, cuando el rey de Inglaterra Eduardo VIII, abdicó al trono por el amor de una divorciada norteamericana, Wallis Warfield, divorciada del señor Ernest Simpson, subiendo al trono su hermano, Jorge VI, el padre de la actual reina Isabel II y por cierto, aprovechando el tema les diré que la madre de ésta, obviamente la esposa del rey, fue la primera reina de Inglaterra que no tenía sangre real en sus venas pero a la vez, una de las reinas más amadas y reverenciadas por sus súbditos, especialmente en estos días actuales, en que ya ven ustedes cómo se las están gastando los jóvenes, aunque ya no tanto, miembros de la familia real de la Gran Bretaña.

—Pero volvamos a la teoría del síndrome del Coordinador con tres ejemplos más, de tres comisiones instituidas por el general Cárdenas: la primera, para depurar los méritos de quienes debían ser sepultados en la Rotonda de los Hombres Ilustres; otra más, en diciembre y en cuya organización hubo tantos problemas que hasta muertos hubo en más de una trifulca, que fue la reestructuración de los representantes obreros ante la Junta de Conciliación y Arbitraje y una más, a la que llamó a integrantes de prácticamente toda la sociedad, para reglamentar los juegos de azar, loterías y demás, los que como ya les he platicado, eran repudiados por el general michoacano.

—Pasemos al análisis del segundo año de don Manuel Ávila Camacho y, aunque fue un año decisivo y muy especial en la historia de México, pues fue en el que se tuvo que declarar la guerra a las potencias del Eje, el síndrome del Coordinador existió y no puedo dejar de hacer los comentarios pertinentes, para reforzar mi teoría.

—Por principio de cuentas, en febrero, crea una comisión para establecer el control de artículos importados, dada la situación que ya privaba en el mundo por la guerra; posteriormente, en el mes de abril, cuando ya "la lumbre nos estaba llegando a los aparejos", pues se veía inminente que tenía el gobierno que tomar una decisión para la guerra, por lo que era indispensable sentar las bases de una alianza o, en el peor de los casos, un arreglo de todos los asuntos pendientes con las naciones aliadas, pues el enfrentamiento sería entre las democracias contra las potencias totalitarias y por lo mismo, se reanudaron antes que nada las relaciones diplomáticas con la Gran Bretaña, rotas a raíz de la expropiación que del petróleo hizo el general Cárdenas, para ello, uno de los puntos básicos, era la determinación oficial de que México pagaría hasta el último centavo las indemnizaciones que se exigían.

—Obviamente, para determinar la cantidad y la forma de pago de este asunto, fue creada otra coordinación, de la cual por la experiencia que yo tenía en asuntos oficiales, especialmente en ductos y tambos —dijo sonriendo— formé parte. Hicimos varios viajes hasta Londres y otros tantos a Washington, hasta que el 18 de abril de ese 1942, a los cuatro años y un mes de la expropiación, México accedió al pago de 24 millones de dólares, la tercera parte en julio de ese mismo año y el resto en el término de cinco años. Lo que recuerdo con amargura fue la desilusión de muchos mexicanos, la publicidad y la comunicación de entonces, nos habían hecho creer que ya habíamos pagado toda la deuda. Recuerdo cómo iba la gente a las mesas colocadas en todas las plazas principales a dejar lo que se podía, muchas veces algo muy necesario, para poder quedarnos con el petróleo. Mi misma mamá llevó unas gallinitas y un reloj que había pertenecido a mi ya para entonces, difunto padre.

—Pero volviendo al tema de las comisiones, no todas, como es lógico, tuvieron buenos resultados, hubo algunas que a más de medio siglo de distancia y cuando el mundo no está viviendo la angustia de esos días, parecerán absurdas o ridículas, pero en esos momentos, fueron aplaudidas aunque muchas, repito, nunca llegaron a funcionar.

—Como ejemplo de ello fue la comisión que se formó para evitar el sensacionalismo en las estaciones radiodifusoras de toda la república; la comisión les instó a que no se aprovecharan las noticias de la guerra para ¡imagínense ustedes!, hacer publicidad de servicios o artículos. Obviamente era una orden no sólo conveniente, sino la podemos calificar de indispensable; sin embargo muy pocos de los que se sentían "revolucionarios de la publicidad" la acataron. Asimismo, se obligó a que todas las noticias estuvieran acompañadas por la fuente de la que se hubiese obtenido la información, con la mayor cantidad de datos posible.

Julio intervino diciendo:

—Si hoy, con tantos controles y reglamentos no se podría, imagínate hace medio siglo y además, ¡en guerra!

—Otra comisión, que tampoco dio grandes resultados, fue la encabezada por el coronel Miguel Badillo, subjefe de la policía, que se dio a la tarea, nunca ejecutada por supuesto, de registrar a todas las sirvientas que prestaran servicios en el Distrito Federal, para evitar tanto el "espionaje" como actos ilícitos. Como les digo, fue una más de las situaciones que pueden hoy motivar a risa, pero así fueron.

—Otra más, ésta conveniente, pues impulsaba el patriotismo mediante la entronización de nuestros valores, fue la que determinó se empleara el Monumento a la Revolución como mausoleo para los héroes de esta gesta y así, el 5 de febrero, en el aniversario de la promulgación de la Constitución, los restos del Varón de Cuatro Ciénegas, Venustiano Carranza, fueron depositados en una de sus columnas; y una más, que fue motivo para que más de un chamaco sintiera la nacionalidad y lo que representa —lamentablemente, debo decir lo que debe representar— la austeridad republicana, pues ya ven ustedes cómo se las están gastando nuestros prebostes hoy día, fue la que determinó el traslado, como base del museo de historia en el que se convertiría el Castillo de Chapultepec, de las dos carrozas tan dispares y que tanto, entonces como hoy, representaron: la lujosa de Maximiliano y la poco más que una calesa de feria, que fue la sede del gobierno itinerante de don Benito Juárez.

—Pero, volviendo al momento que cambia la historia de México, nos tenemos que referir al 13 de mayo de ese 1942, cuando a las 23:55, frente a las costas norteamericanas fue torpedeado y hundido el buque-tanque petrolero mexicano Potrero del Llano, de más de seis mil toneladas, por un submarino de las potencias del Eje; al cual muchos calificaron como Eje Roberto, por las primeras sílabas de los tres gobiernos implicados, los de Ro(ma), Ber(lín) y To(kio).

—A través de la embajada de Suecia —pues las relaciones ya estaban rotas con las tres naciones, Alemania, Italia y Japón y, desde diciembre del año anterior, 1941, el gobierno de Suecia había aceptado hacerse cargo de nuestros intereses en Alemania, Italia y Japón— se exigió que se diera una satisfacción y una conveniente explicación antes del plazo de una semana, que concluiría el jueves 21 del corriente.

—El gran presidente e inigualable caballero, general Manuel Ávila Camacho, dejó todavía que transcurriera una semana más, pese a que el miércoles 20 de mayo era torpedeado y hundido otro buque petrolero, el Faja de Oro, en circunstancias prácticamente idénticas.

—Esos días, amigos míos, fueron muy difíciles, las luces de Palacio Nacional se apagaban a las cuatro o cinco de la madrugada, cuando se retiraba el general Ávila Camacho, después de múltiples acuerdos con líderes de todos los órdenes, lo mismo de la iniciativa privada, que de obreros; también acudieron embajadores e intelectuales; inclusive miembros de la Iglesia Católica y líderes de la comunidad judía fueron consultados, algunos en Palacio Nacional, otros, por razones lógicas, en la residencia presidencial. En esos días el joven secretario de Gobernación, el licenciado Miguel Alemán, tuvo su mejor entrenamiento para los tiempos por venir, pues prácticamente fue el único que asistió a toda las reuniones privadas que tuvo el presidente para tomar la determinación, que hoy nos parece ineludible, pero que se necesitaron muchos pantalones para tomarla, de declararle la guerra a las potencias del Eje.

De nuevo los amigos sabían que no se podía interrumpir a Diego. Estaba reviviendo, en toda la intensidad de la palabra, o sea, volviendo a vivir aquellos momentos.

—Esta terrible determinación se llevó a cabo el 28 de mayo, cuando ante el Congreso de la Unión, el presidente declaró que desde "el 22 de mayo existe un estado de guerra entre nuestro país y las potencias del Eje". Creo conveniente, el volver a mis apuntes para transcribir algunos párrafos del documento presentado, como por ejemplo en este en el que dice: "... todas las gestiones diplomáticas han terminado y se plantea ahora la necesidad de tomar una pronta resolución, pero antes de someter a ustedes la proposición del Ejecutivo, deseo declarar solemnemente que ningún acto del gobierno o del pueblo de México puede justificar el doble atentado de las potencias totalitarias..."

—Otro párrafo inolvidable para mí es el que dice: "... las palabras 'estado de guerra' han dado lugar a interpretaciones tan imprevistas que es menester precisar detalladamente su alcance. Desde luego, hay que eliminar todo motivo de confusión. El 'estado de guerra' es la guerra. Sí, la guerra, con todas sus consecuencias, la guerra que México hubiera querido proscribir para siempre de los métodos de la convivencia civilizada, pero que, en casos como el presente y en el actual desorden del mundo, constituye el único medio de afirmar nuestro derecho a la independencia y de conservar intacta la dignidad de la república..."

—El final fue grandioso y a quienes tuvimos el privilegio de estar cerca del primer mandatario, nos emocionó todavía más la forma en que él dominó sus emociones, no dejando que le temblara en lo más mínimo la voz, permítanme trascribir los párrafos finales de su intervención.

"Durante años hemos tratado de permanecer ajenos a la violencia, pero la violencia ha venido a buscarnos. Durante años nos hemos esforzado para continuar nuestra propia ruta, sin arrogancias ni hostilidades, en un plano de concordia y de comprensión. Pero las dictaduras han acabado por agredirnos. El país está enterado de que hemos hecho todo lo posible por alejarlo de la contienda. Todo, menos la aceptación pasiva del deshonor.

"Señores: sean cuales fueren los sufrimientos que la lucha haya de imponernos, estoy seguro de que la nación los afrontará. Los ilustres varones cuyos nombres adornan los muros de este baluarte de nuestras instituciones democráticas, garantizan con el testimonio de su pasado, la austeridad de nuestro presente y son la mejor promesa espiritual de nuestro futuro.

"De generación en generación, ellos nos trasmitieron esta bandera que es símbolo espléndido de la patria. ¡Que ella nos proteja en la solemnidad y gravedad de esta hora en que México espera que cada uno de sus hijos cumpla con su deber!"

Si a don Manuel no se le quebró la voz al leer ante el Congreso y ante la historia este decreto, a Diego Mendoza Luna sí y en forma grave. Debió desabrocharse el cuello y aflojarse la corbata. El recuerdo de aquellas horas, especialmente por lo cerca que había vivido su gestación, se le cayeron encima en ese momento. Obvio que recordaba cómo hubo que apretarse el cinturón, que después, en la postguerra con Alemán bien que lo recuperaría, pero no era lo material, lo que en ese momento le angustiaba ni lo que le traía el doloroso recuerdo de aquellas horas, no, era el ver que el mundo se desmoronaba, que nadie sabía en qué podía terminar la guerra. Lógicamente, nadie podía garantizar el triunfo de los aliados y ¿qué iría a pasar si vencía el Eje? México ya era enemigo de manera oficial y abierta y ¿qué nos pasaría?

Estos fueron los pensamientos de Diego, aunque pronto, con el auxilio de un XO desde luego y un par de bocanadas del aromático puro que verdaderamente perfumaba la estancia, volvió a ser el mismo de siempre

Pero con lo que no contaba era con la dramática figura que ahora tenía Toshiro. Diego, embebido por sus recuerdos de aquellos infaustos días, no había recordado que Toshiro era precisamente japonés, que aunque llevaba algunos meses conviviendo con ellos, su personalidad, sus principios, su familia, eran japonesas y las últimas palabras habían sido exactamente contra uno de los tres miembros de las potencias del Eje, contra Japón.

Pero, como los tres mosqueteros de Dumas, "uno para todos y todos para uno", como un relámpago intervino Julio para decirle a Toshiro:

—Pues si alguien padeció la guerra y a alguien le costó caro el fin de la guerra, fue a ustedes, los japoneses, no me extraña que si Diego perdió el color y le faltó aire por los recuerdos de esos días, a ti se te haya caído el mundo encima recordando la crisis que sufrió tu pueblo, desde todos los puntos de vista, pues el final de la guerra ha sido el momento más terrible de toda la historia de la humanidad, ese par de bombas atómicas contra las dos ciudades, Hiroshima y Nagasaki, donde lo mismo había niños que mujeres y ancianos y no podían ser por motivo alguno bases militares, tienen que haber dejado honda huella en todos tus paisanos.

—Así fue —con voz pausada pero que a la legua denotaba un sentimiento de tristeza y de dolor, dijo Toshiro— precisamente mi familia vivía en Nagasaki y afortunadamente unos días antes, mis padres habían ido a residir a Kyoto, la ciudad que también estaba en la lista para ser arrasada con la atómica pero que se salvó gracias al esfuerzo de muchos norteamericanos conscientes de los tesoros que guardaba, y sigue guardando para gloria del arte japonés. Fue, me contaban mis padres algo terrible, algo que no puede explicarse, pues a la destrucción física hubo que añadir el daño moral que sufrió la población, pues para gran parte de los japoneses de entonces, el emperador Hirohito era la personificación humana del mismo dios, y ver que todo estaba destruido, fue tremendo, algo muy similar a lo que los aztecas vivieron cuando la llegada de los conquistadores y que, ¡fíjense ustedes!, habiendo transcurrido casi cuatro siglos todavía no lo asimilan ustedes, ¿cómo lo vamos a hacer nosotros cuando muchos que padecieron directamente la tragedia todavía viven?

—Por otra parte, también nos afecta ver que por unirnos a ese par de figuras más de opereta que de verdad, Hitler y Mussolini, durante muchos años fuimos menospreciados; tú mismo Diego, todavía nos consideras tan culpables a unos como otros, y en verdad esto duele.

—Son cosas que pasan y, como dijo Quintana refiriéndose a otra tragedia mundial, a la malhadada inquisición de la que tantos y tantos se aprovecharon para cometer un sinfín de villanías, fueron "crímenes que son del tiempo, y no de España", y esto es lo a nosotros nos debe suceder hoy con respecto a esa terrible guerra mundial, crímenes son del tiempo, que no de ningún país ni mucho menos de ningún grupo de ciudadanos —dijo Diego con ánimo ya de cerrar ese capítulo, por lo que de inmediato continuó

—Pero nos estamos distrayendo del tema de los síndromes, así que vamos a dejar la guerra y la entrada de México en ella como un episodio circunstancial, para seguir analizando los hechos que demuestran que Ávila Camacho fue víctima del síndrome del segundo año, el del Coordinador.

—Una comisión, creada para solidarizarse con las víctimas de la guerra, determinó que al barrio capitalino de San Jerónimo Aculco, se le cambiara el nombre por el de San Jerónimo Lídice, mismo que hasta hoy conserva, en honor y recuerdo de la población checoslovaca de Lídice, que fue arrasada, exactamente lo mismo que tus ciudades, Toshiro, pero en este caso por bombas arrojadas por aviones nazis.

—Así fue —dijo Julio—, Lídice en Checoslovaquia fue destruida en represalia por el asesinato de Reinhard Heydrich, el jefe de las temidas SS. No fue el único nombre que se otorgó a causa de la guerra, también tenemos el caso del Escuadrón 201, formado por valiosos pilotos mexicanos, que hasta nuestros días tiene una colonia popular.

—Obviamente —continuó Diego— se creó el Consejo General de Defensa Civil, y otra organización o mejor dicho otra comisión, con el nombre de Coordinación y Fomento de la Producción, para hacer frente a la lógica escasez ocasionada por el conflicto bélico, de la que a la cabeza se puso al ex presidente Abelardo L. Rodríguez.

—Sin embargo, el gesto más importante que tuvo durante este año el general Ávila Camacho y que aunque no entraría directamente en el caso de síndrome de comisiones, sí lo podemos calificar así si consideramos a éstas, las comisiones, como un grupo de personas reunidas para resolver algún problema. El caso fue la ceremonia de acercamiento nacional, en plenas fechas patrias septembrinas de este año, cuando juntó, primero a una cena en la misma mesa y después en un templete en el Zócalo capitalino, a todos los ex presidentes vivos, obviamente, con el objeto innegable de terminar con la fricción entre los generales Cárdenas y Calles, que como les acabo de decir, exactamente seis años antes, en el segundo año de gobierno de don Lázaro, desterró al sonorense por razones de salud pública.

—La razón superior, para la que se precisaba por lógica la presencia en la misma mesa de los dos generales, que dicho sea de paso no se saludaron directamente, fue la misma que tuvo para todos los hechos que ya les relaté, fomentar el nacionalismo, solidificar y reunir todas las piezas necesarias para hacer un México sólido, unir en una palabra todo lo desunido para hacer más fuerte al país. Era una coordinación que buscaba precisamente la unidad nacional.

—Si alguna coordinación, aunque no trabajara directamente era necesaria, era ésta, la de terminar con todos los "ismos", para convertirlos en el único necesario, en el mexicanismo, en el auténtico y real patriotismo, y esto, sin lugar a dudas, lo logró don Manuel, lo que, dicho sea de paso es preciso hacer hoy, existen muchas facciones dentro del mismo gobierno y dentro del mismo sistema, que hay que reamalgamar, que hay que reunir y, pues estamos viendo que el candidato no la lleva bien con muchos miembros del equipo del presidente Salinas, las fricciones y los golpes abajo de la mesa menudean y, lo más importante, que no se ha avanzado un punto en conocer las causas reales del asesinato de Colosio, que ya vimos que esta semana, tuvo un descalabro más al renunciar Montes a la subprocuraduría especial.

—Pero continuemos con el análisis, para entrar en el segundo año de Miguel Alemán, quien no fue mayormente víctima del síndrome del Coordinador, pues pese a haber fomentado y favorecido la creación de comisiones, siguió predominando en él su síndrome de Santos Reyes; su hiperactividad y su deseo de solucionar todos los problemas fue superior, pero es conveniente, para ver que si no apoyó de manera importante la creación de comisiones, sí sus actos prohijaron su existencia, como lo veremos haciendo un resumen de lo sobresaliente en 1948.

—Se inicia el año con la fusión de las dos líneas telefónicas existentes hasta entonces, Ericcson y Mexicana, para fundar Teléfonos de México, lo que fue un paso importantísimo para la comunicación lógica y moderna en México, pues desde cualquier teléfono se podía uno comunicar y no como hasta entonces que era preciso tener dos líneas, dos contratos, en fin, dos unidades independientes, como ya se los había comentado.

—En febrero se trastorna el proyecto alemanista, pues de una afección renal fallece el secretario de Gobernación y hombre muy apegado a don Miguel, el licenciado Héctor Pérez Martínez, culto donde los hay y valioso como pocos y por lógica, el hombre con mayores posibilidades de suceder a Alemán en el puesto; la muerte esta vez trastornó los programas y don Miguel llamó al gobernador de Veracruz, don Adolfo Ruiz Cortines, para que ocupara la cartera dejada vacante por Pérez Martínez, quedando como gobernador del estado, don Ángel Carvajal, quien años más tarde, también sería secretario de Gobernación y de quien ya hablamos el otro día, como uno de los posibles sucesores de Ruiz Cortines.

—Un escándalo cultural y religioso se suscita a mediados de año, cuando el arzobispo de México, don Luis María Martínez, se niega públicamente a bendecir el moderno y lujoso hotel del Prado, a causa del mural *Un domingo en la Alameda* el mismo que hoy podemos apreciar en el museo construido ex profeso al poniente de la Alameda Central, en el que en las manos de El Nigromante, el pintor Diego Rivera, eminente muralista, excelente pintor, pero por encima de todo hombre que le agradaba la polémica y el estar en el ojo del huracán de la opinión pública, había colocado un pergamino en el que se veía la leyenda: "Dios no existe".

—El doctor Luis María Martínez, que también tenía lo suyo en lo referente a que le agradaba aparecer en los medios, desde luego menos tremendista que el pintor guanajuatense, aprovechó la ocasión, como también la aprovecharon muchas personas, para hacer de este incidente un verdadero escándalo, que no concluyó hasta que Rivera borró la frasecita aquella. El arzobispo Luis María Martínez, cansado de tantas entrevistas y tanta presión, les dijo un día a los fotógrafos y reporteros que lo abordaron: "¡Ustedes son como Dios, están en todas partes, pero nadie los puede ver!"

—Pero volviendo a nuestro tema de las comisiones, don Miguel organizó varias, gracias a las cuales logró importantes aspectos, una, a fines de abril, cuando realizó su sueño de que México exportara carne congelada a Europa, algo que después se ha perdido; otra, nada más que ésta no funcionó, fue crear organismos para controlar los precios de los artículos de primera necesidad, pues ni él ni nadie hasta ahora ha logrado tener éxito, pero sí lo tuvo en una comisión que creó para modificar los artículos 20 y 27 constitucionales y hacerlos modernos, acordes con el México que crecía imponente en la postguerra, y que determinó la existencia de derechos humanos para los delincuentes en el caso del artículo 20 y modificaciones vitales e importantísimas en la tenencia del campo por los cambios al 27.

—Pero concentrémonos en las comisiones, que son el producto de la voluntad de coordinar, aunque por más que quiero, me distraen tantos recuerdos y tantas cosas importantes de nuestra historia, eso sin contar con lo extranjero, como fue en ese año el asesinato de Mahatma Ghandi o los triunfos celebradísimos en la Olimpíada de Londres, la que reinstauraba los Juegos Olímpicos después de la guerra, de Joaquín Capilla y de Humberto Mariles. Pero me concentro ahora sí, para hablar de la IX Conferencia Panamericana, que se celebró en abril en Bogotá, cuando el canciller Jaime Tores Bodet, que por cierto en noviembre renunciaría para tomar posesión como director de la Unesco, llevó la voz del presidente Alemán para la creación del Banco Interamericano, lo que en ese momento fue una auténtica y extraordinaria comisión que confirma de manera fehaciente mi teoría y por ello, pido de nuevo licencia para tomar mis apuntes y transcribir los "considerando" que esgrimió en esta ocasión nuestro canciller.

"Que mientras las repúblicas americanas no hayan llegado a una madurez en que los ahorros nacionales basten para cubrir las necesidades de su desarrollo económico, tales ahorros deben ser completados en forma adecuada, no solamente como inversiones privadas, sino con créditos gubernamentales a largo plazo. Que el Banco Internacional de Reconstrucción y Fomento está dando preferencia a la reconstrucción de los países devastados y que la ayuda económica que pueda prestar a las repúblicas americanas para su desarrollo ha sido hasta ahora insuficiente, debido acaso a la limitación de sus recursos, al origen de los mismos y a las normas que rigen su funcionamiento. Que los créditos que han podido obtenerse de agencias gubernamentales de algunos de los países de este hemisferio y los que de ellos se logren en el futuro, aunque muy valiosos, dependen de la política que siga el gobierno del país prestamista, la cual puede, por razón natural, orientar la acción de sus agencias dispensadoras de crédito hacia propósitos distintos del desarrollo de los países americanos que tomen en cuenta ese desarrollo como preocupación subsidiaria respecto de otros. Que en estas condiciones es justificada la creación de un organismo dedicado exclusivamente a atender las necesidades de crédito a mediano y largo plazos para el fomento de los países americanos y que esté dotado de recursos suficientes."

—De allí vino precisamente la creación del Banco Interamericano de Desarrollo, que ustedes bien conocen la importancia que ha tenido en la vida económica de todos los países latinoamericanos.

—Esta fue la gran muestra de lo que el síndrome de las comisiones ejerció sobre Alemán y con esto quiero terminar ese año, no sin dejar de apuntar que hubo un suceso artístico que verdaderamente sacudió a la capital del país y la puso al rojo vivo. Fue la presentación de una bailarina venida de Tahití, con bailes desconocidos para nuestro público. Su nombre, pese a haber transcurrido casi cincuenta años de su presentación, es inolvidable y les prometo uno de estos días, invitarla a cenar para que tengan ustedes la oportunidad de conocer a una mujer que fue y es leyenda, para que saluden a quien realmente transformó la vida nocturna de México; su nombre: Yolanda Montes, pero todos la conocimos, la admiramos y la evocamos por su inolvidable nombre artístico: Tongolele, por la que, aunque ustedes no la hayan conocido, me permito un brindis —dijo poniéndose aparatosamente de pie, con el alma embargada por esa máxima que como nadie calificó aquel tango inmortal: "la vergüenza de haber sido... y el dolor de ya no ser..."—, así también echo de menos las carpas, los verdaderos teatros de revista y el inolvidable cabaret Waikikí, en pleno Paseo de la Reforma, donde un gran empresario y también buen amigo de políticos y funcionarios, el señor Mocelo, dejó huella imperecedera. Años después, como todo, como lo que estamos recordando, cayó por fuerza de la piqueta.

—Ya es noche y estamos cansados y prometo continuar la semana próxima con nuestras reflexiones, pero no quisiera terminar la noche sin hacer mención, que desde luego será muy breve al segundo año de don Adolfo Ruiz Cortines; en él, el *sui generis* político veracruzano, más que nunca hizo, perdón por la aparente aberración, brillar su austeridad. Con verdadera tranquilidad, ordenó la inauguración de los cursos en Ciudad Universitaria, después de traer a ella la Exposición Alemana, prueba de la potencia germana, que a menos de diez años de perdida la guerra, demostraba al mundo, escogiendo a México como foro, la prueba de su determinación de ser grandes ahora en la paz.

—En el mes de abril, en Semana Santa, conforme los lineamientos de su modo de ser, devaluó el peso a 12.50; don Antonio Carrillo Flores, su Secretario de Hacienda, dictó una serie de disposiciones y esgrimió una serie de razones, que desde entonces, han esgrimido y dictado todos los secretarios de Hacienda que se han visto obligados a devaluar.

—Otro punto importante de este año fue el cese de don Andrés Iduarte como director de Bellas Artes, por haber permitido que durante las exequias de la pintora Frida Kahlo, esposa de Diego Rivera y que se celebraron precisamente en el Palacio de las Bellas Artes, alguien pusiera sobre el ataúd una bandera comunista, momento del que se tomaron fotografías que antes de lo que les estoy contando, dieron la vuelta al mundo. Al comentar don Andrés este cese, dijo que era la realidad de un sueño que tuvo de niño. Iba por un túnel obscuro y delante de él sus enemigos iban tirando cáscaras de plátano y sus amigos, de mango y... ¡me resbalé con una de mango!, decía para explicar el incidente.

—Por último y ahora sí para irnos ya a dormir, no puedo dejar de comentar que en ese año Raúl Salinas Lozano fue designado director de la Comisión de Inversiones y Luis Echeverría, oficial mayor de la Secretaría de Educación Pública y desde luego citar la coordinación que creó don Adolfo, para no dejar de caer en el síndrome de referencia, que fue el Consejo de Salubridad General, que envió al Congreso un nuevo Código Sanitario, el cual fue aprobado el 9 de septiembre y en el que entre otros puntos quedó fijado que en cinco años no se podría abrir ninguna nueva cantina en todo el territorio nacional, que las estaciones de radio y televisión tendrían que tener un permiso especial para trasmitir propaganda comercial de bebidas embriagantes, misma disposición que se extendía a las salas cinematográficas... pero eso fue hace muchos años, por lo que hoy, con gran gusto y para terminar la cena, digamos la palabra mágica: ¡salucita, para que parezca fiestecita!

CAPÍTULO XXXI

DESGRACIA

(Hermanos Martínez Gil)

Concluía el mes de julio y de nuevo los amigos se reunían, hoy, analizando lo dicho por el candidato Zedillo en Tamaulipas. Dos frases traía marcadas con brillante amarillo Diego, del boletín que le había llegado directamente por su fax. Una, sobre lo dicho en Nuevo Laredo, cuando insistió "que México no reinventa cada seis años programas gubernamentales, porque es un país de instituciones y por ello hay que mantener y consolidar aquello que ha probado ser benéfico para la sociedad" y, posteriormente en Matamoros, cuando en su discurso reconoció "que en México sí han existido malos gobiernos, pero aun así debemos estar bien satisfechos del balance que han alcanzado hasta ahora".

—Dos pensamientos que hay que analizar y que pueden tener dos interpretaciones, la primera, que ojalá no sea el caso, es que sean la típica retórica pre electoral y entonces no vale la pena ni releerlos siquiera, el otro, que en verdad sea lo que piensa Zedillo y en este caso serían dos excelentes columnas para construir la nueva era que todos deseamos.

—Tienes razón —dijo Julio— pues en lo primero es verdad que cada seis años se reinventa México. Todos los planes, todos los programas, todos los sistemas, caen en el olvido para iniciar nuevos con un costo elevadísimo, no sólo económico, que ya es suficiente, sino lo más grave, el costo en eficiencia, en voluntad popular, en garantía para el pueblo y para quienes laboraron en los planes anteriores, en verdad no parece que en México los nuevos presidentes salgan del gabinete del anterior, pues lo primero que hacen es desechar todo cuanto aquél hizo, para "reinventar México", como lo acaba hoy de decir Zedillo y eso es absurdo y deprimente.

—Y por lo que se refiere al otro concepto, el de reconocer que los gobiernos emanados del PRI no han sido oro en el crisol, como es común calificarlos en las campañas electorales, sino que han tendido errores, el hecho de reconocerlo, no cuando ya está sentado en la silla presidencial, sino en plena campaña, puede y ojalá sea así, dar muestra de honradez consigo mismo y con sus electores. En fin, poco nos falta para saber qué es lo que va a ocurrir.

La plática continuó tranquila, hasta que, como ya se estaba haciendo costumbre, al llegar los postres afloró la inquietud de Toshiro presionando a Diego para que iniciara su lección.

—Pues bien, entrando en materia, vamos a seguir con el tema del segundo año, el del síndrome del Coordinador, ahora hablando de Adolfo López Mateos, Adolfo el Joven, el hombre del carisma sensacional, cuyo síndrome de comisiones se consuma en forma por demás brillante y ejemplar apenas iniciado el año, pues en este, su segundo año al frente del Ejecutivo, logra integrar una comisión que o mucho me equivoco o ha sido una de las más valiosas para el país. La Comisión Nacional del Libro de Texto Gratuito, con lo cual facilita la educación al máximo, ya que evita a los padres el gasto tremendo que implica la compra de libros de texto, abriendo cauces para que todos los niños mexicanos logren aprender sin gastos familiares.

—Otra comisión importante logra, apenas en mayo, convencer a los japoneses, tus paisanos, de que armen en México automóviles Datsun, y su misión cumbre en este estilo, la logra en septiembre, exactamente el día en que celebramos el 139 aniversario de la consumación de nuestra independencia, cuando nacionaliza la industria eléctrica, decisión que sin la emotividad que tuvo la del petróleo protagonizada por Cárdenas, tuvo beneficios incalculables para las generaciones por venir.

—Las palabras del presidente López Mateos en el acto oficial fueron breves, pero sustanciosas al máximo al decir: "La nacionalización de la energía eléctrica —observen que no dijo de la industria, sino de la energía— es una meta alcanzada por el pueblo". Con esto motivó a ese pueblo, que el día siguiente se volcó materialmente en el Zócalo para vitorear al presidente. Nueva manifestación como la del primer año de gobierno, por el apoyo ante la ruptura de relaciones diplomáticas con el gobierno de Guatemala.

—Sin duda alguna, uno de los presidentes más queridos por su pueblo en toda la historia fue López Mateos, que realmente no tuvo baja alguna, en lo que se refiere a popularidad, durante toda su gestión —sentenció Julio.

—Desde luego —aprobó Diego— y poco más puedo hablar del síndrome del Coordinador, pero mucho sobre los puntos históricos que ocurrieron ese año, especialmente en el mundo artístico, que se sacudió cuando en sólo dos días dos grandes artistas mueren asesinados. Uno, el 28 de mayo, Ramón Gay, por una discusión absurda y al día siguiente, Agustín de Anda por el padre de su novia, Guillermo Lepe, en el lobby de un entonces famoso centro nocturno, ubicado en Insurgentes: La Fuente.

—Pero la labor de su jefe del Departamento, Uruchurtu, mucho ayudó a la eliminación de las inundaciones que año con año sufría la capital del país, con la inauguración, en junio de ese año, de la primera sección del drenaje profundo.

—El patriotismo y su motivación, fue causa de afanes de don Adolfo el Joven y así en su segundo año, igual que lo hiciera don Manuel Ávila Camacho, reunió a todos los ex presidentes vivos, no podemos decir en comisión, pero sí en apoyo nacionalista, para, también algo similar a lo realizado también en el segundo año del Presidente

Caballero, colocar los restos del Apóstol de la Revolución, don Francisco I. Madero, en otro de los pilares del Monumento a la Revolución. Un año más tarde los llamaría a colaborar con su experiencia, pero eso corresponde al año del Mesías que ya veremos.

—Así su síndrome de Coordinación, lo logró con integración nacional y de esta manera en su segundo año de gobierno López Mateos realmente integra a la república la península de Baja California, incorporándola por carretera, algo que demuestra más que muchas otras cosas su nacionalismo. Se logra la detención y encarcelamiento de David Alfaro Siqueiros, acusado y procesado por disolución social y para concluir con sus detalles, otra gran obra de comisiones, la fundación del Instituto de Seguridad Social y Servicios para los Trabajadores del Estado, el ISSSTE, que por fin, daba garantías de jubilación, salud y en una palabra seguridad a quienes dedican su vida al servicio público. Este era el estilo de don Adolfo, el Joven.

—Seis años más tarde, don Gustavo Díaz Ordaz, en su segundo año, cumple a la perfección con lo ordenado por el síndrome del Coordinador. Favorece, apenas iniciado el año, exactamente el 18 de febrero de 1966, la creación de lo que, desde luego en el papel, sería la gran solución al perpetuo problema sindical y daría fin a mil abusos. Lamentablemente, los vicios arrastrados por décadas, los prejuicios y, más que nada, los privilegios adquiridos, harían que no sólo su idea no fuera la solución, sino que se volviera un lastre más en el pesado bagaje de vicios con que carga nuestro país.

—Me refiero a la creación del Congreso del Trabajo, que nació en la Unidad de Congresos del Centro Médico Nacional, con el "consejo" y el apoyo de representantes de 29 centrales obreras que en conjunto tenían afiliados a más de tres millones de trabajadores.

—Como presidente de debates para la organización, actuó el licenciado Antonio Bernal, secretario general de la FSTSE y, volviendo a mis indispensables apuntes, diré que se determinó ese día que su programa de acción comprendiera el consolidar la alianza de los trabajadores del campo y de la ciudad con los demás sectores de la población, para apoyar los regímenes emanados de la Revolución Mexicana, primera de las adiciones que ahorita les comento, a fin de robustecer la independencia; trabajar por la reestructuración unitaria y democrática del movimiento sindical; luchar por la terminación de los sindicatos blancos y —recalcó Diego, advirtiendo que era otra de las adiciones— "otras simulaciones de organizaciones que desnaturalicen el verdadero sindicalismo" y luchar permanentemente contra el encarecimiento de la vida.

—Sigo leyendo para recordar que entre las demandas principales por las que pugnaría la nueva organización laboral mexicana, destacaban la participación de los trabajadores en las industrias nacionalizadas en la gestión industrial correspondiente, y la planeación sobre modernización y automatización de las industrias, buscando la protección para los trabajadores, reducción de la jornada de trabajo, salarios mínimos generales y profesionales suficientes, efectivo reparto de utilidades, control eficaz de los precios y artículos de consumo indispensable y continuación del esfuerzo del estado para erradicar el analfabetismo y ampliar las posibilidades culturales del pueblo; mayor incremento de las actividades de orientación vocacional y capacitación para el trabajo industrial; derogación de las leyes que restringen los derecho obreros y reformas a la legislación laboral para actualizar sus disposiciones y mejorar las garantías que otorga a la clase obrera del país.

—Como pueden ver, en el papel, más o menos un excelente proyecto, desde luego, les aseguro, porque aunque no intervine en los prolegómenos de su creación, sí, conociendo a don Gustavo, estoy seguro eran más benéficos y modernos sus argumentos, lo malo es que como ya vimos, la primera "pasada" por los líderes, vulneró los conceptos iniciales y hoy, a casi treinta años de su creación, como dije hace un momento, el Congreso del Trabajo no es más que un organismo burocrático más en nuestra pesada carga.

—Un mes más tarde, Díaz Ordaz inaugura una nueva comisión, ésta con gran visión al futuro, que fue el Instituto Mexicano del Petróleo con el objeto de realizar funciones técnicas, de investigación y de desarrollo profesional. Sus atribuciones básicas quedaron comprendidas en tres rubros: primero, el suministro de servicios técnicos y de ingeniería a las industrias petrolera, petroquímica y química en general; en segundo, la investigación y desarrollo de nuevas tecnologías, incluyendo el estudio, la adaptación y el mejoramiento de las existentes y, en tercer lugar, el adiestramiento de personal a todos los niveles para Pemex, para el propio instituto y para las empresas que lo solicitaran. El presidente Díaz Ordaz, redondeó el plan poniendo como primer director general, para arrancar el proyecto, contratar personal obviamente con excelentes calificaciones y fijar las bases orgánicas, a don Javier Barros Sierra, quien lo hizo con excelentes resultados. Aquí vemos otra gran comisión, de perspectivas y obvios resultados, excelentes.

—Otra coordinación más y otro resultado inigualable en este caso, fue la creación del Plan Chontalpa, mediante el cual se pondría a funcionar la planta hidroeléctrica de Malpaso y se abrirían al cultivo casi cien mil hectáreas sólo en ese sexenio y recordar que gran parte de la hoy excelente infraestructura eléctrica con la que podemos alumbrarnos y basar nuestra planta productiva, fue gracias a la visión futurista de este gran proyecto.

—Otra excelente coordinación, fue la que pudo poner en marcha en ese mismo año, la hidroeléctrica de El Infiernillo en Michoacán, entonces la de mayor potencia en América Latina, con capacidad, creo, de 675 mil kilovatios.

—Seguimos con coordinaciones y hablo de la encabezada por don Antonio Carrillo Flores, su secretario de Relaciones Exteriores, que logró para fin de sexenio, como lo veremos, incrementar hasta doce millas marítimas, la zona exclusiva de pesca en los mares y litorales de la república, que sólo era de nueve, desde la última firma internacional de 1935.

—No quiero dejar de comentar un suceso que demostró la visión de don Gustavo, aunque el problema continuó creciendo bajo el agua y estallaría, en el verano de '68. Lo que les comento fue lo ocurrido en el anochecer del 8 de octubre, cuando el ejército nacional desalojó la Universidad Nicolaíta de Morelia, poniendo de esa forma fin a la agitación que se realizaba por una supuesta huelga general que era repudiada por ocho de cada diez estudiantes.

—El operativo militar, comandado por el general Félix Ireta Vivero, sólo se puede calificar de perfecto y en verdad digno para que algún cineasta con ganas de realizar una película que muestre lo que se gestaba en el país y la forma en que por lo pronto, se detuvo. Claro que es fácil comentarlo a toro pasado, pero valdría la pena algún día, Julio, hacer una memoria hemerográfica de estos días ya que la ocupación militar de la Universidad Nicolaíta, merece un gran estudio para conocer mucho de lo que ocurriría después en todo el país en la víspera de los XIX Juegos Olímpicos.

—Para cerrar el capítulo del segundo año de Díaz Ordaz, recordemos que él inauguró el Estadio Azteca, el 29 de mayo de 1966 y que por razones jamás suficientemente bien explicadas, hubo el peor de los atorones de tránsito de que se tenga memoria, sobre todo, porque en él estuvo inmiscuido el propio presidente de la república, que llegó con casi una hora de retraso a la inauguración y recibiendo por lo mismo; además de que su simpatía, al revés de la que hacía gala López Mateos, era ínfima, por no decir nula; la peor rechifla de que se tenga memoria, Estoy seguro, Toshiro, que en el mismo Tokio se tuvo que escuchar, pues aquello fue verdaderamente épico.

—No sé si fue por esta razón o este suceso fue la gota que derramó el vaso, el hecho es que a los pocos meses, el 13 de septiembre, a cuenta de una invasión de terrenos, le armaron en la Cámara de Diputados un lío monumental a don Ernesto P. Uruchurtu, que por lo mismo, después de dos sexenios y medio de gobernar con mano de hierro la capital del país, tuvo que presentar, el 14 de ese septiembre, su renuncia a la jefatura del Departamento del Distrito Federal, siendo sustituido por el general Alfonso Corona del Rosal, de quien ya hablaremos en su momento. Recuerdo muy bien el caso, pues tras la trifulca de los diputados, ese día comí con el general Juan Barragán, quien fue jefe del Estado Mayor de don Venustiano Carranza y a la sazón fungía como diputado por el PARM. Llegó eufórico a la comida diciendo: "¡Acabamos con el nuevo dictador! ¡Uruchurtu está fuera!" Por cierto, don Juan era abuelo de este joven brillante que está muy cerca de Zedillo, Esteban Moctezuma que ojalá haya asimilado las lecciones que la experiencia de don Juan le debió haber dado.

—La auténtica razón de la molestia de los políticos con Uruchurtu era que había prohibido la creación de nuevos fraccionamientos. El Ajusco tenía terrenos con muy bonita vista y muchos estaban interesados en ellos —intervino Julio.

—Otro caso que no puedo dejar de comentar —retomó la palabra Diego—, antes de entrar en el caso de Echeverría y su síndrome de Coordinador, es el de la renuncia forzosa de don Adolfo López Mateos al Comité Organizador de la Olimpíada; su menguada salud no le permitía realizar el esfuerzo necesario. Como en todo el mundo se sabe, fue magníficamente sustituido, vale la pena recordar, por el arquitecto Pedro Ramírez Vázquez.

—Así entremos al caso Echeverría. En sus días, cuando cualquier estudiante deseaba imitarlo, simplemente ponía cara de circunstancias, enviaba con energía su brazo derecho hacia "arriba y adelante" y con voz engolada decía: "¡Formaremos un fideicomiso!", con lo cual queda dicho, por la *vox populi*, que Echeverría fue la mayor víctima de este síndrome, precisamente sentido y resentido durante su segundo año.

—Haremos una síntesis de los puntos que confirmarán mi teoría. Cuando aún resuenan los dulces choques de las copas por el brindis de año nuevo, el día 2 de enero, cuando por cierto se da la noticia de que el primer día del año había muerto una de las estrellas que dieron vida y razón de ser a toda una época, el inolvidable Maurice Chevalier, Echeverría crea un fideicomiso para administrar un fondo especial de 32 mil millones de pesos destinados a obras públicas, para reactivar la vida económica. En el mismo enero, crea dos nuevas subsecretarías, una de mejoramiento ambiental en la de Salubridad y Asistencia y una de Investigación Fiscal en la obvia de Hacienda y Crédito Público; dos días más tarde, crea otra en Obras Públicas.

—Febrero lo inicia creando una nueva comisión, con varios miembros de su gabinete y los gobernadores de las tribus tarahumaras, para ayudarles a éstos a resolver sus problemas. Ese mismo mes, esto no tiene qué ver con ninguna comisión, pero sí es un dato muy importante, establece relaciones diplomáticas con China. El secretario Emilio O. Rabasa, en el más puro estilo echeverreísta dice que las relaciones se establecerán: "Sobre bases de igualdad jurídica de los Estados; respeto mutuo de su soberanía, independencia e integridad territorial y por supuesto no agresión y no intervención en los asuntos internos o externos de ambos países".

—En ese mismo febrero crea el Sistema de Universidad Abierta, a la cual tendrían, en teoría, acceso prácticamente treinta millones de mexicanos, entre ellos obreros, empleados y campesinos que "por diversas causas no han podido cursar estudios superiores", como si no fuera suficiente causa la falta de tiempo ya que éste sólo alcanza para ganar un exiguo salario con el que pretende simplemente mantener una familia. Pero estamos en el tema de las coordinaciones y quiero leer el boletín que envió a todos los medios la UNAM, que fue la receptora y responsable del programa.

"El proyecto de estatuto procuró reducir al máximo, sobre todo a partir de las sesiones que celebraron los profesores y estudiantes consejeros de las comisiones de Reglamentos y del Trabajo

Docente, el aparato administrativo, o cualquier tipo de burocracia, a fin de aligerar el sistema".

—Hay otro párrafo que de verdad no resisto la tentación de leerles: "El Sistema de Universidad Abierta tomará como elemento para la transmisión de enseñanzas y adiestramientos, al grupo o a los subgrupos que integren a aquél, a fin de que el estudiante no desaparezca en el anonimato de la masa o se quede en el aislamiento del individuo como ocurriría en un sistema de teleuniversidad, que además resultaría muy costoso o como el caso de la enseñanza por correspondencia". Si no entendieron lo que se quiere decir, no se preocupen, no se dijo nada.

—Una comisión más resultaría de la iniciativa que envía al Congreso de la Unión el 27 de mayo, para crear el Instituto del Fondo Nacional de la Vivienda para los Trabajadores, el Infonavit, que construiría casas de interés social con el cinco por ciento de los salarios, mismos que aportarían las empresas.

—El mes siguiente, crea una comisión interna para que los trabajadores del Seguro Social se "organicen" y donen un millón de pesos para los campesinos, dinero obviamente manejado y organizado por otra comisión.

—La comisión para exportar henequén, Mayatex, dio aparente resultado, pues se tuvieron ingresos en ese año de 409 millones de pesos, aunque, más adelante hubiera visos de un mayúsculo fraude. En mayo, crea una comisión intersecretarial, para coordinar la industria siderúrgica y aprovecha en junio un viaje a Estados Unidos, para crear, mediante comisión obvia, el Instituto Cultural Mexicano en San Antonio, Texas.

—A mediados de año, un suceso viene a demostrar que no todo es color de rosa; el 31 de julio, un grupo de estudiantes toma la Torre de Rectoría de la Universidad Nacional Autónoma de México y pretende secuestrar al rector. En esto afortunadamente fracasa, pero su invasión dura todo el mes siguiente, pues no entregan la rectoría sino hasta el 30 de agosto, aunque la invasión duró hasta 43 días después, el 7 de diciembrede 1972, cuando en medio de la más impresionante montaña de basura, desperdicios y lo que ustedes ni siquiera pueden imaginar, se trató de empezar la reorganización, con una comisión desde luego, de lo que otrora fue lujo intelectual de México. Casualmente, esta entrega fue el mismo día en que se lanzó la nave Apolo XVII, la última tripulada que llegó a la luna.

—Volviendo a don Luis y su estilo muy personal de gobernar, recordemos que en agosto, la empresa Teléfonos de México se convierte en empresa de participación estatal al comprar el gobierno federal el 51 por ciento de las acciones, quedando el resto en manos de inversionistas particulares. Deja la presidencia del Consejo de Administración por lo tanto el señor Manuel I. Senderos, firmando lo correspondiente.

—El infaltable boletín oficial decía que la "nueva organización de Teléfonos de México corresponde a la decisión de que el Estado debe asumir una posición mayoritaria en empresas en las que efectúa diversas inversiones y afronta riesgos económicos acordes con los intereses de la nación.

—Hay una noticia que prácticamente pasó inadvertida en los medios, pero que guardé en mis apuntes personales y se publicó el 17 de septiembre. Dice así: "El Banco Mundial anunció que México y Brasil son sus principales prestatarios con mil 351 y mil 469 millones de dólares respectivamente. Entonces nadie se dio cuenta de lo que representaba, hoy, podemos verlo como la semillita de la inimaginable crisis que estamos viviendo.

—Sigamos la relación. En noviembre, Echeverría ordena la creación de Tabacos Mexicanos S. A., Tabamex, para, con obvia participación estatal mayoritaria, convertirse en el único exportador de tabaco y tres días más tarde, crea el Centro Interamericano de Captación Turística.

—Al concluir ese año de 1972, la opinión pública es sacudida por tres sucesos insólitos: uno el 6 de diciembre, cuando aparece muerto en su celda de París el gran campeón olímpico en Londres, mi querido amigo el general Humberto Mariles, acusado de narcotráfico; la segunda el terremoto que dos días antes de la Navidad arrasó prácticamente con la ciudad de Managua y por último el escalofriante relato que hacen 16 jóvenes sobrevivientes de un avionazo en los Andes ocurrido el 13 de octubre anterior, reconociendo haber practicado la antropofagia; el presidente de México Luis Echeverría Álvarez, determina, a mi juicio —Diego agrió el rostro— la más incomprensible medida que se ha dado contra la vida económica de México, que los empleados públicos, como ya había pasado con los bancarios, laboraran solamente cinco días a la semana.

—Perdónenme los exabruptos y mi coraje, pero realmente lo que México necesitaba entonces y lo que más que nunca necesita ahora es trabajar, es luchar por sacar adelante a la persona, la familia y el país y cuando ya había, como les acabo de decir luces prendidas que alertaban sobre la gravedad de nuestra deuda, ordena a los bancos y a los burócratas que descansen. Obviamente, poco después, los despachos que no podían resolver nada ni en las oficinas de gobierno ni en los bancos, dejaron de laborar, después muchas fábricas hicieron lo mismo y de ahí p'al real, esto ya se deterioró; muy pocos son quienes trabajan los seis días que necesita el país.

—Esta fue la gran herencia del año del Coordinador de don Luis Echeverría Alvarez.

—Señores, lamento que con este punto y esta amargura terminemos este día, pero ya ven que es tarde, ya ven qué grandes y difíciles son nuestras actividades en estos días y realmente, el recuerdo de esta absurda disposición me ha enfermado nuevamente. Discúlpenme por favor.

CAPÍTULO XXXII

MADRECITA QUERIDA

(Teresa F. Altamirano)

La nueva reunión fue el viernes 5 de agosto en el Champs Elysees; había como siempre muchos periodistas y políticos, por lo que Diego, bien conocido por los meseros y capitanes, escogió una mesa colocada estratégicamente en una esquina, para evitar las continuas interrupciones por los saludos de rigor en este sitio.

La presión por las inminentes elecciones subía minuto a minuto y los tres amigos, cada uno por diferentes motivos tenían demasiado quehacer, pero esta misma hiperactividad les obligaba a tener sus reuniones con mayor frecuencia, ya que los puntos de vista de los tres, los retroalimentaban, especialmente los comentarios dados con la sapiencia y la experiencia de Tierritas.

Muchas noticias de este mismo día hacían indispensable un análisis. Una, satisfactoria en extremo especialmente para Diego. El hijo del dueño de las tiendas Gigante, Ángel Losada, había sido puesto en libertad, después de 102 días de cautiverio y angustia, no sólo para su familia y sus amigos, sino para todo México, pues este tipo de situaciones y justo en vísperas de comicios para la renovación de los poderes, no puede calificarse sino como peligrosa en grado sumo.

Otra noticia que hizo sonreír enigmáticamente a Tierritas fue la fortísima contestación que le hizo el Episcopado Mexicano al subprocurador Mario Ruiz Massieu, cuando éste había rechazado públicamente el día anterior, "por carecer de fundamento", las pruebas que le había presentado el nuevo arzobispo de la diócesis tapatía, Juan Sandoval Íñiguez.

El clero mexicano ahora presionaba al subprocurador para que él presentara sus presuntas pruebas. Tierritas, tras un breve comentario dijo simplemente:

—No me explico cómo este Mario, con la cultura que debió haber heredado de su señora madre, doña Cuquita Massieu, no recuerda lo que dijo Cervantes hace cuatrocientos años, "con la Iglesia hemos topado, Sancho" y atenerse a las consecuencias.

En esto intervino Julio diciendo:

—Efectivamente, si no saben qué decir, mejor sería callar, esto del asesinato del Cardenal Posadas, como en el caso de Colosio, día a día se complica, o es mejor decir lo complican más. Todo es aberrantemente absurdo, como lo es que ahora la nueva subprocuradora especial, la señora Islas de todos mis respetos pero de ninguna de mis seguridades, dice que hay que descartar totalmente que el asesinato del candidato del PRI haya sido debido a un complot ¡por favor!, ¿a quién pretenden convencer o de qué nos pretenden convencer?, ¡de plano no se vale!

Otra noticia importante, que aparentemente tendría durante la siguiente semana, sin lugar a dudas, expectante a toda la nación, era el inicio de la Convención Nacional Democrática en Chiapas, convocada por Marcos y que muchos suponían podría tener repercusiones sobre las elecciones, aunque Diego ahí sí era inflexible en sus apreciaciones.

—Les digo que no pasa nada, esto de Chiapas, de Marcos, del obispo Samuel Ruiz y de Camacho Solís, aunque aparentemente éste ya dejó los reflectores, no es nada de lo que nos imaginamos. Esto es una pantalla de humo para cubrir otras cosas y yo quisiera saber quién es el creador y organizador de esto y lo más importante, qué es lo que se está tratando de encubrir, eso sí me preocupa. Marcos, sus enmascarados y sus escenarios, no son nada, son, ya lo dije otra vez, expertos en poner espectaculares *mises en scène* pero nada más y si no, lo veremos la semana próxima, cuando les aseguro que no habrá nada más que gritos y sombrerazos, pero definitivamente todos locales, sin trascendencia para nada ni para nadie. Por otra parte, ya ven que apenas el miércoles pasado se creó un fideicomiso.

—Hombre, esto corresponde según tu teoría al segundo año y no al sexto —interrumpió alegremente Toshiro.

—Bueno, esos son los síndromes que mandan la mayoría de las acciones, pero la vigencia de los seis, obviamente tiene que estar presente en todos los años, lo único que cada año, como dicen que ocurre con los signos del zodiaco, hay uno que manda —respondió Diego con amplia sonrisa que comprobaba su satisfacción por la forma en que el japonés estaba absorbiendo sus explicaciones históricas.

—Les estaba diciendo antes de esta agradable interrupción, que este miércoles se firmó un fideicomiso con los secretarios de Agricultura, Desarrollo Social y Reforma Agraria, para la adquisición de tierras que deberán beneficiar cuando menos a tres mil indígenas chiapanecos. Esto, dicho precisamente la semana anterior a esta Convención Nacional Democrática, tenemos que analizarlo quienes presumimos de entender la política mexicana. Les digo que aquí hay gato encerrado y el tiempo me ha de dar la razón.

Como ya se estaba haciendo costumbre, la cena fue sabrosamente condimentada con pláticas de todo tipo, más o menos intranscendentes, no faltando un brindis solicitado por Julio en honor de la reina madre de Inglaterra, a la que unos días antes acababan de tener como tema de plática y que el jueves 4 había llegado a la edad de 94 años, con plena salud y, lo más importante, con el afecto de sus súbditos.

Entonces Toshiro, con fingida solemnidad, solicitó el inicio de la "lección correspondiente a los tres últimos presidentes en su segundo año de gobierno, conforme la teoría 'mendocina' del síndrome de las coordinaciones".

—Pues ante eso, ¿quién se puede negar? —dijo también con el mismo tono solemne Diego, pero, vamos a esperar a que nos recojan la mesa y nos sirvan algunos cognacs, pues de manera alguna se puede hablar de evocaciones sin paladear el producto verdaderamente quintaesenciado de la uva y desde luego, con un buen puro...

—¡Por supuesto de Veracruz!— interrumpieron, como también ya era costumbre, los dos amigos

—¡Claro! De los que no hay mejores en toda la Tierra, qué digo la Tierra, en la galaxia.

—Parece que las cosas se contagian, aunque sea previamente, pues estamos hablando ahora, ¿cómo les diré?, un poco... frívolos. Ésta fue una característica de don José López Portillo durante todo su régimen. Su estilo de citar a la menor ocasión dichos típicos y bromas, hace que por ejemplo, este su segundo año, el del Coordinador, no le haya afectado de manera tan impresionante como a don Luis, su antecesor, pero de que hay tema para cortar, pues claro que lo hay.

—Se inicia su segundo año, con una afortunadísima coincidencia para él y que sería muy significativa durante todo su periodo. El descubrimiento, el 21 de febrero, por parte de un obrero de construcción de la Compañía de Luz y Fuerza, Mario Alberto Espejel Pérez, que al hacer una excavación, topa con la Coyolxauqui. Con miembros del gobierno y profesores del Instituto Nacional de Antropología e Historia, el presidente López Portillo visita el lugar el 28 del mismo mes, cuando recibe la primera explicación oficial por boca de los arqueólogos Gerardo Cepeda, José Luis Lorenzo y Raúl Martín Arana que le dicen: "Es la hermana de Huitzilopochtli, su nombre es Coyolxauhqui, que en su lucha con él rompió todas las coyunturas. Fue derrotada y cayó al pie de la pirámide... está en el sitio original".

—De allí brotaría la idea para una coordinación, la del Consejo del Centro Histórico de la Ciudad de México, aunque tardó en integrarlo más de dos años, ya que fue firmado el 11 de abril de 1980.

—Si don Lázaro fue enemigo acérrimo del juego, don José le dio un nuevo impulso al crear una nueva dependencia: Pronósticos Deportivos para la Asistencia Pública, que puso en funcionamiento con los resultados de 13 de los 24 juegos de los octavos de final del XI Campeonato Mundial de Futbol que se jugó en Argentina. Es obvio que aunque fue una coordinación, como específicamente lo debemos considerar, sí tuvo los mismos visos y los mismos resultados de aquélla. Como dato curioso, ningún aficionado acertó los 13 resultados necesarios para ganar el primer lugar y solamente dos concursantes acertaron 12 resultados, obteniendo, cada uno, 2 millones 176 mil 653 pesos.

—Una coordinación, y muy importante, fue la que organizó "bajita la mano" para destruir El Gargaleote, el feudo del legendario cacique potosino Gonzalo N. Santos, de 6 mil 252 hectáreas.

—Los considerandos que esgrimió la coordinación y con los que la Secretaría de la Reforma Agraria pudo decretar un nuevo centro de población ejidal, que por cierto se llama Nuevo Ahuacatitla, llenaron, con letra menuda y renglón seguido, ocho páginas del *Diario Oficial*, que terminan con un párrafo que dista bastante del carácter técnico de la publicación, pero muestra mucho del estilo literario personal del presidente López Portillo.

"No puede ni debe dejarse al arbitrio de los propietarios de predios afectables que, con violación flagrante de las disposiciones legales, incluso aquellas que alcanzan el rango constitucional, realicen *motu proprio*, fraccionamiento de los mismos, tanto más cuando existe una reiterada y justificada demanda de tierras por parte de los campesinos."

—Por lo que respecta a sus comisiones, en realidad, como les dije al principio, no cuajaron. El Plan de Fomento Industrial, no pasó en este año de buenos deseos y el Plan de Productos Básicos, que obviamente conllevaba un grupo de personas, llámese o no comisión, creado para incrementar la producción de 90 productos, hubo necesidad de reestructurarlo para quedar apoyando sólo a 19 productos y eso, el año siguiente.

—En fin, un año poco típico, pero hubo otro rasgo muy personal del presidente que no quiero posponer su comentario, pues fue realmente el regalo que le hizo, como hombre todopoderoso del país, "yo tengo el poder y lo puedo ejercer", a doña Cuquita, su señora madre.

—Recordaremos que en agosto falleció el papa Paulo VI y el mes siguiente su sucesor Juan Pablo I; pues bien, nada más ascendió al trono de San Pedro el primer papa polaco de la historia, el presidente buscó y encontró los cauces convenientes para invitarlo a México en el mes de enero siguiente, precisamente para que le dijera una misa a su mamá, en un altar construido *ex profeso* en Los Pinos, así como para que comiera con él en la antigua Basílica de Guadalupe. Es un detalle que en honor a la verdad, lo dibuja de cuerpo entero y me agrada comentarlo; probablemente quedaría mejor comentarlo en su tercer año, el del Mesías, pero no sé porque preferí adelantarlo. Es un buen tema para concluir su análisis.

—Don Miguel de la Madrid no fue ajeno, la neta, como dicen ahora los muchachos, al síndrome del Coordinador, la primera es la que organiza para la Contraloría de la Federación, que el 25 de enero informa que queda prohibido a todos los funcionarios públicos recibir algún regalo que supere el valor de diez salarios mínimos vigentes en la capital del país.

—Una comisión estudia las ventajas y desventajas de que México pertenezca a la OPEP, determinando lo primero, lo que el propio presidente De la Madrid informa al presidente de esta organización, Kamal Hassan Maghur, en forma oficial, el 27 de febrero en el Palacio Nacional.

—Justamente un mes después, la Comisión Forestal determina la cancelación inmediata de todas las concesiones sobre el tema que existan para particulares, quedando por lo tanto los beneficios de la silvicultura nacional, en manos del Estado.

—El mismo presidente se coordina con los mandatarios de Argentina, Brasil y Colombia, para analizar y resolver en lo posible el problema angustiante de la deuda externa que ahoga a estos países, incrementado, conforme el Banco de Pagos Internacionales, en su informe anual difundido en junio en Basilea, Suiza, por la fuga de capitales en América Latina del orden de cincuenta mil millones de dólares en el lustro comprendido entre 1978 y 1983. En su parte medular, el informe dice que "la fuga de capitales agravó y posiblemente seguirá agravando los problemas financieros de la gran mayoría de los países latinoamericanos", para concluir drásticamente diciendo: "No es posible pedir al mundo, comprendiendo en él a bancos, empresas, gobiernos, instituciones multilaterales, etcétera, que asuma las tareas de desarrollo que los ciudadanos de estos mismos países se niegan a cumplir".

—Otra coordinación, es la denominada Transporte Aéreo Federal y que será la responsable de tiempos de vuelo, mantenimiento y en fin todo tipo de disposiciones sobre todos los aviones que empleen miembros del gobierno; casi al mismo tiempo que nombra una comisión que debe resolver, en el plazo perentorio de noventa días, sobre programas de descentralización de todas las empresas paraestatales y todos las instituciones dependientes del Ejecutivo Federal.

—Pasada la mitad de año, en julio, organiza un Programa Nacional de Comunicaciones, para que, mediante la inversión de siete billones de pesos, se mejoren carreteras, ferrocarriles y aerotransportes.

—En septiembre, a dos años de haber sido estatizada la banca, el presidente De la Madrid, concluye la devolución de empresas no bancarias

que fueron requisadas al tiempo del decreto lopez-
portillista y ese mismo mes pone en marcha el
Sistema Nacional de Abasto, uno más en la larga
lista para evitar el intermediarismo y organizar la
distribución de productos básicos.

—Desde luego que la noticia más impactante
del año, fue la explosión ocurrida el 19 de noviembre en San Juan Ixhuatepec, que causó la muerte
de medio millar de vecinos y trabajadores del lugar
y heridas a casi cinco mil personas, además de
doscientos mil damnificados. Es curioso recordar,
desde luego sin ninguna relación ni ninguna su-
posición, que dos días antes, la Junta Federal de
Conciliación y Arbitraje había decretado el embargo de la Torre Pemex, como garantía para el pago
de salarios caídos de un trabajador despedido.

—Por último, y como muestra de las coordinaciones del gobierno del presidente De la Madrid,
en este año se creó el Grupo Contadora, conformado por México, Colombia, Venezuela y Panamá,
con el objetivo de lograr la paz en Centroamérica.
¿Quieren mejor prueba del síndrome?

—Pasemos ahora al actual presidente, Carlos
Salinas de Gortari en su segundo año, haciendo
primeramente un resumen de su síndrome de coordinación, empezando por su primera orden que
de entrada fue un éxito absoluto, aunque después
cambiaría, se trata del 7 de enero, cuando diez
mil comerciantes ambulantes, organizados debidamente, abandonan, *motu proprio*, el Centro Histórico de la ciudad. El mismo mes, el día 18, el
secretario de Agricultura pone en marcha el Programa Nacional de Estímulos Regionales por el

que se erogarán once billones de pesos para la producción de básicos, excelente idea, pero ¿tuvo resultados?

—Un paréntesis necesario, para recordar que en ese mismo primer mes de su segundo año, durante su gira por Europa, Salinas de Gortari dijo en Inglaterra que "los países que se resistan al cambio, tendrán verdaderas tormentas", ¿premonición, advertencia o simple juego de palabras?, estamos a punto de saberlo.

—Otro paréntesis, que al paso de cuatro años resulta clásico. El 19 de febrero, el secretario de Gobernación, mi paisano Fernando Gutiérrez Barrios, declara que no habrá cambios constitucionales en lo referente a la relación de la Iglesia con el Estado. Como ustedes bien lo saben, fue otro punto que, hablando un poco corrientemente, también se reviró.

—Otro paréntesis, que fue causa de problemas hoy irreversibles. Tras haber anunciado durante noviembre del primer año el regente Manuel Camacho Solís que el programa Hoy no Circula tendría una vigencia de dos meses, al llegar el término de este lapso, el 26 de febrero, dice que continuará dos meses más y después de este tiempo lo prolonga otros dos meses, para, el 27 de junio, declararlo definitivo.

—Pero volviendo a nuestro tema, al de las coordinaciones, recuerdo que el 6 de junio de este segundo año, creó la Comisión Nacional de Derechos Humanos, designando presidente al inefable doctor Jorge Carpizo MacGregor, de quien ya vimos su decisión que apenas el mes pasado hizo que se sacudiera el país. Otra comisión, aunque menos abierta, fue la creación de la empresa de seguros agropecuarios Agroasemex. En ese mismo mes de junio y en el mismo periodo de calendario, creó una coordinación bilateral entre México y Japón para lograr la inversión de mil quinientos millones de dólares en nuestro país.

—Empieza la segunda mitad del año, con la puesta en marcha del Programa Nacional de Vivienda 1990-1994, con la promesa de construir 390 mil viviendas, a esta noticia, el mismo día, la sigue una altamente dolorosa: aumenta el kilo de tortilla de 450 a 600 pesos. Quiero repetirles que estoy tratando de relacionar y, lo más importante, exhibiéndolos en comparación con los otros sexenios, los puntos vitales que nos aclaren las dudas que hoy, al final del régimen, nos están asaltando.

—Volviendo al tema de coordinaciones, recordamos que el 1o. de agosto, el presidente Salinas pone en marcha su idea vital, la Primera Semana Nacional de Solidaridad, en la que se relizarán, como quedó inscrito en los anales, catorce mil acciones de beneficio colectivo a todo lo largo y ancho del país.

—Como comisión del segundo año, solo resta la que presentó, el 5 de septiembre, las bases para la venta al sector privado de la banca nacional.

—Dejemos de lado nuestro tema de síndromes, para antes de terminar con la plática de hoy, analizar o mejor dicho, recordar lo importante, a cuatro años, y perdón por la constante repetición de lo ocurrido. El 16 de mayo, firma un decreto de expropiación sobre mil 300 hectáreas de la Sierra de Guadalupe, para transformarla en reserva ecológica de la capital del país.

—¿Más temas para reflexionar? El 30 de agosto, durante una reunión de intelectuales auspiciada por la revista *Vuelta*, el escritor y político peruano Mario Vargas Llosa, hace acres críticas al PRI, concluyendo que es absurdo que una dictadura de seis décadas no haya podido lograr la justicia social en México. No hay ninguna respuesta, pero el encuentro queda suspendido. Dos días más tarde, es elegido presidente del PRI, el senador Luis Donaldo Colosio.

—En este mismo septiembre, México ingresa a la Conferencia de la Cuenca del Pacífico para buscar el desarrollo regional y en octubre, Octavio Paz es galardonado con el premio Nobel de literatura. En diciembre, la Secretaría de Hacienda adjudica Teléfonos de México al Grupo Carso encabezado por Carlos Slim y en ese mismo mes, el estado de Chiapas legaliza el aborto. El Episcopado Mexicano organiza un gran escándalo que culmina decretando excomunión para todos los diputados que votaron a favor. El día 30, el Congreso del estado de Chiapas, suspende los artículos relativos al aborto.

—Una última consideración en esta noche. El 16 de noviembre, el secretario de Programación y Presupuesto, Ernesto Zedillo, afirma que en 1991 no serán necesarios ya más sacrificios. La época difícil ha terminado y se anuncia la contratación de 12 mil empleados para el sector público. Una semana más tarde, el mismo Zedillo comparece

ante la Cámara de Diputados e informa que el 43.5
por ciento del gasto público en el ciclo siguiente,
se destinará a desarrollo.

—Creo señores que ha sido bastante para hoy
y que todos tenemos bastante que meditar.

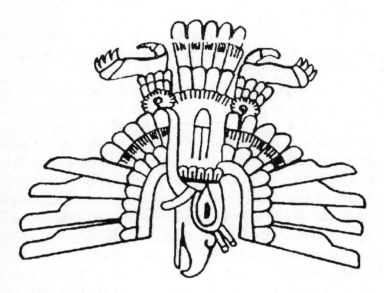

CAPÍTULO XXXIII

HUAPANGO TORERO
(Tomás Méndez)

El viernes 12 de agosto se reunían de nuevo, pero este día era algo especial, o mejor dicho, diferente. Toshiro se había propuesto invitarlos a un sitio donde él fuera el principal protagonista y lo logró en el Club de Periodistas Extranjeros, en la avenida Cuauhtémoc. Allí, con varios amigos había encontrado un ambiente propicio y fue a donde llevó a sus amigos. El ambiente era espléndido y Diego y Julio pasaron un rato en verdad muy agradable. Los comentarios que los corresponsales tenían ese día eran precisamente sobre un tema que apasionaba a Diego y también, por qué no, a Julio, era la comunicación y sobre él comenzaron a disertar.

El bar en el que estuvieron, verdaderamente se convirtió en un foro en el que se empezó a analizar precisamente lo que era la comunicación y tratándose de gente culta y preparada, empezaron a recordar definiciones y frases al respecto que hicieron que Diego sacara su infaltable libretita, pero ahora para apuntar, y con gran detalle, lo dicho en la reunión.

Muchas fueron las frases que se dijeron pero las más interesantes, fueron obviamente las que recogió Diego. Una de Raymond Quenau: "Si hablar es caminar delante de uno, comunicar es ir hacia el otro". Estaba allí Annick Oger, una periodista que trabajaba para la televisión francesa, quien dijo que un adulto tiene necesidad de comprender antes que de aprender, lo cual hizo a Diego exclamar eufórico, que eso era filosofía de verdad y no de libracos de biblioteca.

Se habló de Pierre Salinger, quien recientemente había estado en México y había trabajado para Kennedy, que decía que en una conferencia de prensa, lo que preguntan los periodistas establece la relación de problemas existentes en el país, es como un inventario y el presidente o quien está enfrente de los periodistas debe saber responder, por lo que debe ir preparado con buena documentación y si la conferencia fue bien organizada, establece una reflexión como de un trabajo en equipo, logrando una comunicación interpersonal que logra extenderse al exterior y, lo más importante, transparencia.

Había periodistas franceses, que dijeron una frase de Gaston Lerroux que es un auténtico poema y que sintetiza lo que es precisamente la comunicación: "Voir, savoir faire et faire savoir", es decir: "Ver, saberlo hacer y hacerlo saber".

—Para qué más, dijo Julio verdaderamente encantado.

También se encontraba Anthony Palma, quien intevino en la conversación diciendo:

—Un amigo mío, quien estuvo muchos años como corresponsal en Medio Oriente, me dice que conocer a México es más difícil y mucho más complejo que, por ejemplo, entender los problemas que existen hoy en Irán. Los políticos en Estados Unidos utilizan cifras de algunas de mis citas eliminando palabras que obviamente tienen intenciones periodísticas, para convertirlas en declaraciones políticas. En México y Estados Unidos, no podemos vivir como enemigos; no es posible vivir, como decía Allan Riding, como "vecinos distantes", hay que tomar en cuenta que todos habitamos en la misma casa, incluyendo a Canadá, ya que geográficamente, estamos en América del Norte.

Estas palabras dejaron un poco tenso el ambiente, por lo que Diego Mendoza Luna, que no quería retirarse sin dejar su granito de arena y relajar los ánimos, les dijo que de todos los billetes en dólares que circulan en Estados Unidos; los que como todo mundo sabe tienen por lo general el retrato de algún ex presidente; el único que aparece sonriendo es Benjamin Franklin y la razón —dictaminó Diego— es que nunca fue presidente y no tenía por qué aparecer solemne. Él era inventor, pero lo grave fue que para tener éxito en uno de sus inventos, le tuvo que caer un rayo —grandes carcajadas brotaron y los tres amigos optaron por retirarse del grupo, para empezar con sus reflexiones.

Los comentarios de la semana, pese a su importancia, carecían de la espectacularidad que todos esperaban. Los cierres de las campañas se efectuaban sin nada especial. Lo mismo que durante todo el periodo previo, siempre los mismos puntos, los mismos ataques, las mismas promesas.

Así pues, no habiendo otros comentarios, Tierritas inició el estudio del tercer año de los diez sexenios que ha tenido México durante los últimos sesenta años, comenzando por lo pronto por decir que en este tercer año, indefectiblemente se sienten cautivados, porque esta debe ser la palabra, cautivados por el síndrome del Mesías. Este síndrome, más que los otros, no les molesta, sino que los alienta a seguir con su misión, porque están convencidos de que no existe nadie con la capacidad de acción, de resolución y de visión, que ellos; nadie había hecho ni lograrás nunca hacer nada igual, y, decía Diego Mendoza, nada mejor para demostrarlo que los hechos históricos y sin mayor trámite, inició su exposición.

—Si en algún caso alguien tuvo la conciencia de ser el Mesías, lo fue don Lázaro; con todo mi respeto, pero en verdad, en su tercer año, eliminado del escenario no sólo político, sino del territorio nacional el general Calles, Cárdenas había demostrado que el presidente era él y sobre esta premisa y esto se los digo yo, que viví este sexenio más cerca que nadie, excluyendo desde luego a su familia, el hombre de Jiquilpan, como muchos le conocieron, construyó y delineó el poder absolutista del presidente de la república, que hasta ahora todos han detentado y más que nunca en este tercer año, en el que este poder brilla con toda su intensidad.

—Cárdenas inicia el año creando el Departamento de Publicidad y Propaganda, dependiente de la presidencia, para dar a conocer toda la información oficial porque sin duda alguna el conocimiento es una de las virtudes y condiciones del Mesías. Una semana más tarde, abre las puertas a la crítica, ordenando que no se persiga a nadie de los que en forma privada o pública lo censuren, sólo pide que los ataques sean directos y que él esté enterado, para, si es que tienen razón o causa, corregir éstos para el mejor servicio a la nación. Acercamiento y apertura, otra virtud del mesianismo.

—En febrero, el Mesías perdona y promulga la Ley de Indulto para los delitos de rebelión y sus conexos, para añadir a sus virtudes, la del perdón.

—Como dato curioso, en este mes, cesa de manera fulminante al general Rafael Navarro Cortina como gobernador del territorio norte de Baja California, por haber tolerado la presencia de garitos. Recordemos que el juego era verdaderamente odiado por mi general presidente, dejando la gubernatura en manos de un hombre que posteriormente sería presidente del PRI y político de gran envergadura, el entonces coronel Rafael Sánchez Taboada.

—Interviene en los asuntos sindicales dando una orden que obviamente favorecería a los líderes más capaces, o mejor dicho, más "mañosos", al dictar una resolución presidencial por la que determinaba que correspondía a los sindicatos que tuvieran mayor número de agremiados en las empresas, contratar exclusivamente con éstas. En este terreno obrero-patronal, ocurre una huelga de los trabajadores petroleros que estalla el 27 de mayo y que dura cerca de dos semanas con los trastornos que se pueden imaginar, pero que históricamente representa el inicio de la tormenta que sacudiría al país en los meses siguientes y que culminaría, como todos sabemos, el 18 de marzo siguiente con la expropiación de la industria petrolera.

—El mesianismo cardenista adquiere categoría internacional al acoger a 480 niños españoles, enviados a México por el gobierno republicano español, dadas las circunstancias bélicas que privaban en la Madre Patria. Los niños fueron enviados a colegios de Morelia y la posteridad por esto mismo los conocería como Los niños de Morelia, que fueron, sin discutir un ápice, el acto de buena voluntad y de solidaridad internacional, un motivo de publicidad para el nuevo Mesías que alumbraba a México.

—Como veremos en la gran mayoría de los casos, una de las características de nuestros Mesías sexenales es entronizar radiantemente a algún personaje histórico, obviamente para con su brillo iluminarse a ellos mismos, al tiempo que destruyen o minimizan a otro, para demostrar el poder. En el caso de Cárdenas, a pesar de su apoyo a los niños hispanos, el enemigo público fue Cortés, al entregar las instalaciones del Convento de Jesús Nazareno, obra del conquistador y sitio en el que están sus restos, para convertirlo en el Hospital de Jesús, para servicio del pueblo y administrado por la beneficencia.

—Sobre esta misma pasión, le puso a su hijo, en honor del último gran tlatoani azteca, Cuauhtémoc, por cierto, nacido el año de la campaña, precisamente el primero de mayo, como dice en sus memorias —dijo Diego— sacando su famosa libretita: "1o. de mayo (de 1934): a las 12 horas dirigí por radio a los trabajadores de la república un saludo, insistiendo en la organización cooperativa de trabajadores como medio efectivo para mejorar las condiciones del mismo trabajador... a las 18 horas Amalia dio a luz un niño. Feliz coincidencia la de su nacimiento en este 1o. de mayo. Llevará por nombre Cuauhtémoc Lázaro Cárdenas Solórzano...

—Por lo que respecta a los ensalces, estos fueron a dos de los héroes de la gesta revolucionaria, Venustiano Carranza y Emiliano Zapata, a los que determina honrar decretando luto nacional los días 21 de mayo y 10 de abril de cada año, aniversario de sus respectivos asesinatos, aunque la liturgia oficial prefiera la palabra fallecimiento.

—Crea, en junio de este 1937, el Banco Nacional de Comercio Exterior para la apertura comercial del país a todos los rincones del mundo y, bajo su sombra protectora crea, mediado el año, el Estatuto de Servicio Civil para garantizar todas las prestaciones laborales correspondientes, a quienes trabajaran al servicio del gobierno en todas sus áreas.

—El 12 de octubre, Día de la Raza, mediante el recientemente, como les he dicho, creado Departamento de Publicidad y Propaganda de la Presidencia de la República, el Mesías, el general

Lázaro Cárdenas lanza su voz con un importante mensaje a todo el continente.

—Volemos seis años en el tiempo para encontrarnos en 1943, en el tercer año de don Manuel Ávila Camacho; su mesianismo, su superioridad, lo mismo que todos, brota desde el inicio del año y así, en enero dicta un acuerdo para que la enseñanza en los establecimientos oficiales, desde los jardines de niños y escuelas primarias, hasta las profesionales, sea absoluta y efectivamente gratuita, por lo que nadie estaría autorizado para cobrar a los alumnos o padres de familia cuotas de ninguna especie, ni por concepto de inscripción ni de colegiatura ni nada de nada y olvidando, bajo amenaza de penas severas, el término "cuotas voluntarias". El primer regalo del Mesías en su año.

—Una vez cubierto el intelecto, lo siguiente es saciar el hambre ¿o debe ser al revés?, ¿quién sabe?, lo importante es que antes del arribo de la primavera, por decreto presidencial queda creado el "Consorcio", cuya finalidad es la de controlar la adquisición, distribución y venta de artículos alimenticios.

—Recuerdan que dije en el caso de Cárdenas que algo significativo era, si no destruir, sí minimizar a algún personaje de la historia. Don Manuel, con gran sutileza lo hace el 6 de marzo, asistiendo personalmente, acompañado del presidente de Costa Rica que se encontraba de visita en nuestro país, a la inauguración del Hipódromo de las Américas. Cárdenas odiaba el juego, don Manuel, discretamente y dentro de límites muy razonables, lo fomenta encubriéndolo por su afición a los caballos.

—Mientras esto sucedía, el 20 de febrero, en las inmediaciones de San Juan Parangaricutiro, Michoacán, entre los surcos de un sembradío aparece por la tarde, intempestivamente, una fumarola que en pocas semanas se convierte en un volcán que acuden a observar científicos de todo el mundo. El nombre del pueblo, impronunciable para quien no conozca desde niño la dulce lengua tarasca, se convierte, para que propios y extraños, aunque con dificultad, lo puedan pronunciar, en Paricutín.

—Pero sigamos con el Mesías, desea, como honestamente todos lo han querido e intentado hacer con todo el entusiasmo y el esfuerzo posible que México sea grande. Así el 3 de marzo, es botado, en Coatzacoalcos, Veracruz, el primer barco proyectado y construido totalmente en México. Su desplazamiento, aunque pequeño, ya es significativo, 654 toneladas y su nombre, obviamente el de la patria chica de los Ávila Camacho, para eso don Manuel es el Mesías, Teziutlán.

—Sobre la misma línea y en plena guerra mundial, don Manuel demuestra que México "las puede", por lo que anuncia, a través del Banco de México, la acuñación de cincuenta millones de pesos en monedas de plata y la nueva emisión de centenarios de oro, la moneda creada por el general Álvaro Obregón con idénticos fines, demostrar que México es grande, precisamente en 1921, en el centenario de la consumación de nuestra independencia.

—Continúa trabajando en el engrandecimiento de México que, insisto, es realmente la gran misión que pretenden los subsecuentes Mesías, y logra por la vía diplomática una entrevista con el presidente de Estados Unidos, Franklin D. Roosevelt; la primera entre mandatarios de México y la Unión Americana realizada desde cuatro décadas atrás, cuando don Porfirio Díaz se entrevistó, en El Paso y en Ciudad Juárez, con el presidente William Taft.

—El Congreso de la Unión, a través de la Comisión Permanente, el 21 de abril, dio permiso, "siempre y cuando no permaneciera en suelo extranjero más de setenta y dos horas"; el primero que se otorgó a un presidente en funciones para viajar al exterior en nuestra historia, pues nadie, antes de don Manuel lo había hecho, ya que don Porfirio en su entrevista con Taft lo hizo justo en la línea divisoria. La entrevista tuvo una duración de dos días, en dos escenarios. Primero en Monterrey, para trasladarse posteriormente a Corpus Christi. En ellas quedó definida indudablemente la posición de México con respecto a la guerra que devastaba al mundo.

—Entre las palabras pronunciadas por don Manuel —recalcó Diego— destacan, a mi juicio los siguientes párrafos: "México no ha necesitado alterar el más leve concepto de su doctrina para encontrarse al lado de las naciones que están luchando por la civilización del mundo y por el bien de la humanidad. Nuestro sentido histórico del honor sigue siendo el mismo que se expresó con las armas en el pasado, para defender nuestro territorio y sostener nuestras instituciones. Si el solidarizarnos con vuestra patria en la presente emergencia hubiera implicado para nosotros un cambio imprevisto de derrotero, nuestra cooperación no gozaría del unánime apoyo que la opinión mexicana le otorga".

—Por su parte, el mandatario norteamericano, Franklin D. Roosevelt, dijo enfáticamente palabras que afortunadamente resultaron proféticas, especialmente cuando mencionó que "resulta algo sorprendente pensar que han pasado casi treinta y cuatro años desde que los jefes del Poder Ejecutivo de nuestras dos naciones se encontraron frente a frente. Espero que llegará el día en el cual cada presidente mexicano y cada presidente americano se sentirán con libertad para visitarse mutuamente como vecinos y, como vecinos, tratar de sus asuntos, con el objeto de conocerse mejor. Nuestros países deben su independencia al hecho de que vuestros antepasados y los míos mantuvieron las mismas verdades dignas de combatir por ellas y por ellas morir. Hidalgo y Juárez fueron hombres del mismo temple que Washington y Jefferson. Era, por tanto, inevitable que nuestros dos países se encontrasen alineados, en la gran lucha que se está llevando a cabo actualmente para determinar si éste será un mundo libre o esclavizado".

—En este tercer año, el del mesianato, Ávila Camacho reforzó también los nexos con los países sudamericanos, y así en marzo logra que visite nuestro país el doctor Rafael Calderón Guardia, presidente de Costa Rica y en mayo, otro presidente, el de Bolivia, general Enrique Peñaranda. Un mes más tarde, la tercera y última de esta serie de visitas latinoamericanas se concreta al arribar a México el presidente paraguayo, Higinio Moriñigo.

—Claro que la capital del país no podía dejar de sentir los beneficios del Mesías Ávila Camacho a través del jefe del Departamento, Javier Rojo Gómez y mucho es lo que podemos comentar al respecto, pero sobre todo destaca el acondicionamiento del inmundo, no puede tener otra palabra, Río Consulado, entubándolo y convirtiéndose en la avenida Melchor Ocampo a pocos metros del hotel en que te hospedas, Toshiro, y que hoy ha sido transformado en el útil y efectivo Circuito Interior.

—La avenida Revolución, una estrecha y anaticuada calle, donde la vía de los trenes eléctricos, además de estorbar, daba mal aspecto, fue transformada en una amplia y comercial avenida, que además integró al centro de la capital el entonces lejano poblado de Mixcoac.

—La avenida de los Insurgentes, auténtico orgullo de la ciudad de México, la entroncó con la carretera de Cuernavaca, iniciándose un nuevo eje comercial.

—Además de tender nuevos colectores, atarjeas y drenaje para el agua potable, don Manuel logró traer el agua de los manantiales del Río Lerma a la capital de la república. Esta fue indudablemente una obra de titanes, ya que se debió perforar la tierra desde Lerma hasta la ciudad de México, colocar imponentes tuberías, edificar estaciones de bombeo, laboratorios para el análisis periódico del agua y un sinfín de detalles de los que yo me siento verdaderamente muy orgulloso, pues participé activamente, y en verdad les repito, que sin esta infraestructura, hoy ya la ciudad más grande del mundo, se hubiera muerto de sed.

—Otra cosa que tú debes saber —dijo dirigiéndose directamente a Julio— es que en este tercer año, don Manuel entregó títulos de lotes en varias colonias de la capital, una a la que me quiero referir directamente es a la fundación, en las Lomas de Sotelo, de la colonia del Periodista, cuyo fraccionamiento fue verdaderamente un ejemplo de orden y prueba de la potencia de tu gremio.

—A los trabajadores del Departamento del Distrito Federal, también los benefició, otorgándoles el Parque Deportivo 18 de Marzo, además de regalarles una clínica y una escuela de Capacitación del Burócrata, aunque lamentablemente ésta nunca funcionó como eran los deseos, no sólo del presidente Ávila Camacho, sino de toda la ciudadanía.

—En este año de 1943, falleció en Los Ángeles, California, un personaje característico del gobierno de Cárdenas, Tomás Garrido Canabal, gobernador de Tabasco y quien fue famoso por su anticlericalismo furibundo, y forma parte de esta élite de políticos mexicanos que darían tema para todo un libro, así como lo ocurrido ese año en el interior de la Cámara de Diputados.

—Precisamente cuando se estaban calificando las elecciones de los diputados que formarían el Congreso de la Unión que acompañaría durante la segunda mitad de su mandato al presidente Ávila Camacho, al discutirse el caso del segundo distrito electoral por el estado de Oaxaca, el licenciado Jorge Meixueiro, que había sido descalificado por el Colegio Electoral que se había manifestado en favor de Leopoldo Gatica Neri, pidió que se le concediera el defender personalmente su caso, por lo que subió a la tribuna parlamentaria para improvisar un discurso, que como algún cronista de la época dijo, "sin estridencias ni cargos para nadie, fue decreciendo al sentimentalismo y a lo dramático" para, al concluir con sus argumentos decir con voz fuerte y serena: "Quiero esgrimir un último argumento y salir de aquí..."

—En ese momento, rápidamente sacó una pistola que traía al cinto, pavonada, con cacha de venado, automática y de calibre 38, para colocarla en su boca y sin que nadie pudiera evitarlo, dispararse cayendo gravemente herido, siendo inútiles todos los esfuerzos por salvarle la vida que perdió en la ambulancia que lo trasladó hacia un hospital. Este caso realmente impresionó a todo el mundo...

—Pero cerremos este paréntesis, para volver al mesianismo de Ávila Camacho, que promueve al ex presidente, general Abelardo L. Rodríguez, como gobernador constitucional de Sonora. Vale comentar que don Manuel fue el último presidente que tuvo a un ex presidente, y de la categoría y el tamaño de don Lázaro en su gabinete, pues ocupó la cartera de la Defensa Nacional precisamente al entrar México en estado de guerra con las potencias del Eje, y también, al anterior, como se los estoy recordando, como gobernador. A partir de don Manuel, los ex presidentes han tenido puestos honorarios, que se pueden calificar como ejecutivos, pero fuera totalmente del gabinete y ajenos a la política nacional. El fin del periodo presidencial, a partir de don Manuel, es el fin de la vida política de un presidente. Por lo pronto, sirva la anécdota para recordar que una de los facetas del mesianismo avilacamachista, fue ésta, demostrar, como lo hizo don Lázaro en su momento, que el presidente era uno y sólo uno.

—Más ejemplos del síndrome del Mesías, fueron el decretar la congelación de rentas por la Segunda Guerra Mundial, lo que hasta este último sexenio, o sea más de medio siglo después pudo ser eliminado; decretó también la congelación de precios en los productos de primera necesidad, lo que, aunque fuera el mismísimo Mesías no tuvo mas efecto que el de unas líneas en los periódicos, pues nada ni nadie ha podido, en México, detener el alza de los precios.

—Crea la Secretaría de Salubridad y Asistencia, en la que fusiona la antigua Secretaría de Asistencia y el departamento de salubridad, restablece la pena de muerte para los salteadores de caminos y decreta una Ley de Compensación de Emergencia al Salario Insuficiente que ordenó un aumento forzoso a los salarios menores a diez pesos diarios.

—Sin embargo, su gran regalo al pueblo como auténtico Mesías, se concreta el 26 de octubre, cuando la Cámara de Diputados, por una abrumadora mayoría de setenta y nueve votos a favor por tres en contra, aprobó el dictamen de las comisiones unidas de Gobernación y del Departamento del Distrito Federal que dispuso que a partir de este día, la "Delegación Gustavo A. Madero, estará formada por la Villa de Guadalupe

Hidalgo y las colonias Martín Carrera, Aragón..."
y en fin, continuaba con todos los pueblos y
colonias que la conformaban.

—Así, don Manuel le daba el ansiado regalo a
su pueblo de devolverle el nombre a la Villa de
Guadalupe, al lugar en que se eleva la casa de la
Virgen amada por todos los mexicanos, mismo
que jamás debió haber perdido, pero por circunstancias que en su momento pudieron argumentar-
se como válidas, lo lograron. Sin embargo, la fe
del pueblo jamás aceptó otro nombre al lugar en
el que se venera a la Señora del Tepeyac, que el
de Villa de Guadalupe, por lo que, oficialmente, a
partir de este día, lo volvía a tener.

—Como dato importante, les diré que el dictamen oficial decía que se hacía en virtud de los
antecedentes históricos, citando desde el estan-
darte enarbolado por el padre Hidalgo, hasta el
nacimiento como tal de la Villa de Guadalupe,
ordenada por Vicente Guerrero cuando fue presidente, sin dejar de mencionar los antecedentes
que en su momento decretaron que el primer
presidente del país se llamara Guadalupe Victoria,
aclarando, el dictamen al que hacemos referencia,
"que el cambio de nombre no se hacía para satisfacer las exigencias de los grupos que siempre
estuvieron contra la Revolución Mexicana".

—Así pues, queda demostrado que don Manuel
Ávila Camacho, en su momento histórico, fue
víctima del síndrome del Mesías y, seguiremos con
el análisis de don Miguel Alemán Valdés.

—Empieza su año mesiánico, dando una reforma auténticamente democrática, al aprobar la Cá-

378

mara de Diputados; aquí Toshiro, quiero informarte que realmente hasta los últimos años, esta Cámara, lo mismo que la de Senadores, distaron mucho de ser entes autónomos y por eso cuando veas que lo que ellas hacen lo adjudico a la cuenta personal del presidente en turno, es porque precisamente es obra personal de éste último. Ni más ni menos.

—Entonces, retomando la idea, les decía que el inicio de su tercer año lo hace cuando la Cámara de Diputados aprueba la Ley Electoral Federal, inaugurando un amanecer de democracia para México, ya que en el texto conducente, se introduce la figura de declaración de principios, con el ánimo de "conducir, elevar y sujetar la lucha política a una lucha de principios, no sólo de intereses entre individuos y grupos".

—El afán de mostrar al México poderoso ante el extranjero, lo logra Alemán por varios caminos; en el diplomático, obteniendo del gobierno de la República Argentina, la Orden del Libertador San Martín y, en el terreno económico, vendiendo al gobierno árabe siete millones de onzas de plata, por la cantidad de cinco millones de dólares, con lo que el peso mexicano, igual que unos siglos atrás era moneda aceptada hasta en la lejana China; ahora volvía a estar presente en Arabia, el emporio petrolero del mundo. En el mismo año, siguiendo por ese camino, muy importantes fueron las ventas que se hicieron de plata mexicana, acuñada en monedas, a muchos otros países.

—El intelecto también merece la atención del nuevo Mesías, que inaugura, el día que se celebra un aniversario más de la expropiación petrolera, el Conservatorio Nacional de Música y no podía dejar de hacer algo por el petróleo, por lo que en la misma jornada, pone en marcha un gasoducto de Poza Rica a México, mismo que tuvo un costo de cinco millones de pesos.

—Pero su entrega al pueblo como Mesías sigue en forma ascendente y el 10 de mayo, mientras doña Beatriz, su esposa, regala treinta casas a las madres proletarias, el presidente Alemán, rodeado de todo su gabinete, inaugura el Monumento a la Madre, uno de los más grandes que existen en el mundo.

Al fin aquí pudo intervenir Julio.

—Y que el ingenio popular, que no descansa un momento, dijo que tenía un mérito indirecto, pues como pueden ustedes observar, atrás de la figura de la madre, tiene una alta columna, lo que explicó el pueblo diciendo que había sido construida para que si había un ataque extranjero, nos "dieran en la torre, pero no en la madre".

—Las huelgas fueron muy escasas —continuó Diego— y para conjurarlas, nada mejor que hacer actos mesiánicos, como fue el caso de la huelga petrolera que en el mes de mayo queda terminada, concediendo a los empleados y obreros, incrementos salariales del orden de los tres millones de pesos al año.

—El modernismo y el hacer de la capital de la república una metrópoli a la altura de la mejor del mundo, le impulsa a decretar las horas corridas en el comercio, algo que hoy podemos ver como normal, pero que hace casi medio siglo era dar el cambio radical de una ciudad pueblerina a una ciudad que hoy, con nuestro modo de hablar a partir de Echeverría, llamaríamos capital del primer mundo. El comercio no cerraría a mediodía para que los empleados fueran a comer y los jefes, además, a dormir la siesta; ahora el Mesías Alemán nos ponía en la modernidad; lo que significaría comer, como en Nueva York o en Chicago, un apresurado sandwich con un refresco. Sin embargo esto no fue literal. Las horas corridas sí; la comida frugal a veces. Si había dinero a comer como Dios manda.

—Un par de meses después, dicta otra disposición, a través del Departamento del Distrito Federal, para modernizar el transporte público, ordenando la instalación obligatoria de taxímetros en todos los automóviles de alquiler. El decreto, que motivó airadas protestas de los entonces llamados "ruleteros", mereció el aplauso popular que reconocía el esfuerzo presidencial por elevar de nivel ante el mundo a la capital del país.

—El control de los productos básicos no podía dejar de atacarse por el presidente en el año que se siente enviado de Dios y considera que la Nacional Distribuidora y Reguladora, creada por su antecesor, ha concluido su ciclo y pone el problema del abasto del pueblo en una moderna empresa, la Compañía Exportadora e Importadora S.A., mejor conocida por sus siglas CEIMSA, que dejaba ver, desde su impresionante nombre, "exportadora e importadora", los alcances de su programa.

—Cuando todavía los ecos de los aplausos otorgados por los miembros del gobierno y del Congreso de la Unión, así como de invitados especiales aún resuenan como respuesta a su tercer informe, inaugura, el 4 de septiembre, en el extinto Estadio Nacional, la Exposición Objetiva del gobierno, por si alguien dudaba o ignoraba los alcances y los objetivos ya concretados en tres años de administración. ¿Mejor explicación de que estaba poseído por el síndrome del Mesías?

—En este mismo septiembre, una tragedia hace cambiar muchos planes del presidente Alemán. Si en su segundo año su secretario de Gobernación, Héctor Pérez Martínez, como ya lo mencionamos, falleció intempestivamente por un problema renal, el 26 de ese mes, en un accidente de aviación falleció don Gabriel Ramos Millán, senador de la república en ese momento y quien había creado y concretado brillantemente la Comisión del Maíz, organismo alemanista cien por ciento, creado para aumentar la producción de este grano para el abastecimiento de la población y aun para la exportación, eliminando el uso de la viejas y degeneradas semillas criollas, sustituyéndolas por semillas seleccionadas e híbridas que se fueron cultivado en centros experimentales creados con la ayuda de la Fundación Rockefeller.

—Yo personalmente colaboré en este proyecto y me consta que para hacerse cargo con la responsabilidad que ameritaba la comisión, don Gabriel abandonó todos sus negocios particulares, que eran muchos y muy productivos, para responderle a su jefe y gran amigo Miguel Alemán, amistad que por cierto databa de años atrás, pues sus primeras acciones como abogado, igual que las del presidente, las hicieron patrocinando a los trabajadores mineros de Real del Monte.

—En el mismo avión en que murió Ramos Millán, quien, como Pérez Martínez podía considerarse con grandes méritos y categoría, además de edad, pues sólo contaba con 45 años al fallecer, para ser presidenciable, viajaba una excelente actriz, Blanca Estela Pavón, gran compañera de Pedro Infante en las sentimentales películas *Nosotros los pobres* y *Ustedes los ricos,* así como destacada primera figura en *Cuando lloran los valientes, Los tres huastecos* y muchas más, lo que hizo que este accidente tuviera aún mayor resonancia popular.

—Al más clásico estilo mexicano, después de ahogado el niño se tapa el pozo, un día después que ocurrió éste accidente, la Secretaría de Comunicaciones y Obras Públicas, canceló la concesión de esta ruta aérea, Tapachula-México, que atravesaba los volcanes, pues precisamente la aeronave se estrelló en las nieves eternas del Popocatépetl.

—El accidente restó importancia a otra noticia que años más tarde crecería y fue la del descubrimiento, ese mismo 26 de septiembre, a medio día, en Ixcateopan, Guerrero, de los restos de Cuauhtémoc, gracias a los esfuerzos de la maestra Eulalia Guzmán.

—Con un acto que se puede calificar de premonición, pues fue el despacho en el que pasó sus últimos años y en el que desde luego destacó ampliamente la importancia de México en el mundo entero, don Miguel crea, en noviembre de este tercer año, el Consejo Nacional de Turismo, dos días más tarde en que el *Diario Oficial;* recuerden que el Mesías todo lo hace abierto y sabe que su pueblo debe estar informado; publica un decreto por el que el Legislativo autoriza al Ejecutivo Federal para emitir un empréstito interior de bonos por la cantidad de 536 millones de pesos.

—En diciembre, en Reinosa, Tamaulipas, antes de acabar su año mesiánico, el presidente Alemán puede anunciar el descubrimiento de un nuevo campo petrolero con reservas inimaginables, el mismo día en que decreta la creación de una empresa de participación estatal para producir medicamentos y venderlos a precio económico.

—Pero he dejado para el final el gran regalo del Mesías al pueblo de México. Si seis años atrás don Manuel restituyó el nombre de Villa de Guadalupe a la zona del santuario, el 4 de diciembre de este 1949, en su tercer año, Alemán inaugura la calzada de Guadalupe. No quiero ser exagerado ni parecer impresionado por lo que hizo quien siempre; desde que encabezó el bloque de gobernadores en apoyo a la política cardenista en el ramo petrolero; me profesó una absoluta confianza y amistad, por lo que voy a leerles lo que dijo la prensa y que cualquiera puede comprobar mediante una simple consulta en cualquier hemeroteca.

"El pueblo del Distrito Federal y de los lugares aledaños, representado por más de doscientas cincuenta mil almas aclamó delirantemente al señor presidente de la república, licenciado Miguel Alemán cuando en un recorrido de una hora y quince minutos inauguró la magnífica calzada de Guadalupe.

"Dificil es decir lo que aconteció. Todo lo que se diga resultará pálido ante la realidad, pues el pueblo, invadiendo literalmente los seis kilómetros de la calzada, desde la garita de Peralvillo hasta las puertas de la Basílica de Guadalupe, envolvió en un cariñoso tumulto, valga la paradoja, al jefe de la nación expresándole el más caluroso homenaje que pocos, o quizá ningún presidente antes del actual, habrán recibido dentro del periodo de desempeño de su altas funciones.

"En este homenaje, auténticamente multitudinario, el pueblo ofrecía su refrendo al primer mandatario, celebrando y agradeciendo la magnificente obra que se puso al servicio público y que se encamina a dar dignidad y decoro a ese sitio conocido y amado por todos los mexicanos: la Villa de Guadalupe".

—No se puede expresar mejor que existe un síndrome, que éste es el de sentirse el Mesías y que lo vivió intensamente Miguel Alemán.

—Después de estos tres extraordinarios casos de síndrome del Mesías, es posible que desmerezca el brillo de lo realizado por don Adolfo Ruiz Cortínes, pues si alguna característica tuvo siempre, fue su discreción. Las luces y los reflectores no eran muy de su agrado, pero, el síndrome es el síndrome y don Adolfo no pudo evitar sentirse el Mesías redivivo y los ejemplos son los siguientes.

—Primero, antes de entrar en detalle, un ejemplo de la personalidad de don Adolfo se da el primero de febrero, cuando el almirante Mario Rodríguez Malpica, comandante general de la armada nacional es relevado de su cargo por considerarlo responsable del hundimiento del remolcador Río Blanco, en el que perecieron trece de sus tripulantes. Pero el detalle realmente personal de don Adolfo, se realiza un mes después, el 3 de marzo, cuando el mismo Rodríguez Malpica es exonerado de responsabilidad y reinstalado como comandante de la armada nacional. El Mesías castiga, pero si se equivoca, rectifica. No tiene por qué avergonzarse ni por qué ocultar sus movimientos. La acción es explicativa de manera contundente.

—El Mesías tiene principios morales y debe cuidar la moral de su pueblo, por lo que en abril da luz a la Asociación Nacional contra la Pornografía y el Vicio, para lo que cuenta con un brazo fuerte y poderoso, el de su jefe del Departamento del Distrito Federal, el regente de hierro, Uruchurtu, que le da cabal cumplimiento a este deseo de don Adolfo.

—La industria y el progreso nacional no son ajenos al Mesías sexenal y su interés lo demuestra por dos inauguraciones, una, el 12 de abril, cuando inaugura una modernísima refinería en Poza Rica, Veracruz y otra, probablemente más importante, pues también puso a México en boca de los grandes industriales del mundo, fue la inauguración que, otra vez recordemos el estilo personal de don Adolfo, no la hace él mismo, sino que envía a su secretario de Hacienda, don Antonio Carrillo Flores, el 10 de junio de este su tercer año, a poner en funcionamiento a la empresa Diesel Nacional, S. A., Dina, en el estado de Hidalgo.

—Los objetivos de la empresa fueron tres —dijo volviendo a sacar su ya famosa libretita— conforme el discurso de inauguración, a saber: 1. Es propósito del gobierno federal, cuando la empresa se encuentre funcionando en pleno éxito dar cabida al capital privado, hasta el grado de que la iniciativa particular se encargue totalmente de ella. 2. México producirá maquinaria agrícola y vehículos para transportes, desde un tornillo hasta los motores y carrocerías, utilizando materia prima nacional y, 3. Nuestro país reducirá así considerablemente la salida de divisas y, cuando haya excedentes, se aumentará el ingreso de ellas, mediante importaciones.

—En cuatro palabras, la síntesis de la política económica de don Adolfo, pero en el renglón industrial todavía hubo más, a mediados de año, se informa de manera oficial que en México se han descubierto seis muy ricos yacimientos de uranio, tanto, que figuran entre los más importantes del mundo; con base en esta nueva riqueza, el presidente Ruiz Cortines, decreta, este mismo año, la ley que creó la Comisión Nacional de Energía Nuclear. Debieron transcurrir varias décadas hasta que se logró instalar, precisamente en Veracruz, la primera y hasta hoy única planta de energía nuclear, entrando así México al primer mundo en esta tecnología. Por cierto, ahora que ya terminemos con tantas presiones, los invito a verla, en Laguna Verde, para que vean la maravilla de tecnología y especialmente la total seguridad.

—Otro regalo del Mesías sexenal, fue el acuerdo de que a partir de este año, se entregarían a todos los trabajadores al servicio del Estado, así como a los miembros del ejército y la armada, treinta días de sueldo a fin de año, como aguinaldo. A quien sirve y en quien se apoya el gobierno para mejor servir el pueblo, lo reconoce el Mesías.

—Antes de entrar en el detalle del gran obsequio que al pueblo de México le ofreció en su año mesiánico don Adolfo el veracruzano, quiero hacer una síntesis de los acontecimientos más importantes que hubo en ese periodo. El secretario de la Presidencia, Enrique Rodríguez Cano, falleció en junio y el secretario de Comunicaciones y uno de los hombres que se suponía presidenciables, el creador material de la Ciudad Universitaria, el arquitecto Carlos Lazo, falleció en un accidente de aviación en noviembre, lo mismo que en marzo había fallecido otro gran personaje de la política en la época alemanista, Jorge Pasquel.

—Miroslava Stern, una de las mujeres más bellas del mundo, se quitó la vida en este año, en el que también fallecieron el sabio inmortal Albert Einstein, dos ex presidentes, don Adolfo de la Huerta, unas horas después de tener un acuerdo con el propio presidente de la república, a consecuencia de un paro cardiaco, y al que propios y extraños dieron el título de Presidente Caballero, don Manuel Ávila Camacho, de mal similar fallece el 13 de octubre.

—Otro caso de la picaresca política que no puedo dejar de comentar, donde el destino jugó una muy rara jugada, fue el que protagonizaron el ex presidente Emilio Portes Gil y el ingeniero Alberto J. Pani; aunque tú bien lo sabes, es conveniente hacer una breve semblanza de quién fue Pani en la historia de México, en la que destaca desde el inicio del siglo, cuando lucha contra las inacabables reelecciones de don Porfirio. Madero lo nombra subsecretario de Instrucción Pública, que por cierto y aprovechando la ocasión diré que a mí me parece el nombre conveniente, pues lo que hace el Estado es instruir y no educar, que es lo que corresponde a los padres y sería, conforme a su nombre, la misión de la Secretaría de Educación Pública.

—Pero volviendo a la historia de Pani, después de este puesto, el mismo apóstol Madero lo designa director general de Obras Públicas. Luego, con Carranza fue director general de Ferrocarriles Nacionales para después ocupar la titularidad de la Secretaría de Industria y Comercio y posteriormente, ministro de México en Francia.

—No reconoce a Adolfo de la Huerta, y es nombrado en el gabinete de Obregón, secretario de Relaciones Exteriores y más tarde, de Hacienda, manteniendo esta cartera durante el inicio del gobierno del general Calles. Luego volvió a ser representante de México ante los gobiernos de Francia y de la República Española, para desde entonces dedicarse a sus muy boyantes negocios privados.

—Pues bien, en ese año, el 13 de agosto, don Emilio Portes Gil, en la revista *Hoy*, escribió un artículo intitulado "Pani, el Villano", por lo que cinco días después, el día 18, el ingeniero lo acusará formalmente ante la procuraduría, de injurias y calumnias. Este suceso tuvo en vilo a la atención pública hasta que, mediante la intervención de varios amigos, todo termina felizmente. Pero lo más curioso del caso es que una vez que las aguas habían vuelto a su cauce, exactamente una semana más tarde del día en que Pani presentó su acusación, el jueves 25 de agosto, repentinamente fallece víctima de un mal cardiaco.

—No quiero recordar la cantidad de versiones que surgieron, las que afortunadamente fueron cabalmente desmentidas por su familia. Todo fue una gravísima y terrible coincidencia. No hubo nada más.

—Pero ya es tarde, el cansancio ha hecho mella en nosotros y habría que cortar, pero no sin concluir con el gran regalo que el Mesías Ruiz Cortines dio, en este caso a la mujer mexicana, poniendo fin a toda una historia de relegación y de machismo. Esto sucede cuando concede, a partir de este 1955, el voto a la mujer para honra de un presidente que le dio vida política a la mujer mexicana, creyendo en su responsabilidad y en su patriotismo. Esto fue el Mesías Ruiz Cortines.

CAPÍTULO XXXIV

ESTRELLITA MARINERA
(Alfonso Esparza Oteo)

Largos quince días habían transcurrido desde la última vez que se habían reunido los tres amigos, en este lapso, el pueblo de México había dado un voto de confianza, realmente inesperado para muchos observadores nacionales y extranjeros, al gobierno del presidente Salinas de Gortari, pero más que a ello, a la paz, a la tranquilidad, a la seguridad de una estabilización lograda en todos los terrenos durante el sexenio que concluía, descartando otra fuerza política que apoyara al movimiento armado existente en Chiapas desde el primer día de este año.

Las cifras no podían ser más satisfactorias ni para Salinas ni para Zedillo. La más copiosa votación de todos los tiempos, el índice más bajo de abstencionismo desde la época de Madero era elocuente al máximo.

Y no sólo la votación para la presidencia, el caso del Congreso era similar; por votación directa el PRI barría con 277 de 300 curules en la Cámara de Diputados y con 64 de 96 posibles escaños en el Senado. Solamente faltaba cuantificar los plurinominales, que algo balancearían las Cámaras, pero el apoyo del pueblo de México al gobierno priísta, había sido simplemente absoluto. Toshiro había por su parte logrado que le dejaran continuar en México, cuando menos, hasta la toma de posesión. Las observaciones que por consejo de Julio y Diego enviaba día con día a Japón, tenían gran aceptación entre los lectores de aquella nación, por muchas razones cada vez más interesada en México, así que la amistad, las pláticas y las "lecciones históricas", continuarían, cuando menos, hasta diciembre.

Por eso, después de agradables brindis y sustanciosos comentarios, Diego retomó la explicación del síndrome del tercer año, el síndrome del Mesías, ahora estudiando a don Adolfo López Mateos.

—Sin duda alguna, el caso del síndrome del tercer año, el que he denominado de el Mesías, es el más sencillo de explicar, simplemente el problema consiste en eliminar o más bien escoger los ejemplos, porque son múltiples.

—En el caso de don Adolfo, el Joven, quiero iniciarlo con la integración que hace del país, al anunciar, en el mes de febrero, que sólo en este año, se incrementarán los caminos vecinales en un cincuenta por ciento. Por lo pronto hacen más falta pequeños caminos vecinales que grandes carreteras, son demasiados los pueblos que todavía están aislados de la nueva presencia de México, económica, política y social y lograr su integración es misión indispensable del Mesías.

—El mes siguiente, en lo que parece ser una constante, le echa mano a la distribución de alimentos y si en su tercer año Ávila Camacho creó la Nacional Distribuidora, que en el tercer año de Alemán la modificó para convertirla en la CEIMSA, López Mateos no quiere ser menos y con un capital de un millón de pesos crea la empresa descentralizada Compañía Nacional de Subsistencias Populares, que será conocida como Conasupo, y que ¿solucionaría?, los problemas que no pudieron resolver sus antecesoras.

—En mayo, dos regalos del Mesías a los trabajadores de México. Para los afiliados al Seguro Social, inaugura el Centro Médico Nacional, que fue comprado por este Instituto a la Secretaría de Salubridad y Asistencia en la cifra altísima de 400 millones pagaderos en ocho años, se convierte en uno de los centros hospitalarios más importantes del mundo entero y para no dejar aislados a los trabajadores al servicio del Estado, les inaugura, en la misma semana, el Centro Hospitalario 20 de Noviembre, en la Avenida Coyoacán y Félix Cuevas, que no le pide nada al Centro Médico Nacional. La salud es lo primero que hay que cuidar del pueblo y el Mesías le sabe cumplir.

—Dos anécdotas hay que comentar ocurridas en los primeros meses de este año de 1961, que aunque no forman parte de nuestra relación de síndromes, son vitales para que nuestro amigo

Toshiro conozca y entienda, como lo está haciendo cada vez mejor, la política mexicana.

—Uno fue el suicidio de César el Tlacuache Garizurieta, ocurrido el 3 de abril. Este hombre es un personaje inigualable del sistema político mexicano. Colocado siempre en puestos gubernamentales, generalmente de segundo nivel, pero bien remunerados y sobre todo, excelentemente bien relacionado, tenía una frase en la que cifraba su filosofía: "Vivir fuera del presupuesto, es vivir en el error" y así recorrió cuanta dependencia oficial existía, hasta que tuvo un tropiezo, según se dice a causa de unas copas tomadas de más cuando fungió como nuestro embajador en Honduras. Esto le hizo caer en desgracia y los puestos empezaron a escasear y las amistades, por obvio, también; así llegó el momento en que no había recursos económicos suficientes y, desesperado, se lanzó como candidato a diputado por Tuxpan, en Veracruz. Lamentablemente sus otrora poderosos padrinos, no lo apoyaron y perdió la oportunidad.

Ante esta situación, en una habitación del hotel Emporio, donde a la sazón vivía en compañía de su esposa y de su hijo, en la madrugada se disparó un tiro en la sien que acabó instantáneamente con su vida. Su filosofía la había cumplimentado con su propia vida.

—El otro suceso se gesta a principio de año, el tres de enero, cuando Estados Unidos rompe relaciones diplomáticas con Cuba, uno de los últimos actos como presidente de aquel país de Dwight Eisenhower, dado que el día 20 asumió la presidencia el joven presidente demócrata, John F. Kennedy. Las razones fueron múltiples y representaron la conclusión de una serie de fricciones que desde el ascenso al poder de Fidel Castro, mediante la fuerza de las armas guerrilleras, que desplazaron al gobierno de Fulgencio Batista se complicaron hasta desembocar en esta lógica ruptura.

—Unos meses más tarde, el 18 de abril, fuerzas anticastristas, apoyadas obviamente por el gobierno de Washington intentaron una invasión sobre la isla, por la bahía de Cochinos, ataque que hasta el día de hoy nunca se ha explicado de manera razonable por qué fue detenido. Sin embargo, el daño estaba hecho y así el día siguiente, en México se produjo una manifestación impresionante en la que más de 30 mil personas se congregaron en el Zócalo capitalino, por supuesto en apoyo a Cuba, pero lo más importante, fue la presencia, a las 8 de la noche con cinco minutos, del ex presidente general Lázaro Cárdenas, que desde el techo de un automóvil pronunció un discurso, el primero dado en forma pública desde el momento en que entregó la presidencia, ya que aun cuando fue secretario de la Defensa al tiempo de la guerra, se abstuvo de hacer ningún tipo de declaraciones.

—Pero en este día, "la esfinge habló", como algún crítico mordaz comentó y entre lo más sobresaliente dijo que: "Cuba necesita urgentemente el apoyo moral de México y de toda Latinoamérica. Debemos otorgarlo porque está entregada a una lucha que es de máxima importancia para todos los pueblos de este continente; desgraciadamente sólo unos cuantos países latinoamericanos han adoptado una política digna, entre ellos el nuestro. La voz de México, debe elevarse ahora contra esa actitud tan interesada como indigna".

—Pero el mismo Cárdenas había determinado que el presidente es uno y nadie más, ¿qué pasó en los días siguientes?, realmente sólo lo supieron Cárdenas y López Mateos, el hecho es que don Lázaro no volvió a hacer ruido y no hubo más manifestaciones apoyando a Cuba, ni siquiera el 1o. de mayo, cuando Fidel Castro anuncia al mundo entero, el "nacimiento de una revolución socialista patriótica", cuyo efecto práctico y real era declarar a Cuba un estado comunista. El día terminó con una fiesta nacional en la que la base fue la burla que se hizo de la Unión Americana por la fracasada invasión a bahía de Cochinos. Desde ahí, tenemos Castro hasta el día de hoy. Aquí, por lo pronto, todo se terminó el 7 del mes de junio siguiente, cuando en forma oficial, el presidente López Mateos dice que no tolerará durante su gobierno, ni el más mínimo desorden.

—Cinco días más tarde, Alan Shepard era el primer piloto norteamericano que lograba hacer un vuelo fuera de la atmósfera terrestre.

—Fue una gran respuesta americana a Rusia ¿o no? —preguntó Toshiro.

—Cierto, porque un mes antes, un piloto ruso, Yuri Gagarin había salido al espacio exterior, pero en una nave automática, sin tener el dominio sobre la misma. Fueron en verdad días muy importantes para la historia del mundo, que no podemos dejar de comentar ¿o no lo creen?

—Sigamos con el síndrome de López Mateos; en julio, reparte para campesinos de Oaxaca un latifundio con una superficie superior a las cien mil hectáreas y ese mismo día se firma con el sindicato de petroleros un nuevo contrato colectivo, con un incremento global del diez por ciento en los salarios, y eso cuando ni se hablaba de lo que era la inflación, cuando era desconocido ese mecanismo que cada día lo encarece todo y disminuye dramáticamente el poder adquisitivo del trabajador.

—En agosto, el síndrome mesiánico parece extenderse a toda América, pues en Punta del Este, Uruguay, se firma la carta que establece la Alianza para el Progreso, con una ayuda de veinte mil millones de dólares para América Latina.

—Otro dato que quiero intercalar, aunque no tenga afortunadamente relación con nosotros ni con nuestra historia, es la aparición, en julio en España, por primera vez de una organización terrorista denominada "Euzkadi ta Askatasuna", que traducida al castellano significa "Patria vasca y libertad" y que todo el mundo la conoce hoy por sus siglas ETA.

—Pero no quiero desviarme y volveremos a la actuación del Mesías López Mateos que logra en política internacional triunfos excelentes, como es el de la VIII Reunión Internacional del Café, celebrada en Río de Janeiro, donde consigue el incremento del treinta por ciento en la cuota de exportación de café que le correspondía a México; más tarde, en octubre tras una larga serie de conferencias llevadas a cabo por la cancillería mexicana, se logra la promesa formal y oficial del gobierno mexicano de no volver a arrojar al golfo de México los desechos atómicos de las instalaciones de guerra o de las fábricas en las que se hagan experimentos con reacciones nucleares. México, por obra y labor del Mesías López Mateos, deja así de ser el basurero atómico de Estados Unidos. Así de sencillo.

—México quiere tranquilidad económica y la da el presidente cuando informa, el último de octubre, a través de Nacional Financiera, que México ha amortizado el 98 por ciento de su deuda exterior. Época dorada, con la deuda externa a su mínimo nivel; entonces, todos creíamos que de allí para adelante todo iba a ser coser y cantar, pero ya vemos que sucesos posteriores hicieron trastocar esta agradable noticia, que fue ratificada un mes más tarde, cuando, tras firmar un documento con el gobierno de Estados Unidos que prolongaba por dos años un convenio de estabilización monetaria se declara en forma oficial que "crece y se vigoriza el crédito de México debido al exacto cumplimiento de sus obligaciones, a la aplicación productiva de nuevos recursos y al pago de viejas deudas... se ha mantenido el tipo de cambio del peso mexicano desde 1954 sin acudir a otro recurso que los apoyos naturales del Fondo Monetario Internacional... nuestras reservas de oro y divisas han probado que son suficientes para sostener nuestra moneda... contamos con recursos adicionales en dólares que no han sido utilizados". Nadie puede tener dudas de que el síndrome del Mesías se ejecutaba a la perfección.

—Pero todavía hay más que comentar. En el mismo noviembre la presidencia de la república expone un gigantesco plan para colonizar un millón de hectáreas en la región entre el istmo de Tehuantepec y la península de Yucatán, la integración de todos los mexicanos, la productividad, las ganas de superarnos, todo se cumple día con día.

—El país está seguro, está firme económicamente hablando por lo que es el momento de aprovechar la experiencia de los hombres que han conducido a través de los tiempos a la nación y así, el Mesías imponente, don Adolfo el Joven, llama a colaborar a todos los ex presidentes vivos, inclusive a González Garza, presidente impuesto por la Convención de Aguascalientes, cuando ésta no reconoció al gobierno de don Venustiano Carranza.

—Es interesante transcribir las comisiones que dio a estos grandes mexicanos que estaban viviendo el síndrome de séptimo año, el del tehuacán sin gas, pero prolongado *ad infinitum*. Don Roque González Garza, la coordinación de Obras Públicas Federales en la Vega de Metzitlán en el estado de Hidalgo; al general Pascual Ortiz Rubio, la representación del gobierno ante el Patronato de la Asociación de Ingenieros y Arquitectos de México; al licenciado Emilio Portes Gil, la presidencia de la Comisión Nacional de Seguros; al general Abelardo L. Rodríguez, la presidencia del Consejo Consultivo de Pesca de la Secretaría de Industria y Comercio; al general Lázaro Cárdenas, la vocalía consultiva de la Comisión del Río Balsas; al licenciado Miguel Alemán, la presidencia del Consejo Nacional de Turismo y a su más reciente antecesor, don Adolfo Ruiz Cortines, la Delegación Fiduciaria de Nacional Financiera, S.A.

—El Mesías Adolfo López Mateos, demostraba que el presidente de la república era sólo uno, él, pero bajo esta premisa aprovechaba los conocimientos y la experiencia de sus predecesores vivos.

—Cierra por fin el año en forma espectacular. Como excelente Mesías que fue, el país está boyante, hay tranquilidad social y económica y hay que ayudar al obrero y así envía al Congreso una iniciativa de reformas al artículo 123 de la Constitución, se concretarían hasta el año siguiente, para unir dos síndromes, el del Mesías, informando del regalo y el de las mil y una noches, haciéndolo realidad.

—Así termina el tercer año y llevamos ya cinco presidentes viviendo su mesianismo, la mitad de los que analizaremos.

—La seriedad espartana de don Gustavo Díaz Ordaz no fue inconveniente para que sucumbiera ante el síndrome del Mesías. Su primer acto que lo demuestra, se confirma el 27 de enero, cuando el gobierno federal adquiere, por medio de la Conasupo, la cosecha triguera del país, los campesinos tendrán seguros sus ingresos y no faltará el pan en la mesa de los mexicanos, empezamos bien, pero el mes siguiente se internacionaliza don Gustavo cuando el 14 de febrero, catorce países latinoamericanos, firman, en el edificio de la Secretaría de Relaciones Exteriores, el Tratado de

Tlatelolco, que no es sino un pacto de desnuclea-rización de Iberoamérica. Aunque desde luego no haya sido una obra directa de Díaz Ordaz, ni siquiera de México, sino de muchos hombres y muchas reuniones de trabajo, el hecho de que la firma haya sido en México y el tratado lleve el nombre del último bastión azteca que se rindió ante el conquistador, le da a don Gustavo méritos suficientes para darle un punto más como Mesías.

—Otro punto en política internacional lo logra en abril, cuando en una reunión panamericana, a la que también asistió el presidente de Estados Unidos Lyndon B. Johnson, firman el protocolo para iniciar labores a fin de terminar con las barreras aduanales; el GATT, la Ronda Uruguay de que hoy tanto hablamos, fue iniciada por Díaz Ordaz y sus colegas en este 1967.

—La nacionalización, o mejor dicho, la mexica-nización es obviamente labor del Mesías y don Gustavo la confirma el 8 de mayo, cuando firma de testigo para la compra, por parte de inversio-nistas mexicanos, del 66 por ciento de las acciones de la American Sulphur Co.; el azufre mexicano y su industrialización, en manos de mexicanos.

—El dar facilidades para que los mexicanos tengan techo conveniente, es una labor que no deja de lado y así ese mismo mayo, la oficina de la presidencia informa que el gobierno federal inver-tirá cinco mil quinientos millones de pesos para construir 25 mil viviendas populares.

—El salvaguardar la nación es indudablemente labor del Mesías, que la ejerce ante representantes de la prensa nacional e internacional el 15 de junio, al celebrar el Día de la Libertad de Prensa, denunciando ante el mundo entero una campaña de calumnias contra México por parte de agencias noticiosas extranjeras y consorcios editoriales. Cabe advertir que estos ataques no se detuvieron, sino que se incrementaron, degenerando en los trágicos acontecimientos del año siguiente, el fatídico 68.

—Una de las deudas muy antiguas y que siempre fue una piedrita en el zapato para los gobiernos, fue el caso del llamado Fondo Piadoso de las Californias, que el Mesías Díaz Ordaz da por cancelado el primero de agosto, con el pago de nueve millones de pesos. Una tranquilidad más para el pueblo.

—La democracia es un don del Mesías y en las elecciones celebradas en julio para la renovación de la Cámara de Diputados, la oposición, al igual que tres años atrás, entra por la puerta de los "diputados de partido" al recinto legislativo: 19 de Acción Nacional, 10 del Popular Socialista y 5 del Auténtico de la Revolución confirman la voluntad del gobierno de Díaz Ordaz de apertura democrática, iniciada por López Mateos y concretada, ya en dos ocasiones por don Gustavo, que con esta franqueza y apertura, acepta y felicita en noviembre del mismo año, el hecho de que la oposición gane dos diputaciones locales en Yucatán y la alcaldía de la Ciudad Blanca, Mérida.

—El obligado paréntesis de sucesos alrededor del país obliga a citar que en este año, en La Jolla, California, murió el ex presidente Abelardo L. Rodríguez y en junio, cuando apenas habían transcurrido tres años de haber dejado el poder, don Adolfo López Mateos sufre un grave derrame cerebral que tras estudios conscientes, los médicos confirman, el 12 de junio, que jamás recuperará la conciencia, que su mal es irreversible. Fue tanto el cariño del pueblo de México por este hombre, que más de un mexicano, en verdad y con lágrimas en los ojos, ofreció su propio cerebro para que se lo implantaran al amado ex presidente, a quien otros, realmente una infinidad, encendieron veladoras ante su efigie, muchas veces colocada en lugar preferente en la recámara principal de las casas.

—Dejamos como siempre al final, los dos más importantes actos del mesianismo presidencial. Uno, que tras largos años de oposición de todos los gobiernos y técnicos en el subsuelo, don Gustavo, mediante el jefe del Departamento del Distrito Federal, el general Alfonso Corona del Rosal, inició, el 19 de junio, las obras del Metro en la avenida Chapultepec esquina con Bucareli, al mismo tiempo que una cuadrilla de obreros hacía lo propio en la calzada Ignacio Zaragoza. La misión del Mesías de mantener en alto el nivel de la ciudad está confirmada con esto.

—Otro hecho, éste insólito, fue el que la administración de don Gustavo fue la única en la historia que incrementó la parte continental del territorio nacional, pues el 28 de octubre, el mandatario mexicano y el norteamericano Lyndon B. Johnson, firmaron los documentos relativos a la recuperación, por parte de México, de El Chamizal, cuando México rinde homenaje a quienes hicieron posible este incremento territorial de la patria, López Mateos y Kennedy, pues de la visita de éste último a México en 1962, se inició, en forma oficial el acto que este día culminaba felizmente.

—La fracción de tierra de 333 hectáreas, que en 1864 arrebatara a la soberanía nacional una súbita avenida del río Bravo, era devuelta a la patria. "No puedo equivocarme al pensar que esto tiene una significación universal", fueron las palabras que dijo don Gustavo, mientras el presidente de Estados Unidos decía que "este es el acto final de un largo drama. Es una realización posible sólo para aquellos que respetan los derechos de los demás y así garantizan los suyos propios".

—A mi juicio, lo relatado es suficientemente sustancioso y muestra una vez más que, hasta ahora, ninguno puede evadir el destino, llamado por nosotros, síndromes.

—Pasemos ahora a analizar el tercer año de Echeverría, se inicia en enero con graves conflictos. El día 8, el doctor Guillermo Soberón rinde protesta como rector de la UNAM en la entrada oriente de la Facultad de Medicina, ya que las instalaciones de la más importante casa de estudios de Latinoamérica, se encuentran en manos de pseudoestudiantes, que no la entregan sino hasta una semana más tarde, el día 15, después de haberla mantenido en su poder 83 días.

—El mismo día de esta *sui generis* toma de posesión, en Carlos A. Carrillo, municipio de Veracruz, el pueblo se amotina y se apodera de las instalaciones del ingenio azucarero de San Cristóbal, expulsando al ejército y a los miembros de la CNC, las alas que sin medida dio Echeverría a la libre fuga de pasiones, empezaban a dar, como era lógico, resultados negativos.

—Creo —dijo Julio— que un paréntesis es aquí indispensable, pues en este mes de enero, el día 27, tras doce años de sangre y fuego, el mundo descansa al firmarse en Vietnam la paz y el consecuente cese al fuego.

—Es verdad, terminaba un absurdo, desde cualquier punto de vista, derramamiento de sangre, mientras tanto el Mesías Echeverría, entrega tres conjuntos habitacionales para trabajadores, que darán abrigo a más de tres mil quinientas familias. Ese mismo febrero, comparece personalmente ante el Congreso de la Unión para explicar los motivos que le mueven para hace un viaje, que durará casi un mes durante el que realmente recorrerá el orbe. Desde este momento, empezó a sentir, mezclado con su síndrome mesiánico, el que he llamado síndrome del premio Nobel y que generalmente ataca en el sexto año de gobierno, pero en el caso de don Luis, todo se mezcló, pues obviamente el síndrome del segundo año, el de las comisiones, nunca lo abandonó, y así recordamos que ese mismo mes creó la Comisión de Energéticos, para administrar, ahorrar y preservar estos indispensables elementos de progreso.

—Pero volvamos al viaje, que se inicia un mes más tarde, el 29 de marzo, para recorrer Canadá, Gran Bretaña, Bélgica, Francia, la URSS y terminando en China. Sus acciones, obviamente son mesiánicas, no ya para México, sino para el orbe entero. Logra que Francia y China firmen el Tratado de Tlatelolco, que prohíbe, como ya lo comentamos, el uso de la fuerza nuclear en y contra los países de América Latina. Habla en París con Juan Domingo Perón, que prepara, favorablemente, su regreso al poder tras 18 años de exilio, retorno que se concretaría el inmediato 25 de mayo, cuando uno de sus incondicionales, el doctor Héctor J. Cámpora, asumió el Ejecutivo de la República Argentina.

—No acaba de llegar a México cuando forma una comisión para entregar un estudio al gobierno norteamericano, con probables soluciones definitivas para el problema de la salinidad del río Colorado, que afecta los cultivos del noroeste nacional.

—A fines de mayo, tiene un acto característico como pocos para confirmar su mesianismo. Argumentando un problema de salud en la columna que más de un caricaturista comentó que había sido a resultas de haberse caído del "caballo de la Revolución", el secretario de Hacienda Hugo B. Margáin, presentó su renuncia, el presidente designó a José López Portillo como su sucesor sin tomar en cuenta que éste había ocupado hasta entonces, a juicio de propios y extraños, puestos de segundo nivel, como lo son una subsecretaría en la presidencia y la dirección de la Comisión Federal de Electricidad. Echeverría, todo lo ve y todo lo sabe, tranquiliza al pueblo diciendo, con su clásico estilo magisterial, que no hay problema, que "las finanzas nacionales se manejan desde Los Pinos". Mejor descripción del Mesías todopoderoso, no la puede haber.

—Sube la inflación 11% y el Mesías interviene, presenta un plan para combatir la inflación, consiguiendo del Banco Interamericano de Desarrollo un préstamo por mil doscientos millones para activar la pesca nacional, además logra favorables condiciones para importar productos agrícolas, que sólo en este año será del orden de los 6 mil millones de pesos.

—El mes siguiente, las lluvias se abaten gravemente sobre todo el territorio nacional, provocando inundaciones en Coahuila, Durango, Aguascalientes, Jalisco y Nayarit. Además por este mismo fenómeno se rompen dos presas: Los Sauces en Encarnación de Díaz en Jalisco, donde resultan dos decenas de muertos y pérdidas millonarias y la de Irapuato, donde desaparecen 300 personas.

—El 11 de septiembre, una revuelta militar derroca al presidente constitucional chileno Salvador Allende, quien se suicida. Echeverría se solidariza con él, decreta tres días, sí ¡tres días!, de duelo nacional y ordena a Gonzalo Martínez Corbalá, nuestro embajador en Santiago, apoyar en todo y con todo al pueblo chileno. Meses más tarde, todas las oficinas públicas estarían invadidas por refugiados chilenos, que no sólo desplazaban a compatriotas, sino que percibían sueldos muy considerablemente superiores a los otorgados a nuestros paisanos, pero para eso el primer mandatario era el Mesías todopoderoso y para eso podía hacer lo que en su criterio era lo conveniente. Les recuerdo lo que hace un momento dije, que en este año, el presidente Echeverría se contagió, previa y gravemente, del síndrome del sexto año, el del premio Nobel, pero desde luego, sin dejar de sentir la vital influencia del Mesías.

—En México, las cosas no van nada bien. Una semana más tarde, el importante empresario y hombre de gran prestigio en Monterrey, don Eugenio Garza Sada, es asesinado al pretender secuestrarlo. Al día siguiente, el pueblo se vuelca en su sepelio, al que asiste el Mesías, aguantando a pie firme, lo mismo el torrencial aguacero que cayó durante las exequias, que las violentas y agresivas palabras que se pronunciaron en la oración fúnebre. El Mesías, oye pero finge no escuchar, parece que a su juicio no pasa nada, pese a que la situación se agrava, pues unos días más tarde, es plagiado y asesinado el licenciado Gabino Gómez Roch, hijo del director del Banco Mexicano e igual suerte corre el dentista Rubén Enciso Arellano, por quien sus familiares ya habían pagado un millón doscientos cincuenta mil pesos de rescate.

—En Ciudad Universitaria, las cosas empeoran, lo que el Mesías resuelve, enviando al Senado la iniciativa para crear la Universidad Autónoma Metropolitana.

—La nacionalización es obra necesaria a juicio del Mesías y así Nacional Financiera adquiere el control de la empresa Tabacalera Mexicana, que se encontraba en poder de capital norteamericano, mientras se informa que sólo la Comisión Federal de Electricidad, de la que acababa de dejar la dirección el flamante secretario de Hacienda, tiene financiamientos pendientes en el extranjero equivalentes a 21 mil millones de pesos, lo que comparativamente representa la mitad de la deuda exterior mexicana. Lo dicho, los acontecimientos encendían sin cesar luces de alarma, producían sirenas de alerta y el Mesías, simplemente en su nube.

—Dejemos unos instantes el análisis, para recordar que en ese año falleció el sobrio político y ex presidente veracruzano, don Adolfo Ruiz Cortines, lo mismo que tres grandes personajes del mundo artístico, lo que dio pauta al compositor y estupendo intérprete Alberto Cortés para crear su canción sobre el "año de los tres Pablos": Picasso, Casals y Neruda. La pintura, la música y las letras, de luto.

—Nuestro arte nacional, nuestra música que es la voz de nuestra alma y nuestra más completa expresión sentimental, también se enlutó. Cuando apenas había cumplido 47 años de prolífica vida, descendió a la tumba en Dolores Hidalgo "... aquí me quedo paisano, aquí es mi pueblo adorado...", José Alfredo Jiménez.

—Nada mejor para que comprendamos el ambiente político existente, que comentar el discurso pronunciado ese año por el presidente del PRI, don Jesús Reyes Heroles, en ocasión del XLIV aniversario de la fundación del instituto político, celebrado en la ciudad de Querétaro.

—En esa ocasión, dijo que era preciso hacer un diagnóstico honesto de los males que afectaban al PRI y sus repercusiones en la política nacional, revelando algunas situaciones y tendencias torcidas que era indispensable combatir, refiriéndose precisamente al nepotismo, en donde están encuadrados el "amiguismo" y el "cuatismo" y censuró con violencia a los oportunistas y a los empíricos de la política que apuntan soluciones descabelladas, así como a los sabihondos que, "pretendiendo deslumbrar, emplean un lenguaje esotérico par apantallar, en vez de persuadir y convencer".

—También habló de que los priístas deberían mantenerse "al margen del sectarismo frío, dogmático e intransigente y del oportunismo acomodaticio y dispuesto a todo, con tal de ganar". En fin, un análisis grave y serio de los males que aquejaban al país en lo general y al partido en lo particular, como primer paso para ponerles remedio.

—De verdad —volvió a intervenir Julio— el presidente Echeverría dejaba transcurrir los hechos, no se inmutaba; él, tienes toda la razón, era el Mesías infalible y terminaba el año, en una población indígena en el norte del país, celebrando, con los depauperados, la Navidad.

—Así, con esta imagen de un presidente Mesías y con lo que dijo Julio, creo que terminamos por esta noche, seguiremos este análisis que ya no sé —decía Tierritas— si me satisface o me deprime. Mucho hemos vivido, pero hemos avanzado muy poco ¿por qué?, eso es lo que desespera ¿verdad?

CAPÍTULO XXXV

YA NOS VAMOS ENTENDIENDO
(Gilberto Parra)

—Definitivamente es un hecho que la tradición es uno de los más fuertes nexos del hombre con su entorno, con su país, con su familia, en una palabra, con todo —iniciaba hablando así Diego la ya regular reunión semanal con sus amigos, que admirados y más que ello, cautivados, por el estilo y conocimientos de Tierritas, se limitaban realmente a escucharlo— y lo digo porque no es posible iniciar como hoy estamos iniciando el mes de septiembre sin el rito anual del informe presidencial y ya ven, este será el último año en que se haga en noviembre, pues a partir del primer informe de Zedillo, volverá a ser el inicio tradicional, como ha sido siempre, de las fiestas patrias septembrinas.

Los comentarios de la tranquilidad reinante tras los resultados oficiales de las elecciones, eran asimilados con dificultad por Diego.

—Algo no me gusta y no sé bien a bien lo que es, pero estoy inquieto.

Toshiro intervino con comentarios sobre la Conferencia Internacional sobre Población y Desarrollo, que se estaba efectuando precisamente en esos días en El Cairo, y los tres amigos se enfrascaron en el tema, coincidiendo en que será uno de los más graves problemas con los que se enfrentará la población al inicio del próximo milenio, de no encontrarse soluciones adecuadas.

En un momento más volvieron, cual era lógico, al tema de México, pretendiendo analizar los acres comentarios que una nueva figura de la infaltable picaresca política mexicana, de ínfimo nivel, pero de quién sabe qué trascendencia, había pronunciado en Washington.

Se referían a ese extraño personaje, Eduardo Valle, que todos identificaban mejor por su apodo de el Búho, periodista, funcionario, agente de la Procuraduría y mil cosas mas, que había acusado en varias conferencias de prensa, aquí y ahora en Estados Unidos, a "políticos de alto nivel", de estar inmiscuidos en el narcotráfico y acusando públicamente de corrupto y cómplice al subprocurador especial a quien se había precisamente encomendado la misión especial de luchar contra el narcotráfico, Mario Ruiz Massieu, de estar infiltrado, y además tachándolo de falta de valor para acusarlo directamente a él, "pues si me ataca, sabe que yo hablaré oficialmente y entonces sí ¡quién sabe cómo le vaya!"

—Estas son las cosas que me preocupan, estos ataques tremendos y de lleno contra altos funcionarios y hablando con la lógica más elemental, el hecho de que no los contesten, que no contraataquen formalmente, es símbolo de que algo puede haber que no está claro, por otra parte, el presidente Salinas está muy seguro de sí mismo, lo que es diametralmente opuesto a la costumbre de que los últimos días, como ya los analizaremos, son una sucesión continua de problemas, de angustias, de crisis de toda índole y ahora todo está, ¿cómo les pudiera yo decir?, demasiado tranquilo; en fin, ojalá sean solamente absurdas preocupaciones producidas por la edad. Por lo pronto, vamos a entrar en materia, analizando el tercer año del régimen del presidente López Portillo.

—Como les anticipé al concluir el estudio de su segundo año, el año se inicia con una demostración absoluta de su dominio y control de la situación como auténtico Mesías, al traer al propio sumo pontífice. Su recibimiento, fue exactamente una demostración de su estilo personal. Sonriente, con toda naturalidad, lo recibe y le dice que lo deja en manos de la mejor seguridad que puede haber, su propio pueblo. El es el Mesías y sabe que nada se moverá fuera de control esté o no esté él presente. Le ha dado al pueblo, sabemos que el motivo principal fue a su mamá, pero oficialmente es a su pueblo, el mayor de los regalos, el que el Papa pise la tierra mexicana. Este es el más grande de los Mesías que ha habido y punto.

—El nuevo Mesías, tiene desde luego un compromiso con el arte y, al tiempo que moderniza la capital del país, hace transformaciones para que los habitantes de ésta, una de las macrourbes más grandes de todo el mundo, se modernice sin que pierda sus rasgos artísticos seculares. Por ello, cambia la estatua de El Caballito, que representa a un personaje histórico que no tuvo ningún mérito, el gran cornudo Carlos IV, padre de ese patán que fue Fernando VII, para ocupar un lugar de privilegio, prácticamente el centro vital del país, donde además, por el tráfago cotidiano y el consecuente tráfico de vehículos, nadie puede apreciar su indiscutible belleza escultórica. Así, ordena su traslado a una plaza en la que lucirá en todo su esplendor, mirando de frente a esa otra obra de arte, del mismo constructor de la estatua, Manuel Tolsá, el Palacio de Minería, que con el Palacio de Comunicaciones a la grupa, formará un conjunto único en el mundo y que definitivamente es un atractivo para cualquier visitante de nuestra ciudad.

—Ese es el nuevo regalo del Mesías López Portillo, pero hay que darle al traslado la dimensión que debe tener un regalo mesiánico y así en el mes de mayo, a pleno sol, con una precisión cronométrica, el traslado se llevó a cabo exactamente en 120 minutos. Miles y miles de capitalinos, se lanzaron a la calle para acompañar al popular Caballito hasta su nueva ubicación.

—"La Golondrina", que equivocadamente muchos conocen como "Las Golondrinas"; la "Marcha dragona"; la infaltable en todos los eventos cívicos "Marcha de Zacatecas"; el corrido del "Caballo Bayo" y hasta la obertura de Tanhausser, fueron el marco musical que acompañó la histórica mudanza, sin que faltaran sirenas y estridentes clá-

414

xons; era un regalo del Mesías, había que darle el marco adecuado y así fue.

—En ese mismo año, y como les digo, para darle modernidad a la metrópoli, el Mesías López Portillo, concluye, desde luego con el apoyo del regente Hank González, la nueva vialidad de la ciudad, mediante la creación de un sistema ortogonal de "ejes viales", que agilizarían el tránsito de vehículos. Asimismo, en el mes de julio, pone en funcionamiento un plan de desconcentración, para reordenar el área metropolitana no sólo de la ciudad de México, sino de Pachuca, Cuernavaca, Toluca, Tlaxcala y Puebla.

—Otro acto mesiánico se lleva cabo en el mes de mayo y fue el de invitar, 22 años después de su salida en el Granma, al comandante Fidel Castro, para tener una plática amistosa y de franco acercamiento con él. El Mesías, en este caso, no quiere excederse en ningún aspecto de política internacional y, como quien dice, para "tantearle el agua a los tamales", hace de la isla de Cozumel, durante un poco menos de treinta horas, la sede de la visita oficial. Muchas cosas se jugaba López Portillo con el gobierno de Estados Unidos, lo que probablemente motivó que no lo haya recibido en la ciudad de México, pero muy importante, y significativa para nuestro estudio, fue la decisión de hacerlo aunque fuera en ese paraíso del Caribe mexicano. Un acto más de quien tiene y, lo más importante, demuestra tener todo el poder y obviamente la razón, que no es otra sino "su" razón.

—Un incidente grave vino a romper el embrujo del cielo en la tierra que vivía el Mesías; el 7 de junio de este tercer año, el pozo petrolero Ixtoc I se descontroló arrojando al océano 15 mil barriles diarios de petróleo, los cuales en gran parte se queman, contaminando por lo mismo la atmósfera. La tragedia, además del daño ecológico, no deja de trastornar los planes de López Portillo. Las cosas estaban realmente perfectas, pero esto sería, conforme su modo de ser, sólo un prietito en el arroz.

—Su seguridad es tal, que no tiene empacho en apoyar, después de 45 años de ausencia en la vida política del país, la existencia del Partido Comunista Mexicano, que en julio de este año, participa oficialmente en el proceso electoral para la renovación de la Cámara de Diputados.

—Conforme con los resultados de estos comicios, la Comisión Federal Electoral concede el correspondiente registro definitivo a este otrora prohibido partido, así como al Socialista de los Trabajadores y al Demócrata Mexicano.

—En ese mismo julio, inaugura en Acapulco los trabajos del II Encuentro Mundial de la Comunicación, donde pronuncia otro de sus discursos mesiánicos, solicitando de todos un esfuerzo que lleve a la actualización de los valores esenciales de la humanidad y México adquiere dos satélites de comunicación, el Morelos I y el Morelos II, con el inconveniente de que sólo cubrían el territorio nacional.

—Mediante hábiles negociaciones, logra de Estados Unidos una modificación en el Tratado de Aguas, para incrementar, en quinientos millones de metros cúbicos, el volumen de agua que entrega la Unión a nuestro país.

—El acostumbrado paréntesis para comentar los sucesos ajenos a nuestro tema, pero que fueron determinantes en el año, lo ocupa el fallecimiento del ex presidente Díaz Ordaz y otra extraña coincidencia, el de don Marcelino García Barragán, el hombre institucional por excelencia y que le fue leal a don Gustavo como muy pocos en la vida política de México, 45 días mas tarde.

—El 25 de septiembre, en plena euforia de crecimiento nacional, el secretario de Hacienda David Ibarra Muñoz inaugura en la capital del Reino Unido, la primera sucursal de un banco mexicano, en este caso la del Banco Nacional de México. Dos días más tarde, el propio López Portillo, Mesías por los cuatro costados, exige ante la asamblea de la ONU la adopción de un plan mundial de energía que permita un nuevo orden internacional. Pero esto es poco, el mes siguiente, el 16 de octubre, la propia esposa del Mesías, doña Carmen Romano de López Portillo, toma la palabra ante la misma Asamblea General de las Naciones Unidas, para atacar lanza en ristre, a "los espectros del hambre, la insalubridad, la miseria y la marginación"; culpando a quienes "se aferran a esquemas obsoletos, como el oscurantismo, el colonialismo y las hegemonías, así como a quienes persisten en los errores del pasado". Mesías adjunto a nivel mundial ¿o no?

—En noviembre, por instrucciones directas del presidente, Conasupo y Coplamar aseguran un millón de toneladas de alimentos y dos mil unidades médicas rurales a los grupos marginados del país, mientras en el aspecto eminentemente político, el procurador de la república Óscar Flores, declara que se dará trato de delincuentes a los funcionarios públicos corruptos; esta declaración, es convertida por el propio López Portillo en iniciativa de una Ley de Responsabilidades de Funcionarios y Empleados de la Federación y del Distrito Federal, la que obviamente es aprobada y lleva a una reforma del Código Penal por la cual irán a la cárcel los funcionarios que cometan el delito de peculado, aun en el caso de que devuelvan los bienes sustraídos.

—El Mesías cuida de preservar la historia de México e inaugura la Biblioteca y la Hemeroteca Nacional, dejándolas en custodia a la Universidad Nacional, en unas modernas instalaciones erigidas en el mismo núcleo de la Ciudad Universitaria.

—Cierra el año con dos obsequios más del Mesías, el apoyar para que el primero de noviembre tome posesión como la primera mujer gobernadora del país doña Griselda Álvarez en su natal Colima, así como en diciembre, elevar los derechos de los menores a rango constitucional, adicionando un párrafo al artículo 4o. de la Constitución que a la letra dice: "Es deber de los padres preservar el derecho de los menores a la satisfacción de sus necesidades y a la salud física y mental. La ley determinará los apoyos a la protección de los menores, a cargo de las instituciones públicas".

—El ambiente era del todo favorable el tercer año de López Portillo, como el de muy pocos primeros mandatarios, era brillante al máximo, sin embargo, aquí tengo un estudio preparado a fines de ese año por el Centro de Estudios Económicos del Sector Privado, del que les leeré algunos datos.

—"En este año el producto interno bruto creció en 7.8 por ciento, que es una de las más altas tasas de crecimiento de la historia y una de las mayores en el mundo en este año, lo que confirma que en la presente administración, la economía mexicana pasó de la crisis de 1976 al auge de 1979, pero si nos preciamos —escuchen con atención— de ser objetivos, debemos reiterar que se trata de un avance cuantitativo, pero no cualitativo".

—Después, como es de suponer, hace algunas apreciaciones que, para efectos de comprender lo que nos daba el Mesías sexenal, veremos que era, y siguiendo el estilo del propio López Portillo de aderezar sus pláticas con refranes populares, mucho de "atole con el dedo".

—"La inflación rebasará el 20 por ciento... la producción agrícola creció menos del uno por ciento, como consecuencia de factores climatológicos adversos... el presupuesto gubernamental fue de un billón 124 mil millones de pesos y de él sólo se destinó el 25 por ciento a la inversión productiva... la deuda pública externa llegó a finales de este año a cerca de los treinta mil millones de dólares... la paridad del peso se mantuvo en 23 por un dólar, pero esta situación, si por un lado es positiva porque mantiene la confianza interna, frente a una inflación creciente origina una grave pérdida del nivel competitivo de nuestras exportaciones".

—Seguiremos con la lectura de este análisis profesional: "El déficit de la balanza comercial se estima que llegará este año a los 75 millones de pesos (3,250 millones de dólares) pero este déficit se vería agravado si descontamos las exportaciones de petróleo, que contribuyen de manera importante a disminuir el déficit... del total de las exportaciones mexicanas este año, se considera que las ventas petroleras representan, en valor, casi la mitad... en cuanto a captación, la economía se dolarizó prácticamente a los niveles de antes de la devaluación, ya que durante los primeros diez meses del año se registró un incremento sorprendente de 400 por ciento con relación al nivel del año anterior... por lo que respecta al financiamiento en moneda nacional, éste se incrementó en 18 por ciento al llegar a casi ochenta mil millones de pesos en los primeros diez meses del año y el financiamiento en moneda extranjera se incrementó, en el mismo periodo enero-octubre, en 557 por ciento.

—Muchos, demasiados focos rojos que nadie quiso ver... Este fue el tercer año, el del Mesías, de López Portillo, seguiremos analizando ahora el tercero de Miguel de la Madrid, en el cual, como muy pocas veces, los sucesos negativos se sucedieron uno al otro, pero, como veremos, no lograron opacar los efectos del síndrome del Mesías.

—Desde luego, este 1985, el tercer año de De la Madrid será conocido perennemente en la historia, como el del terremoto que devastó la ciudad de México; esto sería suficiente para evitar que aflorara el síndrome mesiánico, pero veremos que pese a éste y a muchos otros problemas que analizaremos, el destino del hombre de Los Pinos, aunque de manera leve, se confirmó.

—Al iniciarse el mes de enero, en su mensaje de Año Nuevo, don Miguel informó que en las primeras semanas se anunciaría un conjunto de medidas para impulsar la descentralización de la administración pública; con ello, dijo el presidente, pretendía el gobierno federal acercar la operación de las funciones gubernamentales a los ciudadanos, descongestionando las tareas de las oficinas de la capital y, en consecuencia, fortaleciendo a los gobiernos de los estados y de los municipios, apoyando por lo tanto un desarrollo nacional más equilibrado. ¿Se puede encontrar un mensaje más pontifical? Este era el inicio del síndrome del Mesías, ni más ni menos.

—Pero el problema económico nacional es muy grave, por lo que hay que tomar medidas nada agradables, pero indispensables más que necesarias; por lo pronto cancela los proyectos gubernamentales no prioritarios, se anuncia un estudio para renegociar la agobiante deuda externa y se liquidarían, transferirían o venderían 250 empresas paraestatales. También se decreta la reducción al máximo de los subsidios, la cancelación de plazas vacantes de confianza en el sector público y la prohibición terminante de la creación de otras nuevas.

—Un grupo internacional, llamado Grupo de los Seis y conformado, además de México por Argentina, Suecia, India, Grecia y Tanzania, en este mismo primer mes de 1985, firma la Declaración de Nueva Delhi, por la que proclaman una suspensión definitiva que abarcaba los ensayos, producción y emplazamiento de armas nucleares y de sus sistemas de lanzamiento; el hecho de que nadie más, especialmente quienes "ensayan, producen y emplazan las armas nucleares", les haga caso, es secundario; ante su pueblo, el Mesías es un pacifista y eso es lo que importa.

—Pero, como les decía, los problemas se le vienen encima al presidente y así el 7 de febrero, desaparecen misteriosamente el agente de la DEA Enrique Camarena Salazar y el piloto Alfredo Zavala Avelar, cuyos cadáveres son encontrados, un mes mas tarde, en el rancho El Mareño, en las cercanías de Zamora, Michoacán. Las reclamaciones y las dificultades con el gobierno de Washington menudearon. La respuesta del ejecutivo nacional, se limitó al anuncio de un incremento en la lucha contra el narcotráfico.

—Pero pronto se recupera su ego mesiánico, vía su secretario de Hacienda Jesús Silva Herzog, que en el mes de marzo suscribe en Nueva York, el más importante documento de reestructuración de la deuda externa del sector público, que en ese momento tiene un monto de 48 mil 700 millones de dólares.

—De esta cantidad, ante representantes de 550 bancos acreedores de México, fue logrado un acuerdo, relamente único en su género en la historia financiera internacional de todos los tiempos, de reestructurar una porción de 28 mil 600 millones de dólares, que comenzarán a liquidarse en 1988, con un plazo de 12 años.

—En febrero, en acto que nadie puede dejar de calificar de mesiánico, De la Madrid inicia la Jornada por la Patria, que comprendería 290 días, en los cuales la bandera nacional, el original de la Constitución de 1917 y la campana de Dolores, recorrerían todo el país. De esa manera, el Mesías instaba al patriotismo para conmemorar los 175 años del inicio de nuestro movimiento de Independencia y los 75 del de la Revolución.

—Es forzoso abrir un paréntesis internacional, pues el 11 de marzo de este 1985, hay un suceso que modificaría, en muy breve lapso, la historia del mundo. Ese día murió el líder comunista Constantin Chernerko, asumiendo el poder, sorpresivamente en unas cuantas horas, un desconocido joven, considerando el estilo soviético, que revolucionaría el mundo comunista. Su nombre ustedes bien lo conocen: Mijail Gorbachov.

—Volviendo a México, recuerdo que en abril, el presidente De la Madrid dicta un importante acuerdo para impulsar a la economía, dando todo género de facilidades para la exportación de 116 productos manufacturados. Con esta medida, el 91 por ciento de los productos mexicanos quedan exentos de permisos especiales para poder competir en el mundo. Ese mismo mes, el gobierno de México da una satisfactoria, aunque ayudada por el exterior, respuesta a la solicitada lucha contra el narcotráfico, al aprehender, mediante una operación combinada con el gobierno y la policía de Costa Rica, a Rafael Caro Quintero y un grupo de sus secuaces.

—Otro clásico rasgo de mesianismo lo tiene el 25 de este abril al firmar la abolición de gran número de cuerpos policiacos surgidos en los últimos años. Difícil de asimilar, pero la policía se ha convertido ya de manera oficial en la primera causa de delincuencia. A más policías, más delincuentes. El presidente espera dar una solución inmediata, mediante la formación de pocos policías, pero responsables y preparados.

—Nuevo apoyo a la gente productiva la ofrece en mayo el Mesías, a través de la Secretaría de Comercio y Fomento Industrial, al poner en marcha el Programa para el Desarrollo Integral de la Pequeña y Mediana Industria, que brindará apoyo a 90 mil plantas productivas, mismas que generan más de tres cuartos de millón de empleos, mientras se hace alarde de que en el mes de abril la inflación ha sido de, ¿sólo?, 3.1 por ciento, lo que es explicable al ser la más baja registrada en el año ¡así estábamos!, y eso sin considerar una inflación superior al 60 por ciento al fin de año con un crecimiento del PIB inferior al demográfico, o sea, decrecimiento económico, o crecimiento "negativo", como lo califican hoy los técnicos.

—Pero el Mesías es el Mesías y decide, por convenir a los intereses nacionales, una visita oficial a Europa en el mes de junio, necesaria para nivelar nuestras exportaciones. Así, De la Madrid visita España, Inglaterra, Alemania Federal, Bélgica y Francia, En regresando al terruño, un buen campanazo pone a México en el primer lugar en el mundo tecnológico; el 17 de junio, a las 5:33 de la mañana hora de México, el Discovery despegó llevando en su interior el primer satélite mexicano de comunicaciones, el Morelos I, que a mediodía, enviaba las primeras señales que eran recibidas en el centro de control erigido en Iztapalapa, en el que por cierto, ese mismo día se produjeron dos apagones, por fallas comunes y corrientes.

—El mes de julio tampoco fue favorable para el presidente De la Madrid. Se inicia con elecciones el domingo 7, que pusieron en juego siete gubernaturas, 400 diputaciones y algunos gobiernos municipales. La abstención fue de 49.5 por ciento de los empadronados y los votos anulados representaron el 4.5 por ciento del total, lo que quiere decir que menos de la mitad de los ciudadanos mostró algún interés en el proceso. La prensa nacional reflejó abiertamente la poca credibilidad que mereció este proceso, y la internacional dijo simplemente que "las cifras oficiales no eran aceptables", existiendo algunos rotativos que calificaron la jornada como un "nuevo fraude". Los analistas serios y capaces, decretaron que la reforma política de 1977, destinada a ampliar el espacio de la lucha política legítima entre el partido oficial y la oposición, estaba agotada.

—Aún se hablaba del tema, cuando por presiones internacionales, nuevo descalabro a quien no podía ejercer su mesianismo, se debe bajar, en un promedio de un dólar y medio el precio por barril de petróleo, lo que es causa directa de que el 11 de julio, el Banco de México anuncie que el dólar no tendrá control y entra al mercado libre de acuerdo con las leyes de la oferta y la demanda.

—Como paliativo ante la opinión pública que veía el desmoronamiento de la economía en forma grave, el presidente decreta, el 26 de julio, la desaparición de 15 subsecretarías de Estado, la eliminación de 50 direcciones generales y la cancelación de otro cuerpo policiaco más, la Dirección Federal de Seguridad, que se fusiona con la Dirección de Investigaciones Políticas y Sociales de la Secretaría de Gobernación, dando a conocer el secretario de Programación y Presupuesto, Carlos Salinas de Gortari, que en todos los casos se cubrirán las liquidaciones conforme a la ley. El número de nuevos desempleados es cercano a 30 mil mexicanos.

—En el mismo decreto, el presidente ordena la reducción, desde luego sin mencionar cifras para nada, en un diez por ciento de su sueldo, ordenando al mismo tiempo, la congelación de los sueldos de los secretarios de Estado, subsecretarios, oficiales mayores y sus equivalentes en el sector paraestatal y en la banca.

—Otra satisfacción al pueblo la da cuando el gobierno de Estados Unidos determina la extradición del ex jefe de la policía capitalina, el general Arturo Durazo Moreno.

—En la segunda quincena de septiembre, el caos, pero quisiera citar dos cosas antes, lo primero, la ceremonia del Grito decide De la Madrid efectuarla en Dolores, Hidalgo, por lo que desde el balcón central de Palacio Nacional lo da el regente Ramón Aguirre Velázquez en medio de una silbatina de repudio impresionante. Dos días más tarde, en la Sedue, la Secretaría de Desarrollo Urbano y Ecología, el presidente encabeza una reunión de trabajo en la que se da a conocer que en ese mismo año se destinarán más de 630 mil millones de pesos para terminar 363 mil unidades habitacionales, lo que "representa la máxima cifra alcanzada por una administración federal para la vivienda del mexicano". Antes de cuarenta y ocho horas, la debacle, el más terrible terremoto de la historia de la ciudad.

—Aquí sí de plano —intervino Julio—, De la Madrid dejó pasar la oportunidad. Cuando todos esperaban una respuesta firme y segura de el Mesías, éste no logró nada. El pueblo, organizado por sí mismo, superó, y en forma verdaderamente impresionante, al gobierno federal. Como nunca había ocurrido, la sociedad simplemente se organizó antes que el gobierno. Su lamentación ante el mundo, también distó de lo que era de esperarse, sus palabras lo dicen todo: "Los mexicanos reconocemos que el esfuerzo fundamental es de nuestro país, pero sí requerimos que la comunidad internacional tenga comprensión de nuestros problemas y de que nuestras relaciones financieras y comerciales las podemos llevar en tal forma que nos ayude a absorber el impacto de la tragedia". Los comentarios salen sobrando.

—De allí para adelante, nada. El año del síndrome del Mesías había terminado dramáticamente para Miguel de la Madrid. De nada sirvió que se hiciera excesiva propaganda a la "puesta en alto del nombre de México", al ser Neri Vela seleccionado para ser el primer astronauta mexicano y quien intervendría en la colocación del satélite Morelos II; México estaba hundido en la crisis. Antes de fin de año, el presidente de la Concanaco, Nicolás Madáhuar, dice que México se encuentra en los niveles más bajos de producción y comercialización de los últimos cuarenta años.

—"De que Dios dice a fregar, del cielo caen escobetas", dice el refrán y así le sucedió en este año a De la Madrid, en la noche de Navidad, un par de muchachos entran al Museo de Antropología y roban 140 valiosísimas piezas. Varios años transcurrieron para dar con su paradero, pero ya quien tendría el mérito de la recuperación, no sería De la Madrid, sino Carlos Salinas, de quien vamos ahora a analizar precisamente su tercer año.

—Lo mismo que Echeverría, Salinas de Gortari actuó como Mesías antes que nada. Se sintió predestinado y le devolvió a la presidencia de la república el brillo y el poder que, como acabamos de ver, se había deteriorado un poco especialmente en el tercer año de don Miguel de la Madrid. Salinas, desde el inicio de este tercer año, empieza a dictar cátedra creando la Comisión Mexicana para la Cooperación con Centroamérica, con el objeto de impulsar el desarrollo de cinco países de la zona, convirtiéndose así, en el Mesías internacional que todos han pretendido. Para concretarlo, trae, ¿o debo decir invita?, a Chiapas a los presidentes implicados, los de Costa Rica, El Salvador, Nicaragua, Guatemala y Honduras, que hacen un adecuado marco a su voluntad.

—Hay problemas en el mundo. El Congreso norteamericano otorga permiso al presidente Bush par usar la fuerza en el golfo Pérsico. El 16 de enero cae sobre Bagdag una andanada de bombas. México no tiene por qué preocuparse. Su Mesías Salinas habla por radio y televisión en cadena nacional a todo el pueblo y, demostrando una calma y tranquilidad a toda prueba, con tono verdaderamente paternal nos convence de que podemos estar tranquilos, que no pasa nada.

—Dos días más tarde, recibe a los dirigentes de las cámaras industriales y comerciales, para ofrecerles una simplificación administrativa fiscal favorable, instándolos para que colaboren con los demás sectores de la producción para incrementarla.

—Febrero se inicia con el perdón o, mejor dicho, la libertad provisional que concede a más de un millar de detenidos, gracias a reformas adicionales al Código Federal de Procedimientos Penales, obviamente inducidos por el propio Salinas de Gortari, que está dedicando muchas horas cada mes a empujar el Tratado de Libre Comercio con Estados Unidos y Canadá, en el que garantiza, no se incluirán petróleo, energía nuclear, telégrafos, correos ni emisión de moneda y este mismo mes se entrevista en Los Pinos con el ex secretario de Estado de Estados Unidos, Henry Kissinger, quien le ofrece su apoyo para llevar a buen puerto este tratado.

—Informa la Secretaría de Agricultura que México es autosuficiente en frijol, fijando el precio de garantía en 2 millones cien mil pesos la tonelada, junto con la noticia de que la producción agrícola en general, se ha incrementado en un 20 por ciento. Al mismo tiempo, el Mesías, que es justo y recto, informa que se crea una central de inteligencia contra la evasión fiscal, dependiente de la Procuraduría, que integrará expedientes de quien no cumpla con sus deberes ante el fisco. El Mesías da, pero exige.

—También en febrero, se le da la vuelta al decreto de López Portillo de nacionalizar la banca, al decir oficialmente que se inicia el proceso de venta de los bancos del país, y que los primeros serán el Mercantil de México, el Banpaís y Banca Cremi. Otra gran noticia es que desde seis meses atrás, no se ha dado un solo caso de poliomielitis en el país. El Mesías está feliz. Su actuación es la ideal.

—Su gran idea, su gran realización es Solidaridad, y así incrementa, el 8 de marzo, a trescientos mil millones de pesos, el fondo para apoyar a los grupos indígenas del país y mientras grupos de ecologistas dicen que más de la tercera parte de los niños capitalinos sufren males respiratorios causados por la contaminación, el secretario de Desarrollo Urbano y Ecología, Patricio Chirinos, asegura que la ciudad de México en ningún momento ha experimentado un índice de contaminación verdaderamente peligroso.

—En el aniversario de la expropiación petrolera, el Mesías ordena cerrar de manera definitiva la refinería de Azcapotzalco, para remediar el problema de la contaminación, que existe pese al optimismo de don Patricio. No cualquier publicación, sino el mismísimo *The New York Times*, en primera plana, destaca al día siguiente la noticia diciendo que "el cierre costará a México 500 millones de dólares y reducirá su capacidad de refinar crudo en más de cien mil barriles diarios, lo que forzará a importar algunos tipos de gasolina, pero eliminará abruptamente uno de los más importantes focos de contaminación en la capital del país". Hace esfuerzos el Mesías por México, pero como lo vemos, no sólo aquí, sino internacionalmente le son reconocidos.

—Abril es positivo en grado sumo, el presidente Mesías informa que se destinarán 12 billones de pesos para créditos de vivienda en beneficio de más de 300 mil familias, mientras la Comisión de Seguimiento del Pacto, anuncia bajas en el precio de combustibles, pasajes de avión y huevo e importantes descuentos que ofrecerán varios almacenes en muchos productos de primera necesidad. Esto lo lee, oficialmente desde luego, prácticamente en la escalerilla del avión que le conduce a Canadá para obtener sólido apoyo en los trabajos preparatorios del Tratado de Libre Comercio.

—Mediado el mes, el secretario de Programación y Presupuesto, Ernesto Zedillo, dice que la deuda externa ha bajado de 110 mil millones a 70 mil millones de dólares. México va para adelante, el Mesías es quien domina la situación y en mayo, le es negado a la CTM un amparo contra la Comisión de Salarios Mínimos en demanda de aumento salarial. Hay para todos, pero con orden y concierto.

—Si en el caso de De la Madrid, todos los factores parecían confabularse en su contra, en el de Salinas todo va a su favor; como ejemplo tenemos que en este su tercer año, en el concurso de Miss Universo, por primera vez y hasta ahora por única, una mexicana es elegida reina mundial de la belleza, el título recae sobre Lupita Jones. El mismo mes en que el Congreso norteamericano se pronuncia por el *fast track* para agilizar la firma del Tratado de Libre Comercio con México y Canadá.

—Entra junio y el Mesías envía varias iniciativas de ley, para que el sector privado construya y opere puertos y algunas áreas de los ferrocarriles mientras el grupo Probursa gana la licitación correspondiente, obteniendo el Banco Mercantil de México, el primero en regresar al sector privado. Otra buena noticia mundial es que el Mesías recibe el Premio Internacional de Ecología Tierra Unida. Lo dicho, Salinas está personificando, realmente como nadie, el caso que he llamado el síndrome del Mesías, y lo hace con gran éxito además.

—El Mesías no titubea y el 20 de junio, la Secretaría de Hacienda embarga los bienes propiedad de los sindicatos que hasta ese día controlaban el puerto de Veracruz, esto un día antes de decir que la deuda interna del país descendió del 28 al 15 por ciento del PIB y que la externa es de sólo el 37 por ciento del mismo producto interno bruto. Multivalores, por su parte, paga 748 mil millones de pesos para adquirir Banca Cremi, el 23 del mismo junio.

—A fines de junio fallece, a los 91 años Rufino Tamayo, tres días antes de que el Mesías inicie una gira internacional que le llevará a Alemania, Checoslovaquia, la URSS, Italia y El Vaticano.

—El día 11, se produce un espectáculo inolvidable, como lo fue el eclipse total de sol visible en toda la república; esa misma semana, en Guadalajara, el Mesías mexicano recibe a 23 jefes de Estado de Latinoamérica, España y Portugal, para la Primera Reunión Cumbre Iberoamericana. El presidente Salinas, auténtico Mesías, ha realizado plenamente el sueño de Simón Bolívar.

—En la ceremonia de clausura, nuestro primer mandatario dijo que "precisamente porque somos diferentes hemos podido dialogar, debatir, incluso congeniar y coincidir; este hecho nos enriquece y nos ha acercado unos a otros. Ha prevalecido el respeto al punto de vista ajeno y se ha impuesto la cordialidad; hemos aprendido de los demás; con sencillez y con resolución le hemos dicho al mundo que estamos juntos y que hemos decidido así, seguir juntos como Conferencia Iberoamericana".

—De inmediato le cedió la palabra al rey Juan Carlos de España, anfitrión de la segunda cumbre, quien dijo: "Todos los presentes compartimos ese sentimiento de gratitud al gobierno, a las autoridades y al pueblo de México por habernos ofrecido esta ocasión histórica y al recoger el testimonio para la próxima cumbre sólo aspiramos a poder imitar el ejemplo que en México hemos recibido". El mesianismo del ejecutivo mexicano, reconocido, una vez más, a nivel internacional.

—En agosto el Mesías pone en servicio 857 kilómetros de carreteras de cuota de cuatro carriles, que modernizan las comunicaciones y favorecerán al turismo internacional. En el mismo agosto, conforme el nuevo calendario electoral, se lleva a cabo la jornada para la renovación de los diputados en completa calma, con un apoyo del electorado al PRI que hacía mucho tiempo no se manifestaba. Salinas tiene dominada, pero en serio, la situación. En este mes, exactamente a los seis años de su ascenso, Gorbachov es destituido; meses después desaparece la URSS, naciendo la Comunidad de Estados Independientes.

—En México, tras haber triunfado en las elecciones en Guanajuato, Ramón Aguirre renuncia a la gubernatura antes de presentar la protesta de ley. El Congreso local nombra gobernador al panista Carlos Medina Plascencia. Nunca debió de haber renunciado. Había ganado realmente las elecciones y después este hecho tuvo muchas repercusiones políticas, que el pueblo bautizó como "concertacesión".

—Aunque poco, pero la inflación continúa y la muestra es el billete puesto en circulación el primero de septiembre, con la denominación hasta hace muy poco insospechada de cien mil pesos.

—El Mesías todopoderoso, cancela el 92 por ciento de la deuda que Nicaragua tiene con México, el poder es el poder y nadie es nadie para discutirlo. Firma un tratado de Libre Comercio con Chile cuando se empiezan de nuevo a encender luces de alarma al informar los organismos de la iniciativa privada, que el 22 por ciento de la población activa, económicamente hablando, se encuentra aplicada en la economía informal. Impuestos, controles y eficiencia están fuera para estas personas. Pero no pasa nada y en octubre, otro gobernador, aparentemente elegido por el pueblo debe presentar su renuncia. Es Fausto Zapata Loredo en San Luis Potosí, siendo uno de los primeros efectos de la decisión de Guanajuato.

—Se firma en noviembre, una semana después del tercer informe de gobierno, la sexta etapa del Pacto para la Estabilización y el Crecimiento Económico, en el que se determina incrementar los salarios entre 11 y 12 por ciento, reducción del

IVA del 15 al 10 por ciento y descenso en el ritmo de deslizamiento del peso frente al dólar a 20 centavos diarios.

—Llega diciembre y es la perfección del mesianismo, se modifica el artículo 27 de la Constitución para permitir la inversión extranjera en el campo, elevar a rango constitucional la propiedad ejidal y comunal y decretar la creación de tribunales agrarios autónomos.

—Se modifica también el artículo 130 que desde luego otorga personalidad jurídica a la Iglesia, permite el voto a los ministros del culto y autoriza a las agrupaciones religiosas a impartir enseñanza. Por último, eleva a rango constitucional la protección de los derechos humanos. Asimismo pone en vigor la ley que previene y sanciona la tortura, por lo que se castigará con penas de entre 3 y 12 años de cárcel a quien cometa dicho delito.

—Por lo hecho o por cuestiones que no sabría en este momento calificar, la federación, léase el Mesías Salinas, concede un incremento salarial a los diputados del orden del 70 por ciento; en vez de 8.8 millones, cada mes percibirán 15 millones netos.

—No hay Mesías más grande que éste entre los que hemos comentado ¿verdad?

CAPÍTULO XXXVI

CONTRA VIENTO Y MAREA
(Adán Ortega)

El jueves 8 de septiembre de nuevo llegaban a su acostumbrada reunión semanal los tres amigos, que habían acordado previamente que ésta fuera hoy más breve, ya que en la madrugada del día siguiente, Toshiro y Julio saldrían rumbo a Brasil, con objeto de cubrir para sus respectivos periódicos, la VIII Junta de la Cumbre de Río, en la que catorce mandatarios latinoamericanos, abordarían, conforme la agenda por todos conocida, los casos del aislamiento de Cuba y la crisis política y social de la República de Haití, especialmente la intervención militar que de un momento a otro pretendía realizar el ejército de Estados Unidos sobre este pequeño país, pues aunque desde semanas atrás lo posponía una y otra vez, la amenaza estaba latente.

Durante la cena, abordaron el tema de la intervención que había anunciado apenas esta semana la Secretaría de Hacienda sobre el grupo bancario Cremi-Unión, tras una investigación, conforme decía la información oficial, que se había llevado a cabo durante la mayor parte de este año.

Lo importante de la declaración de la Secretaría de Hacienda, era el hecho de que se había girado orden de aprehensión en contra de Carlos Cabal Peniche, presidente del consejo de administración y auténtico "hombre maravilla" durante los últimos años, que había crecido en el mundo financiero a una altura insospechada en un lapso mínimo.

—Esta es otra —insistía Diego— de las luces rojas de alarma a las que les estoy haciendo referencia desde hace unas semanas. En este caso, mucha paja, mucho oropel que demuestra, desde luego a mi juicio, lo endeble del sistema financiero. Aparentemente, hay una calma chicha, no se ve sino placidez y tranquilidad, pero ¿qué está pasando abajo del agua?, ¿qué mecanismos no están debidamente sustentados?, ¿qué es, en una palabra lo que no entiendo?, no lo sé —recalcaba con muestras evidentes de disgusto e impotencia— y de verdad que me muero por definir cuál es la causa o convencerme de que estoy equivocado.

—Sin embargo, la vida tiene que seguir y mi compromiso por lo tanto; apenas hemos cubierto la mitad del sexenio de los últimos mandatarios y el tiempo vuela, por lo que hoy empezaremos a analizar el cuarto año de cada uno de ellos, para ver, como hasta ahora hemos analizado, la similitud de acciones, la igualdad de respuestas anímicas y la coincidente igualdad en los actos de gobierno.

—A este año —inició su explicación Diego— lo llamo el de síndrome de Harún Al-Raschid, el califa de Bagdag del siglo VIII, que se convirtió en el personaje central de la serie imperecedera y por lo tanto, inmortal de cuentos de *Las mil y una noches*; mil y una noches en las que vivió cautivado, o es más exacto decir embrujado, tanto por la gracia, como por la sutil intriga que basada en los secretos palaciegos, una fiel Scherezada le contaba en precisamente mil y una noches de placer absoluto, físico, espiritual, corporal, mental y hasta podríamos decir metafísico, si atendemos a aquella definición de que es la ciencia que estudia todo aquello que no es palpable, pero que existe y rige la vida humana.

—Esto es el cuarto año, una serie inacabable de embrujos y de ensueños, salpicados de intrigas, de chismes, hablando a nuestro estilo, de lo que ocurre. El hechizo de ser el Mesías esperado aún existe en su espíritu y el del síndrome del quinto año, el de Iván el Terrible que de todo desconfía, de todos teme traiciones y a todo y a todos ataca, empieza a entrar en su alma.

—El síndrome del mítico califa es por lo tanto una mezcla de síndromes, una mezcla de relaciones, pero todas bajo el mismo denominador del ensueño programado por una favorita, la cual a veces es conocida o identificada por muchos, pero la mayoría de las veces sólo por un máximo de cinco de sus ayudantes y colaboradores más cercanos, lo que no quiere decir que sean los más importantes, sino los que mejor lo conocen. Pero entremos en detalles para por ellos mismos, explicar esta teoría.

—El cuarto año de don Lázaro se inicia con cambios en el gabinete. Las carteras de Gobernación, Economía, Departamento del D.F., Asistencia Social, la secretaría particular y la Procuraduría de Justicia capitalina, estrenan titular. Como pueden ustedes ver, un cambio radical en las secretarías vitales para el gobierno de la república, sólo quedando, de las de primer nivel en manos anteriores, la de la Defensa Nacional y la de Hacienda. Ese equipo ha funcionado muy bien para las labores del Mesías, pero ha perdido ya su eficiencia, hoy necesita nuevas mentes que sean más frescas, más convenientes para sus planes de cosechar los triunfos que con ya tres años de esfuerzo ha logrado, empieza el ensueño del nuevo Harún Al-Raschid ¿no lo creen?

—Un gran paso para la economía y la agricultura es el que el presidente da el 5 de febrero, inaugurando el ingenio azucarero Emiliano Zapata en Zacatepec, con un costo de doce millones y medio de pesos, que mitiga un poco la grave impresión que ocasiona el decreto por el que se autoriza la libre importación de maíz, el producto básico de la dieta popular, dado que la producción ha sido insuficiente al máximo. Además de que se autorizaba, ésta limitada a doce mil toneladas, la importación de trigo. El campo no venía resultando tan favorable como se suponía. Pero la baja producción no se limitaba al campo, sino a todos los órdenes, pues también en estos días se informó que durante el ejercicio anterior, las importaciones, sólo de Estados Unidos, se habían incrementado en un 44 por ciento sobre las ocurridas en el ejercicio de 1936.

—Ante toda esta información, de manera sutil, pero efectiva al máximo, se manifiesta el síndrome de Harún Al-Raschid. Recordemos que una parte de su influjo está precisamente cultivado por rumores, que por venir de donde vienen, para el hombre de Los Pinos son verdades absolutas y debe por lo tanto estar al tanto de que lo que el pueblo, su pueblo, conozca y sepa, debe ser lo conveniente, busca, aunque no como solución inmediata, sí un sistema que le permita controlar, si algún día fuera necesario la información que se le da al pueblo.

—Así decreta, el 6 de marzo, que la Compañía Productora e Importadora de Papel, mejor conocida con PIPSA, se aboque de inmediato a la construcción de una fábrica para producir celulosa y papel periódico, con "capacidad suficiente para cubrir la demanda de estos artículos en todo el territorio del país". Los considerandos oficiales son múltiples, desde disminuir las importaciones, hasta el incremento de la planta productiva nacional, la verdad les repito, era poder ejercer, cuando fuera preciso, un mayor control sobre todas las informaciones que fueran publicadas en los periódicos. ¿Recuerdan que a inicios de su tercer año, creó un organismo dependiente de la presidencia para que expidiera y calificara todos los boletines y la información conducente?, pues ahora cerraba el círculo, con la fabricación, por parte de una compañía estatal, del papel; el control de éste o, insisto, en el mejor de los casos, la garantía de este control para un momento determinado, era una realidad.

—Un aspecto curioso, no del gobierno cardenista, sino de nuestra propia idiosincrasia es el hecho de que antes de un mes de ser conocida esta noticia, los periódicos nacionales incrementan su precio de cinco a siete centavos el ejemplar. Un cambio siempre significará un aumento de precio; eso no lo podremos jamás evitar. Es lamentablemente una ley no escrita pero exactamente cumplida.

—Viene el mes de marzo y el momento cumbre del cardenismo, que de manera alguna podemos dejarlo de catalogar como parte del síndrome del tercer año, el del Mesías, tanto que se efectúa a menos de 90 días de iniciado el cuarto año. Me refiero, como lo han de suponer, a la expropiación de la industria petrolera. Aunque todos los detalles de este momento histórico los conocen ustedes perfectamente, no quiero dejar de leer un párrafo nacionalista y de confianza en el pueblo como muy pocos, leído esa noche del 18 de marzo por el presidente Cárdenas en su mensaje a la nación y que en verdad pinta con los más realistas colores, la relación de don Lázaro con su pueblo.

"Es preciso que todos los sectores de la nación se revistan de un franco optimismo y que cada uno de los ciudadanos, ya en sus trabajos agrícolas, industriales, comerciales, de transportes, etcétera, desarrollen a partir de este momento una mayor actividad para crear nuevos recursos que vengan a revelar cómo el espíritu de nuestro pueblo es capaz de salvar la economía del país por el propio esfuerzo de sus ciudadanos".

—Ese párrafo, que es sin lugar a dudas una joya, desde luego para mi gusto personal, quedaría mejor colocado cuando dimos la explicación del síndrome del Mesías, pero eso es secundario, lo importante, es que ustedes lo conozcan.

—Las repercusiones de la medida expropiatoria fueron múltiples, como lo fue el convocar a las Cámaras a un periodo extraordinario, para tratar de un empréstito interior por cien millones de pesos, precisamente para solventar los pagos emergentes resultantes de la expropiación.

—Volviendo al caso de la personalidad de don Lázaro, les comento que en el mes de abril se realiza una ceremonia solemne, nada menos que en el Palacio de las Bellas Artes, donde es entregada la administración de los ferrocarriles, en su totalidad, al sindicato del ramo, con una autorización de ser concesionados hasta por setenta años, según el decreto publicado en el *Diario Oficial* el 19 de enero de 1940.

—Pero continuemos con el síndrome de Harún Al-Raschid, que se vuelve a manifestar cuando por expresas órdenes del general Cárdenas, se modifican los estatutos del Partido Nacional Revolucionario (PNR), para transformarse en el Partido de la Revolución Mexicana (PRM), que rompía con el esquema basado en caudillos, grupos y partidos regionales, para darle una estructura organizada con los sectores campesino, obrero y popular, con un cuarto sector, que obviamente se convertía en el primero y que era el militar. Cárdenas demostraba otra vez su estatura de estadista.

—Cárdenas, víctima del síndrome del cuarto año, empieza a sentir desconfianza de muchos colaboradores y amigos y sabe, por experiencia personal, que el militar tiene una educación firme y fuerte que le hace más confiable para sus planes y su futuro, por lo que ordena su intervención directa y al máximo en el desarrollo de la política nacional.

—Como siempre que recuerdo pasajes de nuestra historia interesantes o especialmente convenientes para interpretarla, quiero compartirlos con ustedes, hoy me gustaría leerles un par de párrafos, uno dictado por el líder obrero Vicente Lombardo Toledano y el otro, por el sector militar, en la voz del general Juan José Ríos, precisamente el día en que muere el PNR para dar vida al PRM.

—Don Vicente concluyó su maratónico, como era su costumbre cotidiana, discurso, diciendo: "Si el Partido de la Revolución Mexicana nace bajo estas perspectivas, de limpiarnos de los vicios del pasado, de respetar el voto del pueblo, de asociar a todos los sectores de la nación mexicana, de proclamar la continuación de la Revolución y de fortalecer el gobierno de Lázaro Cárdenas, el primer gobernante limpio y revolucionario de nuestra historia reciente, tengo la convicción de que este acto, como lo hemos anticipado y como lo seguimos diciendo, será el acto político más importante de la historia moderna de nuestro país".

—El general Ríos por su parte, después de manifestar que traía un saludo del ejército a todos los sectores, animado por el deseo de un mejoramiento en general, expresó que en todos los tiempos se ha atacado al militarismo por considerarlo una casta que, desplazándose del conglomerado, sólo sirve como elemento de opresión al servicio de la oligarquía, lo que rotundamente negó en el caso nacional, diciendo que "se ha tenido razón, pero en el caso de nuestro ejército debe cambiar el sentido de tal apreciación, toda vez que su estructura dimana de la propia estructura de la masa popular y mal podría consentir afinidades impropias de su naturaleza intrínseca. Asistir pues a estos actos es como consagrar su misión más alta, puesto que despojado hasta del menor residuo en cuanto a principios de casta, entra, por la puerta que debe entrar, al carril democrático y, brazo a brazo con el obrero, con el campesino, rinde su primera jornada en la conquista de los derechos más caros para el hombre".

—Pero aún más refuerza al ejército el 4 de junio, cuando llegan a México los primeros seis tanques de guerra de una serie que ordenó comprar en el extranjero.

—Las razones pueden ser múltiples, pero una en especial se concretó a fines de mayo, cuando personalmente, en su estilo franco y directo, el presidente denuncia las actividades subversivas de su ex secretario de Agricultura y ex gobernador de San Luis Potosí, general Saturnino Cedillo, desde luego con "C", no con "Z" —dijo sonriendo—, ordenando el propio general Cárdenas al Secretario de la Defensa Nacional, general Manuel Ávila Camacho, atacar a aquél y terminar con el brote rebelde.

—Las acciones fueron largas y difíciles. Cedillo conocía el terreno a la perfección y luchó con la característica de la guerrilla, por lo que no es sino hasta principios del año siguiente, el 11 de enero, cuando el rebelde muere en un enfrentamiento abierto con el ejército en el rancho La Biznaga. Con su vida termina el último conato de rebelión peligrosa, pues de ninguna manera se puede comparar éste, con lo que estamos viviendo ahora en Chiapas, que ya lo he dicho, tiene otras características, desafortunadamente, aún no entendidas por nosotros.

—En junio de ese año, fuerzas del ejército federal, terminan también, en Puebla con la vida del general Espejel Chavarría, otro rebelde al gobierno cardenista. Estos fueron los grandes ataques que, en parte trastornaron la calma característica causada por el síndrome de Harún Al Raschid.

—En el terreno internacional, a cuenta de la expropiación petrolera, el gobierno de la Gran Bretaña hace graves acusaciones al de México. El 13 de mayo termina el incidente, cuando México envía un cheque por 370 mil 952 pesos que reclama Londres, desconociéndole a aquel gobierno derecho alguno para analizar y mucho menos intervenir en nuestros asuntos internos. Cárdenas ordena retirar la representación diplomática y las relaciones quedarían rotas. Se reanudarían, como ya lo vimos, en el tercer año de don Manuel Ávila Camacho, para hacer frente al enemigo común, que eran la potencias del Eje, en la guerra que éstas habían declarado al mundo.

—El segundo semestre de este año, se confirma plenamente el síndrome de Al-Raschid. Realmente Cárdenas deja que corra el mundo y nada importante ni comentable ocurre. Él vive sus mil y una noches en el término de seis meses, mientras el mundo y México, siguen su marcha, la obra que ha hecho el presidente-sultán es totalmente positiva, el control es completo y no hay razón alguna para preocuparse.

—Dejemos pues en la ensoñación a don Lázaro para estudiar el año 44, el cuarto de don Manuel, que se inicia con un eco de los trabajos del Mesías. Desde el primero de año, los trabajadores mexicanos están protegidos en su salud, en su jubilación, en su familia y en todo, por el Instituto Mexicano del Seguro Social. El gran regalo de don Manuel, inicia sus acciones benéficas en alto grado, aunque los "reventadores" de siempre, desde ese día comienzan a verle defectos y problemas, como ha ocurrido en México desde siempre.

—Afortunadamente, don Manuel puso oídos sordos a estas protestas, continuando impertérrito sus planes y ya lo ven, hoy el Seguro Social, con todo y sus lógicas fallas y carencias, muchas ocasionadas por el crecimiento desorbitado de la población y desde luego las carencias crónicas en el país, en verdad es una organización modelo en el mundo entero, que no sólo ha puesto empeño en lo material, sino también en el espíritu, con teatros, exposiciones, etcétera, ejercitando lo que bien merece llamarse gasto social.

—En febrero, el gobierno mexicano firma con el de Estados Unidos los primeros acuerdos para un Tratado Internacional de Aguas, que regularía los usos agrícolas e industriales de los ríos fronterizos. Este acuerdo, cuya conclusión llevaría casi todo el año, ha sido la base de una buena relación en la zona limítrofe. Don Manuel iba paso a paso logrando su mundo fabuloso y podía soñar, exactamente como lo hizo hace casi doce siglos Harún Al-Raschid.

—Pasemos entonces una relación de los sucesos más importantes, entre ellos, los sucesos bélicos en el frente europeo. Los acontecimientos de este año daban seguridad prácticamente absoluta de una aplastante victoria para los aliados entre los que se alineaba México. El domingo 4 de junio, Roma era conquistada por las fuerzas del quinto ejército al mando del general Mark W. Clark y dos días más tarde, el mundo se regocijaba ante el impresionante desembarco, en la costa norte de Francia, de la flota más grande en acción que registra la historia del mundo, Con esta acción, comandada brillantemente por el general Dwight D. Eisenhower, se iniciaba el camino del triunfo total. El frente del Pacífico, al que iría el siguiente año nuestro Escuadrón 201, después de seis u ocho meses de entrenamiento en los campos de la Unión Americana, se veía sin mayores problemas. Cierto que la guerra seguía, pero la angustia disminuía día con día.

—La terrible tuberculosis, la tisis que asoló durante décadas al país, se empezaba a controlar en México en los estudios realizados en el Pabellón para Tuberculosos en Huipulco, que iniciaba operaciones en este año, bajo la tutela del secretario del ramo, el doctor Gustavo Baz.

—Se prohíbe la impresión, registro, circulación y venta de las llamadas "revistas gráficas infantiles", pues debe haber por encima de todo moralidad y orden y estas publicaciones, se consideran fuente de desviación moral. El nuevo personaje de *Las mil y una noches* desea compartir su ensueño con su pueblo y nada mejor que soñar con angelitos en vez de cosas desagradables o pecaminosas.

—Estados Unidos concede un muy simbólico empréstito por diez millones de dólares, digo simbólico, pues está otorgado para la construcción de una moderna refinería para elaborar gasolina. Mejor símbolo de que los problemas consecuentes a la expropiación petrolera estaban quedando atrás no lo puede haber. Más y más tranquilidad, más tiempo para la ensoñación.

—Dos asesinatos insólitos hacen que se sacuda la opinión pública; uno el 21 de febrero, cuando en un baile de carnaval en Mazatlán, es asesinado el gobernador del estado, coronel Rodolfo T. Loaiza; el otro, ocurrido en el despacho mismo del jefe del Departamento del Distrito Federal, quien había acordado fungir como mediador en el conflicto obrero-patronal que tenía paralizado por huelga al periódico *Novedades*. Durante la supuesta plática de advenimiento, los ánimos se agriaron y el trabajador Florencio Zamarripa en el mismo despacho y a la vista de todos, asesinó al director del periódico, don Ignacio F. Herrerías. Urge poner orden, la violencia se está desatando y el gobierno decide echar mano de las leyes de emergencia y así, en el cuartel de Venta Prieta, cerca de Pachuca, son fusilados dos asaltantes de caminos.

—Pero todavía faltaba, en este capítulo de sangre, un suceso que en verdad sacude a la nación. El 10 de abril por la mañana, en el Patio de Honor de Palacio Nacional, cuando el presidente Ávila Camacho acababa de descender de su automóvil y se dirigía al elevador, un oficial de la guardia, el teniente Antonio de la Lama Rojas, le dispara a boca de jarro, con tan buena suerte para don Manuel y desde luego para México entero, que sólo alcanza a rozarle el costado, quemándole el saco.

—El general Ávila Camacho, con una entereza absoluta, se abalanzó sobre su agresor, abrazándolo con toda su fuerza, para que otros miembros de su escolta lo desarmaran y lo pusieran a buen recaudo.

—Llevado al Campo Militar No. 1 para las investigaciones conducentes, en un momento de distracción de sus custodios, de dos zancadas ganó la salida y pretendió huir. Los guardias le dispararon hiriéndolo de muerte. Se habló de un complot, se habló de mil y unas cosas, se habló también y fue un secreto a voces, que tanto los interrogatorios como la extraña huida, fueron "dirigidos" o "aconsejados" por ese personaje inefable en nuestra historia, el hermano del presidente, don Maximino. Lo cierto es que jamás se supo otra cosa más que De la Lama había actuado sólo y que estaba trastornado gravemente de sus facultades mentales. Lo demás, un misterio.

—El Monumento a la Madre al que hicimos referencia cuando hablamos del mesianismo de Alemán, es fruto de la ensoñación de don Manuel, pues precisamente el 10 de mayo de este su cuarto año, pone la primera piedra del mismo. Este es uno de los misterios que nunca he acertado a resolver, el por qué un monumento tan importante y tan vital para la vida y la cultura nacional, tardó ¡cinco años en construirse!

—Un paréntesis necesario ya que en este año, el 25 de junio se cierra un periodo de la vida del país, ese día, fallece en la capital doña Carmelita Romero Rubio de Díaz, la compañera y "domadora", a juicio de los historiadores, del general Porfirio Díaz. El "México de ayer" se presentó en pleno a los funerales con los que, repito, se cerraba una época que tuvo de todo, bueno, malo y que la verdad aún no ha sido debidamente definida.

—En julio, casi año y medio después de iniciadas sus primeras fumarolas, empieza a descender la potencia del Paricutín, mientras otro volcán hace erupción en la capital, éste provocado por los reventadores del Seguro Social a que hice referencia hace unos momentos, que en el Zócalo organizan un zipizape de proporciones mayúsculas,. terminando con la destrucción de un carro-bomba de bomberos que pretendía poner orden. El orden lo ponen las autoridades encarcelando a 60 líderes. La paz, la tranquilidad, vuelven a renacer.

—El día 21de este julio, el presidente pone en marcha la lucha frontal contra el analfabetismo, con la expedición de una ley por la que todo mexicano entre 18 y 60 años, está obligado a enseñar a leer y a escribir a un compatriota que no lo sepa hacer, pues quienes no pueden expresarse así, forman una impresionante legión, ya que según datos oficiales, el 47 por ciento de los mexicanos es analfabeta, registrándose el mayor índice en Guerrero y Chiapas con cifras superiores al 60 por ciento. Como tiene tranquilidad espiritual, el presidente puede darse el tiempo y la paciencia para dictar estas disposiciones y al igual que se considera importante la instrucción popular, la industria recibe sólido impulso, pues una semana más tarde, desde el Palacio Nacional, don Manuel enciende la primera unidad de la planta hidroeléctrica de Ixtapantongo.

—Llega el primero de septiembre y don Manuel se presenta puntualmente ante el XXXIX Congreso de la Unión para dar lectura a su cuarto informe de gobierno.

—La lectura siguió el ceremonial clásico, pero al terminar el primer mandatario de hablar sucedió lo inesperado e insólito. El diputado sonorense Herminio Ahumada, al contestar el mensaje presidencial en su carácter de presidente del Congreso de la Unión, armó un alboroto inenarrable cuando, al decir entre otras cosas: "El adelanto que en nuestro sistema democrático registra un decisivo avance en lo social, hace contraste con la imperfección y el retraso que acusa en lo político y el desequilibrio de estos dos factores es una de las causas principales que originan la tragedia de la democracia mexicana. Para que las conquistas sociales proclamadas por la Revolución lleguen a ser realidad y no sólo engañosa promesa; para que dejen de ser bandera de discordia; para que llegue a realizarse el anhelo supremo de lograr el gobierno del pueblo, por el pueblo y para el pueblo, es necesaria, urgente, en nuestro medio, una radical reforma a los procedimientos políticos hasta hoy seguidos. Queremos decir con esto que mientras no sea un hecho entre nosotros el respeto al voto ciudadano y no se depure la función electoral, mientras sigan siendo en ella factores decisivos la actuación de un solo partido, la falta de respeto a la opinión pública, la cláusula de exclusión, el pistolerismo, la farsa y la mentira, la democracia no podrá realizarse en México. Urge pues, porque es clamor público que nace de lo más hondo de la entraña de la patria, una trayectoria que, exenta de argucias y retorcimientos, falacias y simulaciones, garantice defectivamente el voto ciudadano y el respeto a éste. Sólo así será posible inscribir en nuestra patria la fórmula salvadora que en su tesis política sienta Aristóteles: 'Dar mayor suma de poder a aquellos que más hacen por fomentar la virtud...'"

—Don Manuel, viviendo su síndrome de Harún Al-Raschid, ni siquiera se inmutó, pero en cuanto abandonó el recinto legislativo, se armó una batahola de pronóstico reservado y ese mismo día, don Herminio, el heredero político natural de don José Vasconcelos, ya que era su yerno, quedaba destituido de su puesto como presidente del Congreso.

—El incidente pasó sin una sola frase de comentario del presidente, que con la plena tranquilidad fruto de las mil y una noches del síndrome inevitable de Harún Al-Raschid, en el aniversario de la Consumación de la Independencia, el 27 de septiembre, abre a toda la ciudadanía, como Museo Nacional de Historia, el Castillo de Chapultepec, el que como ya les he comentado, se negó a utilizar como residencia el general Lázaro Cárdenas.

—Año maravilloso en el que México no sólo no se endeuda, sino que oficialmente contribuye con 17 y medio millones de pesos, para la reconstrucción de los países devastados por la guerra, lo más importante, financiados por los propios recursos de la hacienda pública y no como en los casos normales, mediante la emisión de bonos. La calma y la paz, no se olviden, hacen milagros.

—Termina el año en una idílica paz entre el presidente y su pueblo; el síndrome de Harún Al-Raschid, ha funcionado.

—Vayamos ahora a los recuerdos del cuarto año de Alemán que se inician cuando en un gesto todavía mesianesco, logra que las autoridades religiosas traigan a México una auténtica astilla de la cruz en que murió Jesucristo. La devoción del pueblo no es desconocida y sólo precisa darle motivos para explayarse y así, durante una semana, filas de dos y tres vueltas a las manzanas de los templos en que se expone la reliquia a la veneración popular, dan la razón a quien tuvo la idea de no sólo autorizar, sino impulsar esta manifestación. Para acallar algunos enemigos, simultáneamente se da a conocer, que en recientes excavaciones se han encontrado nuevos tesoros arqueológicos en Teotihuacan.

—Así se inicia el año en el que las cosas tienen que marchar estupendamente bien entre el mandatario y su pueblo, para que aquél se pueda distraer un poco viviendo, como hemos visto lo hicieron sus antecesores, sus mil y una míticas noches, compartiendo su felicidad con la del campesinado al entrar en vigor el 14 de enero, las reformas y adiciones al Código Agrario, que en su parte sustancial dice que "los dueños o poseedores de predios agrícolas o ganaderos en explotación, a los que se haya expedido o en lo futuro se expida certificado de inafectabilidad, podrán promover el juicio de amparo contra la ilegal privación o afectación agraria de sus tierras o aguas. Igualmente podrán los ejidatarios intentar el juicio de amparo contra la privación o afectación ilegal de la parcela que posean, realizada por cualquier autoridad".

—Dentro de este año tan especial, el presidente invita y recibe a la pareja romántica por excelencia de la que ya hemos hablado. Así, en febrero, precisamente en el día del amor y la amistad, aun cuando entonces ni siquiera se sabía de su existencia, llegan a la capital de México los duques de Windsor, la pareja formada por el rey que abdicó a la corona real de Gran Bretaña por el amor de una mujer; el hecho de que ella fuera divorciada, norteamericana y plebeya, le daba todavía más aura a su leyenda. El síndrome de Las mil y una noches precisamente en estos, insignificantes para algunos, detalles, se confirma.

—En este mismo mes de febrero vino a México por primera vez quien sería un gran amigo de México, el príncipe Bernardo de Holanda, esposo de la reina Juliana de los Países Bajos. Las relaciones internacionales siempre fueron el fuerte del presidente Miguel Alemán.

—El 28 de febrero, como parte de los actos conmemorativos del CDXXV aniversario de la muerte de Cuauhtémoc, una comisión encabezada por el eminente investigador Alfonso Quiroz Cuarón, así como peritos del Banco de México y de la Universidad Nacional, dictaminan de manera oficial que los restos encontrados por la maestra Eulalia Guzmán en Ixcateopan, Guerrero, son efectivamente del último tlatoani, el huehuéteotl Cuauhtémoc y por decreto aparecido en el *Diario Oficial*, se inscribe su nombre en letras de oro en el recinto de la Cámara de Diputados. En la misma publicación se informa que a partir de ese día, se les otorga el título de "heroico", tanto al Colegio Militar, como a la Escuela Naval de Veracruz, este es precisamente el año para proclamar buenas noticias.

—La comunión, en el más amplio sentido de la palabra entre el presidente y el pueblo mexicano iba viento en popa, todavía es mayo y, precisamente el día en que la naturaleza, oficialmente, se abre a plenitud, el día 21, don Miguel declara oficialmente inaugurada la carretera Panamericana. De Ciudad Juárez a Ciudad Cuauhtémoc, de Chihuahua a Chiapas, México está totalmente comunicado y por lo mismo ha cumplido su compromiso con toda América al terminar el tramo correspondiente de esta bien llamada carretera Panamericana.

—Mediando el año, Alemán se presenta en Yucatán para inaugurar el Ferrocarril del Sureste, que une a la península con el resto del país y precisamente el 2 de junio, toma el teléfono en Mérida para hacer el primer enlace de la historia con la capital del país. Se comunica con el secretario de Gobernación, Ruiz Cortines para, entre otras cosas, decirle : "Quisiera hoy que el pensamiento de la comunidad yucateca estuviera presente en los confines todos del país y que latiera su corazón al unísono del de los habitantes del norte, del centro y de este magnífico sur, para de este modo hacer patente la unidad de la patria"; el sueño, la cúspide de lo planeado. Harún Al-Raschid en persona.

—Paréntesis de luto por la charrería nacional; el 7 de julio fallece en esta capital don Carlos Rincón Gallardo, duque de Regla y marqués de Guadalupe y decano de todos los charros del país.

—Se inicia agosto y el presidente inaugura la refinería de Salamanca, construida por Pemex con un costo de 37 millones de dólares y el día 7, el doctor Luis Garrido, rector de la UNAM, acompañado por el licenciado Rogerio de la Selva, secretario particular del presidente, colocan la primera piedra de cada uno de los edificios que conformarían la base de la Ciudad Universitaria, así como del estadio con capacidad para sesenta mil personas. Organiza la ceremonia, como organizaría y dirigiría toda la construcción, el arquitecto Carlos Lazo, fallecido trágicamente, como ya lo vimos, cuando algunos grupos lo citaban como presidenciable para suceder a don Adolfo Ruiz Cortines.

—Al cumplir exactamente seis años la campaña de alfabetización que hemos comentado, los resultados oficiales indican que el resultado hasta ese momento es que dos millones 243 mil 109 mexicanos han aprendido a leer y escribir.

—Pero México flota en un mar de tranquilidad y una prueba más es que se pueden organizar grandes planes de ahorro, como es el caso del Patronato del Ahorro Nacional, que el propio presidente pone en funciones en concluyendo su cuarto informe a la nación. En el mismo acto de inauguración, la institución vende entre los invitados a ésta, cincuenta mil pesos en bonos. El inicio no puede ser mejor, lo que se refrenda cuando en su primera semana de operación son emitidos bonos por tres millones de pesos. El auge y la prosperidad no eran un sueño, eran una auténtica realidad.

—El 13 de septiembre, en el CIII aniversario del sacrificio de los Niños Héroes de Chapultepec, el general Wade H. Haislip, en representación del gobierno de Estados Unidos, en el mismo sitio en donde los gloriosos cadetes optaron por la muerte antes que rendirse al ejército invasor, hizo entrega de 69 banderas, banderines, estandartes y guiones que se encontraban en aquel país, como trofeos de guerra. El propio general Haislip entregó una bandera al presidente Alemán, quien de inmediato la puso en manos de un cadete, con lo que se inició la emotiva ceremonia en la cual 68 soldados del ejército de Estados Unidos, pusieron cada uno una bandera mexicana en manos de un cadete del Heroico, hemos visto que desde este año tenía oficialmente este título, Colegio Militar. El ensueño y la armonía, absolutos.

—Ese mismo mes, el hermano del general Cárdenas, Dámaso, asume constitucionalmente la gubernatura de Michoacán, mientras la Secretaría de la Defensa Nacional da de baja como comandante de la zona militar de Chiapas, al general Manuel J. Contreras, al ostentarse éste como gobernador electo de Zacatecas.

—El presidente está tranquilo, las cosas funcionan a la perfección y para refrendar esta idea, comentaré que el 18 de octubre, la prensa internacional informa que el Banco Internacional de Reconstrucción y Fomento acordó entregar a los industriales mexicanos, por conducto de la banca privada, una serie de préstamos, siendo el primero que se ejercía de diez millones de dólares, para la instalación o ampliación de fábricas. Esta fue la primera vez en la historia económica de México que se logró una ayuda internacional de esa magnitud, para el fomento de la industria nacional.

—Nada se mueve fuera de lugar. En noviembre estalla una huelga contra Teléfonos de México. El gobierno federal incauta la compañía, impidiendo la suspensión del servicio. También en el segundo semestre de este mítico año, el presidente envía al Senado una iniciativa, que desde luego es aprobada, para dar por terminado el estado de guerra que aún existía entre México y Alemania y Japón, ya que con Italia se había resuelto favorablemente durante la administración de Ávila Camacho.

—He dejado para el final de este análisis, el caso más importante del síndrome de Harún Al-Raschid, al que para su bien y el de toda la república, no sucumbió don Miguel. Es el caso de la reelección, que deseo comentar como final de este día, para que ustedes descansen y mañana emprendan tranquilos el viaje a Río de Janeiro.

—El primero de abril de este año de 1950, el diputado Rafael Ortega, secretario general de la Confederación Obrera y Campesina de México, propuso, moción que fue aceptada por aclamación de la asamblea general, apoyar la reelección del presidente Miguel Alemán Valdés.

—Un par de meses más tarde, se formó el Partido Artículo 39, cuyo nacimiento ya comentamos, pero ahora analizaremos, con miras, como dijimos, de plantear la "adecuación" constitucional que permitiera la reelección. La encabezaban los licenciados Adrián Aguirre Benavides, Guillermo Ostos, Octavio Trías Aduna y muchos otros políticos e intelectuales mexicanos. Establecieron sus oficinas en la calles de Aquiles Serdán y de inmediato, como una incontenible explosión, a todo lo largo y ancho del país surgieron partidos, grupos y confederaciones para apoyar esta propuesta.

—El presidente Alemán, que entonces, como lo acabamos de comentar se encontraba en Yucatán conectando por carretera y por la línea telefónica al sureste mexicano, declaró públicamente: "Quiero afirmar una vez más mi decisión inquebrantable, tomada por propia voluntad, de no aceptar dicho intento y mi súplica a las personas que realizan algunos trabajos en este sentido, que por ningún motivo considero conveniente, de que desistan de seguir llevándolos adelante", aunque ya antes, a nivel rumor habían sonado las voces de reelección, don Miguel había dicho: "No he pensado jamás en la posibilidad de una reelección en mi favor. No aliento propósitos que estén en desacuerdo con los principios legales que nos gobiernan".

—Pero las voces seguían, el líder de la Confederación Revolucionaria Obrera Mexicana, Luis N. Morones, dijo que: "Miguel Alemán debe seguir por tres años más; éste es el reconocimiento que el pueblo de México le debe", diciendo además, que esa actitud no se debía a "granjerías ni a prebendas, sino a la gratitud de la nación", para más adelante decir que "no habría reelección puesto que el licenciado Alemán no la quería, pero sí prórroga del mandato". Por su parte, el general Juan Barragán, afirmó ser "no desde ahora, sino desde hace tiempo, partidario del prorroguismo".

—Aquello como vemos era verdaderamente un coro ensordecedor, y especialmente en ese año, pero don Miguel no sólo no aceptó, sino que se convirtió en el promotor número uno del antirreeleccionismo" y como final del caso y de la sesión, les leeré algunas palabras de una entrevista que concedió el 30 de noviembre, al político y escritor don José Rubén Romero, para que con su seriedad y posición en los mundos político, diplomático, social e intelectual, le diera difusión.

"... seis años son pocos para la vida de un país; pero mucho muy pesados para un hombre que lleva sobre sus hombros la responsabilidad del gobierno... el país puede absorber las energías de varias generaciones, con ellas se nutre y por ellas evoluciona. En cambio, un hombre, en el transcurso de un periodo presidencial, se quebranta físicamente y después de cumplir con la patria tiene derecho a algún descanso. Es además conveniente el cambio de gobernantes para dar oportunidades a otros ciudadanos... creo que nuestro país no ha alcanzado todavía la cultura política indispensable para hacer buen uso de la reelección que contraría el espíritu de las doctrinas revolucionarias... soy antirreeleccionista por tradición y como jefe de gobierno, estoy obligado a velar porque sean respetadas las leyes que nos rigen... ejercer el poder, no es razón para conservarlo... cada mexicano está en el derecho de elegir candidato y, a su tiempo, el que tenga mayoría, triunfará."

—Ni hablar —dijo Toshiro— de que tuvo el síndrome y las presiones ni quien lo discuta y en grado máximo, pero de que sostuvo su posición pese a los ya no cantos, sino coros sinfónicos de las sirenas, también es verdad.

—Mucho tuvo que ver —concluyó Diego—, que precisamente su padre, el general Alemán, como él mismo, ya les he contado, me lo dijo, muriera por la no reelección.

CAPÍTULO XXXVII

COMO MÉXICO NO HAY DOS
(Pepe Guízar)

Quince días habían transcurrido desde la última reunión de los tres amigos y los acontecimientos durante este lapso eran muchos y dignos de comentarse. En primer lugar el esperado fiasco de la Reunión del Grupo de Río, que sólo había llegado, como siempre, a conclusiones en el papel pero sin ninguna profundidad; la prueba más importante era el rechazo unánime por el que los presidentes de América Latina se habían manifestado contra la ocupación por parte del ejército de Estados Unidos sobre Haití, ocupación que pese a las protestas de todos, se había realizado por obra y gracia de la voluntad de Clinton y, lo más importante, que los mismos haitianos, el pueblo de Haití, había recibido con aplausos y júbilo desbordado a las tropas, mientras la policía haitiana precisamente se dedicaba a golpear inmisericordemente a los que se manifestaban en favor de la ocupación norteamericana.

En México habían sucedido varias cosas que motivaron jugosos comentarios, desde luego el más agradable fue el de Toshiro que había sido llevado por los hijos de Julio al Zócalo a la noche del Grito. El japonés en verdad estaba impresionado por la algarabía y el entusiasmo del pueblo, especialmente había notado que era gente joven la que acudía a esa ceremonia y, comentaba Julio, no paró de hacer preguntas sobre todo lo que esa noche ocurrió en nuestra plaza mayor.

—Un país con ese entusiasmo, forzosamente tiene que salir, como ha salido, de cuanta crisis y cuanto problema se presente —decía entusiasmado—, todo es cuestión de enfocar debidamente esta energía, estas ganas increíbles e imponentes de vivir.

Tocaron también el tema de los dos hombres que coordinarían los trabajos del Congreso de la Unión: Fernando Ortiz Arana y Francisco Ruiz Massieu, quienes conducirían respectivamente el Senado y a los diputados. Los dos políticos jóvenes, pero con amplia experiencia garantizaban excelentes resultados, aquél, ya había pasado y con bastante éxito por la presidencia del PRI, además de haber sido coordinador de la Asamblea de Representantes y de la Cámara de Diputados y el joven guerrerense ocupaba la secretaría general del partido, tras haber sido gobernador del siempre conflictivo estado de Guerrero.

Se sentía que México iniciaba una nueva época legislativa y por lo mismo una nueva etapa histórica con mayor apertura, mayor democracia.

Mucho hablaron sobre el nuevo Pacto, el PBEC, para el Bienestar, la Estabilidad y el Crecimiento, que tendría vigencia hasta el inicio del siguiente año y que sustituía al PECE, el Pacto para la Estabilidad, la Competitividad y el Empleo, que ese mismo día, mientras estaban cenando los amigos se firmaba en la residencia de Los Pinos, en una ceremonia obviamente transmitida por la televisión, por lo que, al igual que toda la nación, observaron que no lo rubricaba ni con su firma ni con su presencia el presidente electo Ernesto Zedillo, cuando era precisamente a él a quien le tocaba iniciar su gobierno con este pacto, omisión que Diego —como ya parecía ser consuetudinario y a él le preocupaba más que molestaba— calificaba como luces rojas de alerta, convencido y angustiado de que algo había que no cuajaba, que ni él ni muchos de sus amigos entendía, pero sí les preocupaba, que las cosas no eran, repetía, tan tranquilas y transparentes como se ven en la superficie y como ejemplo puso las palabras de don Fidel que ese mismo día decía que la crisis había abandonado definitivamente el escanario nacional, mientras a fines de la pasada semana, la misma CTM, en su boletín oficial decía que en México había diez millones de desempleados.

—Cierto, estamos a poco más de dos meses del fin del sexenio y siempre es época de temores, de dudas y éste no puede ser la excepción, por bien que lo haya hecho el presidente saliente, Salinas, algo hay que angustia a la nación, así que vamos a dejar nuestros temores, para iniciar la charla de hoy, con el cuarto año, el de Harún Al-Raschid, como lo vivió don Adolfo Ruiz Cortines.

—Ya hemos comentado, que a pesar de la imagen austera y hermética de don Adolfo, sus acciones siguieron la pauta de las de los demás y no pudo, jamás, evitar el destino que sigue ¿o persigue?, a quienes tienen en su pecho la banda con el águila, por lo que son víctimas de los seis ineludibles síndromes. En el caso de don Adolfo, el del ensueño, el de la armonía con su pueblo por la tranquilidad reinante en el país, la que le permitiría tiempo libre para sus fantasías, se reflejó en manera importante, la calma que permite evitar las angustias, fue en 1956 una realidad.

—El mes de enero de su cuarto año se inicia con la noticia de que México tiene una reserva monetaria suficiente por la cantidad de 410 millones de dólares, cifra si ustedes quieren escasa para los días que estamos viviendo, pero estupenda hace cuatro décadas. Un día después de que los diarios comentan esta noticia, se concreta un convenio entre México e Italia, en ese entonces en un importante despegue industrial y tecnológico, por el que nos otorgan un crédito en maquinaria por 126 millones de pesos. Esto en el área industrial, ya que, además la cultura se eleva al ser inauguradas las galerías del Instituto Nacional de Bellas Artes y se sublima cuando el 24 de ese enero llega a Veracruz el inmortal Pablo Casals para dar una serie de conciertos.

—México es la meca de la seguridad financiera y don Adolfo es buscado por los capitales de todo el mundo, como es el caso de una misión alemana de banqueros, industriales e inversionista, que llegan trayendo sus valijas repletas de marcos para invertir en nuestro país. Con ellos viene el nuevo embajador, doctor Gobhardt von Walter, que un par de días más tarde presenta sus cartas credenciales.

—Luto nacional en el mes de febrero al fallecer tras una larga y penosa enfermedad, el arzobispo primado, monseñor Luis María Martínez, uno de los pastores más queridos por la grey católica, cariño ganado a pulso con su simpatía, su don de gentes, su incansable trabajo y, sobre todo, su sencillez.

—La tranquilidad y la seguridad, influyen para que don Adolfo inaugure en Minatitlán una modernísima refinería, que tuvo un costo superior a los ciento cincuenta millones de pesos.

—Don Adolfo sabe que la situación está totalmente controlada, que México se ha convertido en el que él esperaba lograr, por lo que no le inquieta un punto el hecho de que el ex presidente, general Lázaro Cárdenas reciba el 26 de febrero, de manos del doctor Gregory Alexandrov, el premio Stalin de la paz.

—Obviamente que ustedes esperan importantes comentarios sobre este suceso que volvía a poner a don Lázaro en el eje de la opinión pública, sin embargo, éste reafirma la institucionalidad que había alcanzado México y sus ex gobernantes, mostrándose tranquilo y pronunciando un discurso verdaderamente inocuo. Don Adolfo vivía su síndrome de Harún Al-Raschid y todo mundo lo dejaba vivirlo.

—Otra prueba de la tranquilidad reinante la da el hecho de que Ruiz Cortines, sobrio y enemigo de viajes y eventos fuera de México, en este año sale dos veces a dos reuniones, aunque de ninguna forma fueron intranscendentes, ya que las dos tuvieron gran importancia. La primera, en Estados Unidos, cuando el presidente de ese país, el general Dwight D. Eisenhower, lo invita, así como al primer ministro de Canadá, señor Louis Saint Laurent, para reunirse los días 26, 27 y 28 de marzo en White Sulphur Springs, Virginia, para tener pláticas de amistad, comprensión y colaboración. Don Adolfo, aceptó la invitación, así como, acorde con su estilo personal, también acepta la invitación para realizar el viaje en el Colombine III, avión de la Fuerza Aérea Norteamericana, que puso a su disposición el gobierno de Washington. En retornando al país, informó al pueblo de sus acciones, diciendo que en la reunión "se abordaron con espíritu cordial las cuestiones que atañen en particular a México y Estados Unidos, como la contratación temporal de nuestros trabajadores agrícolas; las ventas de algodón provenientes de las existencias del gobierno norteamericano; la colaboración económica a través del Banco de Exportaciones e Importaciones; la pesca ilegal que realizan algunas naves norteamericanas y el desarrollo de la aviación civil entre los dos países..."

—Cuatro meses más tarde, en ocasión del 130 aniversario del Congreso de Panamá, celebrado en julio de 1826 a iniciativa del propio Simón Bolívar, al que acudieron como representantes del naciente México don Mariano Michelena y don Miguel Domínguez; el presidente de Panamá, Ricardo Arias Espinosa, invitó a todos los presidentes americanos para una reunión cumbre, la siguiente desde aquélla y la que vemos, ahora se realizará en este diciembre en Miami, pues también Estados Unidos estuvo presente en la persona de su presidente, el general Eisenhower.

—Don Adolfo aceptó y desde el instante de su llegada dio a conocer su sobriedad, al no aceptar las habitaciones que el país anfitrión había preparado en el hotel Panamá, para hospedarse en la embajada de nuestro país. El síndrome de Harún Al-Raschid, queda de manifiesto por la tranquilidad y la seguridad en sí mismo, lo que no fue ajeno a los periodistas internacionales que cubrieron la reunión, lo que alguien expuso en un artículo al comentar que: "... don Adolfo Ruiz Cortines sería el único de los presidentes de América que pueda dormir solo una noche en un parque público sin temor de que nadie pretenda hacerle daño... pues, al contrario de él, la mayoría de los jefes de Estado son celosamente cuidados por escoltas de policías..."

—Como comentario final a este evento, sólo leeremos el último punto del comunicado conjunto. "Una América unida, fuerte y generosa debe no sólo favorecer al bienestar del continente europeo, sino contribuir igualmente a que el mundo obtenga los beneficios de la paz basada en la justicia, la libertad y que permitirá a todos los pueblos, sin distinción de raza y creencia, trabajar con honor y contemplar el porvenir con confianza."

—Volviendo a México, don Adolfo recibe a don Antonio Carrillo Flores, secretario de Hacienda, quien le informa que el Eximbank, el Banco de

Exportaciones e Importaciones de Washington, la institución financiera creada por el gobierno de Estados Unidos para asuntos internacionales, ha tenido un acuerdo con México para incrementar en 298 millones de dólares el límite de crédito a nuestro país, cantidad que representa más de la mitad de los concertados a partir de 1941, cuando se iniciaron los contactos con la institución, diciendo, nuestro secretario de Hacienda que este incremento habría sido concedido en virtud de "haberse cuidado, como se seguirá cuidando, que los préstamos no excedan jamás nuestra capacidad de pago". Todo tranquilo, todo bajo control; se puede soñar a gusto.

—Un mes más tarde, en agosto, el departamento de Agricultura del gobierno de Estados Unidos, hizo un análisis oficial y público sobre nuestra economía diciendo que se encuentra en una alta posición y está registrándose uno de los mayores periodos de progreso en la historia del país, añadiendo que la acción del Estado en materia económica ha elevado el poder adquisitivo del país, ha mejorado la balanza comercial y ha dado mayor solidez a la economía, la cual hace prever un inmejorable futuro.

—Nada perturba la tranquilidad del gobierno de don Adolfo y para conservar esta situación, antes de ocho horas de haber llegado a México el comunista francés Jacques Denis, secretario general de las Juventudes Mundiales Demócratas, le es aplicado el artículo 33 constitucional, expulsándolo del país en el mismo avión en el que había arribado. México está viviendo su época sexenal dorada y nadie va a venir a echárnosla a perder.

—Tampoco hace mella en don Adolfo el resultado de las elecciones celebradas en julio en Chihuahua para renovar el ejecutivo estatal y el congreso local; las declaraciones oficiales del PAN diciendo que: "No es verdad que haya habido limpieza en los comicios cuando a todo Chihuahua constan los fraudes, las chicanas y los atropellos contra las leyes y los ciudadanos que perpetraron el PRI y las autoridades con él coludidas, durante la preparación y desarrollo de la elecciones". Las protestas se acallarían, Teófilo Borunda, el gobernador propuesto por el PRI tomaría posesión sin mayores problemas en octubre y don Adolfo seguiría viviendo ese hermosísimo año de Harún Al-Raschid.

—Alborotadores y vagos tenían tomado el internado del Politécnico impidiendo la vida normal de la institución; en la madrugada del 23 de septiembre, el ejército interviene, desaloja el internado, se envía a la cárcel al líder Nicandro Mendoza y a diez de los implicados y México continúa, sin ningún problema, su marcha progresista. El presidente envía al Congreso una iniciativa de Ley Orgánica del Instituto Politécnico Nacional, que es aprobada prácticamente sin modificaciones en el inmediato periodo de sesiones. No por nada en su cuarto informe de gobierno había dicho a la nación y al mundo: "... se consolidó la recuperación económica del país a pesar de las contingencias adversas que hubo que vencer... la producción agrícola es la más alta de los últimos treinta años... el Seguro Social se extiende cada día más, hasta alcanzar los núcleos de población campesina... se mantiene irrestricto el derecho de huelga y las normas encaminadas al logro de la justicia social..."

—El año cierra en el mismo tenor; Petróleos Mexicanos anuncia que se venderá gas al exterior por valor de cinco millones de dólares anuales; se conceden garantías y subsidios a la industria siderúrgica nacional para incrementar su productividad; se garantiza la creatividad de los mexicanos, al quedar establecida la Ley de Derechos de Autor.

—El gran año del síndrome de Harún Al Raschid, concluye; en los recuentos que hace ese año la prensa internacional sobre lo importante ocurrido durante los últimos doce meses, destaca la aparición en el mundo del espectáculo de un joven, nacido en Mississippi en 1935 y que con contoneos y música "más propia para negros que para gente blanca" está vendiendo un promedio de un millón de discos de cada una de sus canciones, su nombre es posible que pase a la historia, pero también que desaparezca como un fenómeno momentáneo. Me refiero, ustedes lo han de suponer, a Elvis Presley, un símbolo de un año agradable ¿o no?

Volemos seis años en el tiempo, para llegar a 1962, el año de Harún Al-Raschid de don Adolfo López Mateos, más que nadie proclive al embrujo de Las mil y una noches, como veremos.

—Empieza el año expresando su tesis internacional en Punta del Este, cuando México vota,

472

para el caso de Cuba, en contra del marxismo-leninismo, pero absteniéndose de votar en contra de la expulsión de Cuba de la Organización de Estados Americanos, la OEA. Otros cinco países opinaron igual que México: Argentina, Brasil, Bolivia, Chile y Ecuador; sin embargo, la mayoría, 14, votaron por la exclusión de la isla de la organización.

—El mundo rompe auténticamente sus barreras el 20 de febrero de este año, pues aunque en abril y mayo de 61, Gagarin y Shepard respectivamente salieron al espacio, fue en un vuelo sencillo, de salida y regreso, mientras que en este histórico día, John Glenn dio tres vueltas a la tierra, tripulando la cápsula Friendship VII, a una velocidad promedio inimaginable de 28 mil kilómetros por hora.

—Pero López Mateos, que es lo que nos interesa, está en su año tranquilo, el equipo funciona y México avanza con pasos firmes; se consiguen excelentes contactos para la exportación de café, se abre a la circulación el puente más largo del país, en Coatzacoalcos; el Banco Mundial abre créditos por más de mil millones de pesos, mientras se anuncia que el plan preestablecido para construcción de escuelas programado para once años se cumplirá solamente en ocho.

—Al finalizar mayo, en la anual Convención de Banqueros, que en este año mítico no podía ser en otra parte que en el paradisíaco Acapulco, se informa que el peso está más firme que nunca y la bonanza es total, motivo por el cual a nadie le molesta que la policía disuelva a un grupo de campesinos que exigen en la Ciudadela ser contratados como braceros. En México hay en dónde y cómo trabajar, por lo que nadie tiene por qué salir al exterior a buscar empleos, parece ser una consigna aceptada a nivel nacional.

—Así es, como nunca antes en la historia, México ofrece no sólo trabajo, sino diversión, esparcimiento y felicidad para todos, como lo confirman 600 mil vacacionistas, que es la cifra oficial que da Ferrocarriles Nacionales, de personas transportadas solamente durante la Semana Santa de este año, en el que todo es armonía, todo felicidad.

—México se ilumina por sí mismo, se podría decir a partir de mayo, cuando la planta de luz inaugurada en San Jerónimo, Monterrey, empieza a abastecer de energía a todo el norte de la república, razón por la que se cancelan los contactos para la compra de electricidad que se tenían firmados con empresas norteamericanas. La Angelópolis, por su parte, queda mejor conectada con la capital, pues en el centenario de la victoria del general Zaragoza sobre el ejército intervencionista, el presidente López Mateos inaugura la más moderna autopista de cuatro carriles, así como múltiples obras de carácter social.

—Nadie debe perturbar la paz social, por lo que se recibe, si no con satisfacción sí con tranquilidad la noticia de que el rebelde Rubén Jaramillo fue ametrallado cerca de Tetecala, muriendo en el incidente. Los escasos comentarios son apagados ante el gran número de importantes obras que pone en funcionamiento el presidente en el mes de junio. En Oaxaca, 276 kilómetros de carreteras; en Xochimilco, instalaciones para mejorar su posición como emporio turístico; obras de beneficio social en Ciudad Victoria, Tamaulipas y la presa Guadalupe Victoria, en Durango, que irrigará más de diez mil hectáreas. Las relaciones con Japón se reanudan después de largos años de tensión, cuando dos buques militares, el Potosí y el Querétaro arriban a Yokohama en visita de buena voluntad. Sobe el tema de barcos, se informa que el astillero de San Juan de Ulúa será manejado por particulares que se comprometen a construir barcos de más de 15 mil toneladas. Cierra la serie cuando los capitalinos estrenan dos modernas vialidades: el viaducto Piedad y la calzada de los Misterios.

—Pero el clímax de las mejores relaciones que pude haber entre pueblo y gobernante, se concreta el 29 de este junio, cuando arriban a la capital del país el presidente norteamericano John F. Kennedy y su esposa Jacqueline. Dos personalidades impresionantes, López Mateos y Kennedy; dos hombres con un aura carismática que muy pocos gobernantes han superado y para mayor satisfacción del pueblo, juntos, unidos en una misma voluntad. Esto fue un momento histórico inolvidable para quien lo vivió. La gente se volcó realmente a la calle como jamás antes había sucedido y como sólo, muchos años después, lo superaron los viajes del papa Juan Pablo II.

—A su llegada, al momento del encuentro al pie de la escalerilla del avión, los saludos fueron muy breves. Don Adolfo dijo: "En nombre de la hospitalidad del pueblo mexicano, sean ustedes bienvenidos", a lo que el mandatario estadunidense respondió: "Vengo aquí a vuestra patria, señor presidente en un viaje de amistad, pero también con un gran propósito. Tendré la satisfacción de hablar a usted de los problemas que nos unen y de los problemas que afectan a todo nuestro hemisferio".

—Al día siguiente, en la cena, Kennedy cedió la palabra a su esposa, que en perfecto español dijo: "Mi esposo y yo estamos muy contentos de haber venido de nuevo. Este es mi tercer viaje a México. Quiero recordarles que el segundo fue el de mi luna de miel. Mi esposo y yo pensamos en todos los lugares que nos hubiera gustado visitar juntos y escogimos México..."; no encuentro una palabra más expresiva que delirante, para calificar la ovación que le fue tributada.

—López Mateos sabía lo que le agradaba a su pueblo y sabía dárselo. El ensueño era una verdadera realidad. Por si fuera poco, en esta visita se dio el primer paso para regresar a México la franja de El Chamizal, que, como ya hemos visto, recibiría Díaz Ordaz, pero dado que es un asunto histórico como pocos, pues es la única vez que México ha visto incrementarse su territorio, no está por demás hacer una síntesis histórica de este pedazo de tierra.

—Tras la invasión norteamericana en 1847 y las subsecuentes circunstancias, se firmó, el 2 de febrero de 1848, el Tratado de Guadalupe Hidalgo, en el que se señalaba como límite entre México y Estados Unidos, el río Bravo. Poco más de tres lustros transcurrieron y, precisamente cuando el presidente Benito Juárez había establecido la sede del gobierno nacional, en la población de Paso del Norte, hoy Ciudad Juárez fue informado que en el año de 1864, una gran avenida del río Bravo, desplazó bruscamente el cauce hacia el lado mexicano, anexando esta zona, llamada desde entonces El Chamizal, a la Unión Americana.

—Restablecida la república, Juárez instruyó a su secretario de Relaciones, y que sería su sucesor, don Sebastián Lerdo de Tejada, para que se iniciaran negociaciones con el gobierno de Washington, para normar de manera definitiva las variantes que hubieran ocurrido u ocurrieran en el futuro, del cauce del río. El 9 de enero de 1867, el secretario de Estado William Seward, se limitó a contestar de enterado.

—En diciembre de 1874, el propio Sebastián Lerdo de Tejada, ahora en su carácter de presidente de la república, formula la segunda reclamación oficial para el caso de El Chamizal, que recibe la misma respuesta y el mismo tratamiento de la primera: en concreto, nada

—En 1889 se crea la Comisión Internacional de Límites y en 1894, don Pedro Ignacio García, reclama sus terrenos localizados en la zonas de El Chamizal y el tiempo sigue su marcha, sin que nada positivo ni efectivo ocurra, hasta que el 24 de junio de 1910, ambas partes aceptan someter el caso a un arbitraje internacional, aceptando que éste sea presidido por el señor Eugene Lafleur, ciudadano canadiense y consejero en asuntos internacionales de S.M. británica.

—El 15 de junio de 1911, cuando los revolucionarios habían tomado ya Ciudad Juárez, la comisión dicta el laudo arbitral en favor de México, mismo que es impugnado por el gobierno de Washington.

—Los problemas revolucionarios son causa de que el caso quede detenido hasta febrero de 1933, cuando se acuerda regularizar de manera definitiva el cauce del río Bravo en una longitud de 240 kilómetros. El cauce quedó definido después de segregar, de uno y otro lado, pequeñas porciones de tierra, quedando sólo pendiente el área de El Chamizal, misma a la que se le da atención dentro de la agenda de la reunión a que hemos hecho referencia de López Mateos con Kennedy, cuando en el comunicado conjunto se dice que "los dos presidentes discutieron el problema del Chamizal y convinieron en dar instrucciones a sus órganos ejecutivos para que recomienden una solución completa a este problema de manera que, sin perjuicio de sus posiciones jurídicas, tengan en cuenta toda la historia de este terreno".

—Las negociaciones ahora sí fueron emprendidas con voluntad de concluirlas, pues a menos de un año, el 30 de marzo de 1963, el presidente López Mateos, con real emoción dijo de manera oficial: "Compatriotas, fiel a la costumbre de informar a la ciudadanía sobre los acontecimientos nacionales e internacionales de mayor importancia, comparezco hoy ante ustedes, para anunciar que, tanto el señor presidente Kennedy como yo, hemos aprobado las recomendaciones de la Secretaría de Relaciones Exteriores de México y del

Departamento de Estado de Estados Unidos, para solucionar el viejo problema de El Chamizal... la parte nuestra de El Chamizal se nos devuelve íntegramente, conforme al arbitraje, sin compensación o contrapartida de ninguna especie; es decir, México recibe las 177 hectáreas que la componen..."

—Por su parte, el presidente Kennedy, ese mismo día desde Washington declaró: "Me satisface advertir que el presidente López Mateos ha aprobado igualmente el memorándum propuesto para solucionar un litigio tan antiguo, poniendo en vigor dentro del cuadro de las circunstancias actuales, la sentencia del arbitraje internacional de 1911.

—Todo fue debidamente estructurado por ambos gobernantes, aunque tocaría a sus sucesores, Díaz Ordaz y Johnson, como ya lo vimos, la entrega física; pero la solución definitiva nació, precisamente de este acto de dos personalidades carismáticas y amadas por su pueblo, actuando unidos en un acto ejemplar de justicia.

—Obvio que esto concuerda, para el caso de don Adolfo, con el síndrome de Harún Al-Raschid.

—Pero sigamos con nuestra crónica sin olvidar que el 10 de julio admiramos, no sólo en México sino en todo el mundo y realmente con la boca abierta, la primera trasmisión de un programa de televisión que producido en los Estados Unidos, salió a la estratósfera, para allí ser recibido por el primer satélite comunicador el Telstar, que lo envió a todo el mundo, esto ocurrió una semana más tarde en que tras 132 años de colonialismo, Francia otorgaba a Argelia su independencia, al tiempo que en Jerusalén era ahorcado Adolf Eichmann, condenado por su responsabilidad en el asesinato de seis millones de judíos durante la Segunda Guerra Mundial.

—Un mes más tarde, una auténtica leyenda moría: el 5 de agosto, en Los Ángeles era descubierto el cuerpo inerte de la mujer que nos hizo soñar a todos los hombres que vivimos esa época. Marylin Monroe se había suicidado, hecho que por cierto aún no se ha dilucidado enteramente.

—Pero volvamos a la nuestro, a don Adolfo López Mateos y su síndrome, que lo lleva a la perfección en el mes de octubre, cuando sabiendo totalmente dominada la situación, que el país está viviendo junto con él un sueño de tranquilidad, inicia un viaje ¿a dónde creen?, obviamente a oriente, a los países misteriosos y legendarios para nuestra mentalidad y quiero recordar una breve reseña de este periplo que demostró, como lo van ustedes a comprobar, la forma de vivir en pleno siglo XX, Las mil y una noches.

—El viaje se inicia volando en la línea Panamerican Airways, que lo transportó a Los Ángeles. De ahí a Hawaii, Hong Kong, Dumdum y Nueva Delhi, donde se entrevista con Jawajarlal Nehru, quien lo recibe en el Palacio de Rastrapati Balvan, donde el gobierno hindú le ha acondicionado el área de Dwaraka, homenaje reservado para muy altas personalidades. De ahí a Tokio, donde se entrevista con el emperador Hirohito y, para seguir con el sueño oriental, se aloja en el Palacio de Geihinkan.

—De Japón, a Jakarta, Indonesia, donde es recibido por su gran amigo y, conforme las malas

lenguas compañero de más de una noche tormen-
tosa, Ahmed Sukarno, con quien hace un a gira
por Bali. Seis días dura la visita de López Mateos
a los dominios de Sukarno, de donde parte a Filipinas, para entrevistarse con el presidente Ma-
capagal, y ser hospedado, para continuar con el
lujo y la formalidad oriental, en el Palacio de
Malacagnac. Deja huella imborrable de su visita
con el regalo de treinta mil copias de documentos
relativos a la historia de Filipinas, cuyos originales
preserva nuestro Archivo General de la Nación.

—Después de tres semanas de gira, regresa a
México, donde se le tributa una recepción apoteó-
tica, que culmina en Palacio Nacional, donde en
pleno sueño de un califa, lo reciben los ex presidentes Portes Gil, Ortiz Rubio, Alemán y Ruiz Cortines,
para con ellos salir al balcón central y dirigirse a la
población que abarrotaba el Zócalo y decir, entre
otras cosas: "Llevé la voz de México, llevé la voz del
pueblo de México y hablé con el lenguaje con el
que hablamos los mexicanos... luchamos por la paz
y la libertad y, quiero decir a ustedes, que la misma
limpieza con que llevé la banda presidencial, se
mantuvo en el viaje... torna a México limpia... salí
al servicio del pueblo y regreso al servicio de México... ¡compatriotas! ¡Viva México!

—En noviembre, el deporte se viste de luto por
la muerte, en una prueba para el Gran Premio de
México, del joven piloto, esperanza del automovi-
lismo mexicano, Ricardo Rodríguez, el mismo día
en que se inaugura con un éxito indescriptible, la
exposición de arte mexicano nada menos que en
Roma.

—Cierra este año a tambor batiente, en los últimos días, el Legislativo aprueba dos iniciativas que verdaderamente ponen final de oro a este año inolvidable. Se hacen enmiendas al artículo 123 Constitucional, por lo cual, es un hecho y una realidad la participación de los trabajadores en las utilidades de las empresas y por la parte política, se reforman los artículos 54 y 63, lo que abre las puertas del Congreso de la Unión a los "diputados de partido". Mejor culminación de un año viviendo la sombra de Harún Al-Raschid, ni siquiera éste la pudo haber soñado.

—El sueño de vivir el síndrome de Harún Al-Raschid para su sucesor, don Gustavo, se tornó en pesadilla varias veces en el año, ya que no sólo en México, sino en todo el mundo, este año de 1968, tuvo como característica primordial la violencia, el desorden, la ruptura de tradiciones, por lo que antes de iniciar la relación de las actividades y los cambios de personalidad del presidente Díaz Ordaz, para reforzar esta premisa, les haré una síntesis de lo más importante en este orden de ideas que ocurrió en este año.

—Fue un año en el que una de las noticias constantes fue el secuestro de aviones. No pasó una semana sin que la prensa diera cuenta de un avión desviado sin importar de qué línea se tratara o quiénes fueran sus pasajeros. El objetivo era el de causar temor e inquietud en todo el mundo. En Vietnam, por su parte, la guerra era generalizada y alcanzaba su mayor dramatismo. El mundo, en este año, conocía una nueva moda: los *hippies,* jóvenes que llenan parques y plazas viviendo un aparente y extraño éxtasis; que se distinguían por vestir con colorines, modas y peinados exóticos y que presumen de amar las flores, las que usan profusamente para adornarse. Su lema "amor y paz" y sus símbolos, son tanto los dedos índice y medio simulando una "V", como una cruz quebrada inscrita en un círculo. Todo aparentemente hermoso, dulce y en espera de una mejor vida, si no fuera que el eje, la razón y la auténtica filosofía de ellos era simplemente la droga.

—Es también el año 1968, cuando en abril, el dirigente negro Martin Luther King es asesinado en Memphis, Tennessee, desatando una noche de terror en las calles de Nueva York. Dos meses más tarde, es asesinado en Los Ángeles Robert Kennedy, cuando había ganado las elecciones primarias por el Partido Demócrata en California y tenía auténticamente en la bolsa el triunfo en Dakota del Sur.

—Europa no es ajena a la violencia y los peores choques que se escenificaron desde la Segunda Guerra Mundial, fueron en el mes de mayo en París, seguidos por otros similares en Madrid. Checoslovaquia por su parte, fue invadida por tropas soviéticas, mientras en Santiago de Chile, grupos de católicos disidentes con las autoridades de la Iglesia, ocupan iglesias y catedrales pretendiendo el nacimiento de una nueva Iglesia consagrada "a la lucha por la liberación del pueblo".

—Todas estas situaciones vienen a desembocar en México. El hecho de ser foco de atención mundial a cuenta de los XIX Juegos Olímpicos, por una parte y el descontento existente, o mejor dicho, la eterna y natural rebeldía de la juventud, todo debidamente manejado y conducido por un grupo de agitadores profesionales, bien fueran nacionales o internacionales, ya que desafortunadamente nunca fueron debidamente identificados, vinieron a ensombrecer este año, no sólo a don Gustavo, sino a toda la población, que volvió a vivir lo que había desaparecido desde los difíciles y lejanos días de la Revolución: tropas militares ocupando las calles y, lo grave y terrible, ver correr la sangre por ellas.

—El problema, afortunadamente se circunscribió a la capital y, no soy yo quién para juzgarlo ni hay aún quien esté capacitado para hacerlo con toda exactitud, pero la serie de circunstancias de todo tipo que desencadenaron en el enfrentamiento del 2 de octubre en Tlatelolco, y que conformaron el final de esta pesadilla. La cuota de sangre, definitivamente elevada, pero menos de la que hubiera costado a los mexicanos la generalización del conflicto a toda la nación, con todo lo malo que pudiera tener, fue positivo, se los digo yo. Este final permitió que los Juegos Olímpicos se desarrollaran con toda limpieza y que México, su hospitalidad, su generosidad y su alegría irreprimible, brillara con todo su esplendor en todo el mundo.

—Los detalles de esta mancha en la historia de México, salen sobrando en esta relación, pasaron y punto, pero sí, repito, impidieron disfrutar del síndrome de Harún Al Raschid a Díaz Ordaz, pero analicemos sus actos.

—Enero se inicia con los síntomas del sueño idílico entre pueblo y gobierno. El día 8 dice la secretaría de Hacienda que la inversión pública sería de 24 mil millones de pesos, a lo que el sector privado, exactamente el día siguiente, responde al reto, diciendo que invertirá, en el mismo ejercicio, 35 mil millones de pesos.

—Una semana más tarde, cuando se inaugura en el Palacio de las Bellas Artes la Olimpiada Cultural que se desarrollará, como corresponde a una nación culta y con tradición, como marco a los XIX Juegos Olímpicos, la prensa da información de que las excavaciones realizadas para la construcción del Metro, especialmente las hechas en la avenida Chapultepec y la llamada Arcos de Belén, han sido pródigas en hallazgos de joyas arqueológicas, entre los que destaca la pirámide de Tocititlán, el primer templo que vio Cortés a su llegada a la Gran Tenochtitlán.

—El presidente, en su sueño que quiere compartir con todas las familias mexicanas, decreta la desaparición del INPI, Instituto Nacional de Protección a la Infancia, para ser sustituido por el IMAN, Instituto Mexicano de Asistencia a la Niñez. Pero no todo es un cambio de nombres y consecuentes siglas, sino una importante ampliación de miras y de objetivos, destacando en el nuevo organismo, la administración de casas de cuna para niños abandonados de hasta cuatro años de edad; el establecer, vigilar, patrocinar y ayudar casas hogar, internados, asilos, hogares sustitutos y, en general todas las instituciones que se ocupan de los menores abandonados; fundar hospitales especiales dedicados a la niñez, en los que se prepararán pediatras y enfermeras especializadas y patrocinará investigaciones para analizar las causas que determinan el abandono de los menores, para proponer soluciones adecuadas. En fin, una búsqueda, aunque burocrática, para compartir los sueños con los niños.

—Previo a los dramáticos sucesos que mencionamos, pero con visión para evitarlos en lo posible, el 23 de marzo se pone en vigor la reforma penal par reprimir el pandillerismo y la delincuencia. Hasta entonces, la tranquilidad es total y la solidaridad aflora, por lo que la CTM declara que de lo que los obreros perciban como reparto de utilidades de las empresas, destinarán el diez por ciento para los campesinos.

—El ánimo de soñar, hace a don Gustavo hacerlo con la figura de don Francisco I. Madero, por lo que en 9 de febrero, en el aniversario del inicio de la Decena Trágica, en *jeep*, ya que no en caballo, pero sí escoltado por los cadetes del Heroico Colegio Militar, hace el mismo recorrido que el apóstol, de Chapultepec hasta el centro de la ciudad. Esto, obviamente sin suponer que lo haría con la tristeza mordiéndole el alma, ya que don Ramón Díaz Ordaz, su señor padre, había fallecido el día 4, cuando, como confió años después, su investidura le impidió llorar como hubiera querido, la muerte de aquel digno y honesto anciano.

—Después de muchas generaciones de explotación y miseria, el presidente Díaz Ordaz quiere compartir su sueño con los indígenas, por lo que cita, en abril de este año de 68 a representantes de etnias de 16 países, para la celebración de un Congreso Indigenista Americano en Pátzcuaro,

Michoacán. 175 representantes se reunieron y lograron excelentes acuerdos en un sueño... que se acabó al despertar a la realidad al regresar cada uno de ellos a su lugar de origen.

—En fin, Díaz Ordaz vive su sueño aunque haya sido interrumpido, como hemos visto, por pesadillas.

—Un último recuerdo de este año, la muerte del líder Vicente Lombardo Toledano, cuando cumplía apenas tres años de su último matrimonio y aún múltiples planes se gestaban en su pensamiento.

—Aunque con muchas limitaciones, Díaz Ordaz no desmintió con sus hechos la teoría del síndrome de Harún Al-Raschid, como tampoco lo haría Luis Echeverría durante su cuarto año con la banda presidencial.

—Aunque sin lugar a dudas don Luis es el arquetipo de los tres síndromes que hemos analizado, también el del cuarto, el de Harún Al-Raschid, lo personifica, no tan bien, como lo acabamos de ver con don Adolfo López Mateos, pues Echeverría sigue sin desembarazarse de los síndromes anteriores, especialmente el del Coordinador y el del Mesías, en su caso, el síndrome de Harún Al-Raschid, tiene un nombre y un apellido.

—Ella es la razón de sus sueños, por ella trabaja, por ella viaja y por ella lucha denodadamente. Su nombre no es el de ninguna mujer, como lo fue en casos de otros presidentes, el amor de Echeverría y su pasión fue la Carta de Derechos y Deberes Económicos de los Estados.

—Pasemos pues a iniciar la revista de 1974, que comienza para nuestros comentarios cuando el Banco Interamericano de Desarrollo aprueba un crédito para México para la construcción de 333 barcos pesqueros, aunque pareciera que fue símbolo de mala suerte, pues el día 25 del mismo mes de enero, el buque escuela Primero de Junio, al iniciar su primer viaje de prácticas, encalla en el Puerto de Veracruz.

—Pero don Luis no se preocupa, él tiene una misión con el mundo y el primero de febrero inicia un viaje a Europa con el objetivo oficial de impulsar la aprobación de su carta. Llega a Munich y de allí se traslada a Salzburgo, donde se reúne con el influyente Club de Roma, a quienes él supone ha convencido tras, conforme su peculiar estilo, maratónica explicación, de las virtudes de su proyecto. De inmediato se entrevista con el papa Paulo VI, en un acto insólito, pues ni está reconocida la Iglesia en México, ni hay relaciones, puesto que ni siquiera se reconoce a El Vaticano como Estado, pero lo que desea el presidente es el apoyo para su sueño y lo logra, pues la entrevista, de una hora, es aplaudida obviamente por todo el mundo tras ser agradablemente comentada por la prensa internacional.

Precisamente en estos recortes leeremos las palabras dichas por el pontífice al término de la entrevista, que por sí solas dan la dimensión de lo expresado ante él por nuestro presidente: "La Iglesia sigue con vivo interés todas aquellas iniciativas de carácter cívico y social, promovidas en México y encaminadas hacia el auténtico desarrollo que está en la mente y en las justas aspiraciones de todos los ciudadanos para garantizar al país el sitio destacado que ya ocupa y le corresponde en el concierto de las naciones... conocemos la dedicación de usted (el presidente Echeverría) que interpretando el sentir del pueblo mexicano, tan rico de virtudes, presta a la causa de la paz, a la convivencia armoniosa entre las naciones, al sereno y fecundo desarrollo de los pueblos, basado en el mutuo respeto de derechos y deberes..."

—Concluye su gira europea en Yugoslavia, donde se entrevista con Josip Broz Tito y torna a México, para llegar a inaugurar la Conferencia de Tlatelolco, con la asistencia de 25 secretarios de Relaciones Exteriores de los países americanos. En la reunión interviene Kissinger, quien se compromete a que Estados Unidos no intervendrá para nada en los asuntos de Latinoamérica. La carta famosa empieza a dar resultados.

—En el interior, sin embargo, las cosas no van tan bien; en ese mes de febrero, el Banco de México informa que los precios crecieron, en el Distrito Federal, más del 25 por ciento durante el año pasado, y en el país en general 20.2 por ciento, cifras que no se conocían de manera alguna en México, pero esto no inquieta los sueños del nuevo Harún Al-Raschid, como tampoco los múltiples secuestros, entre los que destacan el de Pedro Sarquís, asesinado pese a haber entregado su familia más de tres millones de pesos; el del vicecónsul de Estados Unidos en Hermosillo, Johan L. Patterson, también asesinado; dos días antes de su cuarto informe a la Nación, el de su suegro, José Guadalupe Zuno, liberado tras nueve días de cautiverio y el del folklórico Rubén Figueroa Figueroa, que permaneció secuestrado desde el 30 de mayo hasta el 8 de septiembre, dos días después de haber sido liberado Zuno, dándose la circunstancia de que en este lapso durante el cual permanece secuestrado, las fuerzas vivas de Guerrero lo postulan como candidato del PRI al gobierno del estado.

—Su afán de crear comisiones no se detiene y, puede ser casualidad o coincidencia, porque en entrando la primavera, crea el Consejo de Población, con el objeto de reducir el índice de nacimientos y esa misma quincena, ataca a su estilo el problema económico creando el Comité Nacional Mixto de Protección al Salario.

—Pero Echeverría vive para su sueño, y siente tener dominado el problema económico, tanto así, que dado que la población, especialmente la joven, está molesta con lo que sucede en el mundo del futbol, nombra al subsecretario de Ingresos de la Secretaría de Hacienda, Gustavo Petricioli —que como cualquiera podría suponer estaría ocupado noche y dia consiguiendo recursos extraordinarios—, "alto comisionado para el futbol mexicano"; creo que salen sobrando los comentarios.

—Todo lo que represente posibles votos para su carta, es empleado y así envía al secretario de Educación Pública a Tokio, para que los japoneses admiren y conozcan la exposición Arte y Civilización Azteca. Como al subsecretario de Ingresos lo tiene ocupado en el "caso del balón", apoya las finanzas públicas decretando el impuesto de derecho de aeropuerto, por el que todos los viajeros pagarán 50 pesos en viajes internacionales y 10 en los locales.

Víctima del cáncer y cansado de "seguir fingiendo que vivo", se suicida Jaime Torres Bodet, mientras Rosario Castellanos, embajadora en Israel, muere electrocutada por una simple lámpara casera. Dos desgracias que conmueven al mundo intelectual y al político.

—Pero su sueño y el hacerlo realidad es vital para don Luis, parte a América del Sur en búsqueda de votos, concluyendo la gira en Buenos Aires para ser el primer gobernante que se entrevista con la presidenta de la República Argentina, María Estela Martínez, quien había asumido el Ejecutivo platense apenas 17 días antes, el primero de julio, al fallecer su marido, el general Juan Domingo Perón.

—Su estilo personal de gobernar se vuelve a manifestar cuando hace todo lo necesario para que el 3 de octubre de ese año, el Congreso de la Unión declare estados libres y soberanos de la federación los hasta ese día territorios federales de Quintana Roo y Baja California Sur. Dos semanas más tarde, se entrevista con el presidente Gerald Ford, también nuevo en la presidencia, pues juró conforme la ley norteamericana apenas el 8 de agosto, cuando en un hecho insólito, el presidente de Estados Unidos Richard Nixon, tras el escándalo de Watergate; dado que "no podía gobernar sin el apoyo del Congreso"; presentaba su renuncia.

—Mientras nuestro Harún Al-Raschid está hablando con Ford, el Departamento del Distrito Federal autoriza el incremento de los pasajes en los autobuses de segunda de 50 a 60 centavos y en los de primera de un peso a 1.40.

—Llegamos a noviembre y mientras viaja don Luis a Roma para asistir a la Conferencia Mundial de la Alimentación, empieza a funcionar otro más de los organismos creados en este sexenio, el Fondo Nacional de Fomento y Garantía al Consumo de los Trabajadores, el Fonacot.

—El síndrome tiene otras variantes y, aprovechando que en el sexenio de Echeverría la mujer tiene características especiales, pues hay que recordar que su esposa siempre prefirió el título de compañera María Esther al de primera dama, no es extraño que haya enviado al Congreso y éste obviamente aprobado, la reforma jurídica necesaria para lograr la igualdad total de la mujer, por lo que se modifican algunos textos constitucionales, así como varias leyes, para garantizar la igualdad jurídica del varón y de la mujer, la protección legal a la organización y desarrollo de la familia y el derecho de toda persona de decidir libre, responsable e informadamente sobre el número y espaciamiento de los hijos.

—Pero el sueño se hace brillante realidad el 6 de diciembre, cuando la Comisión Económica de las Naciones Unidas aprobó, por abrumadora mayoría, la Carta de los Derechos y Deberes Económicos de los Estados. La votación fue de 118 votos a favor, seis en contra y diez abstenciones. El detalle, como diría Cantinflas, es saber quiénes fueron los que votaron en contra. Nada más ni nada menos que Estados Unidos, Gran Bretaña, Alemania Occidental, Bélgica, Dinamarca y Luxemburgo. Por lo que corresponde a las abstenciones éstas fueron de Austria, Canadá, Francia,

Irlanda, Israel, Italia, Japón, Holanda, Noruega y España.

—Pese a ser un documento multicitado en todos los niveles, muy pocos lo conocieron y creo que es el momento de leer sus primeros artículos, por lo que ustedes comprenderán la razón de los que se opusieron y los que se abstuvieron en la votación.

—El artículo primero dice que: "Todo Estado tiene y ejercerá libremente plena soberanía permanente, incluyendo la posesión, uso y disposición de todas las riquezas, recursos naturales y actividades económicas".

—El artículo segundo tiene tres incisos. El primero define: "Regular y ejercer autoridad sobre la inversión foránea, dentro de su jurisdicción nacional a tenor de sus leyes y reglamentos y de acuerdo con los objetivos y prioridades de la nación. Ningún Estado cuyos ciudadanos inviertan en un país extranjero, demandará trato privilegiado para esos inversionistas".

—El segundo inciso dice: "Regular y vigilar las actividades de las corporaciones transnacionales dentro de su jurisdicción nacional y tomar medidas para asegurar que tales actividades acaten sus leyes, reglamentos y ordenanzas y sean conforme a su política económica y social. Las corporaciones trasnacionales no intervendrán en los asuntos internos del Estado huésped. Todo Estado con plena estimación de sus derechos soberanos deberá cooperar con otros Estados en el ejercicio del derecho expresado en este acápite".

—El tercero, y último que transcribiremos, ordena: "Nacionalizar, expropiar o transferir la propiedad de bienes extranjeros, en cuyo caso el Estado que tome semejante medida deberá pagar compensación adecuada siempre que todas las circunstancias pertinentes lo requieran. En caso de que la cuestión del resarcimiento cause controversia, sus tribunales resolverán de acuerdo con la ley del estado nacionalizante".

—El Harún Al-Raschid sexenal mexicano estaba feliz, qué importaba que el 21 de diciembre estallaran tres bombas en la capital del país, una en la Tesorería del Distrito, otra en una sucursal bancaria y la última en un centro comercial de la colonia Lindavista, él estaba satisfecho, sólo le faltaba para completar el año, incrementar más la carga burocrática, enviando una iniciativa de ley para transformar en secretarías de Estado a los departamentos de Asuntos Agrarios y Colonización y Turismo.

CAPÍTULO XXXVIII

ENAMORADO PERDIDO
(Consuelo Velázquez)

Quince días habían transcurrido del último encuentro coloquial y de análisis de la actuación de los últimos diez presidentes, pues varias veces se habían visto en estos días, pero con muy diferentes razones, pues la situación del país había cambiado gravemente en los últimos días.

Salinas de Gortari había emprendido un viaje triunfal de despedida por los Estados Unidos, donde había hablado desde la tribuna ante el pleno de la Asamblea de las Naciones Unidas, pugnando por la consolidación de la apertura internacional de mercados, diciendo textualmente que: "Ningún instrumento será de mayor ayuda para conseguir este objetivo que el lanzamiento de la Organización Mundial de Comercio que complementará a las instituciones que nacieron en Bretton Woods", consiguiendo de inmediato y en forma prácticamente oficial, el apoyo de su candidatura para presidir esta organización de Violeta Barrios viuda de Chamorro, Luis Alberto Lacalle y Shimon Peres, presidentes de Nicaragua y Uruguay y ministro de Relaciones Exteriores de Israel respectivamente; había hablado con Clinton, de quien obtuvo el compromiso de un trato justo a los inmigrantes mexicanos. En fin, un cierre espectacular que remataría con el lanzamiento, previsto para el 8 de octubre del satélite Solidaridad II, que cerraba un nuevo ciclo de triunfos tecnológicos de México.

Parecía el cierre soñado por todos los mandatarios, cuando en la mañana del miércoles 28 de septiembre, a escasos metros del Paseo de la Reforma, por un tiro dado con un arma de alto poder a la mínima distancia, era asesinado el secretario general del PRI y líder de la diputación de la inminente LVI Legislatura, José Francisco Ruiz Massieu.

Las primeras investigaciones citaban lo mismo a diputados que a senadores y a otros altos funcionarios como implicados gravemente en este crimen.

—Esto se está volviendo algo más grave de lo que nadie piensa. Primero la extraña explosión de Guadalajara, luego el asesinato del cardenal Posadas Ocampo en la misma ciudad, más tarde Colosio y ahora Ruiz Massieu. Esto ya no puede dejarse como una serie de casos aislados, tiene que realizarse una investigación muy a fondo, o realmente el sexenio de Salinas quedará gravemente marcado —dijo Diego, verdaderamente molesto, al concluir la cena de este día.

Los comentarios de los tres se habían centrado lógicamente en el asesinato, en las especulaciones sobre quienes sucederían a Ruiz Massieu tanto en el PRI como en la Cámara de Diputados y leían con detenimiento los recortes, tanto de la prensa nacional, como la internacional, que tenía concentrados en un ordenado expediente Mendoza Luna.

La conclusión de todos era la misma: angustia, duda e incertidumbre.

Las luces rojas de alerta que últimamente eran el tema central de las conversaciones y los comentarios de Mendoza Luna estaban tomando reales características. No eran suposiciones causadas por una supuesta angustia de la edad, eran una dolorosa realidad que no se podía saber hasta dónde podría llegar y, como decía Diego preocupado, "o está llegando y nosotros no lo sabemos".

Dieron unos sorbos de cognac y optaron por continuar con la temática que llevaban ya varios meses abordando, los síndromes que atacan a todos los presidentes y el turno era el del cuarto año, el de Harún Al-Raschid, de José López Portillo.

—En este 1980, también López Portillo vivió su ensueño de Las mil y una noches, sintiéndose, en este caso, el dueño no sólo del país, sino del mundo entero y para empezar, el primer día hábil del año, el 2 de enero, decreta un incremento al precio del petróleo de exportación, nada menos que del 33 por ciento, mientras comerciantes, industriales y en una palabra todos los mexicanos se enfrentan a un nuevo aumento al costo de la vida, al entrar el primero de este mes, en vigor el impuesto al valor agregado, el inefable IVA, que conforme nos dijeron entonces "iba a ser muy bueno".

—Porfirio Muñoz Ledo, hoy el más agresivo de los opositores al gobierno, tomaba posesión el día 7 de enero del sitial que tenía México, por primera vez, en el Consejo de Seguridad de la Organización de las Naciones Unidas. Después se convierte en el enemigo más acérrimo de su hasta entonces gran amigo y compañero de escuela, Miguel de la Madrid.

—Pero el sueño de ser líder del mundo para López Portillo se hace una vez más realidad al partir a Nicaragua, para hablar con miembros de la Junta Sandinista y acuerda con ellos un programa de cooperación, por el que en primera instancia, se les venderán siete mil barriles diarios de petróleo a precio reducido y además, fiado.

—Empieza febrero y se entrevista en Cancún con el primer ministro de Jamaica, Manley, con el que determina ¿o debo decir pontifica?, el apoyo que se le debe dar a Belice para que logre su independencia, mientras la Conasupo informa que se tendrán que importar siete millones de toneladas de granos en el presente ciclo para satisfacer las necesidades del pueblo. Raúl Salinas Lozano, ese mismo día, es designado director del Instituto Mexicano de Comercio Exterior.

—El apoyo a los campesinos lo condensa evitando el por todos conocido burocratismo en la Secretaria de la Reforma Agraria; para combatirlo, decreta la desaparición de 21 de las 35 direcciones hasta entonces existentes y de 60 del centenar de subdirecciones que aparentemente trabajaban en beneficio del agro nacional; pero el sueño del poder, que es la forma en que se manifiesta el nuevo Harún Al-Raschid, se engrandece cuando en este mes de marzo, Pemex informa que se ha descubierto un nuevo pozo, el Huichol I, en las costas nayaritas, en territorio donde nadie suponía la existencia del hidrocarburo; esto dos días antes del 24 de marzo, cuando de manera oficial se informa al país que el pozo Ixtoc, que desde junio del año anterior derramó tres millones de barriles diarios, quedó definitivamente bajo control.

—No sólo exportamos petróleo, los tiempos son de ensoñación particular y así se nos informa que Estados Unidos, precisamente California, recibirá energía eléctrica mexicana, gracias a un contrato que tendrá una vigencia de diez años.

—Un paréntesis mundial muy satisfactorio es indispensable, porque en este año, el 8 de mayo, la OMS, la Organización Mundial de la Salud, declara de manera oficial, que la viruela está totalmente erradicada en todo el planeta. Un auténtico triunfo de la medicina moderna.

—Pero la economía popular no está nada bien en México, ya que antes de mediados del año, se autoriza una incremento al precio del azúcar del 108 por ciento y uno similar, del 100 por ciento en los refrescos; el pan dulce sube en un 80 por ciento pero, para nivelar las finanzas populares, el gobierno prohíbe por decreto a los comerciantes efectuar promociones y ofertas que "atenten contra el patrimonio del consumidor". Más felicidad para el nuevo Harún Al-Raschid, al confirmarse una vez mas, que México es el primer productor

499

de plata en el mundo, al obtener 56 millones de onzas.

—Y mientras Argentina a través del secretario de Comercio de aquel país, Alejandro Manuel Estrada firma un contrato para vender más granos alimenticios a México, Pemex aumenta de 28 a 33 dólares el precio por barril de aceite.

—Estados Unidos aparenta tolerar que el petróleo mexicano suba de manera incontenible, pero aplican un "estate quieto" al presidente, cuando, tras haber sido detenidos tres buques norteamericanos por pescar atún en aguas mexicanas, el gobierno de Washington decreta un embargo comercial al atún mexicano, que afectará por más de veinte mil millones de dólares a la economía nacional.

—Pero el sueño sigue y López Portillo realiza una gira triunfal por América que culmina en Cuba, donde pronuncia unas palabras que nada gustan en la Unión Americana.

—"No soportaremos que se le haga daño a Cuba, porque sentiríamos que se nos hace a nosotros mismos... así lo hemos demostrado, así lo seguiremos diciendo y haciendo en un ejercicio de congruencia histórica que nos amarra profundamente a esta América, de la que Cuba y México deben ser voz, apoyo, protección y compromiso.

—Regresa para poner en funciones el Sistema Alimentario Mexicano, con veinte programas que abarquen desde la producción hasta el consumo, mientras Estados Unidos determina el cierre de la frontera a la exportación de cítricos mexicanos, por haberse detectado una plaga conocida como la mosca mexicana de la fruta.

—El 11 de agosto, nace en el Zoológico de Chapultepec el primer oso panda nacido en cautiverio, aunque a la semana de nacido, muere asfixiado por el peso del cuerpo de su madre.

—Pero el síndrome de Harún Al-Raschid llega a su punto cumbre, con respecto a Las mil y una noches, cuando el 13 de agosto aparece públicamente y sin tapujos su Scherezada que es nombrada secretaria de Turismo. Es la primer mujer, en la historia política de México que forma parte del gabinete presidencial. Ella es la doctora Rosa Luz Alegría, con el antecedente de haber sido hasta unos meses antes, la esposa del hijo del antecesor de don José en la presidencia, don Luis Echeverría. Mucho se comentó este hecho que la misma doctora Alegría se encargó de incrementar especialmente por el modo tan "especial" de saludar al presidente del país en todos los sitios en donde lo encontraba, así como por su manera de vestir.

—Por cierto, aquí quiero hacer un paréntesis pues esta fecha, 13 de agosto, ha sido característica en todos los grandes cambios ocurridos en nuestro devenir y para confirmarlo, aunque sea a vuelo de pájaro, veremos la importancia cabalística de esta fecha en los procesos históricos de nuestro país.

—Nuestra historia como tal, empieza precisamente un 13 de agosto, en el año 1521, que es cuando se concluye la parte bélica de la conquista. Ese día, Cuauhtémoc, el último tlatoani, se rendía ante la corona española, razón por la cual se declaró a San Hipólito, el santo de ese día, como el patrono de la ciudad de México. Termina Tenochtitlan y nace la Nueva España. El gran cambio se ha efectuado.

—334 años más tarde, el 13 de agosto de 1855, cuatro días después de que Santa Anna había abandonado definitivamente la ciudad de México, luego de haber ocupado por once veces la presidencia de la república, la guarnición militar de la ciudad de México se pronunció por el Plan de Ayutla. Ese día el pueblo salió a la calle para atacar las residencias de los ministros del gobierno del general Santa Anna, mientras copias del acta de adhesión a la revolución de Ayutla circulaban para que el pueblo firmara su conformidad. Asumió la presidencia el general Martín Carrera. Concluía la etapa santannista y se iniciaba una nueva época en México.

—En 1860, el general Miramón, quien había sido derrotado tres días antes de este característico 13 de agosto, este preciso día renunciaba al Ejecutivo, entregando el poder a don Ignacio Pavón. De hecho, con este acto terminaba la guerra de los Tres Años, al quedar vencido el gran líder conservador, aunque oficialmente concluyera en la Navidad de este 1860.

—En este siglo, el 13 de agosto de 1914, el general Álvaro Obregón firmó con el general Gustavo A. Salas, los Tratados de Teoloyucan, por los que se pacta la evacuación de tropas de la ciudad de México, la salida definitiva de Victoriano Huerta, la rendición de tropas federales y el nombramiento de comandante militar de la capital.

Terminaba la parte violenta de la Revolución y se iniciaba la etapa constitucionalista.

—El 13 de agosto de 1980, como vemos, una mujer, la Scherezada del Harún Al-Raschid sexenal, es nombrada secretaria de Estado, ¿coincidencia?, ¿casualidad?, ¿simple transcurso de poco más de cuatro siglos con fechas similares? Yo me limito a citarlo.

—Las intrigas, que son parte de los entretelones en Las mil y una noches hacen pronto efecto, pues el 20 de ese mismo agosto, López Portillo emite un decreto por el que será creada la cédula de identidad, que será manejada por la Secretaría de Gobernación. Al día siguiente todo mundo protesta, lo cual, aparentemente, le da la razón al nuevo Al-Raschid para suponer que debe controlar a todo el mundo.

—Ya hemos comentado sobre el amor que el presidente López Portillo tiene por sus orígenes hispanos, lo que en este año de ensoñación confirma, al invitar al popular alcalde de Madrid, don Enrique Tierno Galván, para que inaugure, en la Plaza de Miravalle, una réplica del monumento más característico de la Villa del Oso y el Madroño: la Fuente de Cibeles; mientras la inflación hace de las suyas siendo preciso en este mes la expedición del billete de más alta denominación de toda nuestra historia, de cinco mil pesos, con el que honra, al grabar su efigie, a los Niños Héroes de Chapultepec.

—La influencia de su Scherezada o su acendrado feminismo hacen que el 15 de septiembre, al dar el grito en el balcón central de Palacio, por primera vez se vitoree a una mujer, en este caso a la corregidora doña Josefa Ortiz de Domínguez. Que la exportación de productos hortícolas haya descendido en mil millones de pesos, es algo que no rompe el encanto del califa sexenal, encanto que crece al informarse que en Ciudad Valles, San Luis Potosí, se ha descubierto un yacimiento incalculable de gas natural. Satisfecho al máximo, se toma toda una tarde para visitar las excavaciones en el Templo Mayor y admirar los tesoros hallados, entre ellos, el muro de serpientes, el Coatepantli, construido aparentemente en 1470 durante el reinado de Axayácatl, así como restos de la acequia al lado de palacio que era la principal vía fluvial, tanto en la época de la Gran Tenochtitlan, como en los albores de la Colonia, para llevar a la capital las verduras y frutas de Xochimilco y Chalco.

—Para evitar los rumores de su acendrado hispanismo, pone en circulación una nueva moneda de veinte pesos, con símbolos mayas en su anverso, el mismo día en que se crea la empresa paraestatal Nutrimex, para incrementar la producción alimentaria.

—Tres muertes en este otoño ocupan las primeras planas de la prensa. La abuelita del cine nacional, doña Sara García; el hombre leyenda del periodismo mexicano y otro de los dignos de un capítulo especial en esa aún inédita picaresca mexicana, el coronel José García Valseca y, en Nueva York, el asesinato del integrante del grupo musical que revolucionó al mundo, The Beatles, John Lennon.

—A la enésima invitación de la OPEP para que México ingrese al grupo, se le contesta una vez más con una rotunda negativa además del aviso de aumentar a 34.50 y 38.50 dólares el barril de petróleo tipo Maya e Istmo respectivamente. El petróleo parece ser inacabable y al cierre del año se informa que las reservas petroleras probadas son de 60 mil millones de barriles; 38 mil millones de barriles probables y 250 mil millones potenciales.

—Pero esto no interesa tanto al pueblo como el saber que el kilo de tortillas sube, el día último del año de 4.20 a 5.80; los cigarros aumentan en 35 por ciento y la policía dice que en este año hubo 109 asaltos bancarios con un botín global de 211 millones de pesos.

—Terminaba el año mítico, el de Harún Al-Raschid de don José López Portillo.

—El cuarto año de don Miguel de la Madrid, tampoco estuvo privado del síndrome del califa de Las mil y una noches; si su tercer año fue saturado por conflictos, en este cuarto, se recupera su destino para ser, ni más ni menos que el Harún Al-Raschid que han sido los demás primeros mandatarios que ha tenido nuestro país.

—Lo inicia en Mexicali, el día 3, entrevistándose por cuarta ocasión con el presidente de Estados Unidos Ronald Reagan a quien manifiesta la necesidad de una paz negociada en el conflicto centroamericano, por los graves riesgos que implica regional e internacionalmente y su sueño se empieza a ladear, ¿o debo decir ubicar?, en el sentido de convertirse en el líder absoluto de América

Latina, algo que en poco o mucho a casi todos les ha ocurrido, aunque con mayor fuerza en el sexto año, pero a don Miguel le ataca desde el cuarto, por lo que urge a Reagan a un diálogo político para resolver el problema de la deuda externa de Latinoamérica, ya que sólo mediante el crecimiento económico será posible saldar esa abultadísima carga.

—El 6, ante las cámaras de televisión en cadena nacional, indica que "estamos en la dirección firme para salir de la crisis", a la vez que demandó no titubear en el cumplimiento de nuestros deberes y que hay optimismo porque nuestra patria está llena de posibilidades.

—La ola de tragedias que conforme hemos visto sacudió al mundo en el 85, parece dejar cauda, pues el 28 de enero el Challenger, a la vista de millones de seres, a los 75 segundos de vuelo estalla en el aire, muriendo sus siete tripulantes. Siguiendo la temática de la tragedia, recuerdo que el 11 de febrero es encontrado el cuerpo, ya con evidentes signos de descomposición, del controvertido político y periodista Carlos Loret de Mola, en un barranco de la carretera Acapulco-Ixtapa-Zihuatanejo, episodio que concluyó cuando los peritajes lo describieron y confirmaron como un simple accidente carretero.

—Pero la temática del ensueño se empieza a solidificar y por lo pronto el 17 de febrero, "acepta la renuncia" de Guillermo Carrillo Arena a la titularidad de la Secretaría de Desarrollo Urbano y Ecología, mejor conocida como Sedue, nombrando en su lugar a quien tendría un sitio muy destacado en la política en los años siguientes, Manuel Camacho Solís.

—El 21, dueño ya de sí mismo y de la situación, se sienta frente a las cámaras de televisión, para hablar en cadena nacional, demandando que nuestros acreedores hagan un esfuerzo equivalente a la gran tarea y sacrificio que ha realizado el pueblo de México y añadió que frente a los problemas económicos no se harán concesiones que menoscaben la soberanía nacional.

—Confirma su total seguridad y dominio de la situación el 25 inmediato, cuando ante la XLV Asamblea General de la Canacintra, manifiesta su enérgico rechazo en contra de aquellos que desde el exterior juzgan al pueblo mexicano como "irresponsable", puntualizando que no se debe creer que estamos pasando la factura de nuestros problemas al exterior o a nuestros acreedores; magnificando su mensaje el 10 de marzo, cuando pide a los jóvenes se unan a la "gran batalla por la nación", para fortalecer la independencia y la soberanía, lo que no es obstáculo para que se autorice, el 25 de este mes un nuevo aumento al azúcar, que sube de 90 pesos a 114 el kilo la estandar y de 102 a 128 la refinada. El pretexto es lo de menos, pero recuerdo que ahora fue "para evitar la descapitalización".

—Nueva desgracia en los cielos afecta la opinión general. Sucede el 31 de marzo, cuando en forma inexplicable y que genera un sinnúmero de especulaciones, cerca de Maravatío, Michoacán, un jet 727 de Mexicana de Aviación tras una extraña explosión, al decir de algunos lugareños, se precipita y cae a tierra pereciendo la totalidad de los pasajeros y tripulantes. Entre ellos un excelente amigo mío —dijo con profunda tristeza Diego— Horacio Estavillo, un extraordinario periodista que dejó honda huella como director de Notimex.

—Abril se inicia con el símbolo de la justicia, cuando tras 20 meses de negociaciones, es extraditado Arturo el Negro Durazo, pero el síndrome de Harún Al-Raschid, recordemos que tiene entre sus características la sospecha, por lo que se ordena retirar de la circulación 63 revistas que "no tenían en regla" el certificado de licitud. Ese mismo mes se inicia, digamos "oficialmente" el futurismo, cuando el secretario de Energía, Minas e Industria Paraestatal, Francisco Labastida Ochoa, presenta su renuncia al ser postulado por los tres sectores del PRI a la gubernatura del estado de Sinaloa. De la Madrid nombra secretario a "el hermano que nunca tuve", Alfredo del Mazo González. Esto hace que muchos no se den cuenta de que el dólar ha traspasado la barrera de los quinientos pesos por unidad.

—Pero ahora el sueño de Harún Al-Raschid se confunde con el sueño de todos los mexicanos de cada cuatro años, el mundial de futbol que se celebró, en este '86, en México. La euforia, la pasión, el olvido de todo lo que no sea el balón, hace que transcurra todo el mes de junio sin que nadie se dé cuenta de nada, tan no se dan cuenta, que al final del mundial, el dólar ya cuesta nada menos que 750 pesos, una nueva devaluación del 50 por ciento y ni quién hiciera los esperados comentarios. El futbol lo fue todo.

—Así, llegamos a la segunda mitad de este cuarto año, cuando los hospitales privados pierden un amparo y la Suprema Corte los obliga a prestar servicios gratuitos a personas de escasos recursos, hasta por el cinco por ciento de su capacidad.

—La euforia política en Chihuahua se desborda en las elecciones del 6 de junio y sintiéndose defraudados los partidarios de Francisco Barrio, abanderado del PAN, arman la de San Quintín, bloqueando carreteras e iniciando algo muy similar a un paro general, tanto que el mismo papa Juan Pablo II debe intervenir para ordenar a los obispos de la entidad desistan de la suspensión de servicios religiosos que pensaban realizar el día 20. Esto, aunado a los oficios del secretario de Gobernación Manuel Bartlett, hace que el gobernador postulado por el PRI, el de Fernando Baeza tome posesión tranquilamente el 5 de octubre.

—Volviendo a julio, el 17, México es aceptado como miembro número 92 del GATT y, al principio de agosto, se inicia en Ixtapa la cumbre sobre la paz y el desarme del Grupo de los Seis, con México, Suecia, Argentina, India, Tanzania y Grecia, con la sensible ausencia de Olof Palme, el primer ministro de Suecia y promotor y motivador de este grupo, por haber caído asesinado en los primeros días de marzo de este año. Con la desaparición de Palme, el grupo fue perdiendo fuerza hasta desaparecer sin que realmente nadie se diera cuenta.

—Ese mismo mes el presidente viaja a Washington, donde se entrevista con Reagan, llegando a convenientes acuerdos, entre ellos el fin del embargo al atún mexicano, decretado exactamente seis años atrás, como lo acabamos de comentar hace un momento al hablar de don José López Portillo.

—Mientras, en México, la Concamín informa y sostiene que el país ha sufrido un desplome del cincuenta por ciento en la producción industrial como consecuencia de la crisis. Termina agosto con otra trágica noticia, en California, Estados Unidos, una avioneta choca en el aire con un avión de Aeroméxico falleciendo 77 personas.

—Septiembre, fiestas patrias y nueva euforia que aprovecha el presidente para trasladarse de nuevo a Estados Unidos, esta vez a la sede de la Naciones Unidas, para en ese foro plantear la necesidad de nuevos esquemas de colaboración internacional; más capitales prestados con menos intereses para los países pobres, las palabras suenan bien, lo que escuchen los ricos, ya será otra cosa, pero ya estando en la Urbe de Hierro, aprovecha un par de días para entrevistarse con el rey Juan Carlos de España; con Jacques Chirac, primer ministro de Francia; con Geoffrey Howe, el ministro de Relaciones Exteriores de Gran Bretaña y con el de la Unión Soviética, Eduard Shevarnadze.

—El cierre de septiembre es espectacular y le permite, aunque un poco avanzado el año, empezar a vivir a plenitud su síndrome de Harún Al-Raschid. Les leeré el boletín oficial de ese último día de septiembre: "México ha reestructurado su deuda externa con la banca comercial por 52 mil 300 millones de dólares, de los cuales 43 mil 700 millones de dólares se pagarán en un plazo de veinte años y siete de gracia y 8 mil 550 millones de dólares en doce años de plazo y cinco de gracia, además de obtener 6 mil millones de dólares en créditos nuevos y podrá disponer de dos mil millones de dólares más si el Programa de Aliento y Crecimiento, PAC, puesto en marcha, tuviese problemas para su aplicación en 1987.

—Transcurre octubre en completa calma, pese a que la inflación sigue incontenible. Para amortiguar sus efectos se fijan aumentos del 21.2 por ciento en promedio a los salarios mínimos, pero la gasolina Nova vuelve a subir de 125 a 141 pesos el litro y la extra de 135 a 160. Las tortillas se disparan a 120 pesos el kilo y los refrescos en 25 por ciento. El veterano líder Fidel Velázquez dice que: "Nunca saldremos de la crisis", lo que parece preocupar poco al presidente que envía al Congreso una iniciativa de reformas al sistema político nacional, en la que destacan el sustituir al cincuenta por ciento de los miembros del Senado cada tres años, aumentar en 100, o sea de 400 a 500, el número de diputados y la creación del Tribunal Electoral. A continuación envía a sus más importantes secretarios a una, digámosle, prepasarela por la Cámara de Diputados para que se foguen. En síntesis esto fue lo que ocurrió.

—El primero es precisamente Alfredo del Mazo, titular de la Semip, que informa que México será una potencia industrial, pero exige el esfuerzo compartido de todos los sectores y pretende explicar, evidentemente sin éxito el desde siempre incomprendido plan de reconversión industrial.

—El segundo es el secretario de Gobernación Manuel Bartlett, quien manifiesta en forma categórica que en México no se pretende imponer una dictadura ni un sistema bipartidista, porque prevalece y reina la democracia y la única amenaza que se advierte es el abstencionismo.

—Toca su turno al secretario de Relaciones Exteriores, Bernardo Sepúlveda Amor, quien ante el Senado de la República condena la campaña contra México iniciada en Estados Unidos y exhorta a perfeccionar instituciones y hacer estériles las difamaciones.

—El cuarto en presentarse es Carlos Salinas de Gortari, quien en San Lázaro, ante la diputación en pleno, manifiesta que la situación financiera no se puede calificar de catastrófica, que en nada se ha frenado la acción social y que se brindará cabal apoyo al salario.

—Cierra la serie el regente Ramón Aguirre Velázquez, quien asegura que la soberanía nacional no se encuentra en peligro y manifiesta que en el ciclo siguiente, 1987, no se aumentarán los impuestos locales y anuncia posibles aumentos a las tarifas eléctricas.

—Satisfecho por ver que ya el pueblo ha visto a sus "herederos", hace lo mismo que don Adolfo López Mateos, nada mejor para vivir el sueño de oriente que ir a él y así marcha a Japón y China, de donde trae aparentemente un gran bagaje de convenios y logros que traerán incalculables beneficios a México, por lo que el pueblo le tributa una gran recepción.

—En llegando recibe, igual que los miembros del Grupo Contadora, el premio Más Allá de la Guerra por su labor pacifista. Harún Al-Raschid, ha cumplido.

—Entramos así al análisis del último de los presidentes sexenales: Carlos Salinas de Gortari en su cuarto año y su modo de actuar bajo el influjo del síndrome de Harún Al-Raschid.

—Empieza el año aceptando la renuncia del secretario de Educación, Manuel Bartlett, quien la ha presentado para luchar por el gobierno de Puebla, nombrando para sucederlo al secretario de Programación y Presupuesto, Ernesto Zedillo e informando que esta última secretaría se fusionará con la de Hacienda. Todo antes de hablar, el jueves 9 de enero, ante la televisión, en cadena nacional para decir que durante 1992, los mexicanos volveremos, paso a paso a los niveles de vida que la crisis nos arrebató. La inflación no rebasará el 10 por ciento, habrá más empleos y un mayor crecimiento con estabilidad, porque estamos cambiando para bien, en paz, con libertad y unidos.

—Estableció que nuestro país tiene hoy más fortaleza y un nuevo ánimo y quiere modernizarse, pero no al precio de la discordia interna, por lo que no prometió cambios rápidos ni mejoras inmediatas, enfatizando que hemos construido una nueva realidad que abre el camino de la recuperación por primera vez en 15 años y sostuvo que gracias a la reforma económica pasamos de un sobreendeudamiento profundo y un grave desequilibrio a un crecimiento sano y disciplinado. Su síndrome se manifiesta a plenitud con las siguientes palabras:

"Yo me comprometo a redoblar esfuerzos, trabajar para todos y más por lo que menos tienen. El gobierno va a servir mejor, como lo demandan y lo merecen".

—Dos días más tarde, establece relaciones con once repúblicas de la Comunidad de Estados Independientes; recibe a Felipe González y reúne a los presidentes de Centroamérica, para que rubriquen como testigos, en el Castillo de Chapultepec, el acuerdo de paz entre las guerrillas y el gobierno de El Salvador.

—Aún se escuchan los comentarios de esta labor en beneficio de la paz centromericana, cuando promulga los cambios a la Constitución por los que se regulan las relaciones entre la Iglesia y el Estado y los derechos de los pueblos y las comunidades indígenas, así como la ley fundamental de los Derechos Humanos. El califa empieza a realizar su ensueño y el país lo aplaude.

—Parte a Guatemala para, en su Congreso, proponer un mercado abierto en toda América Latina y de allí marcha a Estados Unidos, para iniciar la segunda reunión cumbre antidrogas, con los presidentes de Perú, Venezuela, Colombia, Ecuador, Bolivia y lógicamente el anfitrión Estados Unidos.

—El 16 de marzo, sin embargo, algo ensombrece el encanto, pues la contaminación en la capital llega a su marca más elevada al contabilizarse 398 imecas, por lo que se suspenden las clases, se aplica el Hoy no Circula por dos días y en fin, todo lo establecido en la fase II de contingencia ambiental.

—Llega la primavera y se pone en libertad a Arturo Durazo, tras seis años detenido en cárceles mexicanas después de otros dos en norteamericanas antes de su extradición, para unas horas más tarde, anunciar que será concesionada a la iniciativa privada la operación de la red carretera de cuota en la república.

—En abril, acepta la renuncia de Patricio Chirinos para lanzarse como candidato al gobierno de Veracruz y en su lugar, como titular de la Secretaría de Desarrollo Urbano y Ecología, nombra al hasta ese día presidente del PRI, Luis Donaldo Colosio, que queda investido, conforme el rito político nacional, como "cardenal y presidenciable".

—Nuevo despertar de su sueño el 22 de abril, cuando una serie de explosiones aún no debidamente aclaradas, devastan más de 20 manzanas, a lo largo de casi diez kilómetros, en Guadalajara, con un saldo inicial superior a 160 muertos y un millar de heridos. Las renuncias de funcionarios tanto del gobierno tapatío, como de Pemex no se hacen esperar; las investigaciones informan que la explosión se debió a un derrame accidental de gasolina, que se escapó por un agujero de menos de una pulgada de diámetro de un ducto de distribución. El presidente regresa a su sueño y para evitar problemas como éste, dispone la creación de un Sistema Nacional de Prevención de Riesgos y Control de Emergencias Industriales.

—En abril, se cambia el nombre y las funciones de la Secretaría de Desarrollo Urbano y Ecología, Sedue; por la de Desarrollo Social, Sedesol, continuando al frente Luis Donaldo Colosio, con la misión de convertirla en la punta de lanza del gran sueño de sus mil y una noches, que también tiene un nombre; Solidaridad.

—En junio, su ensueño es total, su seguridad de haber dominado todos los problemas es evidente y así determina quitar tres ceros a nuestra moneda, para volver a que se hable en todo el mundo del peso fuerte y sólido mexicano. De inmediato parte a Brasil, para asistir a la Cumbre de la Tierra y exponer la necesidad de ayuda mundial y colaboración de todos los habitantes para la defensa del medio ambiente.

—Regresa a México y para mejor controlar los recursos energéticos, transforma a Pemex, subdividiéndolo en cuatro organismos descentralizados, enviando, obviamente sin bombos y platillos, sino con suma discreción, una iniciativa de ley para que todos los mexicanos nos inscribamos en un registro nacional de ciudadanos y poseamos una cédula de identidad. Las protestas menudean y para no perturbar su ensueño, deja la iniciativa en un cajón.

—En la segunda mitad del año, como clásico Harún Al-Raschid sexenal, parte a Europa a una gira por Gran Bretaña, Francia, y Hungría, obviamente para fortalecer las relaciones comerciales, aprovechando la invitación a Madrid para asistir a la II Cumbre Iberoamericana, la que recordamos fue su creación durante el tercer año.

—Termina la olimpiada en Barcelona, y como prueba de que todo lo tiene bajo control, se declara "insatisfecho" por el desempeño del equipo olímpico mexicano, esto previo a un mensaje televisado, en el que explica al pueblo los alcances, la seguridad de sus puntos críticos y los avances para la firma del Tratado de Libre Comercio con Estados Unidos y Canadá, su segundo ensueño, tras el ya citado como su primer objetivo y "firma de la casa", Solidaridad.

—El 24 de agosto, mientras el banco de México informa que la reserva monetaria es la más elevada de los últimos tiempos, con 18 mil 23 millones de dólares, la CTM asegura que existen en el país cinco millones de desempleados, siendo esta la mayor y más dramática cifra de la historia de nuestro país. En septiembre, se informa que de mil 55 empresas paraestatales que tenía el gobierno, sólo quedan 222, al tiempo que la Secretaría de Relaciones Exteriores anuncia la reanudación de relaciones diplomáticas con el Vaticano a nivel de embajada por parte de México y de nunciatura apostólica por parte de El Vaticano.

—La armonía es total y el 20 de octubre se firma el nuevo Pacto para la Estabilidad, la Competitividad y el Empleo que sustituye al Pacto de Estabilidad y Crecimiento Económico y en plena euforia de mil y una noches, el presidente Salinas acalla las voces que ya pugnan por su reelección, marcando definitivamente su respeto a la Constitución nacida de la Revolución.

—Esto lo sostiene durante su cuarto informe de gobierno, en el que además destaca el crecimiento económico real en el ciclo 1993; inflación menor al 10 por ciento; fortalecimiento del Programa Nacional de Solidaridad; superávit en las finanzas públicas; mejoramiento de la educación; secundaria obligatoria; creación de empleos, construcción de carreteras; libre comercio tanto al norte como al sur. El triunfo, el ensueño, total.

—Cierra el año en diciembre asistiendo a la VI Cumbre Presidencial del Grupo de Río y regresa para enviar al congreso la iniciativa por la que desaparece la ley de congelación de rentas decretada al tiempo de la guerra por don Manuel Ávila Camacho. La realidad económica es un hecho y Salinas su *factotum*.

—No hay más, el sueño de Las mil y una noches hecho total realidad, una vez más en el cuarto año del ciclo presidencial mexicano.

CAPÍTULO XXXIX

NADA NI NADIE

(Juan Gabriel)

Era el viernes 14 de octubre, a poco más de mes y medio del cambio de poderes y la situación era en verdad extraña. El crimen alevoso en contra de José Francisco Ruiz Massieu había modificado el esquema. La sangre de Colosio parecía brotar de nuevo, pues nadie podía suponer a los dos arteros crímenes como eventos independientes. Algo flotaba sobre el agua, como aquella novela decía, pero nadie sabía a ciencia cierta lo que en verdad estaba ocurriendo.

En el reporte diario que Mendoza Luna tenía puntualmente en dondequiera que estuviera, las noticias de ese día daban qué pensar, aún más si cabe. Por ejemplo, la acusación abierta contra el senador por Tamaulipas, Enrique Cárdenas González, que en resumidas cuentas había sido la enésima cortina de humo que se tendía en este caso, pues sus declaraciones habían sido concluyentes y ninguno de los dos, ni Julio ni Diego, creían que pudiera estar implicado.

—El asunto es de más arriba, pero de mucho más arriba, no cabe duda y puede incluso tener no sólo nexos políticos, sino personales y aún puedo decir, sentimentales —afirmó con gran seguridad Diego.

—Además —continuó verdaderamente molesto Julio Cárdenas— no sólo es un absurdo, sino una aberración desde cualquier punto de vista, el que sea el propio hermano del asesinado, Mario, quien quede al frente de la investigación. Eso no puede ser conveniente sino que embrollará más aún las cosas y si no, ya lo veremos. Esto no me gusta nada.

—Sí, eso, poner a un consanguíneo al frente de la investigación en un caso digamos rutinario es un absurdo —decía enfáticamente Diego— ahora, cuando se trata de asesinato del secretario general del partido político en el poder, como ahora les ha dado en llamarse, y además el virtual jefe político, me revienta la palabra líder, de la Cámara de Diputados, raya en lo kafkiano, pero peligroso.

—No, no puede ser posible que pongan a su hermano —repetía machaconamente—, por muy capaz que éste fuera, lo que también personalmente yo pongo en tela de juicio, pues su actuación para reprimir el narcotráfico habrá sido todo lo espectacular que quieran, pero de nulos resultados, e incluso la aprehensión tan pregonada del hermano de García Ábrego, resultó ser una farsa, pues ya han visto que se trató de otro individuo.

—Así que ya ven que esto tiene verdaderos tintes de que se oculta, o se pretende ocultar, algo muy grave y lo que más me extraña es que por mucho que sea manipulable, el hecho de que el mismo hermano de José Francisco esté envuelto en el lío, para mí es determinante de que hay algo muy pero muy sucio y que supera el mundo político para inmiscuirse más en el de las pasiones humanas y si no, repito, al tiempo.

—Pero sigamos hoy con nuestro análisis semanal para entrar en el quinto año, el que yo he denominado de Iván el Terrible, el cuarto que llevó ese nombre como gran soberano de todas las Rusias y según algunos historiadores el primero que se autonombró zar, que es la traducción al ruso del César latino. Coronado en 1547 destaca en su biografía el haber dado personalmente muerte a su hijo y heredero en un ataque de furia. Es una figura legendaria no sólo en la historia rusa, sino en la historia mundial por la inexplicable mezcla de crueldad bárbara y avances civilizadores y progresistas que ofrece su vida. Iván El Terrible mantuvo a raya a los señores feudales y procuró dar a su corte la majestuosidad de la antigua corte imperial de Constantinopla. Conquistó Kazán y Astrakán y dejó huella imborrable por haber sido el colonizador de Siberia.

—Por eso he escogido el nombre para calificar el síndrome que vulnera a los mandatarios mexicanos durante el quinto año de su régimen. De repente despiertan del sueño a que les tiene sometidos los cuentos de mil y una idílicas noches su o sus Scherezadas, para darse cuenta de que el tiempo se acaba, que quedan sólo algunos meses de mandato y que mucho es lo que hay que hacer, que dejaron que transcurriera el tiempo creyéndose eternos, permitiendo que subalternos hicieran y deshicieran a su antojo y ahora ven que aquella gloria que vivían en su tercer mesiánico año, tiene los pies de barro y está a punto de desmoronarse.

—Empieza la desconfianza total, que obliga a hacer cambios, modificaciones y ajustes indispensables por males causados, piensan ellos, por haber aflojado las riendas. Por otra parte, durante este quinto año, saben que brotará en forma oficial el nombre del sucesor, nuevo Santo Rey, nuevo Mesías, en fin, lo que en un momento fueron ellos y piensan que les traicionará, probablemente porque algo así ellos pensaron o hicieron. Dudan de todo y de todos, piensan dos veces lo que hablan o comentan en sus acuerdos, pues no saben si estos comentarios, estas confidencias puedan ser utilizadas para favorecer a uno u otro precandidato, posiblemente uno de los que no cuentan con la confianza del todavía titular y todopoderoso hombre de la banda con el águila en el pecho, pero todo sin dejar de trabajar con una intensidad que habían dejado de aplicar desde el primer año, en el que se supusieron ni más ni menos que los Santos Reyes de todo México.

—Crueldad, dureza, falta absoluta de confianza en todos y afanes verdaderamente sobrehumanos por dejar el México que ellos soñaron y, lo peor, que creyeron ya habían construido, para las generaciones por venir. Esta es la mezcla aparentemente absurda pero real que conduce la mente de los presidentes mexicanos en el quinto año, y lo veremos de uno en uno y ustedes, como creo que hasta ahora ha sucedido, me darán la razón. Aunque todos lo han vivido de manera muy diferente, ya que como veremos, algunos lo externaron abierta e incluso violentamente, otros como el general Cárdenas, prácticamente en privado, solos, sin confiar en nadie, analizando los problemas nacionales y luchando a brazo partido por encontrar, todavía a tiempo, la solución.

—Empecemos así en 1939 con don Lázaro, que violentamente despierta de su sueño de Harún Al-Raschid, cuando el 2 de enero se le informa que en 1938 se registraron 27 mil 452 delitos en el Distrito Federal, lo que representa un promedio gravísimo de 75 diarios. La segunda semana, como ya lo comentamos, cae en combate en San Luis Potosí el último rebelde que daba la cara, ya que los de ahora, los Marcos, se ocultan; hablo del general Saturnino Cedillo. Al presidente Cárdenas, se los aseguro yo que viví directamente estos días muy cerca de él, le abatió bastante esta noticia, pues pese a su equivocación de levantarse en armas contra el gobierno, Cedillo era muy querido por don Lázaro e hizo lo indecible para convencerlo de que se fuera del país, para lo que le mandó a muchos mediadores a los que siempre el rebelde potosino despachó con cajas destempladas.

—También recuerdo vivamente que aquella noche, durante los difíciles días en que hubo el rompimiento con el general Calles, Cedillo le sugirió que se trasladara a San Luis Potosí, "donde había cuando menos diez mil hombres perfectamente armados, para defender la integridad de su gobierno", pero lo que más le molestaba a Cárdenas era que con la muerte de Cedillo su régimen se manchaba de sangre, contrario a sus ideas de pasar a la historia libre de sangre y de oro mal habido, su angustia, su frustración fue en verdad dolorosa para quienes le conocíamos directamente.

—Ese mismo día —recordaba Tierritas— citó en su casa a los tres hombres más calificados por la opinión pública para sucederlo; a los generales Ávila Camacho, Múgica y Sánchez Tapia, con quienes conferenció largo tiempo. Al terminar, los cuatro tenían un semblante serio pero evidentemente tranquilo. Yo no supe realmente lo que hablaron pero dos días más tarde, los tres renunciaban a sus puestos como titulares de las secretarías de la Defensa Nacional y de Comunicaciones respectivamente los primeros y a la comandancia de la primera zona militar, Sánchez Tapia. Se abría oficialmente el juego de la sucesión y Cárdenas lo quería limpio, perdía colaboradores ya que forzosamente dos de ellos estaban descalificados. En este juego no hay sino un triunfador y los resentimientos pueden aflorar, como lo hemos visto y esta situación era una nueva inquietud para don Lázaro, que se contenía, me consta y como nadie se ha contenido, para no actuar con la barbarie de Iván el Terrible.

—Volviendo a otras acciones, recuerdo que el día 23 de enero, suspende de manera definitiva la Escuela Libre de Homeopatía en México, por suponerla poco seria, si algo hay o le parece a un mandatario indigno, tiene que cortarlo de cuajo y el 23 del mismo mes, reorganiza, aprovechando las renuncias de los precandidatos citados, su gabinete, nombrando nuevos titulares además en Asistencia Pública, Educación Pública y el Departamento del Distrito Federal.

—Noticia lógica pero que es causa de un nuevo disgusto es el hecho de que la exportación de petróleo en el año de 38, el de la expropiación, descendió un 60 por ciento de lo comerciado en el exterior en 1937.

—Antes de seguir analizando la actuación de don Lázaro, quiero recordar un incidente ocurrido el primero de febrero de este 1939, que aunque nada tiene que ver con nuestra historia particular, me parece digno de figurar en los anales. El caso se inicia cuando ante la Comisión Permanente del Congreso de la Unión se presentó un grupo de damas representantes de los sectores femeniles organizados entonces en la capital, para pedir la intervención de la Cámara de Diputados a efecto de que se realizaran las gestiones necesarias para que fuera derogada la disposición que prohíbe la apertura de nuevas fábricas dedicadas a la manufactura de medias; efectivamente, sólo había unas cuantas fábricas, que elaboraban esta definitivamente encantadora prenda femenina, y las cuales, conforme lo alegado, tenían ganancias superiores a los ¡cuatro mil pesos diarios!

—El diputado Falcón prometió, y en efecto meses después lo logró, abrir la frontera a la maquinaria productora de esta prenda, pese a la opinión y los argumentos del Fudmyc, el Sindicato Patronal de Fabricantes Unidos de Medias y Calcetines. El incidente lo recuerdo pues fue tema de mil comentarios y un sinfín de caricaturas, calificando de cuanta cosa se les pueda ocurrir a ustedes al diputado Falcón, por ocuparse de las medias femeninas, pero a la larga, su lugar en el Congreso se solidificó, pues fue un hombre que luchó por algo que quería el pueblo, abaratar esta prenda femenina, que por cierto, en México es uno de los lugares en donde más se usa, ya que jamás una dama intentará, como ocurre en Estados Unidos y en las grandes capitales europeas, ir a un sitio público sin cubrir con ese sutil tejido las piernas, pero eso es tema de otro tipo de pláticas.

—Volviendo a lo nuestro, en este mes de febrero, el presidente Cárdenas envió una circular a todos los gobernadores del país, solicitándoles que de ninguna manera externaran simpatías hacia uno u otro precandidato presidencial. Que su posición debería ser totalmente neutral y no deberán apoyar con opiniones, ni mucho menos con recursos pecuniarios las campañas políticas. Que ellos tienen que dedicarse en cuerpo y alma a gobernar para sacar adelante a su pueblo y no pueden descuidar un minuto. Iván el Terrible ve cómo se escapa su tiempo como arena entre las manos y no tolera ya desviación alguna como lo veremos.

—Marzo se inicia con el informe del Banco de México, que dice que las reservas ascienden a 175.9 millones de pesos, equivalentes a 35.2 millones de dólares, lo que indica un aumento sobre el ejercicio anterior de más de diez millones de pesos, "cifra satisfactoria tomando en cuenta que la economía del país ha sufrido graves quebrantos por la depresión mundial, manifestada por una baja de precios que ha venido a afectar de manera considerable la venta de los productos de exportación".

—Dos frases de este informe les quiero leer, que no precisan de explicación, por el contrario, son explícitas al máximo. Una es la que dice que "el gobierno del general Cárdenas ha determinado que es preferible que todos vivamos menos bien a que unos pocos vivan muy bien" y otra la que dice que se "suspende de manera definitiva el sobregiro del gobierno y se determina que en lo sucesivo, para que el gobierno tenga crédito en el Banco de México, deberá emitir certificados de Tesorería con descuento a causa de réditos y suficientemente garantizados por los ingresos no afectados por otras garantías y servirán para pago de impuestos menos un determinado porcentaje". Control, dudas, sistemas de amarre, en todo se ve la presión de don Lázaro.

—Pero hablamos de Iván el Terrible y la realidad es que lo obligan a actuar de manera drástica cuando personajes de primerísimo nivel lo atacan pública e inmisericordemente. El 8 de marzo, el general Joaquín Amaro publica en todos los periódicos un extenso manifiesto, que si me permiten les leeré sus puntos principales.

"Yo, como parte integrante de la Revolución y del Ejército Nacional, me siento autorizado para dirigirme a mis conciudadanos y exponerles mis puntos de vista sobre la difícil situación por la que atraviesa nuestro país. Puedo hablar con toda franqueza porque no tengo compromisos, ni ligas con nadie y porque siguiendo la lealtad que ha sido la directriz de mi vida, a nadie pretendo engañar.

"En primer término debemos extirpar de raíz las tendencias y los actos comunistas y fascistas que en sucesión incongruente han sido característicos del actual régimen, pues tanto el comunismo como el fascismo propugnan con nuestra Carta Magna. Esto no entraña la expresión de juicio alguno sobre la adopción o práctica de tales sistemas por otros países, cuyas situaciones de carácter interno debemos respetar.

"Rechazo la falsa política obrerista, hecha a base de demagogia para el beneficio exclusivo de los líderes insinceros cuyos actos dejan mucho que desear. Si hemos de salvar de la postración a la clase obrera, habrá que arrancar de cuajo el liderismo nocivo y la indisciplina que a nadie beneficia y que nos lleva a la anarquía.

"Es imperioso devolver al desarrollo de las obras públicas su dignidad técnica propia de un país civilizado, terminando de una buena vez con el despilfarro caprichoso de los dineros de una nación pobre, que se consumen en obras sin un programa, sin coordinación y sin visión para el futuro; al mismo tiempo acabemos con las lacras que la conciencia popular sabe que existen y reprueba: el nepotismo y el favoritismo.

"Acabemos con la nefasta política de las buenas intenciones y construyamos en su lugar soluciones acertadas de los problemas nacionales. En una palabra, considero que la meta que debemos fijarnos es volver a nuestro país a la normalidad y a la sensatez y restablecer la confianza que todos hemos perdido."

—Estas palabras, como pueden ustedes suponer, realmente sacaron chispas en todos los niveles políticos y sociales, pero la polvareda creció aún mas el día siguiente, 9 de marzo, cuando los coroneles Adolfo León Osorio y Bernardino Brito, así como el doctor Alfonso Villarreal, dirigentes del Partido Nacional de Salvación Pública, dieron a los medios a su vez un manifiesto, que entre muchas otras cosas incluía los conceptos que ahora leeremos.

"Los obreros no están satisfechos aunque se les haga creer que ha mejorado su situación económica. Con excepción de un grupo privilegiado, porque se le utiliza para sus algaradas políticas y cuya fortuna debe estimarse demasiado transitoria, todos los demás trabajadores ganan muchísimo menos de lo que ganaban antes y con menores posibilidades de tener ocupación.

"Nuestra agricultura ha muerto. Ahora importamos todos los cereales y naturalmente ya no están al alcance de las masas humildes los que en otro tiempo constituyeron una enorme fuente de riqueza y el alimento primario del pueblo. El campesino agarrotado por el Banco Ejidal, carece de estímulos para ser factor en la agricultura y, por otra parte, el mismo banco desconoce absolutamente este problema y no podrá resolverlo nunca.

"Está fuera de duda que el actual régimen ha vivido y continúa viviendo fuera de la Constitución en todos los aspectos de la vida nacional y aquí está una prueba: el llamado Partido de la Revolución Mexicana, surgido de un acuerdo presidencial, hace ineficaz y nula toda campaña electoral independiente y el pueblo no puede aspirar a puestos de elección popular por impedírselo el mencionado partido que se pregona defensor de las masas.

"Nuestro partido saldará la deuda que la nación tiene con los veteranos de la Revolución, para los que se sacrificaron realmente en la guerra civil y no para los mistificadores que han tomado el nombre de veteranos sin serlo y con el único fin de vivir del cuento y sin trabajar. Formaremos el cuadro de los veteranos y todos serán ocupados según sus categorías y aptitudes."

—Como vemos, ataques reales, con argumentos más o menos convincentes. Sin embargo, los de este partido de Salvación Pública, realmente no fueron tomados en cuenta, era la oposición y punto, pero no se tomaron así los del general Amaro, a quien tirios y troyanos reconocían como el gran reorganizador, o debo mejor decir organizador, del ejército y calificado en todos los medios como uno de los militares de más prestigio en toda la historia castrense de nuestro país.

—Por eso los días siguientes menudearon los comentarios sobre lo expresado por el que fuera secretario de Guerra de Calles y Portes Gil, entre los que destacamos los del precandidato general Múgica, quien dijo que "el general Amaro nos ha dado el móvil de su acción cuando incongruentemente se dirige a la república declarando que no tiene ligas ni compromisos cuando todos sabemos que a su lado se refugian los residuos del callismo".

—La CTM, en una declaración que bien podrían firmarla hoy, a más de medio siglo de distancia, pues sus métodos y sistemas no han cambiado, dijo que "el general Amaro, en su manifiesto, se produce francamente en contra de la rectificación de los procedimientos del gobierno del presidente Cárdenas y ataca al movimiento obrero y campesino en su esencia y en sus aspectos mas avanzados, tales como el derecho de huelga y a la explotación colectiva de la tierra".

—El licenciado Ezequiel Padilla, se pronunció por enviar un exhorto al presidente de la república para que el general Amaro fuera dado de baja del ejército por ser indigno de tal institución, mientras el boletín oficial del Partido de la Revolución Mexicana indicaba que "es una simple exhibición de impudicia y de que el firmante carece de autoridad para hablar en tono moralizador".

—El general Cárdenas dijo claramente y a su muy personal estilo que "el Ejecutivo quiere expresar con toda claridad que ni se ha constituido, ni se constituye, ni se constituirá en director político de asuntos municipales, ni estatales, ni nacionales, ya que pretende que los pueblos hagan realidad permanente el libre uso de los derechos ciudadanos".

—Viene el aniversario de la expropiación petrolera y el general Cárdenas dice que "pretenden los enemigos del régimen hacer creer que el gobierno no ha estado acertado al aplicar la Ley de Expropiación, porque según dicen, se ha empleado para satisfacer exigencias sectarias o por no estar el país, según agregan, en condiciones económicas para cumplir los compromisos de la expropiación. Hay mala fe y falta de patriotismo en estos argumentos ¿acaso no está en la conciencia nacional que la riqueza petrolera debía volver, como volvió a manos del Estado para provecho de toda la nación?"

—Más adelante en su discurso dijo, hablando directamente a los trabajadores petroleros, que "disciplinen sus filas, eleven su capacidad productiva, su eficiencia técnica y la responsabilidad de sus guías, para demostrar que a pesar de las crisis políticas transitorias, no en vano la Revolución los ha respaldado en sus derechos y les ha entregado la administración de servicios públicos, antes dirigidos desde el extranjero o bien, el control de fuentes de producción detentadas por los monopolizadores de la riqueza".

—Todo esto fuerza desconfianza e impulsa la desesperación que hace brotar a Iván el Terrible, cuando a fines de este mismo mes, ordena, o mejor dicho sugiere, sugerencia que desde luego es acatada, la renuncia en masa de todo el consejo directivo de Ferrocarriles Nacionales, a causa del exceso de accidentes ferroviarios, todos, comprobado, debido a absurdas fallas humanas, que no tienen más explicación que la desidia y la falta de responsabilidad.

—Con gran desesperación pero desde luego sin que ninguna emoción haga mella en su rostro, opta por ver la realidad del país y así el 18 de abril aborda el Tren Olivo, para hacer una gira por el norte del país, de la que regresa a la capital hasta ¡cien días después!, el 26 de julio, cuando con gran serenidad y tranquilidad dice en conferencia de prensa "que la región noroeste del país, como Sonora, Baja California y Sinaloa no la había visitado como presidente y tenía gran interés por hacerlo, encontrando tranquilidad y un marcado afán de progreso y de trabajo entre las clases productoras. Todo mundo dedicado a sus labores y el pueblo sólo piensa en mejorar sus propias condiciones de vida, impulsando a la vez con entusiasmo la economía nacional".

—En este largo periodo, múltiples cosas ocurrieron, como por ejemplo, que el Banco de México dejó de intervenir en el mercado de cambios, debido a que el gobierno americano dejó de sostener el precio de la plata, por lo cual la paridad en el precio del dólar, que a principios de marzo, conforme el informe del Banco de México que hemos comentado se cotizaba a menos de cinco pesos por unidad, a partir de julio subió a 5.60, poco, conforme a nuestra actual perspectiva, pero dramático en aquella época. El primero de mayo, los obreros en el desfile hicieron bastantes desmanes, entre ellos el quemar una bandera alemana, cuando aún no estallaba la guerra y solamente era una nación de corte fascista, hecho que ocasionó una grave reclamación diplomática.

—Otro suceso no político, pero que conmovió profundamente a la sociedad, fue la muerte del piloto Francisco Sarabia en el río Potomac en la ciudad de Washington, cuando regresaba al país después de haber roto, el 24 de mayo, la marca establecida al volar de México a Nueva York en diez horas con 47 minutos. Mucho dio también qué hablar cuando en San Marcos, Guerrero, el pueblo amotinado asesinó a las autoridades municipales el 15 de junio y, por último, quiero comentar como suceso ocurrido mientras Cárdenas viajaba por el norte del país, que el general Múgica declinó continuar en la lucha política, renunciando a su candidatura como lo haría más tarde el general Gildardo Magaña, quien curiosamente falleció de manera repentina un par de meses más tarde.

—El 3 de noviembre, el general Ávila Camacho asume oficialmente la candidatura del Partido de la Revolución Mexicana e inicia su campaña, compitiendo solamente con el general Andreu Almazán, de quien ya hemos hablado al analizar el primer año de los presidentes.

—Termina el quinto año del general Cárdenas, que ve irremisiblemente cómo se le va el poder, cómo aparece un nuevo sol en el horizonte político del país y, ya no hay nada que hacer. Iván el Terrrible tiene que rumiar su pena a solas, los amigos, los confidentes para él, han terminado.

—Así pasemos a analizar a don Manuel Ávila Camacho en el año 1945, en el que los acontecimientos mundiales fueron una sucesión inacabable de eventos verdaderamente históricos, que comentaremos desde luego, pero sin olvidar lo que ocurrió en nuestro país.

—La situación en el mundo al inicio de este 1945, comparado con el lustro anterior, era de lo más satisfactorio. Aunque la guerra estaba aún en plenitud, la balanza ya se había inclinado favorablemente a los aliados, de los que formaba parte México. Más de medio año había transcurrido de aquel 6 de junio en el que el mundo salió a aplaudir y festejar en las calles el desembarco más impresionante que había visto la humanidad en las playas de Normandía, en lo que fue el inicio del triunfo sobre las fuerzas del Eje, claro que las posibilidades de un cambio nunca fueron desechadas; siempre podía haber un repunte, pero cada día se afirmaba y reforzaba el triunfo de las democracias, lo que aprovecha don Manuel Ávila Camacho para remontar los problemas que en los cuatro años anteriores no se pudieron resolver.

—Así nace en él el síndrome de Iván el Terrible cuando la Procuraduría General de la República, logra el desafuero y la posterior aprehensión y encarcelamiento, el 1o. de febrero, de los diputados Téllez Vargas, Madrazo y Joffre, como responsables de un grave fraude en contra de los braceros. La noticia causó sensación, pues no se estilaba el hacer justicia contra los "representantes del pueblo", los "padres de la patria", lo que demostró que don Manuel no se iba a andar con rodeos este año.

—Tiene seguridad absoluta en el orden económico, al autorizar lo prohibido durante los últimos años, la tenencia y el comercio libre de dólares, al tiempo que cubre, en iniciado el año, el último abono de una cuenta pendiente con Washington, de "reclamaciones especiales", por casi medio millón de pesos.

—Al terminar febrero, un acontecimiento ensombrece al mundo diplomático. En el aeropuerto capitalino, el avión del ejército mexicano matrícula C-60-01, realiza un pésimo despegue, estrellándose contra una cerca de alambre y estallando de inmediato en forma impresionante, falleciendo el embajador de la URSS en México, Constantino Oumansky, junto con su esposa, dos secretarias, su ayudante militar y cinco miembros del ejército mexicano. Los peritajes determinan una lamentable falla, pero nada que vulnere las relaciones entre México y la URSS. Casualmente ese mismo día, en Nueva York, falleció el señor Newman, embajador de Polonia en nuestro país.

—Pero volviendo a Iván el Terrible, Ávila Camacho determina por decreto que se incautarán las empresas de transporte que interrumpan sus servicios, en evidente aviso a los empleados de la Compañía de Tranvías. Éstos se sienten dueños del país y estallan una huelga. Una hora más tarde, el gobierno incauta la empresa, reanudándose el servicio y demostrando la seriedad de los decretos presidenciales. Una semana más tarde, se expide otro que castiga, hasta con veinte años de prisión, los delitos imprudenciales en los que mueran más de dos personas. Clara advertencia que no se tolerarán accidentes raros.

—México se sacude hasta sus más íntimas capas, cuando el 17 de febrero, víctima de un intempestivo y fulminante paro cardiaco, muere en Puebla el general Maximino Ávila Camacho, de quien tanto hemos hablado. No faltaron las clásicas especulaciones obviamente sin fundamento alguno, lo que sí les puedo garantizar es que pese a estar don Manuel profundamente abatido por la muerte de su hermano, en el fondo descansó, pues como les he comentado, su hermano no dejaba de ser una perpetua piedra en el zapato del presidente.

—Esa misma semana, la Fuerza Expedicionaria Mexicana, conocida entonces y en la historia como Escuadrón 201, es abanderada en nombre del presidente Ávila Camacho por el general Francisco L. Urquizo, subsecretario de la Defensa Nacional, en la ciudad de Greenville, en Texas, partiendo de inmediato al Pacífico a la lucha contra Japón. Don Manuel está dispuesto a sacarle al tiempo hasta el último segundo útil y así demuestra que la Campaña contra el Anafalbetismo, iniciada a mediados del año anterior, no es solamente un papel. Iván el Terrible sabe que la ignorancia es un enemigo de verdad y así el primero de marzo, reúne a todo el gabinete y exige resultados de inmediato en esta campaña, no limitando la responsabilidad al titular de Educación Pública, sino a todo el gobierno. Los resultados no se hacen esperar, el día 21, sólo en la capital, se inauguran 160 centros de alfabetización. El presidente no tolera falla alguna.

—En el mes siguiente, después de celebrarse, a instancias del propio don Manuel, una reunión de cancilleres de todos los gobiernos de América Latina en Chapultepec, para formar un frente común, marchan a San Francisco a firmar la histórica acta que da cédula de nacimiento a la ONU, la Organización de las Naciones Unidas.

—En abril, rodeado de todos los mejores médicos del universo, impotentes, muere el presidente de Estados Unidos, Franklin D. Roosevelt, el único que fue cuatro veces elegido por su pueblo. El vicepresidente Harry S. Truman, de inmediato asume el poder tocándole la gloria de celebrar el fin de la guerra mundial, ya que el 28 de abril, Mussolini es fusilado en el norte de Italia y el 2 de mayo siguiente, el mundo se entera del suicidio del führer Adolfo Hitler junto con su amante Eva Braun, lo que determina, el 7 de mayo, la rendición de Alemania, con lo que concluye la guerra en su escenario europeo, ya que el final definitivo no sería sino hasta el 2 de septiembre, cuando Japón se rinde incondicionalmente después de que el 6 y el 9 de agosto fuera empleada la bomba atómica en contra de Hiroshima y Nagasaki.

—Terminado el conflicto mundial, don Manuel aprovecha la coyuntura para reorganizar el ejército nacional, por lo que dispone el retiro de más de 500 generales y miles de jefes y oficiales que habían llegado a la edad límite. En esta época, vale la pena recordar, nuestro instituto armado contaba con 700 generales en servicio, para los 60 mil hombres de que disponía.

—El 4 de junio, el secretario de Gobernación, licenciado Miguel Alemán, renuncia para dedicarse a buscar el voto popular por todo el país para la renovación de poderes del año siguiente; a lo que sigue, el 11 de julio, la del secretario de Relaciones Exteriores, licenciado Ezequiel Padilla, con el mismo objetivo, como creo ya les he comentado.

—Lo importante es que don Manuel, consciente de la situación que conllevará la posguerra, acuerda en el mes de junio que todos los bancos envíen la mitad de sus depósitos al Banco de México, para evitar malos manejos y mejor control de la economía, cuando esta institución informa que el público tiene más de mil millones de pesos ahorrados en forma particular en oro y plata.

—Otra garantía de seguridad para la nación es el decreto que se publicaría el 11 de septiembre, poco más de un mes después de estalladas las bombas atómicas contra Japón, por el cual se declara a las reservas mineras radiactivas como el uranio, el plutonio, radio y demás, como patrimonio exclusivo del Estado mexicano.

—El presidente continúa controlando el país con mano férrea y decide desaparecer al Departamento del Distrito Federal, substituyéndolo por el gobierno del Distrito Federal, desde luego con mayores y más específicas funciones. Simultáneamente ordena el fin de la restricción, decretada con el objeto de ahorrar hule y combustible, del descanso de un día a la semana de todos los automóviles.

—El gobierno del Distrito Federal dicta, apenas iniciadas sus labores, una disposición que es verdaderamente repudiada por el pueblo, por lo que en muy poco tiempo debió darse marcha atrás; se trata del cambio en la nomenclatura de las calles de la capital, basada en los puntos cardinales acompañados de un número, al estilo del empleado en Puebla; además se ordenó el cambio de las clásicas placas adosadas a la paredes, por postes en las esquinas con placas metálicas en lo alto, de color gris perla y con letras azules.

—El Banco de México puso en este mismo mes en circulación, un billete de diez mil pesos, el que no tendría obviamente circulación normal, sino sería exclusivo para transacciones especiales.

—En octubre, después de tres años y cuatro meses de suspensión, se restablecen las garantías constitucionales. La guerra había terminado y el estado de excepción concluido.

—El 19 de ese mes, a las 14:40 horas, a los setenta años de edad, moría uno de los hombres más importantes en la historia de México y por lo mismo de los más discutidos, el Jefe Máximo de la Revolución, el general Plutarco Elías Calles, en el Hospital Inglés de la capital del país, a pocos metros de la que fuera su residencia y la sede *de facto* del poder en México durante los mandatos de Portes Gil, Ortiz Rubio y Abelardo L. Rodríguez. Los funerales fueron imponentes como se puede suponer. Fue velado en la casa de su yerno, el doctor Fernando Torreblanca, enfrente del Parque España, donde ahora se encuentra su biblioteca y sus archivos.

—Durante el velorio, de cientos de coronas que llegaron, una buena parte no fue aceptada por órdenes de la familia. Se cerraba de manera definitiva un capítulo de la historia de México y hasta la última página tendría acción.

—El 18 de noviembre regresan al país para ser recibidos como héroes, los integrantes de la Fuerza Expedicionaria Mexicana, el Escuadrón 201; lamentablemente con siete bajas, que fueron el costo oficial de México a la guerra mundial. Escaso número, pero muy importante ya que, como lo dijo don Manuel, cada mexicano es México, al entregar a los sobrevivientes la condecoración Servicio en el Lejano Oriente, creada por decreto del 30 de octubre *ex profeso* para nuestros héroes.

—Cuatro iniciativas presentadas por don Manuel son aprobadas ese fin de año y que muestran el control que tuvo sobre la vida del país. Una, la nueva Ley Orgánica del Banco de México, dándole mayores facultades y mayor autonomía; la segunda, la vigencia definitiva de la ley que congelaba las rentas de las casas-habitación, además, las reformas al artículo 3o. Constitucional y, por último, la nueva Ley Electoral.

—De las dos primeras poco hay que hablar, pues aunque importantes, no reflejan la personalidad de Ávila Camacho, aunque por otra parte ya vemos que la de la congelación de rentas hasta el presente sexenio estuvo en vigor, pero la del artículo 3o. fue definitiva porque rompía con una tradición que no concordaba con la idiosincrasia mexicana. La reforma consistió en quitar el carácter de educación socialista, que en tiempos de don Abelardo se le había endilgado a la educación impartida por el Estado.

—De la exposición de motivos del proyecto de reformas a este artículo constitucional, quiero destacar un párrafo que define en forma excelente la personalidad de don Manuel en este su quinto año. Duro y renovador.

"En momentos en los que es menester prepararnos a vencer los obstáculos del periodo de postguerra, creo que los miembros de esa asamblea coincidirán conmigo en la convicción de que las tareas educativas son de importancia suprema, ya que la escuela es el laboratorio del porvenir y de ellas dependerá el éxito que arrostren las próximas generaciones de todas las experiencias que les plantea un mundo en trance de urgente reconstrucción. De ahí que, en el proyecto que motiva esta exposición, el Ejecutivo se haya esforzado por definir el alcance de los términos empleados para eludir, así, los errores de interpretación que han deparado pretexto a las controversias y a los enconos y ha adoptado un criterio en el que los postulados de la Revolución Mexicana no sólo se manifiesten coherentemente sino rebasen el marco estrecho que limita el artículo en que me ocupo pues, en la obra de redención cultural que nos interesa, no puede haber preferencia exclusiva para el camino intelectual de la formación del hombre, la cual requiere ante todo un acertado equilibrio de los valores espirituales y materiales de los que no se alcanzaría, de manera adecuada, sin un desarrollo congruente del conocimiento, el sentimiento y la voluntad."

—Por lo que respecta a la ley electoral, en ella se ve la mano directa de don Manuel para hacer un país verdaderamente democrático y abierto a todas las ideologías, definiendo a los partidos como "asociaciones constituidas conforme a la ley por ciudadanos mexicanos en pleno ejercicio de sus derechos cívicos para fines electorales y de orientación pública. Modifica el número de afiliados, que anteriormente a esta ley realmente era irrisorio pues para fundar un partido se precisaba únicamente de cien, elevándolo abruptamente hasta 30 mil, terminando de esta manera con la era de los partidos elitistas, para iniciar el de los partidos verdaderamente populares.

—Entre otras cosas, la nueva ley destaca la obligación de tener una publicación periódica propia, por lo menos mensual; oficinas permanentes, así como justificar el cumplimiento de estos requisitos por lo menos cada seis meses ante la autoridad electoral, perdiendo el registro en caso de no hacerlo.

—Por primera vez se prohíbe explícitamente el aceptar cualquier pacto o acuerdo que los obligue a actuar subordinadamente a una organización internacional o a depender o afiliarse a partidos políticos extranjeros y por último, quiero comentar que los estatutos, conforme esta legislación, debían contener entre otras cosas, un programa y un método de educación política de sus miembros.

Terminamos con el análisis y vemos, sin lugar a dudas, que don Manuel actuó en este, su quinto año, con mano dura y con un afán renovador y modernizador ejemplar.

CAPÍTULO XL

ME VOY A SACAR LA ESPINA

(Vicente González)

—Pasemos ahora a analizar el año de Iván el Terrible de Miguel Alemán, que empieza el año de 51, el 4 de enero, dictando un decreto presidencial por el que quedan congelados los víveres y artículos de primera necesidad y, en esa dualidad que es la característica del primero al quinto año, entrega a la capital del país veinte obras públicas que tuvieron un costo superior a los 25 millones de pesos, destacando la inauguración, para este ciclo escolar, de once escuelas, que costaron en conjunto cinco millones de pesos y que admitirán en sus aulas cuatro mil alumnos por turno, lo que significa indudablemente un avance en la educación del pueblo, además, inaugura las pavimentaciones modernas y para cualquier tipo de vehículos de las avenidas Cuitláhuac, División del Norte y Ramón Guzmán, así como de la avenida Coyoacán entre Insurgentes y Félix Cuevas, lo mismo que el teatro popular Virginia Fábregas, en la colonia Aguilera que tuvo un costo de millón y medio de pesos y construido específicamente para llevar la cultura a una zona popular por excelencia.

—La cultura es indispensable y una de las formas de llevarla al pueblo es el cine, que se encuentra en un estado lamentable por la voracidad de los exhibidores, que constituidos en un anticonstitucional monopolio, están ahogando realmente esta industria. Por ello, el último día del primer mes del año, designó al ex presidente Abelardo L. Rodríguez, presidente de la Asociación Nacional de Productores de Películas Mexicanas, teniendo ese mismo día en Palacio Nacional un acuerdo con el recién nombrado, así como con los productores Miguel Contreras Torres, Juan Bustillo, Mauricio de la Serna, Fernando de Fuentes, Gonzalo Elvira y otros, quienes manifestaron ante el licenciado Alemán su voluntad de trabajar por esta industria, que no puede calificarse sino como patrimonio nacional.

—En febrero, para mejor impartición de justicia, se publica una serie de reformas a la Constitución Política así como a gran número de leyes, para mejorar la administración de la justicia. Toda esta reforma había sido aprobada por el Congreso Federal en el último periodo de sesiones, pero debido a que precisaba modificaciones a varios artículos de la Constitución debió esperar para su promulgación oficial el ser aprobada por todos los Congresos locales, lo que se logró por unanimidad.

—Sobre todo destacan las modificaciones que se decretaron para que el derecho de amparo sea más expedito y más al alcance de la ciudadanía. Nada mejor para explicar la idea de Alemán, que transcribir el último párrafo de la exposición de motivos que envió a la Congreso, que a la letra dice: "La acción de amparo debe ejercerse lícitamente, el derecho de amparo y su uso son innegables, pero no su abuso y cuando éste puede dar lugar a que la institución más genuinamente mexicana de nuestro derecho público se desfigura y aleja de sus nobles y esenciales fines, debe robustecerse con las mayores garantías para conservar limpiamente su presencia, no en bien de unos cuantos, sino de toda la colectividad a quien protege en sus derechos fundamenteles y del hombre a quien ampara en su libertad, su vida y su honor".

—Pero sigamos con el síndrome del quinto año, el del primero de los zares, que se refleja el último de marzo, cuando se suspenden los vuelos a España por parte de la compañía nacional Aerovías Guest, dado el bloqueo que se le hace a ésta en España, muy diferente al trato que en México recibe la compañía hispana Iberia. En este caso se demuestra el dicho mexicano de que el presidente no daba "brinco sin huarache", pues la respuesta es inmediata firmándose un acuerdo extraoficial, pero sólido, para un convenio comercial entre México y España y por si fuera poco, da un bofetón con guante blanco inaugurando en la capital el Primer Congreso de Académicos de la Lengua Española. Buen modo de aplicar el enojo ¿o no lo creen ustedes así?

—Como les decía, el gran temor de Iván el Terrible es perder el poder y para mantenerlo, nada mejor que dividirlo, así prohija la reforma del artículo 52 constitucional para incrementar el numero de diputados federales, reforma que es publicada el 11 de junio.

—La virtud por encima de todo, aunque en este caso de lo que se trata es de poner un freno a la inmoralidad que va ganando terreno; lo intenta en el mismo mes de junio mediante el decreto que reglamenta la Ley Orgánica sobre Publicaciones y Revistas Ilustradas, en la que sanciona la inmoralidad de las mismas.

—En julio decreta el fin de la guerra con Alemania, preámbulo de una apertura que destaca en el ultimo año con la gran exposición de la industria alemana y, veracruzano por encima de todo, logra que Roma eleve a arquidiócesis la diócesis de Veracruz, siendo su primer titular el arzobispo Manuel Pío López Estrada, esto aprovechando la visita del cardenal Adeodato Piazza, representante personal de Pío XII, quien además eleva la arquidiócesis metropolitana de la ciudad de México al grado de primada. No hay relaciones, pero el presidente Alemán sabe mover los hilos para que México sienta el poder de su mano, la mano, en este año de Iván, por algo llamado el Terrible.

—Pero el presidente no ceja en hacer todo lo posible porque su nombre perdure y la capital es el mejor foro, por lo que en la primera semana de septiembre inaugura las obras de captación del río Lerma para satisfacer la sed de los capitalinos y la segunda unidad del sistema hidroeléctrico Miguel Alemán, para incrementar las necesidades de energía eléctrica. Las modernización de las comunicaciones es urgente y pone en funciones la nueva vía México-Laredo, reconstruida totalmente con rieles de 112 libras.

—El 13 de octubre, don Adolfo Ruiz Cortines renuncia a la secretaría de Gobernación para iniciar su campaña en busca de la presidencia, de la cual ya hemos comentado y dos días más tarde, el gobierno de Iván el Terrible, en este caso Miguel Alemán, demuestra el poder de su gobierno, poniendo en circulación nuevas monedas de cinco pesos, con la clásica ley 0.720, que contienen 27 gramos 7/9 de plata.

—En noviembre envía al Congreso la iniciativa para convertir en estado libre y soberano de la federación el territorio norte de Baja California y demuestra que lo que él dice es en serio, por lo que en este mes son enviados a la cárcel siete editores de revistas catalogadas como pornográficas. Se demuestra que el mando sigue siendo de una sola persona y punto.

—Dejé para el final el decreto que firmó en marzo, con el que reorganizaba de manera radical la división militar del territorio. Lo dividió en nueve regiones, simplificando el mando y reacomodando mejor las tropas. La fuerza hay que demostrarla conforme la antigua máxima, si quieres tener la paz, prepárate para la guerra. Aunque con guante de seda, Miguel Alemán, demostró que podía ser y fue, la imagen de Iván, por algo conocido como el Terrible.

—Terminaremos la velada hablando del síndrome de Iván el Terrible en el caso de don Adolfo Ruiz Cortines, que con su muy peculiar estilo, también lo demostró en este quinto año en el que, también en muchos casos, especialmente en este, suceden las más grandes desgracias naturales que fomentan el proceso.

Demuestra don Adolfo que quiere dejar un país más grande y más sólido enviando, apenas iniciado este quinto año, dos fragatas de la armada de México a fin de que colonicen el olvidado durante tantos años archipiélago de las Islas Revillagigedo y al igual que su predecesor Miguel Alemán, en este quinto año pone en circulación plata de verdad, en monedas de cinco y diez pesos, en este caso con la finalidad de que el pueblo las atesore, pues han sido acuñadas en conmemoración del primer centenario de la Constitución Federal de 1857.

—Trae la Feria Industrial Italiana, para mejorar el comercio, y firma con Estados Unidos un convenio para establecer nuevas rutas aéreas entre México y la Unión Americana. También, lo mismo que Alemán, en este año, inaugura el sistema de agua potable de Chiconautla, para dar a la capital mayor caudal del vital líquido.

—Pero este quinto año se identifica por las desgracias; en julio, el 28 ocurre el hasta entonces peor terremoto sentido en la capital, por lo menos en nuestro siglo, el que hace que el gran símbolo de la ciudad, el Ángel de la Independencia, caiga a tierra. Múltiples son los edificios que caen y se da el caso de víctimas posteriores, como el caso del arquitecto Teodoro Vega, preso en la penitenciaría por su responsabilidad en la caída del edificio de Frontera y Álvaro Obregón, en la colonia Roma, quien se suicida en su celda a mediados de agosto.

—También, por negligencia o descuido hay otras desgracias, como las explosiones registradas en la colonia Federal el 27 de marzo, donde se ubicaba una bodega clandestina de cohetes. El saldo: once muertos y centenar y medio de heridos, con daños materiales por cuatro millones de pesos. El jefe del Departamento del Distrito Federal, Ernesto P. Uruchurtu, clausura todas las coheterías y prohíbe este tipo de artefactos explosivos en todo tipo de fiestas. Así se las gastaba el no por nada llamado el Regente de Hierro, pero lo curioso es que el decreto lo firma el presidente en el quinto año, el de Iván el Terrible.

—Sin embargo, las desgracias por este motivo, los cohetes, siguen y en el mes de octubre, en el poblado de Santa Clara, hay otra trágica explosión. También en este año, sin que nadie haya encontrado una explicación conveniente, en el mes de abril, cae al abismo un tren de carga cerca de Orizaba. Múltiples son los muertos.

—Pero también hay otro tipo de desgracias que impactan más al pueblo en su médula. En este abril, el día 15 en un accidente de aviación en Mérida, muere el ídolo de las multitudes, el actor Pedro Infante. Todo afecta, como fue conmovido el pueblo el 6 de noviembre por el hecho de que otro gran ídolo, Raúl Ratón Macías, sea derrotado por Alfonso Halimí, pelea en la que muchas abuelitas en verdad derramaron lágrimas.

—El 6 de julio, en Mexicali, el termómetro alcanza los 50.3 grados centígrados a consecuencia de lo cual fallecen treinta personas y muchos otros perecen el 21 de octubre, al tiempo que desaparece prácticamente la flota pesquera, cuando un ciclón azota el puerto de Mazatlán.

—Don Adolfo prepara su sexto año, el que pronto abordaremos bajo el síndrome del premio Nobel, logrando que en París a una plaza del centro se le ponga el nombre de México.

—También preparando la guerra para garantizar la paz, obtiene un crédito de diez millones de dólares en material y equipo para el ejército mexicano. "Divide y vencerás" es otro lema aplicado por Iván el Terrible, aquí personificado por Ruiz Cortines, al otorgar el registro al Partido Auténtico de la Revolución Mexicana, formado por los más puros revolucionarios, conforme desde luego su muy particular teoría, pues en él figuran predominantemente viejos militares.

—Pero no todo es dureza. En este quinto año inaugura el llamado Parque de los Venados en la colonia Narvarte, la mayor área verde capitalina después de Chapultepec, así como también moderniza la capital al poner en funcionamiento los nuevos mercados de Azcapotzalco, La Merced, Jamaica y La Viga, así como ordena desaparezca, sumergida por las aguas, la población de Santo Tomás de los Plátanos, para formar parte del sistema hidroeléctrico Miguel Alemán y con el mismo nombre de su predecesor, inaugura en la capital el modernísimo Viaducto que todavía hoy es una de las mejores vías de comunicación, así como la avenida Manuel Ávila Camacho, que une la capital con Ciudad Satélite y que es la primera parte de la gran supercarretera a Querétaro.

—Una nota alegre: en agosto el equipo de beisbol infantil Monterrey, obtiene el campeonato mundial.

—El 16 de noviembre, el secretario del Trabajo, Adolfo López Mateos, renuncia al ser postulado candidato a la presidencia por el PRI, después de que el país vivió uno de los más tortuosos juegos políticos de la historia, bajo la batuta de Iván el Terrible, Adolfo Ruiz Cortines, como ya lo he comentado.

—Una semana más tarde, el mundo intelectual viste de duelo al fallecer repentinamente el extraordinario pintor Diego Rivera cuando estaba por cumplir 71 años de edad.

—El último acto de este año de Iván el Terrible se realiza el 26 de diciembre, cuando se establece, recordemos que el más férreo control es característica de mando, el Registro Federal de Automóviles. No quiero olvidar que en octubre 19, por sentencia de la Suprema Corte de Justicia, México recupera el latifundio de Cloete con superficie de 72 mil hectáreas.

CAPÍTULO XLI

LLEGUÉ Y ME VOY

(Juan Gabriel)

La semana, tomando en cuenta lo que había ocurrido en los últimos tiempos, se podía considerar como muy tranquila. Los sucesos no habían avanzado mayormente. Las especulaciones sobre el asesinato de Francisco Ruiz Massieu se encontraban detenidas en espera de aprehender de un momento a otro a Muñoz Rocha. Parecía, y en eso estaban acordes los tres amigos, que sólo este diputado podía dar alguna luz auténtica sobre el caso, de otra forma no se explicaba tal insistencia de todos los implicados en aguardarlo. Muñoz Rocha se había llevado todos los encabezados de la semana.

En Haití la situación parecía normalizarse. Aristide era recibido como auténtico héroe al regresar a la patria tras tres largos años de exilio forzoso.

La noticia más importante era la disputa legal en la Unión Americana sobre la propuesta 187, adoptada por el gobernador de California, Pete Wilson, contra la cual, el domingo 16 se había realizado una protesta masiva que los rotativos norteamericanos no vacilaban en calificar como la más importante en décadas. El problema de los indocumentados era verdaderamente dramático y seguramente traerá gravísimas consecuencias entre los dos países vecinos.

Diego Mendoza Luna, el gran sabio y consejero de la política mexicana, como lo calificaba Toshiro, decía preocupado:

—Este es el grave problema de todos los gobiernos, no es fácil satisfacer las esperanzas de la gente de una vida mejor por lo que van en busca de ellas allende las fronteras. No se trata de decir "ya hay trabajo y quédense aquí". Falta mucho, lo que pueden cobrar del otro lado es infinitamente superior a lo que cobran aquí; sin embargo, dada la irregularidad de su condición legal, son explotados en la gran mayoría de los casos. Granjeros vivales los esclavizan verdaderamente, además de ese cáncer brutal llamado "los polleros". Esos sí que ganan buen dinero, prácticamente sin arriesgar y definitivamente sin trabajar. No es justo.

—Sin embargo —interrumpió Toshiro— el problema no es privativo de México. Ve en Europa cómo obreros españoles, portugueses, así como de los ex países comunistas, van a Alemania donde hay un modo de vida más elevado, a que los exploten. Nosotros mismos, en Japón, tenemos el problema de chinos, coreanos e inclusive rusos, que arriesgan todo. Es un problema mundial; lo que debe alegrarnos, es la decisión del gobierno mexicano en abrir la puerta a la banca extranjera.

—Efectivamente, el mismo lunes de esta semana —dijo Julio que se encontraba muy optimista por el hecho— Pedro Aspe anunció que 18 bancos, cinco grupos financieros, 16 casas de bolsa, 12 instituciones de seguros y una arrendadora, constituyen el primer paquete de autorizaciones de filiales de instituciones financieras extranjeras que iniciarán operaciones a más tardar a fines del año próximo. Esto definitivamente es una excelente plataforma que Salinas deja al gobierno de Zedillo.

—No lo creas —dijo Tierritas— la situación de la banca nacional no es la más conveniente. A raíz de la reprivatización, quienes entraron a este mundo fueron gente de casas de bolsa, mucho especulador y muy pocos banqueros de verdad. Fue un excelente negocio para el gobierno vender los bancos en una suma muy por encima de lo que en realidad valían.

—Bueno, con respeto —dijo Toshiro— pero con lo que me han contado ustedes, tengo mis dudas de que ese dinero haya entrado realmente a las arcas nacionales, quién sabe cuánto se quedó en el camino.

—Todavía más a mi favor —continuó Diego, satisfecho por la aparente interrupción de Toshiro, que le indicaba lo compenetrado que ya estaba con ellos— pagaron un dinero excesivo, y si no hubo controles estrictos, ellos estarán planeando obtener utilidades que no es fácil proporcionen los bancos y la llegada de instituciones extranjeras que realmente vienen más a abrir mercado que a hacer negocio, es definitivamente una amenaza a la que no dudo pondrán piedras en el camino, si no, ya lo verán

—Tienes razón y en esto yo no había pensado —tercio Julio—, pues es tan impresionante este cierre de sexenio de Salinas que uno cree que todo está resuelto, pero falta ver cómo se vienen las cosas, es cuestión de esperar poco tiempo.

Continuaron comentando los temas de interés, hasta que arrellanándose Diego, empezó la disertación sobre el quinto año de don Adolfo López Mateos.

—La naturaleza acude a la cita de este terrible año, pues el primer día del año los diarios de todo el país informan que el Volcán de Colima está en creciente actividad; afortunadamente no pasó de echar bocanadas de humo y uno que otro temblor de tierra, pero nada más. Más lesionados hubo el 28 de febrero, cuando una explosión ocurrida en la refinería sacudió la zona de Azcapotzalco; otra explosión, el 18 de noviembre en la misma planta, obliga a un exhaustivo estudio para mejorar la seguridad.

—El presidente López Mateos, con su gran carisma prácticamente es inmune a los maleficios del síndrome de Iván, pero algo hace que no es del agrado de sus ciudadanos, como por ejemplo el impuesto especial para la educación, que hace sean promovidos una cantidad inacabable de amparos. También se muestra muy en su papel en marzo, cuando exige a Estados Unidos una inmediata solución al problema de la salinidad en la frontera de Baja California.

—Se decreta, en julio, la aprehensión de seis prominentes financieros regiomontanos, acusados de defraudar más de un millón de pesos y el día 18, como también ya lo hemos comentado, simultáneamente López Mateos con Kennedy anuncian que han llegado a un acuerdo en lo promordial, para la devolución de El Chamizal. Diez días más tarde, la prestigiada revista norteamericana *Time*, en su editorial, destaca que el año de 1962 fue el primero en la historia en que Pemex operó con ganancias.

—Dos asuntos son básicos en la recordación de este año y en ninguno se muestra el síndrome que a otros afectó. El haber conseguido para México la sede de los XIX Juegos Olímpicos a celebrarse en 1968 y la modificación legal para dar participación de las utilidades a todos los obreros. En el ámbito internacional, los fallecimientos del papa Juan XXIII y especialmente el asesinato del presidente de Estados Unidos, Jonh F. Kennedy, se llevaron el mayor espacio en los resúmenes anuales.

—Sin embargo —dijo Julio— considerando que de verdad te hemos dejado expresarte a tu gusto, casi sin interrupción alguna, ahora sí se te pasó algo y muy importante, la visita que en este año, creo que en marzo, hizo a nuestro país el presidente legendario de Francia, Charles de Gaulle.

—Tienes razón, aunque nada tiene que ver con los síndromes, su presencia en México y el hecho de haber hablado a nuestro pueblo desde uno de los balcones de Palacio Nacional, y sobre todo en un español claro y sonoro, tiene gran importancia.

—Sin embargo —replicó Julio—, no es tanto su visita lo que quería comentarte, sino un caso diferente pero de gran importancia y que formará desde luego parte de tus comentarios sobre nuestra política picaresca. Resulta que en el banquete que le ofreció López Mateos, se dieron vinos mexicanos, de los que producía el ex presidente Abelardo L. Rodríguez y uno de sus publicistas, Agustín Barrios Gómez, buscando desde luego mejorar la imagen de los viñedos mexicanos ante nada menos que el presidente de Francia, rellenó las botellas con auténtico fino francés Chateaneuf-du-Pape.

—Bueno, eso no me extraña —dijo Diego, pero Julio no lo dejó continuar.

—No, espérame, todavía no termino; el caso es que al probar De Gaulle el vino "mexicano", con gran satisfacción dijo a López Mateos: "Realmente está excelente, parece ¡un Chateaneuf-du-Pape!", fíjate nada más el paladar del señor. Los que lo escucharon, se quedaron verdaderamente anonadados.

—Pues te decía que no me extrañaba —retomó Diego la palabra, pues el propio don Abelardo, cuando iba a algún restaurante, alguno de sus ayudantes llevaba por delante unas botellas de sus vinos, Misión de Santo Tomás, y las rellenaban con el más clásico de los vinos de Jerez, con Tío Pepe. Sus invitados quedaban verdaderamente satisfechos y él les mandaba una dos cajas de vino que definitivamente no tenía la calidad del que habían probado en la "mesa del patrón", pero lo atribuían a alguna falla en los controles de calidad.

—Así manejamos las cosas, no tiene remedio y por eso alguien dijo de los Vinos de Santo Tomás que lo mejor que tenían eran sus calendarios y era cierto, pues reproducían unos óleos muy bien pintados y además muy graciosos, de escenas en los conventos siempre destacando alguna diablura de los monaguillos. Todo, absolutamente todo es historia, no lo podemos evitar.

—Y es que así es México, tan igual y tan diferente —empezó a filosofar, con su personal estilo Diego— tan diferente es, que aquí se hablan tres idiomas, el del norte, el del centro y el del sur y en política es necesario manejar los tres, tanto en el discurso como en la congruencia de la actuación política.

—En el norte se habla directo, sencillo y sin rebuscamientos; en el sur, retórico, poético, inflamatorio. Si un sureño hablara en el norte con todo el calor de la pasión política, o bien inicia una revolución o cae en el ridículo, lo mismo ocurriría, si un norteño típico habla en el sur.

—En el centro hablamos como Cantinflas, incapaces de sintetizar un pensamiento en una o dos frases o hablar en pocas palabras. Decimos mucho sin decir nada, pero lo curioso es que cuando así nos expresamos en un discurso, no falta un listo que comenta ¿y qué fue lo que quiso decir éste? Así somos, se los repito otra vez y ¿qué le vamos a hacer?

—Pero sigamos con lo nuestro, recordando 1969, el quinto año de Gustavo Díaz Ordaz. Parece increíble, pero con todo y su carácter hosco y seco, desde luego para quien no le conocía íntimamente, pues con los cercanos, yo fui uno de ellos, les puedo asegurar que no sólo era agradable, sino verdaderamente simpático y con una gran facilidad para contar chistes, especialmente sobre su persona y su fealdad; por eso, como les decía, no fue de las víctimas características del síndrome de Iván el Terrible, pero haciendo un recorrido por lo más importante en el año y veremos que no pudo escaparse del todo de este sino inamovible.

—En febrero, acepta la renuncia al general Luis Cueto Ramírez, hasta entonces jefe de la policía y cuyo cese era una de las principales exigencias del comité de huelga en 1968. Aquí se ve que al presidente de México nadie, absolutamente nadie, lo puede mandar ni obligar a nada, hasta febrero de '69, o sea más de cuatro meses después de terminado el conflicto es cuando le acepta la renuncia. Las cosas son cuando el presidente quiere, ni antes ni después.

—El primero de abril, México es testigo de la peor tragedia minera de la historia. En Barroterán, Coahuila, quedan 170 mineros sepultados. El país completo viste de duelo, lo que hace que pase a segundo término la investidura que se anuncia ha decretado el papa en favor del arzobispo primado de México, Miguel Darío Miranda, concediéndole el capelo cardenalicio. También impacta a la opinión pública el drama en Acapulco, cuando Sofía Bassi es encarcelada como responsable de la muerte de su yerno el conde Cesare D'Acquarone.

—El 10 de abril ocurre algo insólito, pero que muestra de cuerpo entero a Díaz Ordaz, que ante todo y sobre todo pone la verdad y no busca salidas falsas a nada. Ese día, en bata y pantuflas, acompañado por su esposa doña Guadalupe, ingresaba al Hospital Militar para una intervención quirúrgica en los ojos. Digo insólito porque el presidente de México ni se enferma, ni se cansa, es más, si siquiera le duele la cabeza ni por supuesto tiene catarro y sin embargo, don Gustavo no tuvo empacho en enfermarse y, si para curarse era preciso operarse, pues a operarse, dando desde luego su lugar a los médicos militares a quienes escogió por encima de cualquier otro especialista. Salió estupendamente bien y, sin duda alguna, rejuvenecido. El descanso forzoso había resultado benéfico en alto grado.

—Muere Eisenhower y el mundo se cimbra cuando otro grande de la historia, Charles de Gaulle, renuncia como presidente de Francia al ser rechazada su política, mediante el proceso de referéndum.

—El 4 de julio, el avión de la Compañía Mexicana de Aviación que cubría el vuelo regular México-Monterrey, se estrelló contra el Pico del Fraile, resultando 79 muertos. Perecen Carlos Madrazo, su esposa, el tenista Rafael Osuna, el magistrado del Tribunal Fiscal, Generoso Chapa y el ingeniero Raúl Chapa Zárate, director de Tránsito Federal. Las especulaciones no se hicieron esperar, pero el resultado oficial fue el de un accidente más en la historia de la aviación.

—En ese mismo mes, el gobierno federal informa que han quedado casi erradicadas la malaria, la poliomielitis, la tuberculosis y la oncocercosis. Lamentablemente fue más el entusiasmo que la realidad, pues aún hubo brotes en los años posteriores. Los efectos de la crisis del '68 se empiezan a reflejar este año y así se informa en agosto, que en los cuatro primeros años del ejercicio, el déficit de la balanza comercial fue superior a dos mil millones de pesos y que la producción algodonera que en Tamaulipas tuvo un valor en 1965 de 500 millones de pesos, en este año apenas alcanzó dos millones de pesos. Las cosas se empiezan a deteriorar y amargar al Iván de 1969, aunque repunta con la inauguración del Metro y la de la Presa de la Amistad, junto con el presidente norteamericano Richard Nixon.

—Molesta sorpresa lleva cuando son descubiertos, al final del año, unos barcos japoneses que estaban pescando, se calcula, diez mil toneladas diarias; esto le hace forzar la iniciativa de ampliar de nueve a doce millas nuestro mar territorial. Pero los problemas le siguen; el huracán Jennifer derribó cien casas y hundió diez barcos en Mazatlán y en pleno Palacio Nacional, en la Puerta Mariana estalla, el 7 de octubre, un transformador eléctrico causando lesiones de gravedad a media docena de personas. Un mes antes, en septiembre, un fuerte aguacero ocasiona inundaciones en el periférico de las que resultan tres muertos.

—Don Adolfo López Mateos, tras 27 meses de penosa enfermedad, muere a las 4 de la madrugada del 22 de septiembre. En octubre Luis Echeverría es postulado y de inmediato se transforma en un torbellino incontenible que llega a hacer pensar a don Gustavo en un cambio de candidato, sin embargo, aquí el síndrome le falló, no lo hizo y él mismo se encargó de fustigarse hasta el día de su muerte.

—Cierra el año poniendo en vigor la reforma constitucional que otorga la ciudadanía a los jóvenes a los dieciocho años y así se termina este año, que en la historia quedará imborrable por haber sido en el que el hombre, por vez primera, logró poner su planta en la luna.

—Don Luis Echeverría, el impredecible de siempre daría para todo un libro al analizar el quinto año, el de Iván el Terrible, por lo que me limitaré a lo verdaderamente sobresaliente, como la noticia que publica la prensa, que bien pudiera haber dado cualquier periódico de la época de don Porfirio, el 15 de enero de que cincuenta mil campesinos serán llevados a colonizar el sureste de la república, con un costo de siete mil millones de pesos, mientras, en otra página de los mismos diarios, se informa que la CTM denuncia que seis millones de campesinos asalariados, no reciben ni siquiera el sueldo mínimo y que son explotados por los ejidatarios.

—El mismo enero, estallan tres bombas en la ciudad de San Luis Potosí y media docena en la capital, una en la Secretaría del Trabajo, otra en una oficina federal de Hacienda y las demás, en sucursales bancarias.

—Pero a nuestro cíclico Iván no le preocupa nada y se mete realmente a la boca del lobo, a insultar a Echeverría y él los llama "jóvenes manipulados por la CIA", para enfurecerlos más diciéndoles que "así gritaban las juventudes hitlerianas". Nada le importa y desde luego nada teme, pero el resultado es una pedrada en la cabeza, que a juicio de sus guardias de seguridad, fue milagrosa, pues de no ser por ella, se hubiera adentrado más en el territorio estudiantil y quién sabe lo que hubiera pasado.

—Como lo hemos comentado, tuvo como modelo a Salvador Allende, por eso, sin dudar un segundo, con los brazos abiertos recibe en marzo a 95 asilados políticos chilenos, encabezados por Laura Allende, hermana del presidente. Iván, que no confía en nadie, confía en estos recién llegados y son colocados en puestos estratégicos y, sobre todo, con sueldos excelentes, mientras el déficit comercial del país, asciende ya a 38 mil millones de pesos. Pero no hay por qué preocuparse.

—El secretario del Trabajo, Porfirio Muñoz Ledo informa que sólo uno de cada tres mexicanos tiene trabajo, pero que se implementan medidas para crear cuatro millones de empleos con base en la inversión. El drama se va desarrollando y el titular del Ejecutivo no se da por enterado y define que trabajadores y estado harán cine de calidad. Con su estilo característico afirma: "¡Basta de malas películas!, éstas deben ser más humanas y autocríticas".

—Poco tiempo después ataca a los farmacéuticos, acusándolos de provocar un creciente derroche en la prescripción médica. Los medicamentos generados en los últimos cuarenta años, tienen un objetivo industrial y comercial. Ataca todo lo que se mueve.

—Pero sigue protegiendo a las clases deprimidas, esa es su gran pasión y así crea la Procuraduría Federal del Consumidor y el Instituto Nacional del Consumidor, "para defender los intereses de los compradores", mientras que el Colegio de Arquitectos e Ingenieros dice, el 15 de agosto, que la mitad de los edificios que se construyen en el Distrito Federal, son inseguros. Todo son ataques de todos con contra todos y no es redundancia, es la pura verdad.

—Echeverría no se limita a las fronteras, sino que va a regañar al mismo mundo a la sede de las Naciones Unidas, donde dice que el Tercer Mundo tendrá derecho a veto en la ONU y termina su intervención con el lema: "Debemos unificar a los débiles". Cómo estaría la cosa que él mismo, el 18 de octubre dijo en rueda de prensa: "Creo que he sido un poco indiscreto en las Naciones Unidas y veo pocas posibilidades de alcanzar la secretaría", aunque pronto, muy pronto olvidaría estas palabras.

—En marzo también habría de hablar, supuestamente de más, pues dijo que la planeación demográfica es una prerrogativa de cada país y ésta debe ejercerse conforme a las necesidades, además de que el control natal forzoso es imposible de aplicar por ser un método discriminatorio.

—En julio, a través de la Secretaría de la Reforma Agraria, quita las parcelas a 125 mil ejidatarios por no trabajarlas debidamente. Pelea con España y clausura las oficinas de Iberia y la agencia noticiosa EFE. Vota en la ONU contra el sionismo, lo que hace que en Estados Unidos exista una campaña antimexicana orquestada por la comunidad judía.

—En septiembre, después de que Echeverría jugó perversamente con todos los precandidatos, José López Portillo es nombrado candidato a la presidencia y Porfirio Muñoz Ledo, presidente del PRI. Este último dice que el partido se democratiza y que no se volverá a extraviar el camino, "no predominarán camarillas o intereses particulares".

—En octubre, sucede lo improbable. Un alcance entre vagones del Metro, que tiene un costo de 29 muertos y medio centenar de heridos.

—El presidente termina su año de Iván el Terrible obligando a quien fue el consentido del sexenio, Carlos Armando Biebrich, a renunciar al gobierno de Sonora "para no ser obstáculo en el esclarecimiento de las muertes de campesinos en el Valle del Yaqui".

—La velada terminaba, los pensamientos y reflexiones durarían toda una semana.

CAPÍTULO XLII

COMO UN PERRO

(Severo Mirón)

Era el viernes 28 de octubre y las predicciones de Diego Mendoza Luna estaban pendientes como espada de Damocles, decía Toshiro, pues en verdad la aparente calma total y triunfal de estos días postreros del gobierno de Salinas, está ensombrecida quién sabe por qué, pero aun a él, ajeno en mucho a nuestra política, pero cercano en cuanto a que había pasado ya casi tres cuartas partes del año entre nosotros, y con su experiencia y su característica de asimilarlo todo, sentía verdaderamente que algo no funcionaba bien.

Cierto, la Cámara de Diputados había quedado debidamente integrada con franca mayoría del PRI, por lo que a Zedillo se le haría más sencillo gobernar, pero por otra parte, el mismo papa Juan Pablo II, había enviado un mensaje al clero mexicano, que precisamente el lunes había iniciado la LVII Asamblea General y en sus palabras denotaba angustia por el clima que se vivía en México, la violencia era terrible, decía el pontífice e instaba a los prelados mexicanos a luchar por evitarla y favorecer la unidad del pueblo mexicano y ese mismo miércoles, los propios prelados decían que México se debatía en una lucha de poder y egoísmo.

—Espero que todo sean suposiciones y que pasando el primero de diciembre, y terminando las presiones, todo lo veamos de mejor color —insistía una y otra vez Diego, a lo que sus dos amigos añadían los buenos deseos, pero nada más, la situación no era lo más agradable posible.

Así transcurrió la cena acostumbrada y en los postres, sin mayor trámite se empezó a tratar el tema del quinto año, el de Iván el Terrible de José López Portillo.

—Enero se inicia con un terrible apagón el día 15, que durante seis horas deja a oscuras y sin energía al 75 por ciento del territorio nacional, esto apenas una semana más tarde en que oficialmente el gobierno mexicano se pronuncia en contra de un mercomún con Estados Unidos y Canadá. Pocas serían las ventajas y los inconvenientes, innumerables, dice la declaración oficial, obviamente con instrucciones presidenciales.

—El afán de quedar bien con el sexo débil, la debilidad (vuelve a ser indispensable la redundancia) del presidente López Portillo, hace que caiga una de las últimas barreras varoniles existentes. A partir de este año, en la capital de la república, las mujeres podrán entrar a las cantinas. Adiós al último baluarte del hombre ¿venganza contra sus congéneres por no ser él cliente de estos establecimientos?, ¿verdadero afán de superar a la mujer?, ¡quien lo sabe!, lo curioso es que esta medida la dicte precisamente en este cabalístico año.

—Sin embargo, el síndrome de Iván el Terrible se manifiesta sin límite alguno el 18 de julio, cuando en conferencia de prensa, López Portillo dice que "defenderá el peso como un perro". Si en un principio aquellas fueron palabras que impactaron a algún sector de la sociedad, al cabo del tiempo, fueron motivo de burla y mofa, como ustedes saben, ya cuando don José era ex presidente, en cuanto se presentaba en algún sitio público, muchos eran quienes de inmediato lo recibían con ladridos y ¿qué opinan sobre el título que el pueblo dio a su residencia?, la Colina del Perro quedó para siempre. Este exabrupto de compararse con un perro, bien caro que le costó en todos los órdenes.

—Anteriormente, en abril, había anunciado una decisión digna del zar absolutista. El control estatal absoluto sobre los alimentos para terminar con especuladores y acaparadores. Se informó que se pondría en marcha el Programa de Servicios Integrales de Abasto. Tampoco pasó nada, pero la explosión típica de Iván lo perjudicó.

—En el otoño, conforme con lo tradicional, Miguel de la Madrid es declarado candidato del PRI como ya lo hemos comentado y le toca estrenar el nuevo edificio del PRI, inaugurado por López Portillo en el aniversario del instituto.

—El subsuelo sigue dando sorpresas y en este año hasta oro da. Al hacer las excavaciones para el nuevo edificio del Banco de México, aparece un tejo de oro de más de dos kilos de peso. Aparentemente una pieza de lo sustraído por los conquistadores y sumergido, probablemente en la cintura de algún hispano ahogado en las aguas pantanosas, en la Noche Triste cuando el ejército cortesiano debió poner los pies en polvorosa.

—Hay una excelente noticia. El índice de natalidad, en lo que va del sexenio, descendió del 3.2 al 2.6, un éxito que nadie puede rebatir. Esto lo sabemos al escuchar su quinto informe de gobierno, el que pronuncia, al fin, en el Palacio Legislativo, que inaugura precisamente el primero de septiembre de este año. El viejo sueño de Porfirio Díaz y que nadie logró realizar, lo concreta este nuevo Iván, conforme los diseños del arquitecto Pedro Ramírez Vázquez.

Gran molestia le produce el hecho de que Banobras, ha otorgado un préstamo, sin las condiciones convenientes, por 17 mil millones de pesos, al grupo Alfa. Pero muchísimo más se molesta cuando la Cámara de Diputados cita a la secretaria de Turismo Rosa Luz Alegría, quien tiene que reconocer que efectivamente el turismo en México está en crisis, pero de ninguna manera acepta se considere esto como una catástrofe. No le agrada al Iván López Portillo el que toquen a sus consentidos y en este caso, pues, ¡para que les digo! Termina el año prohibiendo la fabricación de automóviles de ocho cilindros, para ahorrar gasolina.

—Como vemos, tampoco fue inmune al síndrome, ahora, por lo que respecta a otros sucesos importantes del año, el resultado fue trágico. Dos atentados que afortunadamente no costaron la vida ni de Juan Pablo II ni de Ronald Reagan, pero sí el de Anwar El Sadat. En España fue el famoso 23F, cuando el coronel Tejero tomó de rehenes a todos los diputados, en un principio de golpe de estado que no prosperó. También en este '81 un nuevo país alcanzó la libertad: Belice el 21 de septiembre.

—Miguel de la Madrid, tampoco fue inmune en este año el que por cierto se inició el juicio al nazi John Demjanjuk, conocido precisamente como Iván el Terrible.

—Su síndrome se mostró bastantes veces, una, probablemente la más importante, con la aprehensión y encarcelamiento del ex director de Petróleos Mexicanos, Jorge Díaz Serrano, tras el trámite legal de desaforarlo ya que era senador de la república por su estado natal

—Las huelgas de la Compañía de Luz y la de Teléfonos, simplemente logra sean declaradas inexistentes, después de haber sido intervenidas. Con Iván no se juega y no se puede detener al progreso que urge el país. Vende por improductiva, la Compañía Mexicana de Aviación, y por improcedente en los momentos actuales, como una empresa estatal, al equipo de futbol Atlante.

—Iván no se mide y lo demuestra en directo o por interpósita persona. Cuauhtémoc Cárdenas y Porfirio Muñoz Ledo pretenden reorganizar al PRI; logra que sean expulsados y que busquen su vida política amparados por otras siglas. Hace que seis distinguidos priístas se presenten a una "pasarela política", para, como ya lo comentamos, destapar conforme su estilo a Carlos Salinas en el mes de noviembre. Sin embargo, se encuentra con un par de piedras en el zapato, pues la oposición está más fuerte que nunca. Cuauhtémoc, con la bandera de don Lázaro por la izquierda y por la derecha el empresario Manuel Clouthier, que hacen que el periodo preelectoral tenga otro ritmo. La campaña para Salinas no va a ser fácil y él, De la Madrid, sabe que ante la historia es el responsable y ante él mismo, el gran afectado.

—Pero no pierde la cabeza y en diciembre da a la luz la gran solución económica de los últimos tiempos; con los sectores campesino, obrero y empresarial, firma el 15 de diciembre el Pacto de Solidaridad Económica, para ajustar la inflación y vencer la crisis. Envía a los secretarios de Hacienda y Programación al Congreso a que expliquen los detalles y los alcances. El gran paso económico, nivelará el problema político que le espera a su sucesor.

—Sólo falta decir que en este año de 1987, una tradición que en casos se convirtió en mito, terminó. El último sobreviviente del Congreso Constituyente de 1917, don Jesús Romero Flores, falleció este año.

—Sólo nos queda analizar el quinto año de Carlos Salinas, que se inicia haciendo un cambio radical en su gabinete. Quita a Gutiérrez Barrios, Fernando Hiriart e Ignacio Morales Lechuga respectivamente de Gobernación, Energía y Procuraduría, tres dependencias vitales, nombrando a Patrocinio González Blanco, Emilio Lozoya y Jorge Carpizo además de gran número de funcionarios menores. Iván Salinas demuestra que nadie puede moverse a su antojo y que todos los hilos los tiene él en la mano.

—En marzo, afirma que el PRI no será más el partido del gobierno y que debe buscar sus propios mecanismos, así como informa al comercio organizado que el comercio ambulante pagará impuestos y estará controlado. Dos puntos, como vemos, que no ha cumplido cuando ya se le acabó el tiempo.

—Los problemas siguen y la contaminación hace crisis el 18 de mayo cuando se registran en la ciudad de México 312 puntos imeca, al tiempo que las cámaras industriales dicen que a partir de que se implantó el programa Hoy no Circula las ventas de automóviles tuvieron un incremento insospechado. El 24 del mismo mes, en un caso que no ha quedado aclarado a juicio del pueblo, muere en el aeropuerto de Guadalajara el cardenal Jesús Posadas Ocampo. El presidente Salinas en la misma noche va a la capital jalisciense, se presenta en la Catedral y hace una guardia de honor ante el cadáver.

—Envía iniciativas al Congreso para reordenar la Ley Aduanera, el Código Fiscal y la Ley Federal de Derechos con el fin de enfrentar al narcotráfico y el lavado de dinero. En agosto hace que visite México, por tercera vez el Papa; en esta ocasión a Mérida. En Salinas de Gortari, el síndrome de Iván el Terrible es minimizado pues quiere seguir viviendo el del Mesías, que no lo despega de su ser y así en este quinto año, logra que Estados Unidos y Canadá firmen el Tratado de Libre Comercio que entrará en vigor el 1o. de enero del último año de su mandato. Su sueño personal se ha hecho realidad, ha llevado a México al primer mundo. Nos hablamos al tú por tú con el país más poderoso de la tierra.

—En noviembre es nombrado precandidato del PRI, Luis Donaldo Colosio, quien nombra coordinador de su campaña a otro precandidato, Ernesto Zedillo, hoy ya lo vemos, nuestro primer mandatario. Cierra el presidente Salinas su quinto año con una gira por el medio oriente en plan de gran señor. El país está ciento por ciento bajo control. El primero de enero despertaría con una pesadilla. En Chiapas se había rebelado el pueblo y las cosas se empezaban a desmoronar.

—Aquí precisamente empiezan los problemas que nomás no entiendo —dijo Diego, dando por terminada la reunión.

CAPÍTULO XLIII

NO VOLVERÉ

(Manuel Esperón y Ernesto Cortázar)

Era la última reunión sobre la historia de los presidentes, terminaba la relación de lo que diría el águila si hablara. Diego estaba satisfecho. Julio conocía mucho pero ahora habían tratado el tema con profundidad y Toshiro, con las confidencias que le había hecho, había logrado que su visión traspasara las fronteras y los océanos. Lo que quedaba era muy sencillo, todos los presidentes habían llegado a su sexto año desgastados, opacados por el nuevo sol que ellos mismos habían creado, cultivado y lanzado al cielo de México. Se revivía el Quinto Sol azteca. Debía morir un mundo para nacer otro totalmente nuevo y renovado.

Casi todos, al llegar este último año estaban imbuidos por un pensamiento nefasto, "los mexicanos no supieron aprovechar ni mis conocimientos, ni mi entusiasmo ni mi capacidad. El mundo es mi siguiente paso y él sabrá valorar mi esfuerzo", por lo tanto, deberían emplear este último año en robustecer su imagen ante el mundo, pero, como se puede comprobar, cada uno tiene una idea muy personal de sí mismo y lo que debe hacer para sostenerla o, mejor aún, magnificarla.

Habían entregado, ciertamente, su vida, pero su vida personal tenía que seguir. Allí, en los anales de la historia, en las carreteras, pocas o muchas, que hayan hecho; en las presas y obras de infraestructura; en los convenios, legislaciones y programas que hayan promovido y firmado, quedaba su huella y desde luego una gran parte de su vida, pero ésta, era el problema, tenía que seguir y estaban conscientes de que fuera lo que fuera que hubiera ocurrido en el sexenio, ahora ya no eran nada.

Pero se aferraban al poder, a seguir siendo aquel a quien un día sí y otro también, le rendían honores de ordenanza, se tocaba en su honor el Himno Nacional y se inclinaba la bandera ante su persona; esto no podía acabar así de pronto. No era justo y puede ser que tuvieran su razón, pero la historia es la historia, México es México y nadie puede quedarse ni un día más de lo que ellos mejor que nadie saben.

Así pues, Diego inició su disertación, refiriéndose a estos pormenores del último año, el que había intitulado el del síndrome del premio Nobel como símbolo de un reconocimiento internacional y respetado, analizando cómo muy pocos son los que comprenden que su fuerza política, tanto interna como al exterior del país, no era superior a la un Tehuacán sin gas.

Apenas hacía dos días que Salinas de Gortari había presentado su sexto y último informe a la nación y los días que quedaban eran prácticamente de trámite, de transición tranquila, cuando menos eso todos pretendían aparentar. Por eso Diego Mendoza Luna, el ingeniero Tierritas, inició la plática formal leyendo el último párrafo del mensaje presidencial ante el Congreso y la Nación entera.

—Así es amigos, vamos a leer el último párrafo y verán cuanto se puede leer entre líneas. "Comprometí mi gobierno y mi voluntad toda en la reforma de nuestro viejo y joven país, no para negar su historia sino para enriquecerla, porque, como todos los mexicanos, he aprendido en esa misma historia los riesgos de no cambiar y la sabiduría de hacerlo a tiempo. Me llevo, como la más preciada de mis recompensas, la cálida memoria del contacto cercano con mis compatriotas. Nada se compara con la cercanía del pueblo. Por eso, nadie puede ser el mismo después de haber gobernado a una nación sensible, original y generosa como la nuestra. Nadie tampoco puede aspirar a la unanimidad, porque la riqueza de México es su diversidad. Gracias, muchas gracias al gran pueblo de México por haberme permitido servirle."

—Nada de triunfalismos y mucho de amargura —dijo Toshiro.

—Efectivamente —intervino Julio— no es lo mismo que hace un año; ciertamente muchas cosas no salieron, en este 1995, en la forma en que se esperaban a finales de '94, cuando el triunfal viaje a oriente como comentamos en nuestra última reunión.

—Así es —confirmó Diego, con un semblante más serio que lo acostumbrado— y, luego de analizar, para llevar un conveniente orden, el último año de todos los presidentes, limitándonos desde luego a la búsqueda y preservación de su imagen, que es lo que les importa por encima de todo, les diré mi personal opinión sobre lo que le ocurrió a Carlos Salinas en este su último año, el del premio Nobel, el de la búsqueda de reconocimiento por el mundo.

—Empezaremos con Lázaro Cárdenas quien organiza, promueve e inaugura en abril, en Pátzcuaro, el Primer Congreso Indigenista Panamericano. Quiere que el mundo guarde una imagen de él y lo pretende defendiendo y protegiendo a los indios de toda América.

—En Europa hace sentir su voz, para que recuerden lo hecho por él y su gobierno en favor de los republicanos españoles; elevando una protesta, que las agencias noticiosas se encargan de difundir, por la agresión e invasión de Alemania a Bélgica, Holanda y Luxemburgo.

—Pero ya no soporta la presión interna y busca estar fuera de la vista de los capitalinos. No aguanta ni Los Pinos ni el Palacio Nacional, y sale a la provincia.

—Y en esa época un viaje duraba semanas, no como hoy que en un solo día se puede ir a cuatro o cinco partes —dijo Julio.

—Claro —respondió Diego— eso fue precisamente lo que hizo el general Cárdenas en el Tren Olivo, en una muy larga gira en la que tuve el privilegio de acompañarlo y palpar directamente la amargura que tenía al saber que nadie reconocería lo que había hecho. Enero lo pasa visitando Yucatán y Quintana Roo; febrero, en Guerrero; marzo, Chiapas y abril, Michoacán; mayo, Puebla y Guanajuato; junio la región lagunera; julio y agosto, el norte del país. Tras una fugaz visita a la capital, con el objetivo único de informar a la nación conforme el mandato constitucional, pasa septiembre en Guanajuato, dando precisamente el grito en Dolores; luego va a Querétaro y regresa a la capital, realmente a cerrar su casa de Los Pinos.

—Seis años más tarde, don Manuel inicia el último año con una seria dificultad. En León, Guanajuato, un grupo político, formado por empresarios y colonos, escogió como candidato a la presidencia municipal a Carlos Obregón, un hombre de corta estatura y con miopía a quien apoyaban la Unión Cívica Leonesa, el Partido Acción Nacional y la Unión Nacional Sinarquista. Este señor Obregón, obtuvo 22 mil 173 sufragios. Sin embargo, el candidato del PRM, Ignacio Quiroz, que sólo había logrado 58 votos, fue impuesto por el gobernador Ernesto Hidalgo. El pueblo, indignado por este inmoral descaro, el 2 de enero se arremolinó en el frente de la casa municipal a los gritos de ¡fraude!, ¡fraude!, y apedreando al pelotón de soldados. El coronel Pablo Cano Martínez y el también coronel Emilio Olvera Barrón, se vieron obligados a disparar contra la población, resultando más de una docena de muertos y un buen número de heridos.

—El presidente Ávila Camacho, institucional por encima de todo, dejó en manos de la Suprema

Corte de Justicia el caso, a petición del ministro Medina, mientras que solicitaba a la permanente la desaparición de poderes. El cese del gobernador y la aprehensión y juicio militar de los coroneles fue el resultado. Se hizo justicia y el detalle, aunque sangriento, fue desde luego, o cuando menos eso pretendió don Manuel, un sólido cimiento para la instauración de la auténtica democracia en México sin contar con la lección que sobre la división de poderes cumplimentó, al dejar al Legislativo y Judicial que hicieran su misión.

—En el documento final figuraban dos firmas que no puedo olvidar. Una, la del ministro Bartlett y la otra, de Miguel Alemán Valdés.

—Dejando este triste caso, vemos que don Manuel también buscó su proyección internacional, organizando la Tercera Conferencia Internacional del Trabajo. También hace lo necesario para que don Rodrigo Gómez, gerente del Banco de México sea designado miembro del consejo de directores ejecutivos del Fondo Monetario Internacional que manejaba un capital de 800 millones de dólares. Con motivos de incrementar su imagen, invita a visitar México al general Eisenhower, jefe de los ejércitos victoriosos en la Segunda Guerra Mundial. La recepción que se le tributó fue apoteósica, la búsqueda de que se hable en el exterior de su nombre es indispensable y estas acciones lo logran.

—Sin embargo, nada pasó, terminó el sexenio y punto final —sentenció Toshiro.

—Estás entendiendo a la perfección —verdaderamente aplaudió con sus palabras Diego, para continuar diciendo:

—El licenciado Alemán por su parte, tenía muchos partidarios que hacían campaña para llevarlo a algún puesto internacional, él ya había hecho lo conducente, pues como ya hemos comentado, fue el primer presidente mexicano que habló ante la Asamblea General de la ONU y además, eran otros tiempos y había otros recursos, por eso él se dedicó a cerrar a tambor batiente su sexenio. Entregó muchísimas obras, como la Ciudad Universitaria, el aeropuerto, la plaza monumental de la Basílica de Guadalupe, el Museo de Armas de la Defensa Nacional, la Base Aérea de Santa Lucía, la autopista México-Cuernavaca y otras que fueron conocidas en todo el mundo; pero también llegó el primero de diciembre y todo terminó.

—Los dos Adolfos presidentes no hicieron gran cosa para perpetuarse ni buscaron lauros extranjeros. Don Adolfo Ruiz Cortines, porque estaba consciente de que su tiempo había terminado. El único presidente que salió más rejuvenecido que entró y que se sentía satisfecho de haber dirigido a la nación con pulso firme. No buscó nada. Su lema, "no siembro para mí, siembro para México", había sido su vida.

—En el caso de López Mateos, ya la enfermedad hacía estragos en su organismo y aunque no lo comentaba, él bien sabía; al igual todos los que estuvimos cerca de él; que era poca la vida que le quedaba. Sin embargo siguió firme. Sabía que las relaciones internacionales que había sellado eran sólidas, además, quedaba pendiente la organización de la olimpíada que se desarrollaría en México gracias a sus esfuerzos, así como el mundial de futbol que también logró con su labor diplomática, precisaban de toda su atención. Todo estaba armado pero él sabía que tenía que apoyar en estos compromisos a su sucesor y lo empezó a hacer. Lamentablemente, el aneurisma pudo más que el entusiasmo.

—Díaz Ordaz tampoco buscó nada. El hecho de haber señalado a Echeverría como su sucesor, a su juicio había sido un error terrible que le amargaba; por otro lado las dificultades morales y políticas del '68 y la enfermedad de su esposa doña Guadalupe, lo dejaron abatido y sin ganas de nada que no fuera encerrarse y olvidarse de todo. Viajó por el mundo y se quedó a descansar durante bastante tiempo en Coronado, California. Años después, como ya lo mencioné, López Portillo lo designó embajador en España. Un par de semanas después de haber presentado sus cartas credenciales renunció. Estaba acabado. Otro más que entregó todo al país.

—Echeverría bregó por todos lo que no lo hicieron. La Carta de Derechos y Deberes, las presentaciones en la ONU, los viajes, todo lo que hizo fue buscando, cuando menos, la secretaría general de la ONU.

—Tienes razón —dijo Julio con una carcajada, la secretaría general de la ONU, ¡cuando menos!, ¿y qué sería cuando más?

—Ni él podía imaginarse. El mundo era pequeño en ese momento para él —continuó Tierritas— no podía estar quieto, López Portillo lo envió de embajador a la Unesco pero poco después, ¡a las antípodas!, a la comunidad australiana y a otros países del área. Sabía que tenía que mantenerlo lejos, pero nunca lo logró. Directa o indirectamente siguió interviniendo. No quiso saber que su tiempo estaba acabado.

—López Portillo se abstuvo de promocionarse abiertamente, aunque intentó llegar a la ONU, al BID o a España, pero la verdad es que realmente terminó muy desgastado. Su administración desde el punto de vista político y económico dejó mucho que desear en los últimos tres años y por si fuera poco, sentimentalmente su vida en ese año estaba mal. Ni tuvo ni abiertamente buscó nada. Su amigo De la Madrid, le compensó enviando a su hijo José Ramón como embajador a la FAO, pero para él sólo quedó el escribir sus memorias.

—De la Madrid, con todo y los múltiples grupos internacionales a los que perteneció, promovió y prohijó, no le dieron ningún resultado. El asesinato de Olof Palme, parece que le rompió la estructura internacional que tenía y ni hablar, dio por terminada su historia como primer protagonista y se resignó. Cierto que figuró en algunas asociaciones y grupos junto con otros ex presidentes, pero la fuerza la tenía unido a Palme. Sin embargo, en su caso el pueblo le reconoció su esfuerzo, por eso puede ver con satisfacción que en cualquier sitio en el que se presenta, la gente lo ve con afecto y en sitios públicos inclusive le aplauden. Buscó, no consiguió nada sólido afuera y se quedó a cumplir su misión como un mexicano más, trabajando en favor de la cultura y la economía.

—Queda Carlos Salinas de Gortari. Aparentemente sí se le va a hacer. Su candidatura a presidir la Organización Mundial de Comercio, que viene a sustituir al GATT, parece que va en serio. Su labor en México, es reconocida mundialmente, es cuestión de esperar la decisión de varios países, cuyos votos serán decisivos para ganar o no el puesto.

—Sin embargo, yo tengo mis dudas. Como les decía hace unos minutos, me he enterado de muchas cosas que me preocupan. Ya ven que desde hace unas semanas les he platicado que veo que hay demasiados "focos rojos" encendidos y ayer, analizando con varios amigos y socios el informe, vimos cosas extrañas que quién sabe como le vaya con ellas al presidente Zedillo de hoy en un mes, cuando tome posesión.

—Ojalá nos explicaras mejor —dijo Toshiro a quien se le desorbitaban los ojos, pues según todo mundo, México estaba mejor que nunca.

—Eso es lo que haré —dijo Diego, y refiriéndose a Julio le dijo—: Te pido que leas este párrafo del informe:

—"La contrapartida natural del superávit en la cuenta de capital es un déficit de la cuenta corriente. Este déficit es la prueba de que el país está haciendo uso de recursos del exterior, que hacen posible la expansión de la planta productiva nacional a mayor velocidad que si se utilizara exclusivamente financiamiento de origen nacional. A diferencia de lo que sucedió en el pasado, los recursos del exterior se utilizan para financiar proyectos de inversión del sector privado y ello se ha traducido en el aumento de la inversión respecto al PIB; permitiendo avanzar en la modernización de la planta productiva y en el cambio estructural de la economía, sin afectar reservas. Al día de ayer, las reservas depositadas en el Banco de México sumaron 17 mil 242 millones de dólares..." ¡oye, esto no lo entiende nadie! —dijo, suspendiendo la lectura

—Es lo que quería saber —contestó Diego— porque conforme expertos en finanzas, no nacionales, sino de bancos norteamericanos en donde yo tengo fuertes intereses, me dijeron que esto no está nada claro. Que urgía haber decretado una devaluación del peso hace mucho y que Salinas no la hizo por varias razones concatenadas, conforme dicen que ha dicho en círculos muy cercanos e íntimos. Que si Chiapas, que si nada más arranque de verdad el Tratado de Libre Comercio, que si el asesinato de Colosio, que si la campaña de Zedillo, que si las elecciones, que si el asesinato de Ruiz Massieu y que si ¡a Chuchita la bolsearon! —dijo Diego dando un manotazo en la mesa— lo cierto es que no lo hizo y así le entregará un México a Zedillo dentro de un mes, muy vulnerado y si esto fuera poco, mis asesores internacionales hablan de fortunas depositadas en el extranjero por mexicanos hoy todavía desconocidos, pero hablan de cifras verdaderamente astronómicas, escalofriantes. Tengo, les aseguro, ahora más temor que nunca.

—Sin embargo —aclaró Julio— México siempre ha salido triunfante

—Y se tiene el Tratado de Libre Comercio —dijo Toshiro

—Sobre esto también tengo mis dudas —volvió Diego a tomar la palabra— porque recuerden lo que dijo Pierre Trudeau, el que fue primer ministro canadiense. Hacer negocios y convenios con Estados Unidos, es como cuando un elefante duerme con un ratón... obvio los comentarios. De todas formas, sus resultados serán reales hasta dentro de quince años y es mucho tiempo. Sin embargo, Julio tiene razón, en México hay gente maravillosa, el pueblo está fuera de toda comparación en lo que se refiera a patriotismo, además de que siempre ha dado pruebas de ser esforzado y tenaz, pero la verdad es que una vez más, volvemos a estar en el ojo del huracán; no sabemos si vamos bien o vamos mal; si vamos a cambiar o vamos a seguir igual, jugándonos el futuro en un albur, o mejor dicho en un volado... ustedes qué dicen ¿águila... o sol...? ¡Hagan su juego señores!

Miguel Alemán Velasco
Viernes 12 de abril de 1996

ESTA EDICIÓN DE 6 000 EJEMPLARES SE TERMINÓ
DE IMPRIMIR EL 3 DE JUNIO DE 1996 EN LOS
TALLERES DE LITOGRÁFICA INGRAMEX, S.A.
CENTENO 162, COL. GRANJAS ESMERALDA
09810 MÉXICO, D.F.